[개정판]

SOCIOLOGY OF EDUCATION
교육사회학

이인원 · 권성민 · 장세리 · 한진주 공저

양 성 원

인간은 교육을 통하여 사회적으로 적합하게 되고, 사회는 교육을 통하여 구성원들에게 필요한 지식과 가치를 전달하여 체제를 유지하고 발전하려고 한다. 이와 같이 교육은 인간 개인의 자아실현을 위해서도 반드시 필요하고, 개인들이 존재의 터전이 되는 사회가 건전하게 유지되고 발전하기 위해서도 꼭 필요하다.

사회가 잘 유지되고 바람직한 방향으로 변화되기를 기대하지만 여러 가지 이유에 의해 병폐가 만들어지고 우리가 바라지 않는 방향으로 흘러가기도 한다. 교육도 사회 안에서 사회의 영향을 받으며 행해지기에 사회 때문에 교육의 문제가 발생하기도 하지만 교육이 잘못되기에 사회가 건전하지 못하게 흘러가기도 한다. 이렇게 교육은 사회와 불가분의 관계에 있기 때문에 교육의 문제를 해결하려면 사회의 문제와 관련지어 생각해야 하는 것이다.

뒤르껭(E. Durkheim)은 일찍이 교육을 사회화와 동일한 개념으로 보았고, 만하임(K. Mannheim)도 교육을 하나의 사회적 기술이고 사회를 통제하기 위한 수단이라고 봄으로써 교육을 사회의 일부분 내지는 사회에서 없어서는 안 되는 존재로 받아들였다. 교육사회학이라는 학문 영역이 형성된 후 처음에는 교육학자들에 의해 교육현장의 개선과 발전을 위하여 사회학의 이론을 적용하거나 응용하는 실천 지향적 교육사회학으로 발전하다가 제2차 세계대전 이후 교육사회학 연구에 사회학자들이 관심을 가지면서 사회과학적인 방법으로 교육현상을 연구하게 되었다. 이후에 교육사회학은 교육학의 일부인지 사회학의 일부인지 논쟁을 벌이고, 교육학과 사회학이 경쟁을 하면서 발전하게 되었다.

우리가 살고 있는 사회는 여러 사람이 공동생활을 가능하게 하는 문화와 제도가 있다. 개인과 집단은 사회체제 내에서 다른 사람과 평등하거나 불평등한 관계를 맺으며, 때로는 이익과 손해를 보기도 하고, 다른 사람을 지배하거나 지배를 당하기도 한다. 사회는 체제 내에서 제도와 문화가 순조롭게 작동되기도 하지만 때에 따라서는 불평등과 강압, 왜곡되어 나타나기도 하여 개인이나 집단들 간에 갈등을 빚기도 한다. 이렇듯 사회는 항상 잔잔한 바다 위를 배가 순항하듯 움직이지는 않는다. 학교는 이러한 사회의 문제들을 반영하여 학생들을 가르치려고 한다. 그리고 학교는 학생들로 하여금 장차 바람직한 사회를 만들거나 사회를 유지할 수 있는 능력을 가르치는 것을 목표로 삼는다.

교육사회학은 사회학의 과학적 방법에 의하여 교육현상을 연구하는 학문이며, 한편으로는 교육의 기능 및 현상을 사회학적으로 파악하려는 학문이다. 학교에서의 교육현상은 사회현상과 연동되어 나타나기 때문에 교육의 문제는 사회의 문제이기도 하고, 사회의 문제는 교육의 문제이기도 하다. 교육이 잘 이루어지기 위해서는 집단 간의 이해관계와 기능 또는 교사와 학생 간의 관계와 기능, 교육의 사회적 영향, 학생 개인과 집단의 사회적 상황과 같은 변인들의 특성이 잘 파악되어야 한다.

이 책은 앞으로 교사가 될 예비교사들이 다양한 사회계층과 문화를 가진 학생들을 가르쳐야 하기 때문에 이들의 사회적 특성과 요구를 잘 파악할 수 있도록 하였고, 집단의 행동이나 개인의 행동 원인을 과학적으로 파악하는 기술을 습득할 수 있도록 구성하였다. 또한 교사로서 편견을 없애고, 누구에게나 공평하게 가르칠 수 있게 하고, 교육에 영향을 주는 사회의 압력이 무엇이며, 이를 극복하는 지혜를 가질 수 있도록 하였다. 더 나아가서 이 사회의 발전을 이끌 주역으로서 바람직한 사회의 변화를 위해 필요한 교육정책이 무엇인지 알고, 집단이나 계층에 어떠한 교육정책이 필요한지 알 수 있게 하였다. 그러나 교육사회학의 학술서로서 아직 미비한 점이 많음을 고백하며, 이에 대해서 독자 여러분께 용서를 구하며, 추후 계속 보완해 나갈 것을 약속드린다.

교육사회학 분야의 지속적인 발전을 위해 이 책의 출판을 서둘러주신 양성원 출판사 임직원과 관계자 여러분께 감사드린다.

2021년 8월

저자 일동

차 례

제 1 장

교육사회학의 이해

1. 인간과 교육과 사회

교육이 인간을 인간답게 기르기 위한 행위라면 인간답게 한다는 것은 다른 사람과의 관계에서 어긋남이 없고, 도리를 지킬 수 있는 지적·정서적·행동적 양식을 갖추게 한다는 것이다. 즉, 교육은 사회적 관계 기술을 연마하는 것이다. 교육은 인간을 위한 행위이며, 인간을 사회에 적응하도록 한다.

인간은 사회를 떠나서 존재할 수 없기 때문에 인간을 사회적 존재라고 하는 것이다. 사회적이란 다른 사람과 의존적 관계를 맺는다는 것이고, 그러기 위해서 집단을 형성하고, 집단은 함께 공유할 수 있는 의식과 언어, 여러 가지 제도와 체계를 가진다. 즉, 인간은 생존하고 의미 있는 생활을 하기 위해서 사회를 구성하고 그 속에서 정체성을 확인받으며 살아간다.

어느 사회든 그 나름대로의 사회적 상호작용이 장기간에 걸쳐 반복되면서 형성된 통일적이고 조직적인 행위의 틀을 이루고 있는데 이를 사회구조라고 한다. 사회구조는 구성원들이 바뀌더라도 크게 달라지지 않고 오랫동안 지속되고, 구성원들은 그런 틀에서 구조화된 행동을 함으로써 안정된 사회적 관계를 유지할 수 있게 된다. 그러나 시간이 흐르고 환경이 변하면서 구조화된 행동을 하지 않는 사람들이 생기게 되면 구성원들의 사회관계는 변형되어 사회구조가 변할 수도 있다.

또한 사회는 오랜 시간에 걸쳐 여러 영역에서 사회적 기능을 수행하면서 확립된 사회적 지위, 역할, 절차 등의 조직적 체계인 사회제도를 형성한다. 대표적인 사회제도에는 가족제도, 교육제도, 경제제도, 정치제도 등이 있으며, 이 제도들은 개인적인 차원에서는 생물학적·사회적 욕구를 충족시켜 주고, 사회적 차원에서는 구성원의 충원, 사회화, 재화의 생산·분배·소비, 사회통합과 같은 기능을 한다.

인간은 교육을 통하여 사회적으로 적합하게 되고, 사회는 교육을 통하여 구성원들에게 필요한 지식과 가치를 전달하여 체제를 유지하고 발전하려고 한다. 따라서 교육은 인간 개인을 위해서도 반드시 필요하고, 개인들이 존재의 터전이 되는 사회가 건전하게 유지되고 발전하기 위해서도 꼭 필요한 인류가 만든 가장 위대한 문화이다.

2. 교육사회학의 개념 및 기원

교육사회학이란 교육을 사회학적으로 이해하려는 학문이다. 다시 말하면 교육이라는 행위를 통하여 벌어지는 사회적 현상을 탐구하거나, 교육의 현상을 사회학적 원리와 연구방법을 활용하여 이해하고 설명하는 학문이다.

교육사회학은 Sociology of Education이라고 표기하는데 이는 교육학의 영역인 교육심리학이나 교육철학을 Educational Psychology, Educational Philosophy라고 표기하는 것과 다른 표기 방식이다. 교육사회학을 다르게 표기하는 것은 교육학보다는 사회학에 가깝다는 의미가 내포되어 있다고 본다. 교육사회학이 교육학에서 파생되었지만 사회학적 연구방법으로 발전되었고, 사회학의 한 분야로 인식되었기 때문이다.

교육연구에 사회학적 사고를 도입한 예를 살펴보면 플라톤은 『국부론』에서 교육이 국가발전에 미치는 중요성을 역설하였고, 페스탈로찌는 『고독을 좋아하는 사람들의 저녁시간』이라는 저서에서 교육을 사회개혁의 수단으로 보았다. 나트르프는 개인은 사회를 구성하는 각 요소 안에서 전적으로 영향을 받고, 사회는 그 자체가 교육을 하는 것이며, 교육을 통해서 새롭게 변화된다고 보았다.

교육에 대한 사회학적 연구의 체계적인 시도는 1883년 L. Ward에 의하여 『역동적 사회학(Dynamic Sociology)』에서 비롯되었다고 볼 수 있다. 그는 여기서 사회변화에 미치는 요인으로서 교육이 중요함을 주장하였다. 그 후 1889년 J. Dewey는 교육과 사회와의 관계를 설명한 『학교와 사회(The School and Society)』라는 책을 출간하였고 이를 계기로 이 분야의 연구가 활기를 띠게 되었다. 그러나 이 시기의 학설들은 과학적 근거를 가지지 못하였으며, 교육과학적 접근보다는 도덕철학에 치우쳐 있었다.

교육사회학이 혁신적 발전을 하게 된 것은 E. Durkheim에 의한 과학적 접근이 시도된 후부터이다. 그는 교육학은 실제 사회와 관련된 인문과학으로 발전해야 한다고 역설하였다. 그는 교육을 사회화(socialization)와 동일한 개념으로 봄으로써 교육의 사회적 기능을 강조하였다. 인간의 개인적 존재를 사회적 존재로 변화시키는 것이 교육이라고 하였다. 뒤르껭의 이러한 공헌을 인정하여 그를 교육사회학의 창시자라고 부른다.

대학에서 교과목으로 인정된 것은 1907년 H. Suzzallo에 의해 미국 컬럼비아 대학에서 개설되면서 시작되었다. 그 후 1920년대에는 미국에서 200여개 대학에서 교육사회학 강좌가 개설되었다. 이후 교육사회학은 교육학과 사회학의 두 영역이 결합되면서 발전을 거듭하게 되었다.

3. 교육사회학의 발전과정

교육사회학은 1907년 강좌개설 이후부터 오늘에 이르기까지 [그림 1-1]과 같이 크게 4가지 방향으로 변천되어 왔다.

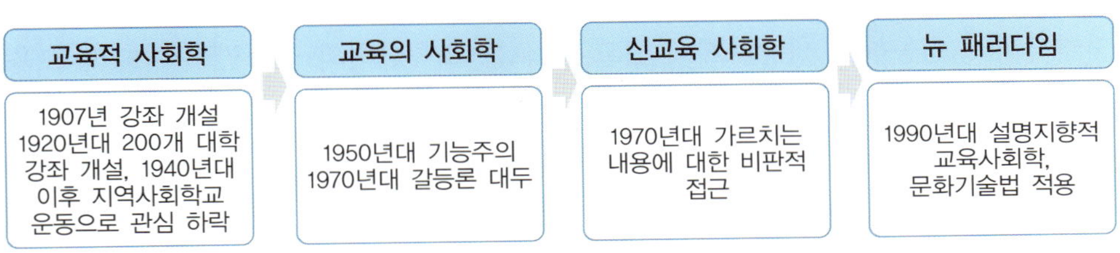

[그림 1-1] 교육사회학의 발전과정

1) 교육적 사회학

교육사회학의 시작은 교육적 사회학(Educational Sociology)이라 할 수 있다. 교육사회학은 교육학에서 출발하였는데 초기 교육사회학을 후에 전개된 교육의 사회학(Sociology of Education)과 구별하기 위하여 교육적 사회학이라 부르기도 한다. 교육적 사회학은 교육학의 한 분야로 주로 교육학자들에 의하여 연구되었기 때문에 교육현장의 문제를 개선하기 위하여 사회학의 이론을 적용하고 응용하였다. 따라서 교육적 사회학은 교육현장의 문제를 해결하기 위한 실천지향적 성격을 가지고 있으며, 도덕적 또는 철학적 원리를 적용한 가치판단을 요구하였고, 도덕과 철학 그리고 사회학의 원리를 적용하는 응용과학의 면모를 가지고 있었다. 실천지향적 교육사회학은 사회문제나 교육문제를 해결하기 위해서 교사에게 사회학적 지식을 제공하는 것에 초점을 두었다. 실천지향적 교육사회학은 1923년 미국 교육사회학회(National of Society for the study Educational Sociology) 창립과 학회지를 발간하면서 응용학문으로서 위상이 확립되었다.

1926년 미국 교육사회학연구회에서 교육적 사회학(Educational Sociology)이라는 학술지를 처음 발간하였고, 1931년까지 3차례 학회지를 발간하였다. 1932년에는 W. Waller에 의하여 『교수의 사회학(Sociology of Teaching)』이라는 책이 소개되면서 수업에서 교사의 역할에 대한 중요성을 강조하였다. 1940년대 이후 지역사회학교운동의 영향으로 교육적 사회학은 관심이 멀어지게 되었다. 지역사회학교운동은 지역사회의 구조와 특성을 분석하고 그에 의한 학교의 기능을 밝히는 일이 핵심 과제였다. 따라서 교육사회학은 교육의 문제를 학교에 국한시키는 것이 아니라 지역사회와 연동하여 생각하게 되었고, 학교를 교육실천의 장소만이 아니라 교육연구를 위한 연구의 대상으로서도 인식하게 되었다. 이러한 현상은 학교를 연구 대상으로 하는 사회학자들을 출현시켰고, 이들은 교육사회학을 실천 영역에서 벗어나 이론지향적 학문으로 나아가게 하였다.

2) 교육의 사회학

교육의 사회학(Sociology of Education)은 사회학의 발전과 함께 대두되었으며, 실천보다는 설명과 이해에 중점을 둔 사회학을 지향하게 되었다. 제2차 세계대전 이후 교육사회학 연구에 사회학자들이 관여하게 되었다. 사회학의 연구방법에 익숙한 사회학자들은 교육현상을 종전의 응용지향적 방법에서 탐구지향적 방법으로 전환하였으며, 학문으로서 면모를 더 공고히 하였다. 1940년대 후반부터 사회학자들이 주축이 되어서 사회적 사실로써 교육현상과 교육제도를 객관적이며, 가치중립적인 입장에서 연구하였다.

교육사회학이 사회학의 한 분야로 인식하게 된 것은 1949년 미국 미시간주립대학교의 B. Brookover 교수가 교육의 사회학(Sociology of Education)이란 제목으로 논문을 내면서 처음으로 교육적 사회학과 교육의 사회학을 구별하면서부터이다. 좀 더 실질적인 변화는 1963년 교육적 사회학(Educational sociology)이라는 학술지가 교육의 사회학(Sociology of Education)으로 명칭을 바꾸면서 응용과학적 성격에서 순수과학적 성격을 띠게 된 것이다. 한편 1963년 미국 교육적 사회학회는 사회학자들의 참여와 주장이 강해지면서 미국 사회학회에 흡수되었다(강상철 외, 1992).

독일에서는 실천 지향적 교육사회학과 사회학 지향적 교육사회학이 경쟁을 벌이면서 발전하였다(김신일, 2002). 영국에서도 제2차 세계대전이 끝나고 사회학자들은 교육문제에 대하여 관심을 보이기 시작하였고, 교육사회학이 교육학의 분야인가 사회학의 분야인가를 두고 사회학자들 사이에서 논쟁이 일어났고, 교육사회학은 점차 사회학의 영역으로 자리를 굳혀 갔다. 영국에서 교육사회학이 본격적으로 연구되기 시작한 것은 1964년 런던대학교에서 교육사회학 석사과정이 개설되면서이다. 그러나 학문적 활동의 결과는 1980년대 영국 교육의 사회학회지(British Journal of Sociology of Education)가 창간되면서 나오게 되었다.

외국에서는 한국과 다르게 1950년대 이후 사회학자들에 의해 교육현상을 사회학적으로 연구하였고, 교육사회학은 사회학의 한 분야로 자리매김 하고 있다. 교육사회학의 연구동향은 1960년대까지는 기능주의(functionalism) 패러다임에 의한 실증주의적 연구방법론을 적용하여 연구되었다. 1970년대 중반으로 오면서 교육사회학은 비판적 성격을 띠기 시작하였고, 교육의 역기능을 연구하는 갈등론적 패러다임이 부상하였다.

3) 신교육사회학

1970년대 들어와서 미국에서 갈등이론과 함께 영국에서는 가르치는 내용에 대한 비판적 접근을 시도하는 신교육사회학(new sociology of education)이 등장하였다. 신교육사회학자들은 종래의 교육사회학이 사회구조가 교육기회의 분배와 계층구조 유지에 어떻게 작용하는가를 밝히는 기능주의적 접근에만 몰두해온 사실을 비판하면서 학교의 교육과정과 수업진행과정 및 교사와 학생관계를 탐구하여야 한다고 주장하였다. 그래서 전자를 거시적 접근이라고 한다면 후자는 미시적 접근이라고 할 수 있다. 신교육사회학에서 교육내용에 대한 문제를 제기하였기 때문에 교육과정 사회학이라는 학문이 발생하기도 하였다.

미시적 접근의 대표적인 학자는 영국의 B. Bernstein과 M. F. D. Young이었다. 번스타인은 사회언어학적 연구를 통하여 '교육내용이 누구를 위한 것인가?'의 문제를 제기하면서 종래의 교육과정에서는 이 문제를 본질적으로 다루지 못하였음을 비판하였고, 교육내용이 사회학적으로 검토되어야 함을 주장하였다. 이러한 문제제기는 교육사회학을 넘어서 교육학의 전 영역에 신선한 자극을 주었으며, 새로운 교육사회학으로 정의되기에 이르렀다. D. Gorbutt은 교육내용의 중요성을 강조하는 새로운 학문 동향을 신교육사회학이라 명명하고 이 용어를 처음 사용하였다(김신일, 2002). 신교육사회학에서 교육문제는 지식사회학(Sociology of knowledge), 현상학(phenomenology), 민속방법론(ethnomethodology), 상징적 상호작용(symbolic inter- actionism)과 같은 연구방법을 이용하여 분석하였다.

M. F. D. Young은 『지식과 통제(knowledge and control)』에서 종래의 교육사회학이 사회계층과 교육기회의 분배에 몰두한 나머지 학교 내부 현상에는 소홀히 하였다고 비판하면서 학교에서 가르치고 있는 지식에 대한 사회학적인 재검토가 필요하다고 주장하였다. 이제부터는 학교에서 가르치고 있는 지식의 사회성에 관심을 가져야 한다고 하며, 결국에는 교육사회학과 지식사회학이 한 학문 영역임을 인식하게 될 것이라고 주장하였다.

실제로 영국에서는 학교에서 가르치는 교육내용에 대한 비판적 검토가 이루어졌다. 학교교육내용이 계층 간에 이동을 촉진하는지 방해하는지 분석한 결과 영국의 학교에서 가르치는 교육내용은 계층 이동에 유리하기보다는 계층 유지에 기여한다는 사실이 밝혀졌다. 이러한 사실을 국회에 보고하여 개선해 줄 것을 건의하였지만 국회의 소극적인 대처로 별다른 조치가 이루어지지 못하였다. 신교육사회학은 영국에서 출발하였지만 그 빛을 발하지 못하고 말았다. 그러나 신교육사회학은 미국에서 빛을 발하게 되었다. 1970년대 미국에서는 갈등론이 득세하는 분위기였지만 교육내용에 대한 비판적 접근을 시도한 신교육사회학은 사회학자들과 교육과정 학자들에게 신선한 자극을 주었고, 미국 교육과정사회학 분야에 새로운 과제를 제시하였다.

우리나라에서는 1980년대 민주화의 붐을 맞아 교육에 대해 비판할 수 있는 분위기가 조성되었다. 학교에서 배우는 교과서를 분석하기 시작하였는데 교과서의 삽화나 내용이 남녀 불평등의 요소가 들어 있지는 않은지, 사회계층 간·지역 간 불평등하게 구성되지는 않는지를 비판적으로 분석하였다. 신교육사회학은 우리나라에서 학교 재량활동 시간의 확대와 교사의 자율성이 확대되는 교육과정 변화의 이론적 기초로 작용하였다(성용구, 2011). 신교육사회학은 학교에서 지식이 어떻게 누구에 의해서 왜 구성되는지에 대해서 관심을 가지고 접근했으며, 학교에서 가르치는 지식이 가치중립적인 것이 아니라 지배계층의 여러 생활양식이 반영된 것이 다음 세대에 전수되고 재생산된다는 것이다.

4) 뉴패러다임

1920년대의 실천지향적 교육적 사회학에서 1950년대의 탐구지향적 교육사회학으로 변천된 교육사회학은 1970년대 교육내용에 대해 질적인 심층적 접근방법에 근거한 신교육사회학을 거쳐 1990년대 들어서는 설명지향적인 교육사회학으로 변화하였다. 이러한 설명지향적 교육사회학은 이전까지의 교육사회학이 문제의 분석과 처방에 있어서 원리와 방법에 몰두한데 대한 반성에서 시작되어 교육현상을 이해하고 설명하는데 중점을 두었다. 교육사회학 분야에서는 교육현상을 이해하고 설명하기 위해서 현상학과 문화인류학의 연구방법을 이용하여 질적 연구방법인 문화기술법(ethnography)으로 교육현상을 연구하였다. 문화기술법은 학교구성원들 간의 상호작용을 중심으로 주로 관찰과 면접을 통하여 교육현상을 있는 그대로 기술(describe)하고 이해를 가능하게 해줌으로써 교육사회학 연구의 새로운 지평을 열어주었다.

4. 교육사회학의 필요성 및 목적

우리가 살고 있는 사회는 여러 사람이 공동생활을 가능하게 하는 문화와 제도가 있고, 정치, 경제, 법, 교육, 도덕, 예술, 종교와 같은 생활의 영역들이 있다. 개인은 각 생활 영역에서 다른 사람과 평등하거나 불평등한 관계를 맺으며, 때로는 이익과 손해를 보기도 하고, 다른 사람을 지배하거나 지배를 당하기도 한다. 집단 역시 개인이 사회에서 경험하는 것들과 마찬가지로 다른 집단과 관계 맺으며 존재한다. 사회의 각 생활 영역에서 제도와 문화는 순조롭게 작동되기도 하지만 때에 따라서는 불평등과 강압, 왜곡되어 나타나기도 하여 개인이나 집단들 간에 갈등을 빚기도 한다.

사회는 항상 잔잔한 바다 위를 배가 순항하듯 움직이지는 않는다. 아무리 좋은 사회라고 해도 그 사회에는 해결해야 할 문제가 있게 마련이다. 학교는 이러한 사회의 문제들을 반영하여 학생들을 가르치려고 한다. 그리고 학교는 학생들로 하여금 장차 바람직한 사회를 만들거나 사회를 유지할 수 있는 능력을 가르치는 것을 목표로 삼는다. 그렇다고 학교가 늘 사회를 선도하는 모습만을 보여주지는 않는다. 사회에서 일어나는 현상들에 의해 영향을 받아 학교의 교육 행태가 지배되기도 한다. 그럼에도 불구하고 학교는 사회를 통합시키는 역할을 하며, 사회적으로 유능한 사람을 길러내는 역할을 한다.

교육사회학은 사회학의 과학적 방법에 의하여 교육현상을 연구하는 학문이며(Parelius, 1978), 한편으로는 교육의 기능 및 현상을 사회학적으로 파악하려는 학문이다. 어쨌든 교육사회학은 학교가 사회로부터 요구받는 역할을 잘 수행하기 위해서 필요한 학문이라고 생각하면 된다. 학교에서의 교육현상은 사회현상과 연동되어 나타나기 때문에 교육의 문제는 사회의 문제이기도 하고, 사회의 문제는 교육의 문제이기도 하다. 교육이 잘 이루어지기 위해서는 집단 간의 이해관계와 기능 또는 교사와 학생 간의 관계와 기능, 교육의 사회적 영향, 학생 개인과 집단의 사회적 상황과 같은 변인들의 특성이 잘 파악되어야 한다. 따라서 교육사회학의 필요성 및 목적은 다음과 같다.

첫째, 교사는 다양한 사회계층과 문화를 가진 학생들을 가르쳐야 하기 때문에 이들의 사회적 특성과 요구를 잘 파악하고 있어야 한다.

둘째, 교사는 집단의 행동이나 개인의 행동 원인을 과학적으로 파악하는 기술을 가져야 한다.

셋째, 교육사회학은 학생들의 다양한 문화를 이해할 수 있도록 하기 때문에 교사의 편견을 없애고, 누구에게나 공평하게 가르칠 수 있게 한다.

넷째, 교육에 영향을 주는 사회의 압력이 무엇이며, 이를 극복하는 지혜를 가질 수 있다. 또한 교육이 사회에 바람직한 영향을 주는 지혜를 가질 수 있다.

다섯째, 교육사회학은 바람직한 사회의 변화를 위해 필요한 교육정책이 무엇인지 알고, 집단이나 계층에 어떠한 교육정책이 필요한지 알 수 있게 한다.

여섯째, 교육사회학은 어떤 교육프로그램의 목표를 설정하는데 도움을 주고, 교사의 교직관 확립에 도움이 된다.

5. 교육사회학의 연구 영역

하나의 학문 영역이 형성되는 것은 핵심 주제를 중심으로 관련되는 인접 분야로 확산되는 경향이 있고, 인접학문과의 간학문적 접근의 필요성에 의해 경계를 확정하기가 매우 애매한 측면이 있다. 교육사회학에서는 교육과 사회가 핵심 주제가 되고 사회에 영향을 주는 정치, 경제, 문화 등과의 관련성에 대한 연구를 비롯하여 교육에 직접적인 영향을 주는 인자인 학교, 학급 구성원의 상호작용 요인에 대한 탐구 등이 주요 연구 영역이 된다. 교육사회학의 다양한 연구 영역을 오만록(2009)은 크게 4가지 주제로 분류하였다.

첫째, 교육에 미치는 사회의 영향에 관한 영역으로는 정치－경제－사회－문화 등이 교육에 미치는 영향 연구, 사회계층과 교육의 관련 연구, 사회변동과 교육의 관련 연구, 사회조직이나 집단으로서 가정－학교－지역사회－국가 등이 교육에 미치는 연구 등을 들 수 있다.

둘째, 사회에 미치는 교육의 영향에 관한 영역으로는 교육이념 및 가치관이 교육에 미치는 영향 연구, 교육에 의한 사회 및 국가 발전, 사회교육 및 평생교육, 인구 및 환경에 교육이 미치는 영향 등을 들 수 있다.

셋째, 사회와 교육의 상호작용에 관한 영역으로는 교육제도 및 교육정책 연구, 교사집단과 교사의 사회적 역할 연구, 학생집단 연구 등이 있다.

넷째, 기타 교육사회학의 영역으로는 교육개혁 연구, 아동－청소년 문제 및 비행 연구, 교육풍토 연구, 교육의 기회균등 연구, 근대화 등이 있다.

국내에서 2000년대 초까지 교육사회학과 관련된 국내외 학술지를 분석한 연구

(차경수 외, 2001)에 의하면 한국과 미국, 일본의 교육사회학에서 가장 많이 취급하고 있는 키워드는 다음과 같다.

〈표 1-1〉 한국, 미국, 일본의 교육사회학 연구에서 가장 많이 취급한 키워드

한국	미국 및 일본
1. 지역사회의 학교	1. 사회계급
2. 문화	2. 교사론
3. 가정	3. 인종문제
4. 지역사회	4. 학교의 사회적 성격
5. 사회계층	5. 문화
6. 동배집단	6. 교육환경
7. 학교조직	7. 성차별주의
8. 교육의 사회적 성격	8. 교육제도
9. 사회변동	9. 사회계층 이동
10. 사회화	10. 사회적 지위
11. 교육개혁	11. 사회변동
12. 사회교육	12. 능력별 집단
13. 교육사회학의 성격	13. 역할
14. 교육사회학의 연구방법	14. 학급의 사회적 성격
15. 학교의 사회적 과정	15. 문화실조 아동
16. 교사론	16. 교육의 사회적 목적
17. 정치와 교육	17. 사회통제
18. 경제와 교육	18. 사회구조
19. 대중매체	19. 교육사회학의 연구방법
20. 사회통제	20. 교사-학생 관계
21. 사회정의와 교육	21. 교육정책
22. 기능론과 갈등론	22. 지역사회학교
	23. 교사-행정가 관계
	24. 교육개혁
	25. 문화적 다원주의

참고: 차경수 외(2001). 교육사회학의 이해. 서울: 양서원.

1990년~2002년까지 교육사회학 학술지에 발표된 논문을 분석한 결과를 보면 교육평등 분야가 가장 많았고, 여기서는 주로 교육기회, 노동시장, 사회적 평등과 불평등, 사회계층, 사회이동, 학교교육의 역할 등의 주제를 다루고 있다. 그 다음

은 학교사회화와 학업성취 영역인데 여기서는 교실문화, 교사와 학생 상호작용, 학업성취, 학교효과, 학교풍토, 학교장의 리더십 등의 주제가 다루어졌다(김경식, 안우환, 2003). 이와 같이 최근에 한국에서는 교육사회학 분야에서 교육평등과 학업성취가 큰 이슈가 되었음을 알 수 있다. 실제 교육평등의 문제는 사회평등의 문제와 직결되어 있고, 학업성취 역시 요즘 사회적 지위 획득을 위한 중요 변수로 작용하고 있다. 또한 교육평등의 문제가 학업성취에 영향을 주어 장차 사회계층을 형성하는 중요 인자로 작용되고 있다. 교육평등과 학업성취라는 주제는 이러한 사회 현실이 반영되어 교육사회학 연구의 핵심을 이루고 있다.

6. 교육사회학의 연구방법

교육사회학의 연구방법은 교육학 연구의 접근방법이 크게 양적 연구(quantitative research)와 질적 연구(qualitative research)로 양분되는 것과 마찬가지로 논리실증주의적 패러다임에 따라 수리적 방법을 이용하는 양적인 접근과 해석학적 패러다임에 따라 주체들 간의 주관적 이해에 근거하여 교육의 현상을 그대로 기술하고 해석하는 질적인 접근이 있다.

(1) 양적 연구방법(논리 실증적 접근)

양적 연구방법은 수집된 자료를 수량화, 수치화하여 통계처리로 분석하는 연구방법이다. 주로 사회조사와 실험연구에서 사용되며, 사회조사는 설문지를 이용하여 응답자의 경향을 객관적으로 나타낼 수 있다는 장점이 있다. 실험연구에서 수집된 자료는 수량화하여 통계처리하고, 집단 간의 차이의 유무와 정도를 수치로 정밀하게 나타내기 때문에 연구결과가 객관적이라 할 수 있다. 양적 연구를 하기 위해서는 통계처리가 핵심이기 때문에 전문통계 프로그램인 SPSS 또는 SAS 등을 다루는 지식이 있어야 한다. 양적 연구의 단점으로는 설문지에 대한 응답이 얼마나 성실하게 이루어졌느냐에 따라 연구의 신뢰도가 결정된다. 또한 수량화로 나타낼 수 없는 느낌이나 감정, 사회적 경험을 연구하는 데는 제한이 있다.

(2) 질적 연구방법(해석학적 접근)

인간의 동기나 가치 등은 역사적 · 문화적 조건에 따라 다양하며 특수하기 때문에 논리실증적 방법에서처럼 인과적 법칙을 적용하기 어렵다(고형일 외, 2002). 질적 연구방법은 주체들 간의 주관적 이해에 근거하여 현상을 있는 그대로 밝히고자 하는 것이다. 질적 연구방법에서는 수량화된 자료 대신 질적 자료인 문서, 저널, 참여관찰 일지, 면접 일지 등을 수집한다. 이 연구방법은 연구대상의 특수 조건에서 주관적 관점이 중시되며, 대상자의 경험을 심층적으로 분석하는데 사용된다. 그러나 양적 연구방법에 비해 연구자의 주관이 개입될 소지가 많아 비판을 받기도 한다(한준상 외, 1985).

양적 연구방법과 질적 연구방법은 모두 장 · 단점을 가지고 있다. 두 방법의 단점을 보완하기 위해서 두 가지 연구방법을 병행하는 복합연구법을 활용하기도 한다.

참고문헌

강상철(1992). 교육사회. 동문사.

고형일 외(2002). 신교육사회학. 학지사.

김경식, 안우환(2003). 한국교육사회학의 연구동향 분석. 교육사회학연구, 13(2). 한국교육사회학회.

김신일(2002). 교육사회학. 교육과학사.

성용구(2011). 새로운 교육사회학. 태영출판사.

오만록(2009). 교육사회학. 동문사.

차경수 외(2001). 교육사회학의 이해. 양서원.

한준상(1985). 교육사회학 이론과 연구방법. 문음사.

Parelius, A. P., & Parelius, R. J.(1978). *The Sociology of Education*. Engleeood Cliffs, New Jersey: Prentice-Hal. Inc.

제 2 장

사회화와 교육

1. 사회화의 개념

사회는 두 사람 이상이 모인 집단을 말하는데 단순히 집단체가 아니라 집단의 구성원이 상호작용하는 가운데 공동의 생활양식, 언어, 가치관, 태도, 지식, 기술 등을 공유하고 있다. 사회화는 사회에 적합해지는 것을 의미한다. 다시 말하면 사회에 속한 개인이 사회에 적응하기 위해 필요한 생활양식, 언어, 가치관, 태도, 지식, 기술 등을 배워가는 과정을 말한다.

사회화는 한 개인이 집단생활에서 경험하는 모든 것을 통해서 선택적으로 배워가는 과정이라 할 수 있다. 따라서 사회화는 생애의 전 과정에서 일어나며, 집단과 개인에게 모두 긍정적인 효과를 줄 수 있는 공생적 과정(symbiotic process)이라 볼 수 있다(Rosenberg & Turner, 1981).

사회화를 심리학적인 과정으로 이해하는 측면에서는 사회화를 설명하기 위해서 심리학 이론들이 필요하게 되었고, 그 이론들은 S. Freud의 이론, J. Piaget의 이론으로 설명된다. 최근에 와서는 심리학적 입장에서 벗어나 사회적 기반을 중시하면서 C. Cooley와 G. Mead의 이론, E. Durkheim의 이론으로 설명된다. 이렇게 사회적 기반인 사회화의 대행기관에 대한 연구가 중요해진 이유는 인간이 근본적으로 사회적 속성인 사회성을 가지고 있기 때문이다. 인간은 사회적 존재로서 잠재력을 사회라는 장을 통해서 개발할 수 있고 집단생활과 공동체의 문화적 유산을 습득함으로써 구체적으로 개발할 수 있다. 사회화는 개인이 주체로서 사회현상과의 상호작용을 통해서 이루어지기 때문에 사회화 과정을 이해하기 위해서는 인간의 사회성과 구성원 간의 정서적 관계를 이해하는 것이 중요하다. 또한 사회화의 내용과 질을 결정하는데 있어서 개인을 둘러싼 거시적 환경과 미시적 환경이 크게 영향을 미치기 때문에 국가와 민족의 문화와 사회구조의 특성, 가정과 또래, 학교의 문화는 매우 중요하다. 사회화의 과정이나 내용은 지역이나 시대에 따라 차이가 나지만 사회 그 자체의 특성인 사회구성원이 갖는 인지성향이나 태도, 가치, 문화 등은 사회화의 질과 방향을 결정하는 중요한 요소들이다.

사회화의 개념은 관점에 따라 개인적 측면과 사회적 측면으로 생각해 볼 수 있다(김규태 외, 2016). 개인적 측면에서 사회화는 개인이 가지고 있는 잠재적 가능성을 개발하여 성장과 발달을 이루는 과정으로 정의한다. 개인이 사회생활에 필요한 행동양식, 태도, 지식, 기술, 언어를 배워 사회에서 허용되는 생활방식을 학습하여 사회에 적응할 수 있게 되는 것이다.

개인적 측면에서 사회화의 정의를 살펴보면 최정웅(2004)은 "자기가 소속한 집단이나 사회의 가치와 관습, 행동양식이나 문화양식 혹은 규범이나 제규정을 습득하고 실천해서 그가 속한 사회적 환경에 적응해 가면서 유능한 사회구성원으로 성장해 가는 과정"으로 정의하고 있다. 이종각(2012)은 "그 사회가 옳다고 보는 사고방식과 행동, 가치 및 태도를 배워서 그 사회가 요구하는 생활양식에 따라 행동하게 되어가는 과정"으로 정의한다. 또한 성낙돈 외(2010)는 "개인이 한 사회의 구성원으로서 갖추어야 할 것을 배워나가는 과정"으로 정의하였다. 일찍이 뒤르껭(Durkheim)은 사회화란 문화를 내면화시키는 과정이라고 보고, 학교교육의 주요 기능을 젊은 세대를 사회화시키는 것이라고 하였다.

사회적인 측면에서 사회화는 사회의 문화가 한 세대에서 다음 세대로 전달되고 개인이 사회의 구성원으로 성장하여 사회의 통제에 순응하게 되는 과정이다. 그러니까 사회를 유지하고 구성원을 통제하기 위해 규범, 가치에 맞는 행동양식을 기르고, 유사한 행동양식을 형성하여 사회의 기능이 원활하게 작동되고 사회가 유지 · 발전되도록 하는 것이다. 브룸과 셀즈닉(Broom & Selzick)은 "사회화란 문화가 전승되고 개인이 조직된 생활양식에 적응하는 방식을 말한다. 사회화는 생물적인 유기체를 인간화시켜 그를 통제하고, 정체성을 가진 자아로 변화시키며, 나아가 이상 · 가치 및 열망을 부여하는 것"이라고 정의한다. 즉, 파슨즈(Parsons)가 "사회화란 사회체제가 균형을 유지하도록 하는 주요 메커니즘"이라고 한 것과 같은 의미라고 볼 수 있다.

2. 사회화의 의미

인간이 사회화가 되지 않았을 때 어떠한 현상이 일어날지 상상해보자. 아마도 개인은 스스로 자립하지 못하고, 누구의 보호를 받아야 생존할 수 있고, 사회에서 일어나는 여러 가지 일에 참여하지 못할 것이다. 구성원들의 행동은 제 멋대로 나타나 서로 부딪치고 공동체 생활이 어려움은 물론 자신의 정체성을 확립하지 못하여 능동적인 삶을 살지 못하거나, 사회적인 의무와 책임이 무엇인지 몰라 사회생활이 어려울 수도 있다. 사회화는 한 개인이 사회의 구성원으로서 성장해서 자기의 역할을 충실하게 수행할 수 있게 하며, 사회 속에서 삶의 보람을 느낄 수 있도록 한다. 사회화는 다음과 같은 의미가 있다(Berns, 2007).

첫째, 사회화는 자아개념을 발달시키는 의미가 있다. 자아개념이란 타인과의 관계 속에서 자신이 어떤 사람인지 인식하는 것이다. 사회화는 다른 사람과 상호작용하는 가운데 그들과 소통하는 방법을 배우고, 공유할 수 있는 가치와 신념을 갖게 되며, 많은 사람들 속에서 자신의 위치와 역할을 인식하고 그에 부합하는 행동을 할 수 있게 되는 것이다. 이 과정에서 개인은 자기 자신에 대한 확실한 정체성을 가지게 되면서 자아개념을 발달시키게 된다.

둘째, 사회화는 자기규제 능력을 발달시키는 의미가 있다. 프로이트에 의하면 인간은 태어나면서 이기적이고 충동적인 본능을 가지고 있다고 본다. 개인은 사회생활을 통해서 규범을 배우고, 자기를 규제하는 능력을 갖게 된다. 다시 말하면 본능을 스스로 통제하는 원동력인 초자아(superego)를 발달시킨다.

셋째, 사회화는 역할훈련의 의미가 있다. 사회는 구성원 하나하나가 자기의 역할을 해나가기 때문에 유지된다. 사회화는 개인으로 하여금 사회구성원으로서 자기의 역할을 할 수 있도록 지식과 기술을 습득하는 것이다. 사회에서 자기의 역할을 잘 수행하기 위해서는 자기의 역할이 무엇인지 알아야 되고, 그에 부합하는 역량을 갖춰야 하는 것이다.

넷째, 사회화는 자아실현의 토대가 되는 의미를 가진다. 사회구성원으로 성장한 개인은 인생의 목적을 설정할 수 있고, 그 목적을 실현하기 위해서 부단히 노력하며, 사회관계망 속에서 자신의 능력을 발휘하고, 다른 사람과 협력하면서 자아실현에 다가갈 수 있다.

다섯째, 사회화는 문화전승의 의미가 있다. 사회는 오랜 시간 지나면서 그 사회만의 독특한 문화를 가지게 되고, 구성원들은 그 사회의 문화를 향유하면서 동질화되어 간다. 같은 문화를 공유한다는 것은 공동체의 결속을 공고히 하면서 개인으로 하여금 소속감을 갖게 하는 것이다. 공동체의 선배들은 후배들에게 자신들의 문화를 전승하여 공동체의 발전을 도모하고 공동체의 전통을 지키며 연속성을 확보하려고 한다. 사회화는 백지상태로 태어난 개인이 대대로 내려오는 공동체의 문화를 익혀 문화가 단절되지 않고 계속 이어지도록 하는 의미가 있다.

여섯째, 사회화는 발달의 의미가 있다. 인간은 태어남과 동시에 인지·신체·사회·정서·언어적 발달을 한다. 고르게 발달이 잘 이루어지기 위해서는 성장의 시기마다 적절한 경험을 해야 하고, 발달을 위한 과업을 수행해야 한다. 개인의 발달은 사회문화적 환경과 상호작용을 통해서 이루어지며, 양질의 일관된 사회문화적 환경이 주어질 때 정상적인 발달이 이루어진다. 사회화는 미성숙한 개인에게 다양한 경험을 제공하여 성숙한 사회인으로 기능할 수 있도록 하는 의미가 있다.

3. 사회화의 방법

사화화는 사회적 학습과정이다. 개인이 스스로 필요한 것을 배울 수도 있고, 사회에서 필요한 것을 누군가가 가르쳐 줄 수도 있다. 이러한 학습은 대부분 타인과의 상호작용을 하는 가운데 자신이 누군가에게 영향을 주기도 하고 받기도 하면서 이루어진다. 사회화는 인간행동의 변화과정이면서 발전과정으로서 일반적으로 학습이론이 적용된다. 사회화의 방법은 사회화를 대행하는 자에 따라 달라질 수 있고, 시대에 따라 또는 문화적 전통에 따라 달라질 수 있다. 사회화를 대행하는 자가 부모인지 학교 선생님인지 회사의 동료나 상사인지에 따라 다를 것이다. 사회화의 방법은 고대와 중세, 근대를 거쳐 현대에 이르면서 많은 변화를 하였다. 또한 동양과 서양에서 많은 차이를 보이고, 국가와 지역에 따라서도 사회화의 방법은 다르게 나타난다. 사회화는 각양각색의 방법으로 이루어지고 있으며, 수많은 방법들이 모두 일정한 원칙과 이론에 따라 이루어진다고 보기는 어렵다. 여기서는 일반적인 학습이론을 인용하여 알아보고자 한다.

첫째, 사회화는 보상과 벌을 적용하여 이루어진다. 유치원에서 아이들이 교사의 가르침에 잘 따라줄 때 교사는 아주 작은 보상으로도 아이들의 행동을 강화하고 바람직한 행동을 지속적으로 할 수 있게 할 수 있다. 예를 들어 식사 후 양치질을 잘하는 아이에게 칭찬과 함께 스티커를 이마에 붙여주면 그 아이는 교사의 칭찬과 보상에 고무되어 식사 후 양치질하는 행동을 더 잘 하려고 할 것이다. 그와 반대로 바람직하지 않은 행동을 할 때 교사는 꾸지람이나 일정한 규칙을 적용하여 권리를 제한하거나 심리적 · 신체적 자유를 제한하여 잘못된 행동을 바로 잡거나 다시는 그 행동을 하지 않게 할 수 있다. 유치원에서 한 아이가 친구를 때리거나 장난감을 빼앗는 행동을 했을 때 교사는 그 아이를 생각하는 의자에 10분간 앉아 있게 하는 벌을 줄 수 있다. 벌을 받은 아이는 자신의 잘못된 행동을 반성하고 다시는 그런 행동을 하지 않게 됨으로써 친구 간에 서로 사이좋게 지내야 된다는 것을 알게 된다.

둘째, 사회화는 모방을 통해서 이루어진다. 모방은 일상생활에서 다른 사람의 행동과 태도, 가치관을 따라하는 것이다. 어린 아동이나 청소년들은 가정에서 은연중에 부모를 모방하고, 학교에서는 선생님과 친구들을 모방한다. 모방은 계획적으로 의도하지 않아도 항상 일어날 수 있으며, 부지불식간(不知不識間)에 일어난다. 모방의 대상은 좋은 것과 나쁜 것 모두가 될 수 있다. 성인들이 어린 아동이나 청소년들 앞에서 나쁜 것을 보여준다면 아동 · 청소년들은 배우지 않아야 할 나쁜 것도 배우게 된다. 따라서 아동 · 청소년들 앞에서는 바람직한 행동을 보여

주어야 하고, 특히 부모나 교사들은 자신이 의도하지 않았어도 자녀와 제자들이 보고 배운다는 점을 알아야 한다.

셋째, 사회화는 암시와 교훈을 통해서 이루어진다. 암시와 교훈은 학습자에게 바람직한 행동을 유도하기 위하여 의도적으로 설계된 작품을 통해서 아동들에게 줄 수 있다. 동화나 인형극, 동극은 아동들에게 재미와 감동을 선사하면서 가치 있는 덕목을 가르쳐 주려는 의도로 만든 문학작품이다. 그 외에 미술작품, 음악, 무용 같은 예술작품으로도 암시와 교훈을 줄 수 있다. 암시와 교훈은 직접 가르치는 것이 아니라 학습자에게 간접적으로 가르치는 것이기 때문에 학습자가 지루하지 않고, 압박감을 받지 않는다. 또한 학습자의 내적인 감동에 의해서 사회화가 이루어지기 때문에 오래 남고 내면화에 큰 도움이 되는 사회화 방법이라고 할 수 있다.

넷째, 사회화는 사회적 통제를 통해서 이루어진다. 사회적 통제는 강제성이 부여된 규범이다. 국가나 사회에서 구성원에게 부여된 의무, 법률 같은 것은 구성원들이 한정된 틀 내에서 행동하도록 제한하는 것이며, 앞으로 일어날 행동을 통제하는 것이다. 통제는 법률과 같이 엄격한 것도 있고, 사회적 관습, 종교적 계율, 집단의 전통, 사회적 여론 등과 같이 덜 엄격한 것도 있다. 개인은 사회에서 형성된 표준에 따라 행동하게 되고, 표준적인 행동을 함으로써 그 사회의 구성원으로 존중을 받게 되는 것이다.

다섯째, 사회화는 역할학습을 통해서 이루어진다. 사회구성원은 누구나 자신의 역할을 가지고 있다. 개인은 그가 속한 집단에서의 지위에 따른 의무나 권한을 행사하는 역할을 가지고 있고, 이 역할을 잘 배워야 구성원으로 존재감을 가질 수 있다. 부모나 교사, 학생, 목사, 장관 등은 그에 맞는 역할기대를 가지고 있고 이러한 역할기대는 역할학습의 내용이 되는 것이다. 역할학습은 학교, 가정 또는 동료집단, 다양한 사회기관과 사회조직에서 이루어진다. 역할학습은 역할기대가 분명할 때 촉진되고 반대로 역할갈등이 있을 때는 저조하게 일어난다.

4. 사회화의 장(場)

사회화가 이루어지는 대표적인 장(場)은 가정, 학교, 직장, 사회기관, 또래집단 등인데 이를 다른 말로는 사회화 대행기관이라고도 한다. 각 사회화 대행기관에 따라 특징이 있고, 사회화의 내용과 방법도 다르다고 볼 수 있다.

1) 가정

가정은 가장 편안한 곳이면서 개인에게 가장 영향을 많이 주는 1차적 환경으로서 구성원의 발달, 양육, 보호, 사회화, 인격형성에 관여한다. 어린이는 태어나서 사회화 과정을 겪게 되는데 가정에서 가장 기초적인 사회적 경험을 하고 인간으로서 갖추어야 할 기초적인 인성을 형성한다. 어린 시절은 대부분 가정에서 보내면서 부모와 애착을 형성하고 언어와 기초적인 규범을 배운다. 살아가는데 필요한 기본적인 기술인 먹는 것, 자기보호, 언어, 대인관계, 예절 등 많은 것들을 가정에서 부모로부터 배우게 된다. 생애 초기에 가정에서 형성된 사회화는 이후 삶을 사는데 크게 영향을 주기 때문에 매우 중요하다.

가정을 구성하는 가족의 규모와 구성원이 어떠한가에 따라 아동의 사회화는 영향을 받는다. 부모의 성격, 양육태도, 사회·경제적 지위, 교육수준 등이 아동의 가치관이나, 태도, 지식 등에 영향을 미친다. Conger와 그의 동료들(1981)의 연구에 의하면 경제적으로 어려운 부모들은 좌절하거나 우울해지기 쉬우며, 부부 간에 갈등이 잦고 온정적이고 지지적인 자녀양육을 방해한다. 그 결과 자녀들은 낮은 자아존중감, 낮은 학업성취, 원만하지 못한 또래관계, 우울, 사회에 대한 저항감 등 부정적인 문제를 일으키는 원인이 된다. 어머니가 자녀에게 수용적이고 지지적이며 애정과 관심이 많은 자녀는 자존감이 높다. 이러한 어머니는 자녀에게 일관된 규칙을 제시하고 자녀의 행동을 변화시키는데 벌보다는 보상을 더 많이 사용한다(김윤식 역, 1984).

가정에서 아동이 사회화되는 방법은 모방에 의한 것이 많다. 부모와 형제—자매의 평소 언어와 행동은 아동이 가장 쉽게 모방한다. 가족이 사용하는 방언을 아동이 그대로 따라 배우는 것은 모방의 좋은 사례이다.

2) 또래집단

또래집단은 연령과 흥미, 행동경향이 비슷하고, 서로 통하는 규칙과 대등한 관계를 유지하기 때문에 공동의 감정을 가질 수 있다. 또래집단 내에는 각자의 권위와 책임도 있고, 경쟁하거나 협력을 통해서 인지적, 사회·정서적 발달을 이룬다. 또래는 서로 평등한 관계이기 때문에 인지적 갈등과 논쟁을 경험하면서 인지구조가 변화하게 되고, 유능한 또래와 상호작용하면서 한 단계 높은 수준으로 발달하게 된다. 또래와 관계 맺기는 인지발달뿐만 아니라 도덕성, 의사소통 기술, 조망수용능력 등을 발달시킨다. 또래와 함께 과업을 수행하거나 경험과 감정을 공유하면서 동반자적 지지를 받게 된다(송명자, 1990).

또래집단에서는 애정, 지지, 정서적 안정과 같은 긍정적인 경험뿐만이 아니라 갈등과 무시 또는 괴롭힘과 같은 부정적인 경험도 한다. 긍정적인 경험은 서로 수용과 이해, 긍정적인 상호작용으로 행복감을 주어 긍정적인 자아개념을 형성하지만 부정적인 경험은 반목과 갈등, 배척으로 부정적인 자아개념을 형성하게 한다.

또래집단은 중요한 정보원이다. 가정에서 부모 형제로부터 배울 수 없는 성역할을 배우고, 학교에서 공식적으로 배우는 것 이외에 비공식적 사회지식을 배우게 된다. 또래는 상하관계가 없고 체면이나 권위를 지켜야 할 필요가 없기 때문에 공동의 관심사에 대해 숨김없이 논의할 수 있다.

또래집단에서 경험하는 수용과 배척, 존중과 무시, 감정의 공유, 정서적 유대감은 다른 사람과 관계 맺는 기술을 터득하는 계기가 되고, 또래사회에서 적응하는 능력을 기르게 한다. 또래집단이 사회화의 장으로서 역할의 핵심은 타인과의 관계에서 발생할 수 있는 각종 문제를 능동적으로 해결할 수 있는 능력을 갖게 하는 것이다.

3) 학교

가정에서는 가족의 따뜻한 보호와 애정으로 자유로운 분위기에서 생활을 통해서 여러 가지 생활에 필요한 기술과 태도를 배울 수 있었지만 학교는 규모가 크고 많은 구성원이 공식적인 관계 속에서 형식적인 절차와 방법으로 지식과 기술, 태도를 배우는 곳이다.

학교는 엄격한 규칙이 있고, 배워야 하는 교과와 배우는 방식이 일관성 있는 계획에 따라 이루어진다. 가정과 또래집단보다 더 계획적이고 더 체계적인 사회화 기관이다. 학교에서 배우는 내용은 사회인으로 직업을 가지고 자기 분야에서 역할을 할 수 있는 지식과 기술은 물론 성실하게 살아가는 태도를 배우는 곳이다. 뿐만 아니라 인류의 문화유산을 계승하며, 사회의 혁신과 개선을 할 수 있는 능력을 기르는 곳이기도 하다.

학교에서 선생은 가정에서 부모와 같은 의미 있는 성인으로서 학생을 보호하고 학생들의 진로지도와 학습의 촉진자 또는 인도자로서 역할을 하기 때문에 학생들의 사회화에 가장 큰 영향을 준다. 또한 학교의 동급생들은 지식과 기술에 대한 정보를 나누는 동시에 동질감을 가지고 정서적 유대와 사회적 관계망을 형성하기 때문에 선생님만큼이나 사회화에 중요한 역할을 한다. 학교의 선배와 후배는 멘토와 멘티의 역할을 할 수 있어 교사가 학생을 가르치는 형식적인 관계를 벗어나 배움 공동체를 형성하여 지식의 전수자 역할을 할 수 있다.

4) 대중매체

대중매체는 불특정 대중에게 정보를 제공하는 공중파와 유선 방송을 비롯하여 인터넷, 신문, 잡지 등을 말한다. 대중매체를 통하여 전달되는 내용은 매우 다양하여 아동·청소년에게 유익한 것도 있지만 유해한 것도 많이 있다. 아동·청소년들은 대중매체를 통해 접한 정보나 유행에 대하여 매우 민감하며, 대중매체는 그들의 행동양식과 사고방식을 형성하는데 큰 영향을 준다. 대중매체에서 내보내는 정보는 동시에 불특정 다수에게 노출되기 때문에 지배적 여론을 형성하고, 의식의 획일화와 맹목적 추종을 부추길 수 있다.

대중매체가 아동·청소년에게 사회화의 유익한 기능은 사회에 축적된 가치, 규범, 지식, 기타 문화를 전달하고 내면화하도록 한다는 것이다. 이러한 기능은 아동·청소년들이 기성사회에 통합되고, 사회에 적응할 수 있는 힘을 준다. 또한 아동·청소년들이 필요로 하는 지식을 얻을 수 있는 창구 역할을 하고, 학교에서 배울 수 없는 다큐멘터리, 세계의 문화와 같은 교양을 얻을 수 있다. 요즘은 건전한 오락물이 개발되어 아동·청소년들이 휴식과 즐거움을 얻을 수 있게 해준다.

반대로 대중매체가 아동·청소년에게 유해한 기능이 지적된다. 공중파와 유선방송, 인터넷을 기반으로 한 방송은 상업성에 치중한 나머지 선정적이고 폭력적인 프로가 다수 있다. 이것들이 아동·청소년들에게 노출되면 지나친 과몰입, 가상과 현실의 혼란으로 가치관 형성과 행동에 장애를 초래할 수 있다. 특히 요즘 인터넷 및 모바일 게임은 중독성이 강하여 정상적인 생활을 방해하기도 한다. 대중매체의 폭력성이나 선정성, 중독성은 아동·청소년들에게 가치관 혼란을 초래하고, 등교거부와 가출과 같은 현실을 도피하게 되고, 모방범죄로 범법자가 되기도 한다.

5. 사회화의 유형

사회화는 시기적으로 삶의 초기, 즉 아동 · 청소년기에 이루어지는 1차적 사회화와 예견적 사회화가 있고, 1차적 사회화와 또는 예견적 사회화가 끝나고 사회의 구성원으로 직업을 가지기 시작하는 시기인 청년기 이후에 이루어지는 2차적 사회화와 재사회화로 분류할 수 있다.

1) 1차적 사회화

사회화가 그가 속한 사회의 가치와 문화를 수용하여 구성원으로 입문하는 것이라고 볼 때 이러한 사회화는 대부분 아동 · 청소년기에 일어난다. 이와 같이 삶의 초기에 일어나는 사회화를 1차적 사회화라고 한다. 유아기는 태어나서 먼저 부모와 애착관계를 형성하면서 사회적 존재로 성장하는 시기이다. 가정에서 부모로부터 언어를 익히고, 양심과 같은 도덕성을 발달시키며, 부모와 가족들과 생활하면서 가치관을 형성한다. 1차적 사회화가 일어나는 시기에 부모와 가족, 또래들과 상호작용하면서 자아 개념을 형성한다. 이때 사회적 관계를 맺는 타인이 유아에게 주는 반응이 '긍정적'인가 혹은 '부정적'인가는 유아의 자아개념에 중요한 영향을 미친다. 긍정적 반응을 많이 받은 유아는 긍정적 자아개념을 형성하지만 부정적 반응을 많이 받은 유아는 부정적 자아개념을 형성하게 된다.

생의 초기에 이루어지는 1차적 사회화는 본인의 선택에 의한다기보다 주어진 여건에서 본인의 선택에 상관없이 필연적으로 이루어진다. 1차적 사회화는 주로 가정에서 이루어지기 때문에 가족의 가치관 특히 부모의 가치관이나 행동양식을 그대로 수용하여 내면화된다. 개인의 입장에서 1차적 사회화는 삶의 기초를 형성하여 이후 삶의 방향을 결정하고, 2차적 사회화의 기본구조를 형성하기 때문에 매우 중요하다고 할 수 있다.

2) 2차적 사회화

1차적 사회화가 사회인으로 진출하기 전 가정이나 학교에서 이루어지는 성인이 되기 위한 준비의 과정이라고 한다면 2차적 사회화는 1차적으로 사회화된 개인이 직업을 갖는다든지 새로운 삶의 현장으로 들어간 다음 이루어지는 것이다. 학업을 마치고 전문직업인으로 입문하여 적응하려면 그 직업에서 요구하는 전문화된 지식과 기술뿐만이 아니라 해당 직종에서 형성된 문화나 직장의 문화를 배우고 수용해야만 적응할 수 있다.

개인은 새로운 삶의 세계로 입문한 후 그 집단의 여러 업무, 집회, 의식 등 행사에 참여하면서 그 집단의 가치관이나, 규범, 행동양식을 내면화하게 된다. 개인은 어떤 한 집단에서 오래 생활하면서 자신도 그 집단에 동화되지만 후배나 동료들의 직무와 집단의 문화를 가르쳐주는 입장이 되기 때문에 2차적 사회화의 담당자가 되기도 한다. 1차적 사회화가 가정이라는 매우 주관적 환경에서 이루어지는 데 비하여 2차적 사회화는 다양한 사람들로 구성되어 개인의 사적인 입장보다는 공동 목표가 있는 집단의 입장에서 이루어지기 때문에 객관적이다. 1차적 사회화는 문서화되지 않은 내용을 비정형화된 형식으로 이루어지는 반면 2차적 사회화는 매뉴얼이라는 문서화된 내용을 정형화된 형식으로 이루어지는 경우가 많다. 물론 2차적 사회화도 직장의 친목회나 동호회와 같은 비형식적 활동을 통해서도 직장의 문화를 배우기 때문에 모든 2차적 사회화가 정형화된 형식으로 이루어지는 것은 아니다.

3) 예견적 사회화

개인이 사회 속에서 살아가기 위해서는 성인으로서 사회적 역할을 하기 위한 준비의 과정이 있어야 하고, 준비된 지식과 기술을 가지고 해당 집단에 소속되어 직무를 수행해 나가는 과정이 있어야 한다. 예견적 사회화는 준비의 과정으로서 미래의 직업 또는 지위를 획득하기 위해 필요한 지식과 기술, 태도를 연마하는 과정이라고 보면 된다. 아동·청소년들은 가정에서 또는 학교에서 미래 자신의 모습을 그리며 그에 적합하게 되기 위해 여러 가지 능력을 구비하는 노력을 한다. 예견적 사회화는 개인이 앞으로 무엇이 될 것이라는 가정에 근거하여 필요한 능력을 연마하는 과정이라고 볼 수 있다. 아동·청소년들은 예견적 사회화 과정에서 실패하기도 하고, 시행착오를 하기도 하면서 자신에게 적합한 미래 삶을 설계하게 된다. 예견적 사회화 단계에서는 실수가 허용되며, 책임에서도 비교적 자유로우며, 다양한 시도가 권장되는 시기이다. 개인은 학교를 졸업하고 직장에 들어가서는 직무에 충실하고 직무능력을 고도화하기 위한 여러 가지 기술과 직무역량을 키워야 하는 요구에 직면하게 된다. 또한 예견적 사회화는 새로운 집단이나 지위로의 이동을 위해서 필요하며, 이러한 과정은 일생을 통해서 지속된다.

4) 재사회화

재사회화는 이전의 습관과 가치관을 버리고 자신의 삶을 개선하기 위해서 새로운 가치관과 습관, 행동의 변화를 수용하는 과정을 말한다. 재사회화는 혁신을 위한 모멘텀으로 작용하고, 인생을 재설계하는 과정으로서 치료집단, 개혁학교, 교정기관 등에서 이루어진다. 재사회화는 이전에 가지고 있던 자신을 버리고 새롭게 재탄생하는 기회이기 때문에 변화하고자 하는 강한 의지가 필요하며, 다소 엄격한 수련과정 내지는 훈련과정이 필요하다.

6. 교육과 사회화

개인이 사회의 구성원이 되기 위해 그가 속한 사회의 가치와 관습, 규범, 지식 등 문화를 익혀 내면화하는 것을 사회화라고 하는데 이는 젊은 세대에게 앞으로 삶에서 필요한 지식과 기술을 가르치는 것을 지칭하는 교육과 뚜렷이 구별하기가 어렵다. 그래서 사람에 따라서는 교육과 사회화를 혼용하여 사용하기도 한다. 그러나 교육의 기능 중 하나를 사회화에 있다고 볼 때는 교육이 사회화의 범주에 속하므로 교육보다는 사회화가 더 넓은 개념이라고 할 수 있다.

교육은 가르치고자 하는 목표가 분명히 설정되고, 그 목표를 성취하기 위한 교육내용을 체계적으로 조직하여 학습자의 수준에 적합한 방법으로 이루어진다. 교육은 교육과정이라는 비교적 형식적인 절차와 내용을 가지고 이루어지기 때문에 의도성이 강하다. 그래서 교육을 정의할 때 인간의 행동을 의도적으로 변화시키는 과정이라고 하는 것이다. 물론 교육의 유형에 학교에서 이루어지는 형식적 교육이 있는가 하면 가정에서 이루어지는 교육처럼 비형식적 교육도 존재한다. 이러한 점을 고려하더라도 교육을 사회화와 구별할 때는 더 형식적으로 이루어지는 미래 준비의 과정 내지는 인간의 완성을 위한 과정이라고 할 수 있다. 한편 교육은 개인으로 하여금 사회에 적응하는 능력을 가르치는 것이면서 인간의 잠재성을 개발하여 사회의 개혁에 앞장서는 선구자를 기르는 일이다.

사회화는 교육에 비하여 너 넓은 개념으로 비형식적으로 이루어지는 교육과 형식적으로 이루어지는 교육을 모두 포함한다. 개인은 사회의 구성원으로서 타인으로부터 수용되어야 하고, 사회의 통념을 수용할 수 있어야 한다. 그런 사람은 그가 속한 사회의 문화를 내면화하고 있기 때문에 사회에 적응할 수 있게 된다. 사회화는 기존 질서에 순응한다는 의미를 내포하고 있다.

참고문헌

김규태, 이인학, 김도진, 이기영, 박지은, 류관열, 백경숙(2016). 교육사회학. 공동체.

김윤식 역(1984). 발달심리학. 학문사.

성낙돈, 안병환, 가영희, 노재화(2010). 교육사회학. 동문사.

송명자(1990). 발달심리학. 학지사.

이종각(2012). 교육사회학총론. 동문사.

최정웅(2004). 교육사회학. 양서원.

Rosenberg, Morris & Turner, Ralph G.(1981). *Social Psychology*. New York: Basic Book.

Berns, R. M.(2007). *Child, Family, School, Community*. Thomson: Australia.

Conger, R. D., Burgess, R. L., & Barrett, C.(1981). "Child abuse related to life change and perceptions of illness : Some preliminary findings." in J. V. Cook & R. T. Bowles(Eds.), *child and omissions*. Toronto: Butterworth Company. pp.255-261.

제 3 장

거시적 접근이론

사람들마다 사회를 보는 시각이 있다. 사회에서 발생하는 현상을 거시적으로 보아 해석하고 문제를 해결할 때도 거시적으로 접근하는 사람들이 있는가 하면 미시적으로 접근하는 사람들이 있다. 이들 이론은 원래 사회학의 이론인데 교육사회학 연구에서도 그대로 반영되었다. 거시적 관점은 규범적 패러다임에 의하여 교육의 문제를 사회의 큰 틀을 형성하는 경제와 문화와 같은 것과 연관지어 규명하는 것이고, 미시적 관점은 해석적 패러다임에 의하여 교육의 문제를 작은 틀을 형성하는 교육내적인 교사와 학생의 상호작용이나 교육과정과 같은 것과 연관지어 규명하는 것이다. 규범적 패러다임은 19세기 꽁트(Comte, 1798~1857)를 중심으로 나타난 실증주의 철학의 한 경향인데 어떤 사실이나 현상을 분석할 때 주관적 감정보다는 객관적 사실에 입각해서 판단하는 것이다. 실증주의에서는 지식이란 감각적 관찰에 의해 발견된다고 보며, 경험적 사실에 의한 인식만을 진실로 다룬다. 이는 근대 자연과학의 눈부신 발전을 이끌었다. 실증주의는 눈에 보이는 물리적 세계만이 아니라 눈에 보이지 않는 사회적 · 정신적 현상들까지 자연과학의 방법에 기초해 설명하려는 경향을 낳았다. 거시적 접근이론은 이러한 실증주의 영향을 받아 인간 행위에 대한 사회학적 설명이 자연과학의 연구방법인 연역적 방법으로 이루어졌다. 즉, 사회현상이 계량적이고 통계적인 자연과학적 방법으로 설명되어야 과학으로서 정당성이 있고, 그에 의한 것이 진실이라고 믿었다. 거시적 접근이론은 인간이란 경제와 문화와 같은 거대한 틀 속에서 작은 분자로 존재하며 틀이 제공하는 여러 가지 조건에 수동적으로 움직이는 존재로 본다.

그러나 해석학적 패러다임인 미시적 접근은 사회란 개인의 상호관계 속에서 형성되는 것으로서 개인은 사회의 영향을 받는 존재가 아니라 구성하는 존재라고 인식하였다. 미시적 관점은 해석적 패러다임에 기초하여 사회가 그 안에서 생활하는 개인 간의 상호작용과 개인의 가치, 신념, 행동에 의해 어떻게 질서를 갖추어 가는가에 관심이 있다.

거시적 접근이론으로는 대표적으로 기능이론(functional theory)과 갈등이론(conflict theory)이 있다. 기능이론은 1940년대 사회학적 분석의 방법으로 등장하여 1950년대 절정을 이루었다. 이 시기 동안에는 대부분의 사회학자들의 표준적인 이론이었고 대세를 이루었다. 그러나 1960년대 들어 사회현상을 기능주의로 충분히 설명을 할 수 없게 되자 기능주의는 심각한 도전을 받게 되었다. 이 무렵 복잡해진 사회현상을 설명하기 위해서 갈등이론이 등장하였고, 1970년대에 접어들어서는 기능이론과 갈등이론 간 학문적 논쟁이 심화되어 지금까지 계속되고 있다. 학문적 논쟁은 서로 간에 비판과 공격 그리고 이에 대한 방어와 반박으로 전개되었다. 둘 간의 경쟁은 기능이론이 주류를 이루었으며, 이를 비판하려는 비주류 이론으로서 갈등이론이 있었다. 기능이론과 갈등이론은 교육사회학의 연구에도 그대로 반영되어, 1970년대 이전에는 교육에 대한 갈등이론적 설명은 거의 전무할 정도로 기능이론이 대부분을 차지하였다. 그러나 1970년 이후에는 국가 내의 교육문제는 말할 것도 없고 국제 교육문제에 대해서도 갈등이론적 분석과 비판이 등장했다. 기능이론은 갈등이론의 공격을 받음에도 1980년대 들어서 다시 활기를 되찾았다. 그 이후에는 사회와 교육의 현상을 완벽히 설명하고 문제를 해결하기 위해 어느 하나의 이론만으로는 가능하지 않으며, 새로운 이론 모델이 필요함을 많은 학자들이 인식하였다. 그럼에도 불구하고 아직까지도 교육사회학의 분야에서 기능이론과 갈등이론은 여전히 유효하게 사용되고 있다. 오늘날 교육사회학의 연구에서 중심에 있는 교육평등, 양극화와 계층이동, 교육의 사회적 기능, 사회변동 등에 대해 설명할 때도 기능이론과 갈등이론 두 관점이 주류를 이루었다. 기능이론과 갈등이론은 서로 비판하며 대립하였다. 기능이론이 먼저 출발하여 주류를 이루었다면 갈등이론은 후발주자로 기능이론에 대한 비판과 도전으로 전개되어 왔다. 학자들은 자기의 관점이 사회와 교육문제를 분석하고 이해하는데 더 적합하다고 주장하며 대립하였다.

1. 기능이론

1) 배경 및 발전과정

구조기능주의, 합의이론, 질서모형, 조화이론, 균형모형 등으로 불리는 기능이론 학자들은 "사회가 기능을 좀 더 잘 할 수 있을까?", "사회가 탄탄한 구조를 이룰 수 있을까?"를 논의하게 된다. 18세기는 서구사회에서 도시화에 따른 사회변동이 심하게 일어났다. 프랑스 시민혁명(1789~1799) 이후 개인의 자유를 중시하는 사회로 변하였는데 농장은 공장으로, 농로는 시민계급으로, 집단 속의 개인은 개인으로서의 나로 전환되던 시기이다. 이 시기 사상가들은 사회질서에 관심을 가지게 되었다. 혼란스러운 사회분위기 속에서도 사회가 무너지지 않고 지속적으로 유지됨에 따라 사회 이면에 사회가 유지되게 하는 기능을 생각하고 그 기능을 공고히 하려고 했다. 이를 위해서 "어떻게 사회의 유지 및 존속이 가능한가?"를 연구하고 사회가 구조와 기능을 유지 존속하는 방법론을 제시했다.

기능이론은 꽁트(Comte)와 스펜서(Spencer)에 의해 기초가 형성되고, 뒤르껭(Durkheim)에 의해 발전되었으며, 파슨wm(Parsons)에 의해 체계적으로 사회학적 이론으로 발전되었다.

① 꽁트(Comte) : 꽁트는 실증주의를 창시하였는데 사회도 물리적 현상을 논리적으로 증명하는 것처럼 과학화를 주장하고, 사회학이란 용어를 만들어 냈다. 그는 19세기는 자연과학의 축적된 경험적 지식이 이 세상을 이해하고 더 좋은 사회를 창조하는데 쓰일 수 있는 실증적 방법이라고 생각하고 이를 사회학이라고 하였다.

② 스펜서(Spencer) : 스펜서는 꽁트의 영향을 받아 기능이론의 기초를 세웠다. 그는 생물학적 원리와 사회학적 원리의 유사성을 강조하였다. 인체의 각 기관이 그에 맞는 기능을 담당함으로써 생명이 유지되는 것처럼 사회에도 그

사회를 이루는 각 요소들이 있고, 그 요소들이 맡은 기능을 잘 담당하면 사회도 잘 유지될 것이라고 주장하였다. 반면 사회를 이루는 구성요소들이 망가지면 거대한 사회 전체에 영향을 주어 사회가 병들 수 있다고 한다.

③ 뒤르껭(Durkheim) : 공동체의식을 강조한 뒤르껭은 당시 심리학적 방향에 치우쳤던 교육학 연구를 사회학적 토대 위에서 할 수 있도록 근거를 제공했다. 그는 최초로 교육학 연구에서 사회학적 접근을 시도했다. 그는 교육이 제 기능을 한다면 사회가 잘 돌아갈 것이라고 생각했다. 뒤르껭의 교육사회학 연구 이후 교육의 목적은 자아실현과 같은 개인의 인격 완성에서 사회에 필요한 기능을 하는 인재양성으로 확대되었다.

2) 기능이론의 사회관

기능이론의 사회에 대한 관점은 사회는 사회를 구성하는 각 요소가 결합된 어떠한 구조를 가지고 있고 각 구성요소들은 각기 일정한 기능을 담당한다는 것이다 . 사회를 구성하는 여러 요소는 통합되어 있고, 구성원들은 합의에 의해 사회를 운영하며, 구성요소들은 균형을 이루어 사회가 안정되도록 한다.

첫째, 구조와 기능 : 사회는 여러 구성요소로 되어 있고, 각 요소들은 각기 담당하는 기능을 가지고 있다. 각 요소가 담당하는 기능이 잘 돌아갈 때 사회 전체도 잘 돌아간다고 본다. 각 요소의 기능이 사회 전체의 성격을 결정한다.

둘째, 통합 : 사회를 구성하는 각 요소들은 각자 흩어져 존재하는 것이 아니라 서로 영향을 주고받으며, 하나로 묶여 있다.

셋째, 합의 : 사회구성원들은 행동의 일관성과 서로 이해를 위해 동의하며, 서로 합의하여 이루어진 가치와 규범을 가지고 있다.

넷째, 안정 : 사회는 급진적 변화보다는 사회의 한 부분의 변화가 사회의 존속에 위협이 되지 않도록 다른 부분을 보상함으로써 균형을 통해 안정을 취한다.

기능이론 관점에서 사회의 특징은 다음과 같다.

① 민주사회 : 개인은 자유가 보장되어 있어 자신의 진로를 결정하며, 주거와 이동의 자유가 있고, 자신이 신봉하는 종교를 선택할 수 있고, 자신의 가치관에 따라 생활할 수 있다. 누구든지 기회가 공평하게 주어지며, 공정한 경쟁에 의하여 선택되며, 인격적으로 존중받는다.

② 능력주의 사회 : 사회적 지위와 소득배분의 기준을 개인의 능력과 성취에 두는 원리가 적용되는 사회를 말하는데 '업적주의'라고도 한다. 이는 개인의 신분과 계급에 따라 지위가 배분되던 중세의 '귀족주의'의 대안으로 제시된 것이다. 기능이론에서 사회는 개인의 신분이 아니라 능력과 업적에 따라 교육의 기회와 사회적 신분이 제공되는 능력주의(업적주의)를 정당한 것으로 본다. 따라서 능력의 차이에 따라 차등적 보상이 주어지고 이의 결과로 사회계층이 분화되는 것을 정당한 것으로 본다.

③ 전문가 사회 : 사회의 각 분야에서 활동하는 사람들은 그 분야의 전문지식과 기술을 가진 사람들이 담당한다. 자격증제도는 전문가 사회의 한 단면을 보는 것이다. 어느 분야에 종사하기 위해서는 그 분야 해당 자격증을 가져야 하는 것이다.

기능이론은 특히 미국사회에서 지배적 이론으로 오랫동안 확고하였다. 그러나 1960년대 이후 한계가 드러나면서 위상이 약해지기 시작하였다. 기능이론은 기존의 사회제도를 정당화시켜 주는 이데올로기라는 비판(김천기, 2008) 외에 변화와 개혁보다는 현상유지를 지지한다는 비판을 받는다(김신일, 2009). 사회에는 다양한 관점과 이념이 있고, 이익집단 간에는 갈등이 존재하는데 이를 간과하며, 통합과 합의를 지나치게 강조한 나머지 집단 간의 갈등을 다루지 못하였다(김경식 외, 2004). 기능이론은 와세이에 의해 다음과 같이 여러 가지로 비판되었다(Warshay, 1975). ① 존재하는 모든 사회조직을 기능적인 것으로 본다. ② 보수적이다. ③ 목적론에 빠져 있다. ④ 실증적이지 못하다. ⑤ 변화를 제대로 설명하지 못한다. ⑥ 구조나 성격과 같은 기본 변수를 소홀히 취급한다. ⑦ 권력 투쟁, 갈등, 일탈행동 등을 제대로 설명하지 못하고 이러한 현상을 범법행위 또는 병리현상으로 간주한다. ⑧ 사회적 이념, 목표, 규범 등의 보편성과 합의성을 과장한다. 이렇게 기능이론은 객관적이지 못하고 과학적이지 못하다는 비판을 받았다.

3) 기능이론의 교육관

기능이론에서는 교육과 사회관계를 긍정적 관계로 파악하고 사회에서 교육은 순기능을 한다고 본다. 기능주의에서 교육은 사회를 유지하고 존속시키기 위해 독자적인 기능을 수행한다고 본다. 기능이론에서 교육의 사회적 기능은 문화유산 전달 기능, 사회화 기능, 사회이동 및 선발 기능, 사회충원 기능이 있는데, 이 중에서도 가장 강조되는 기능은 사회화 기능과 사회이동 및 선발 기능이다.

① 문화유산 전달 기능 : 교육은 그 민족이나 국가 나아가서 전 인류에서 대대로 전해져오는 지식, 기술, 태도, 언어, 신앙, 가치, 규범 등 문화를 다음 세대에 전승하는 것이다. 문화유산의 전달은 한 민족이나 국가의 사람들에게 문화의 동질성을 유지하여 공동의 사회생활을 가능하게 하고, 사회적 연대와 결속을 가능하게 한다.

② 사회화의 기능 : 사회화란 개인이 사회적 존재로 살아가는데 필요한 지식과 기술 및 사회적 가치와 규범을 개인에게 내면화시키는 것을 말한다. 사회화는 개인이 사회구성원으로서의 역할을 할 수 있도록 함으로써 사회의 유지와 발전에 기여한다. 뒤르껭(Durkheim)은 보편적 사회화와 특수 사회화로 학교의 사회화 기능을 설명한다. 교육은 보편적 사회화를 통해 개인에게 사회에서 보편적으로 요구되는 지식과 기술, 태도, 가치관, 규범 등을 습득시킨다. 또한 사회가 안정적으로 유지되기 위해서는 다양한 직업이 필요하기 때문에 교육은 자라나는 세대들에게 일정 연령 이상이 되면 특정한 직업에서 요구되는 해당분야에 관련된 지식, 기술을 습득하는 특수 사회화를 시킨다.

파슨즈(Parsons)는 사회체계를 구성하는 모든 요소들은 사회체계 전체와 연결되어 있다고 본다. 학급은 학교를 위해 기능하고, 학교는 교육체계를 위해 기능하며, 교육체계는 사회 전체를 위해 기능한다는 것이다. 그래서 학교와 교육은 하나의 사회체계이며 사회화의 대행기관으로 본다.

③ 사회이동 및 선발 기능(선발 및 배치 기능) : 기능이론에서는 교육은 사회를 유지 · 존속시키기 위해 인력을 양성하고 적재적소에 선발 · 배치하는 기능을 수행한다고 본다. 학교는 개인의 능력과 적성을 정확히 파악하여 그에 맞추어 교육하고 적재적소에 배치함으로써 사회의 효율성을 높일 수 있다. 봉건사회에서는 신분에 의해 사회적 지위가 결정되지만 근대 산업사회에서는 능력에 따라 학교교육을 받을 수 있고, 학생의 성취수준에 따라 사회적 지위를 획득한다. 부모가 노동자이건 국회의원이건 판사이건 상관없이 학생의 능력만으로 좋은 대학에 입학할 수 있고, 학교교육의 기회가 평등하게 주어지면 학교교육의 선발 · 배치기능에 따라 사회적 평등이 실현될 수 있다고 보았다.

④ 사회충원 기능 : 이 세상에는 수많은 직업이 존재한다. 직업의 종류에 따라 지위와 역할이 달라지며, 지식 및 기술 등의 자질이 다르게 요구된다. 교육은 이러한 사회적 요구를 인력의 선발과 배치라는 기능을 통해 충족시켜 준다. 사회가 고도화되면서 학교교육을 통한 인력 양성이 매우 중요하게 되었다. 산업구조와 사회구조의 급격한 변화는 인력수급의 요구를 심화시키고 있고, 교육수준과 학력은 사회적 선발과 배치에 더 많은 역할을 한다. 오늘날과 같은 개방사회에서 학교의 졸업장이 사회적 선발과 지위의 배분에 결정적인 요인으로 작용하는 것이 일반적 현상이다. 전문직이나 관리직에서 고학력자를 배치하고 단순 노동직에는 저학력자를 배치하게 되었다.

현대사회에서 사회충원은 신분과 같은 귀속적 요인에 의하기보다는 교육성취와 같은 업적 요인에 의해서 이루어진다. 학교교육의 사회적 충원기능을 충실히 수행하기 위해서는 교육의 기회균등이 보장되어야 하고, 학생의 선발 및 분류 제도의 공정성이 확보되어야 하며, 인력수급의 문제, 고용문제 등에서 많은 연구가 수반되어야 한다.

4) 대표적인 학자와 이론

(1) 뒤르껭(Durkheim)의 도덕사회화론

교육사회화론은 프랑스의 급격한 사회의 변화, 즉 도시화와 산업화 그리고 사회체제의 변화와 갈등이 소용돌이치는 시대적 상황에서 뒤르껭에 의하여 주장되었다. 뒤르껭은 혼란한 사회에서 사회질서와 사회화를 강조하였으며, 산업화와 도시화의 분화와 이질성에도 사회가 해체되지 않는 사회의 원리를 유기적 연대(organic solidarity)에서 찾았다. 사회는 기계적 연대에서 유기적 연대로 변화되었다고 보았다. 유기적 연대에 의해서 개인과 사회는 내적 의존성, 사회통합, 집합의식 등이 강화되었기 때문에 사회는 해체되지 않고 유지되어 갈 수 있다는 것이다(김병희 외, 2014). 그는 인간을 육체와 욕망을 지닌 동물적 인간과 사회화된 인격체로서의 인간인 도덕적 인간으로 보는 이중적 인간으로 보는데 인간다운 인간은 도덕적 교육을 통한 사회화로 이루어진다고 보았다. 그는 교육이란 개인을 사회적 존재로 생존 가능하게 만드는 사회적 과정으로 보았으며, 교육이 없이는 사회가 유지될 수 없다고 보았다. 사회화 중에서 도덕사회화를 교육의 핵심으로 보았다. 도덕사회화는 아이들을 사회 일반이 보편적으로 받아들일 수 있는 존재로 만드는 것이며, 이로 인해 사회적 통합이 이루어질 수 있다고 주장하였다.

(2) 파슨즈(Parsons)의 학교사회화론

파슨즈는 사회체계를 유기체에 비유하고 있다. 사회는 상이한 부분들이 서로 유기적으로 연결된 하나의 관계망으로 파악하고 있다. 이러한 것을 구조기능적 사회체계라 하는데 부분이 전체에 연결되며, 부분은 전체를 위한 기능을 한다고 본다. 사회체제란 사회를 구성하는 각 요소가 일정한 형태를 가지고 질서를 유지하고 있는 상태를 뜻한다. 파슨즈는 뒤르껭과 마찬가지로 학교교육의 사회화 기능을 강조하였는데, 동시에 산업사회에서 인력배치 기능을 강조하였다. 그는 사회화와 사회적 선발을 사회체제로서의 학교의 기능으로 파악하였다. 사회체제가 유지되기 위해서는 네 가지 기능이 원활하게 수행되어야 한다고 보았다. 즉, 적응기능, 목표달성 기능, 잠재성의 유형유지기능, 통합기능이 원활하게 작동될 때 사회체계가 유지될 수 있다고 보았다(송병순 외, 2002).

(3) 슐츠(Schultz)의 인간자본론

경제학자인 슐츠는 교육을 인간자본에 투자하는 것으로 본다. 인간의 교육에 투자하는 것은 미래에 투자금보다 많은 배당금을 받는다고 보는 것이다. 인간이 교육을 통해서 지식과 기술을 갖추게 될 때 인간의 경제적 가치는 증가한다고 보는 것이다. 학력에 따른 수입의 차이는 교육에 따른 지식과 기술의 차이 때문이라고 설명한다. 교육은 생산성을 높여주는데 임금은 생산성에 의해 결정되기 때문에 많은 교육을 받으면 그만큼 임금이 상승된다고 주장한다. 따라서 교육은 계층이동을 가능하게 해준다고 생각한다. 또한 교육기회가 확대되면 계층 간 불평등이 줄어들어 사회평등이 실현된다고 본다.

인간자본의 투자가 많을수록 더 높은 소득을 얻게 된다. 즉, 교육수준이 높으면 생산성이 높아지고 생산성에 의해 결정되는 소득도 높아지게 되는 것이며, 경제적 소득이 높아지면 사회적 지위도 높아지게 된다(강창동, 2009). 인간자본론은 국가의 경제성장에 교육이 기여한다고 보며, 개인적인 소득에도 기여하기 때문에 교육은 사회발전의 원동력으로 본다.

(4) 맥셀랜드(McCelland)의 근대화론

근대화론은 사회심리학자인 맥셀랜드에 의해 체계화되었다. 근대화론은 1, 2차 세계대전을 거치면서 전쟁복구와 사회발전에 대해 낙관적으로 전망하는 사회학자와 심리학자, 정치학자들에 의해 전개되었다. 근대화론은 근대화 기관, 근대적 가치, 근대적 행위, 근대사회, 경제발전의 다섯 가지 변인 간에는 직접적인 인과관계가 있다는 가정에 기초를 두고 있다(나항진 외, 2011).

근대화는 사회구성원의 가치관에 기인하며, 사회가 경제적 발전을 하기 위해서는 개인에게 성취동기와 같은 근대적 가치를 가르쳐야 한다. 이러한 성취동기는 사회화를 통해서 획득되는데 학교교육은 아동들에게 새로운 가치관을 심어주는 중요한 기능을 한다. 사회발전의 원동력은 미래지향적인 혁신성이라고 보고, 창의성, 성취동기, 기업가 정신 등을 중요하게 본다. 근대화론은 국가의 발전을 위해서 교육의 역할을 강조하며, 교육이 국가의 경제발전에 공헌한 점을 높이 평가한다. 그러나 근대화론은 교육이 경제발전에 기여하는 과정에서 발생하는 갈등에 대해서는 언급하지 않았고, 교육을 경제 발전을 이끌 인력자원 개발의 수단으로 전락시켰다는 점에서 비판을 받았다.

(5) 클락(Clark)의 기술기능이론

클락은 『전문가 사회교육(Educating the Expert Society)』에서 "우리 시대는 유능한 기술자와 전문가를 계속하여 요구하고 있는바, 이러한 인재를 양성하는 과업에 교육제도는 더욱 충실해야 한다."고 주장하였다. 클락은 학교제도와 직업세계가 상호 긴밀한 관계를 유지하고 있음을 주장하였다. 학교는 산업사회가 요구하는 기술자와 전문가를 양성하여 배출하는 기능을 통해 산업사회의 유지와 발전에 기여한다. 학교는 산업사회를 지탱하는 핵심장치이고, 학교제도는 각 직종의 수준에 알맞게 발달하였다고 본다. 즉, 고학력 사회는 고도산업의 결과이다. 산업이 발달할수록 학력도 높아지는 것이 당연하다는 것이다. 취업을 위한 교육수준이 계속 높아지고, 학교는 이에 비례하여 높은 수준의 인력을 훈련시킨다. 점점 더 많은 사람들이 학령기가 길어지고 학력이 상승하고 이로 인해 학교가 팽창한다고 설명한다. 학교교육 팽창은 기술변동과 복잡한 직업의 분화에 의해 발생된 결과로 본다.

그러나 기술기능이론은 현대사회의 다양한 교육현상의 설명에 대하여 많은 한계점을 갖고 있다(허은주 외, 2010).

첫째, 학력 인플레이션을 설명하지 못한다. 기술기능이론에 의하면 학력수준이 높아지는 것은 사회기술이 높아지면서 생기는 자연스러운 요구이므로 학교에서 배출된 인력이 사회에서 자연스럽게 수용되어야 한다. 그러나 학력의 과잉공급으로 산업이 이를 수용하지 못하고 있으며, 학력의 사회적 가치를 저하시키고 있다. 오히려 학력 인플레이션으로 사회적 불안이 가중되고 갈등을 유발시키고 있다.

둘째, 학력과 직업은 일치하지 않는다. 실제 취업은 자신의 학력과 전공과 무관하게 직업에 종사하고 있다.

셋째, 학교교육은 직업세계에서 필요로 하는 지식과 기술을 제대로 가르치지 못하고 있다. 현대사회의 특성상 빠른 속도로 변하는 지식과 기술을 학교에서 제대로 반영하여 교육하지 못하고 있다.

2. 갈등이론

1) 배경 및 발전과정

갈등이론은 사회는 이해관계가 다른 개인이나 집단으로 구성되어 있으며, 이들은 대립과 경쟁, 갈등과 변화의 관계에 있다고 주장하는 이론이다. 교육도 이러한 사회관계를 반영하고 있다고 가정한다. 이는 사회를 안정 지향적 · 균형 지향적 구조로 이해하는 구조기능주의 교육이론과는 반대되는 입장을 취하고 있다.

제2차 세계대전이 끝난 후 미국과 소련의 이념적 경쟁이 심화되었다. 미국을 중심으로 한 서구와 소련을 중심으로 한 동구의 갈등은 표면적으로 대두되었으며, 서구는 체제의 우월성을 위해 사회 안정과 발전을 강조하게 되었고, 이를 지지하는 기능주의 사회학이 주류를 형성하였다. 이 시기 학교교육도 기능적 효율성을 중시하였고, 교육의 사회적 기능은 사회안정과 통합, 질서유지에 초점을 두었다(이종각, 2012). 그러나 1960년대 들어서 미국은 인종문제와 사회 불평등 문제가 터져 나왔다. 사회의 불합리에 회의를 느낀 학생들에 의해 뉴 레프트운동(new left movement)이 확산되었다. 기능주의 사회학 이론으로는 사회 불평등 문제와 갈등문제를 해결하는데 한계가 있었고, 사회를 개혁해야 한다는 분위기 때문에 갈등이론이 새로운 대안으로 부각되었다. 뉴 레프트운동은 사회적 소외, 불평등과 같은 사회구조적인 문제를 비판하면서 기득권에 대항하였다. 이와 함께 오랫동안 누적되었던 인종차별 문제가 킹목사 암살을 계기로 수면 위로 떠올랐다. 사회학자들은 사회의 갈등이 자본주의 사회의 모순적 구조와 관련 있다고 인정하고 갈등주의 사회학에 관심을 가지기 시작하였다.

갈등이론은 기본적으로 마르크스(K. Marx), 베버(W. Weber) 등의 이론과 사상에 근거를 두고 있다. 칼 마르크스는 역사의 발전과정을 무산계급과 유산계급의 경제적 이해관계를 둘러싼 갈등관계로 설명한다. 유산계급은 생산력과 생산관계를 통해 무산계급의 이익을 착취한다고 본다. 유산계급은 무산계급을 이러한 불평등한 사회질서에 순응하게 하여 불평등한 사회구조를 정당화한다. 베버는 마르크스와 달리 사회갈등의 원인을 경제적 관계에서만 찾으려고 하지 않았다. 베버는 경제가 사회에 중요한 영향을 미친다고 인정을 하면서도 경제적 요인만이 사회구조를 결정하는 중요한 변수는 아니라고 본다. 베버는 사회구조가 경제라는 단일 변수에 의해서 영향 받는 것이 아니라 지위, 권력과 같은 사회적 변인에 의해 영향을 받는다고 본다(이종각, 2012).

기능이론에 대한 비판과 대항은 신마르크스주의(neo-marxism)자들에 의하여 활발하게 전개되었고, 다렌도르프(Dahrendorf), 밀즈(Mills), 코저(Coser) 등에 의하여 체계화되었다.

2) 갈등이론의 사회관

갈등이론은 마르크스의 계급갈등론을 토대로 성립되었다. 사회관계의 본질을 집단 간의 갈등으로 간주하고, 그 갈등으로 인해서 사회가 변동한다는 것이다. 갈등이론과 대립되는 기능이론은 사회는 안정되어 있고, 질서가 유지되며, 구성원 간 합의와 통합을 전제한다. 그러나 갈등이론에서는 사회 내의 개인과 집단 간에는 경쟁과 갈등이 존재하고 지배자의 강압과 피지배자의 저항이 있으며, 이로 인해 사회는 불안정하고 변화된다고 본다.

갈등이론에서 전제하는 사회는 인간의 욕심은 무한한데 갖고 싶어 하는 자원은 한정이 되어 있어 인간 간에 경쟁과 갈등이 불가피하다는 것이다. 자본주의 사회체제는 지배계급의 이익을 유지하고 강화하려고 하기 때문에 지배계급의 높은 사회경제적 지위를 정당화하고 불평등한 구조를 더욱 심화시키려 하고 피지배집단은 이에 저항하기 때문에 지배계급과 피지배계급 간에 갈등이 불가피하다는 것이다.

갈등이론에서 핵심 개념들은 투쟁, 갈등, 긴장, 억압, 통제, 대립, 계급, 변화, 착취, 재생산, 소외, 이데올로기, 허위의식, 계급의식 등이다. 마르크스의 계급갈등론에 의하면 역사의 발전은 생산수단을 소유한 유산계급과 생산수단을 소유하지 못한 무산계급으로 나누며, 그 두 계급의 투쟁의 결과로 본다. 생산수단을 소유한 지배계급을 부르주아라고 하며 그들에게 고용된 노동자를 프롤레타리아로 보았는데, 이를 계급이라고 보았다. 계급관계는 본질적으로 갈등관계로 인식된다. 갈등의 원인은 사회적 불평등이고 부와 권력과 명예는 희소성이 있기 때문에 이들을 둘러싼 이해관계와 문화적 특성에서 서로 대립하는 갈등은 필연적이라고 본다. 지배계층은 이익을 축척하고자 다수의 노동자를 착취한다고 본다. 이러한 구조적 모순과 대립은 계급투쟁으로 나타나며, 이로 인해 사회가 변동한다고 본다.

지배집단은 사회 가치의 중심적 역할을 하며, 현 상태가 계속 유지되기를 바란다. 지배집단은 피지배집단의 저항을 체제의 안정을 위협하는 요소로 보고 설득, 교화, 선전의 방법으로 피지배집단에게 자신들의 주도권과 이익을 정당화하려고 한다. 지배집단은 피지배집단을 강제적으로 억압하고, 교화를 통해 피지배집단을 효과적으로 통제하고자 한다. 지배집단은 자기들의 위치가 위협받지 않도록 계속적으로 새로운 사회질서를 만들어내는 반면, 피지배집단은 자신들의 불합리한 위치를 극복하기 위해 지배집단에 대항할 수 있는 물리적, 이념적 수단을 동원하여 자신들에게 유리한 사회구조를 만들기 위하여 투쟁한다(이종각, 2012). 이러한 지배집단과 피지배집단의 갈등적 관계는 새로운 형태의 사회구조를 만들려는 동력으로 작용하고 이로 인해 사회는 변화된다.

갈등이론에 의한 사회의 특징은 다음과 같다.

첫째, 사회는 갈등의 장소이다. 개인과 집단은 다른 사람들과 희소가치를 두고 서로 경쟁한다. 지배자와 피지배자는 이해관계가 대립하기 때문에 유리한 지위를 갖기 위해 투쟁한다. 이로 인해 갈등이 있을 수밖에 없다. 사회는 이해관계의 당사자들이 경쟁과 갈등을 하는 곳이다.

둘째, 사회는 변화한다. 이해관계가 첨예하게 대립하는 지배집단과 피지배집단 간에는 서로 유리한 지위를 점하기 위해 투쟁을 하는 과정에서 새로운 사회질서와 체제가 생겨나게 되고 이러한 과정이 반복하면 사회는 변하게 되는 것이다.

셋째, 지배집단이 피지배집단을 강압하고 피지배집단은 지배집단에 저항한다. 투쟁과 갈등으로 인해 변화가 일어나는 동안 어떤 집단이 권력을 독점하고 강화하려 할 때는 일시적인 안정과 질서를 유지하려 한다. 이러한 안정과 질서는 강압에 의해 유지되며, 강압은 힘을 사용하기도 하지만 선전과 교화 같은 방법을 사용하기도 한다. 피지배집단은 지배집단의 횡포와 강압에 순응하지 않고 자신들의 이익을 침해받지 않기 위해 저항한다.

3) 갈등이론의 교육관

안정과 통합을 강조하는 보수주의적 기능이론이 소수자의 인권과 평등을 찾는 사회적 요청을 충족할 수 없게 되자 기능이론이 대안으로 등장하였다. 이와 맞물려 교육이 사회에 기여하는 역할에도 회의적 시각이 등장하였다. 1960년대 중반부터 학교교육이 인간의 삶을 풍요롭게 하고 있는가, 학교에서 가르치는 덕목이 누구를 위한 것인가, 학교교육은 평등하게 되고 있는가 등의 문제에 대해 의문이 제기되었다.

학교가 아동 및 청소년들을 유능하고 재능 있는 아동으로 성장시키고 합리화된 선발을 통하여 사회경제적으로 높은 지위로 이동시키는데 기여한다고 주장되는 기능이론은 점차 설득력을 잃어가게 되었다. 오히려 학교교육은 계층 간 그리고 인종 간 차이가 지속적으로 벌어짐으로써 교육확대를 통한 기회균등이 이루어지기보다는 지배계층의 이익을 유지하는 역할을 한다는 주장이 나오게 되었다. 학교는 학생의 지적·정의적 성장을 시키지 못하고, 불평등과 비인간적인 억압을 하는 도구라는 비판을 받았다. 이러한 점들은 갈등이론에 의해 학교교육이 사회문제를 해결하는데 비관론적 관점을 만들게 되었다.

기능론적 관점이나 갈등론적 관점 모두 학교와 사회는 밀접하게 관련되어 있다고 본다. 그러나 기능이론이 학교는 사회의 통합과 안정, 발전을 위해 순기능적 역할을 한다고 보는데 반해 갈등이론에서는 학교가 사회에 역기능을 하여 불평등을 조장하고, 지배집단의 이익에만 봉사하는 역할을 한다고 본다. 지배집단의 권력을 영원히 보장하고 기존 불평등한 계층구조를 고착화시킨다. 피지배집단에게 지배집단의 주도권에 순응하는 태도를 갖게 함으로써 지배집단의 이익을 대변한다. 학교는 민주시민의 가치를 가르치기보다는 맹목적 애국심과 바람직한 노동습관, 순종적 직업윤리를 가르친다고 본다.

갈등이론의 교육관은 학교에 대하여 비판적 입장인데 다음과 같이 요약할 수 있다(이종각, 2013).

첫째, 학교는 중립적인 기관이 아니며, 지배집단의 이익을 대변하여 불평등한 사회구조를 재생산한다.

둘째, 학교는 지배집단의 이데올로기를 전수하여 피지배집단을 통제하는 수단으로 사용된다.

셋째, 학교는 인간성의 완성과 자아실현에 목적을 두기보다는 지배집단이 선호하는 가치와 태도, 규범을 주입하는데 치중한다.

넷째, 학교는 업적주의 이념으로 공정성을 위장하고 있으며, 개인의 실패 원인을 사회구조적인 측면보다는 개인의 능력과 노력 부족으로 돌린다.

4) 대표적인 학자와 이론

(1) 경제적 재생산이론

경제적 재생산이론은 학교가 사회의 지배적인 생산관계를 반복적으로 재생산한다고 보는 것이다. 대표적인 학자로는 보울스(Bowles)와 진티스(Gintis)가 있다. 이들은 저서 『자본주의 미국의 학교교육(Schooling in the Capitalist America)』(1976)에서 미국의 학교교육을 비판하였다. 미국의 학교교육은 일부 자본가 계급에게 이로운 태도와 가치관을 가르치고 기존의 불평등한 계급구조를 고착시켜 당연한 것처럼 만들고 불평등한 계급구조를 재생산한다고 비판하였다. 교육체제의 형성과 변화과정에 자본이 개입하는 목적은 학생들을 자본주의 생산방식에 합당한 노동자로 준비시키는 것이라고 보았다. 자본이 학교의 교육에 개입하여 자기들에게 유리하도록 만들어 학교가 모든 사람들에게 평등하게 자아실현을 할 수 있도록 교육목표를 정하고 실현하지 못하도록 한다. 자본주의 사회에서 학교교육은 보편적인 가치를 추구하는 중립적인 기관이 아니라 자본가 집단의 이익을 반영하고 불평등한 사회구조를 재생산하는 역할을 한다고 본다.

갈등이론은 사회의 불평등 구조를 개선하는데 중점이 있는데, 경제적 재생산이론에서는 불평등의 근원이 경제제도의 구조적 불합리에 있음을 지적하였다. 학교에서는 지배계급인 자본가계급의 이념에 근거한 지식을 가르치며, 노동의 사회적 분업을 하는데 필요한 기술을 가르치는 곳으로 규정하였다. 드한 학교교육이 사회적 불평등을 자아내는 자본주의 경제체제를 어떻게 정당화시키고 사회의 지배－복종의 관계를 유지・강화하는지에 관심을 집중하였다. 학교의 교육과정과 경제의 상관성을 분석하여 사회의 경제적 불평등이 학교교육을 통해 재생산된다고 주장하였다.

경제적 재생산이론에서 주장하는 학교교육의 사회적 기능을 다음과 같이 요약할 수 있다. 첫째, 학교는 직무의 각 수준에서 요구되는 지식과 기술을 가르친다. 둘째, 학교는 아동들을 장차 그들의 직업 지위에 적합한 인성을 만들어 가르친다. 즉, 초・중등학교에서는 노동직에 필요한 가치를 가르치고, 대학교에서는 관리직에 필요한 가치를 가르쳐 기존의 경제구조와 권력구조를 은근히 재생산한다고 본다. 결국 학교는 이러한 기능들을 통해 불평등을 마치 당연한 것처럼 만든다.

경제적 재생산이론은 학교교육의 역할이 불평등한 사회구조를 정당화하고, 강화하는 재생산적 도구에 지나지 않다는 비판을 하였다는 점에서 의의가 있다. 그러나 이 이론은 학교교육의 역할을 경제구조에 국한함으로써 경제 이외의 문화구조와 같은 사회적 변인의 역할을 간과하였고, 학생들을 자본가 계급이 요구하는 인간으로 봄으로써 수동적인 존재로 이해하였다. 학교 외부의 경제구조가 학교 내부구조의 모습을 결정한다고 본 것은 무리가 있고, 학교에서 가르치는 규범과 가치가 노동자들에게 기대하는 인성 간에 관련성이 있다고 설명하기 어렵다. 또한 교수학습 장면에서 일어나는 복잡한 관계를 간과하였다.

(2) 문화적 재생산이론

이 이론은 문화적 제도를 통하여 지배적 사회관계가 유지되고 재생산된다고 본다. 대표적인 학자로는 브르디외(Bourdieu), 번스타인(Bernstein) 등이 있다. 이들은 자본주의 사회가 경제적 모순에도 불구하고 붕괴되지 않고 유지되는 이유를 학교가 지배계급이 선호하는 문화를 교육에 이용하여 불평등한 사회관계를 정당화하기 때문이라고 본다. 자본주의 생산관계가 그대로 학교교육에 반영되어 재생산된다는 경제적 재생산이론의 한계를 지적하고 학교교육에서 문화의 영향을 강조하였다. 브로디외와 번스타인은 고등교육과 사회계층구조 간의 관계를 분석하여 교육이 계층 간의 문화적 격차를 강화함으로써 사회 계급구조를 재생산하는 역할을 한다고 보았다.

문화는 계급에 따라 차이가 있는데 상위계급의 문화는 상징적 폭력을 이용하여 하위계급의 문화를 지배하여 상위계급의 언어나 관습, 사고방식, 가치관, 행동양식을 하위계급이 따라하도록 한다고 보았다. 즉, 지배계급의 문화가 피지배계급의 문화에 스며들어 지배계급의 이익을 자연스럽게 보장하고 사회는 그런 질서가 당연한 것처럼 작동된다고 보는 것이다. 경제적 자본이 생산·분배·소비되듯이 문화도 시장을 형성하며 문화는 경제적 가치를 지닌다고 보았다. 이것을 소위 문화자본(cultural capital)이라고 한다. 즉, 문화자본은 학업성취를 촉진하는 언어적 능력과 문화적 능력을 의미하는 것으로 사회적으로 불공평하게 분배된 앎의 형태이다. 학교를 통해서 일어나는 재생산에는 제도화된 문화자본을 통한 것과 상징적 폭력을 통한 것으로 설명한다.

제도화된 문화자본을 통한 재생산은 학교의 교육내용에 있는데 학교에서 가르치는 교육내용은 지배계급의 문화로 이루어져 있기 때문에 지배계급의 자녀들에게 유리하다는 것이다. 또한 사회적 선발수단인 시험은 지배계급의 자녀에게 유리하기 때문에 이들이 좋은 성적을 받을 수 있고 더 좋은 학교에 진학하며 결국 더 높은 지위를 얻을 수 있게 된다. 학교는 시험성적과 졸업장을 통해 선발하지만 이것이 마치 개인의 능력인 것처럼 위장하여 지배계급의 부와 권력이 다음 세대로 이어지도록 재생산을 조장한다고 보는 것이다.

상징적 폭력을 통한 재생산은 지배계급이 물리적인 강압과 통제를 하용하지 않고도 상징적 폭력을 이용하여 그들의 지위와 이익을 계속 유지해 나가는데 이는 학교교육을 통해서 가능하다고 하는 것이다. 상징적 폭력이란 한 계급의 의미체계를 다른 계급이 받아들이도록 하는 것을 말한다. 이러한 과정에서 학습자들이 습득하는 지각과 이해의 방식을 '아비투스(habitus)'라고 한다. 학습자들이 학교교육을 통해 지배계급의 이해방식인 아비투스를 내면화하게 되면 지배계급이 선호하는 문화를 당연한 것으로 받아들이게 되어 지배－피지배의 질서에 순응하게 된다는 것이다.

번스타인은 계급에 따라 사용하는 코드가 다르고 그로 인해 통제당할 수 있다고 보았다. 상위계층은 세련된 코드(어법)를 하용하고 하위계층은 서투른 코드를 사용하게 된다는 것이다. 그런데 학교에서 세련된 코드를 사용하기 때문에 상위계층에게 유리하게 작용한다고 본다.

문화적 재생산이론은 문화와 계급구조 간의 관련성을 지적하였고 학교교육에 대한 문화적 이해의 지평을 넓혔다는 점에서 높이 평가받는다. 그러나 실증적 자료가 부족하여 신뢰도가 떨어진다는 비판을 받고, 학교의 복잡한 역동적 관계에서 문화만으로 설명하기는 부족한 점이 있다는 비판을 받는다.

(3) 저항이론

재생산이론에 따르면 학교교육이 사회 불평등을 그대로 유지하거나 재생산하는 역할을 한다고 한다. 그러나 학교는 단순히 경제나 문화의 변인에 의하여 좌지우지 되는 것이 아니라 학교교육을 통해 사회 모순과 불평등에 저항할 수 있다는 점을 강조한다. 저항이론의 기저에는 인간이란 사회구조에 지배되는 수동적인 존재가 아니라 주체적 의지를 지니고 사회의 불평등한 구조를 비판하고 개선하는 도전을 하며, 지배－피지배의 관계에 저항하는 능동적 존재라는 시각이 있다.

저항이론의 대표적인 학자는 윌리스(Willis)와 지루(Giroux)가 있다. 윌리스는 노동계층의 자녀들이 사회구조 때문에 어쩔 수 없이 노동직을 택하는 것이 아니고 자신들의 문화와 이질적인 학교문화에 저항하는 과정에서 스스로 노동직을 선택한다고 주장한다. 윌리스는 1970년대 영국의 산업도시의 종합고등학교에 다니는 아버지가 노동계층인 남학생들을 대상으로 학교생활과 졸업 후 직장생활 초기까지 문화기술적으로 연구하였다. 이 연구에서 노동계층의 자녀들이 어떻게 노동직을 선택하는가를 심층 분석하였다.

노동계층 자녀의 남학생들은 학교 내에서 비공식 조직을 형성하여 학교의 권위에 저항하고 학습활동을 거부한다. 그들은 자신들의 집단을 '사나이'라고 칭하며 교사에게 반항한다. 학교에 순응하는 학생들의 집단에게는 '범생이'로 칭하며 이들과 어울리지 않고 자신들이 우월하다고 생각한다. 그들은 학교의 시간표를 무시하며 자신들 나름의 시간표를 만들어 일과를 보낸다. 또한 학교에 순응하고 복종하여 얻을 수 있는 대가가 공평하지 못하고, 학교에서 말하는 것과는 달리 정신노동과 육체노동의 가치는 같으며 학교에 순응해도 개인들 모두 성공을 보장할 수 없다고 생각한다.

이러한 연구결과를 토대로 저항이론에서는 학습자가 교육내용을 그대로 받아들이는 수동적인 존재가 아니라 삶의 경험 속에서 체득한 세계관으로 지배이데올로기를 거부하고 자신들만의 세계를 개척하는 능동적이고 주체적인 능력이 있다고 본다.

(4) 지위경쟁이론

지위경쟁이론은 학력이 사회적 지위 획득의 수단이기 때문에 개인들은 경쟁적으로 높은 학력을 취득하려고 하므로 사람들의 학력이 계속 높아진다는 것이다. 봉건적 신분제도에서는 계층에 의해 가치가 배분되었다면 근대 시민사회에서는 업적주의에 의해 개인의 업적에 따라 가치가 배분되게 되었다. 개인의 능력을 입증하는 기준이 학력이 됨에 따라 개인들은 경쟁적으로 높은 학력을 갖기 위해 경쟁하게 된 것이다.

콜린스(Collins)는 학교가 팽창하는 이유를 부 · 지위 · 권력 등을 놓고 개인 및 집단이 경쟁하기 때문이라고 보았다. 그는 교육체제가 만들어지는 것은 학교 자체의 요구보다는 계층 간에 이해관계를 놓고 갈등에 의한 것이라고 보았다. 상위계층이 그들의 특권적 지위를 강화하기 위해 취직에 필요한 교육수준을 높이면 하위계층은 교육기회를 확대해 줄 것을 요구하게 된다는 것이다. 왜냐하면 학력이 높은 지위를 얻는 수단이 되기 때문에 학력이 부족하여 높은 지위로 올라가지 못한다고 생각하기 때문이다. 교육기회가 확대되어 하위계층까지 높은 학력을 갖게 되면 기존의 상위계층은 위협을 느껴 자신들의 학력을 더 높이게 된다. 이러한 과정이 반복하다 보면 학력 인플레이션과 학교팽창을 부채질 하게 된다.

또한 학교는 상류계층의 문화를 전수하기 때문에 하류계층의 학생들도 상류계층의 문화를 갖기 위해 학교교육을 중시할 수밖에 없으며 그 결과 학교는 팽창할 수밖에 없다고 보았다. 학교교육은 직업 획득을 위한 객관적 기준이 되기 때문에 중시될 수밖에 없고 누구나 학교를 가려고 한다는 것이다. 뿐만 아니라 이미 직업을 가지고 있는 사람들도 승진하기 위해 더 높은 수준의 학교교육을 받으려고 한다. 이와 같이 높은 지위를 갖기 위한 경쟁은 학교교육에 대한 수요를 증가시킨다.

경쟁으로 말미암아 남보다 높은 학력을 가져야 되겠다고 학교를 다니게 되면 학력은 직업에서 요구하는 기술수준과 관계없이 계속 높아진다. 이러한 현상은 결국 학력을 평가 절하하게 되는데 이를 학력 인플레이션이라고 한다. 학력 인플레이션이 일어나면 사회는 교육기회 확대 압력을 받게 되어 정책적으로 학교를 늘릴 수밖에 없다. 그렇지 않으면 상급학교 진학을 위한 입시경쟁이 극심하여 또 다른 사회문제가 된다.

학력 인플레이션이 일어나면 대학교육이 보편화되고 대졸자가 사회에서 필요한 것보다 많게 되어 대졸자의 취업경쟁률은 높아지고 자신의 학력수준보다 낮은 직업을 선택할 수밖에 없다.

참고문헌

강창동(2009). 교육사회학의 이해. 학지사.
김경식(2004). 교육사회학. 교육과학사.
김병희 외(2014). 교육사회학. 공동체.
김신일(2009). 교육사회학. 교육과학사.
김천기(2008). 교육의 사회적 이해. 학지사.
나항진 외(2011). 교육사회학. 양서원.
송병순 외(2002). 교육사회학. 문음사.
이종각(2012). 교육사회학 총론. 동문사.
이종각(2013). 교육사회학. 태영출판사.
허은주 외(2010). 현대교육사회학. 양서원.
Warshay, L. H.(1975). *The current state of sociological theory*. David Mckay.

제 4 장

미시적 접근이론

1. 해석학적 이론의 발생 : 거시적 연구의 결함과 미시적 · 해석적 연구

교육에 관한 기능이론과 마르크스주의의 갈등이론은 거시적 이론이다. 이들 이론은 교육을 보다 거대한 사회 내에 위치시켜서 보아야 이해될 수 있는 것으로 생각한다. 교사, 학생, 교육행정가들의 교수 · 학습활동은 기능주의자들이 말하는 사회적 요구나 마르크스주의자들이 말하는 경제체제나 계급체제 및 이데올로기에 의해 지배된다고 인식한다. 이러한 거시적 접근에 대한 비판을 두 가지로 제시하면 다음과 같다(이종각, 2009: 527). 첫째, 거시적 접근은 인간 존재를 사회화의 산물로 파악한다는 점이다. 따라서 인간의 창의성은 무시되고 인간에게 자유는 없는 것으로 분석한다. 둘째, 거시적 접근은 인간생활의 미묘함과 복합성에 대해 관심을 두지 않고 학교생활의 실체를 이해하지 못하고 교사와 학생의 인간관계 요인을 파악하는 데 실패한다. 거시적 접근은 교육에 대한 일반적 구조를 제공해 주지만, 매일 매일 교실에서의 만남의 생생한 사실은 알려주지 못한다.[1) 비유해서 말하자면, 거시적 접근은 숲은 보되 나무와 풀은 보지 못하고 있다는 것이다. 기능론과 갈등론의 거시적 접근의 결함들이 미시적 · 해석적 접근의 발달을 가져왔다.

거시적 이론들은 결정론적 입장을 취하며, 인간을 사회화의 단순한 산물로 본다. 이것은 역사를 이끌어가는 인간의 자유와 창조성을 무시하여 인간을 수동적인 존재로 본다. 또, 사회에 의하여 거시적으로 교육이 결정된다고 보고, 학교 안에서 이루어지는 교사와 학생들 사이의 독특한 행동이나 상호작용을 무시하거나 소홀히 한다. 이에 비하여 미시적인 이론은 인간의 자유의지를 중요시하고, 사회적인 삶의 과정에서 나타나는 구체적이고 복잡한 현상의 서술에 더 관심이 있다. 이러한 비판과 함께 일상생활의 상호작용 과정에서 행위자들의 어느 정도의 자율

1) 아동과 교사의 상호작용의 모습, 아동의 교실에서의 모습을 생생하게 그려놓은 연구는 필립 잭슨의 『아동의 교실생활』을 들 수 있다(차경수(역)(2012). 서울: 배영사).

성과 그들이 가진 의미와 규칙들에 관한 탐구를 강조하고 있다. 모든 자료는 이론에 의해서 해석된다고 보고, 이론의 내적 일관성을 중요시하고, 연구의 대상으로서는 조그마한 집단이나 개별적인 인간의 특성을 택하려고 한다. 따라서 이러한 연구경향을 통틀어 해석적 연구라고 부른다. 미시적인 해석적 접근은 거대사회에 대한 분석없이 내용중심과 인간관계 중심으로 탐구한다. 이러한 미시적 · 해석적 접근에는 이해사회학 · 해석학 · 현상학 · 상징적 상호작용론 등이 속한다.[2)]

거시적 접근과 미시적 접근의 차이점을 마틴 햄머슬리(M. Hammersley)는 다음과 같이 제시하고 있다(최정웅 편역, 1993: 236). 첫째, 사회학적 연구에서 결정론을 거시적 접근이라고 하면, 자유의지론(자유론)은 미시적 접근이다. 둘째, 사회학의 도출 목적을 위해 사회현상 중심으로 하면 거시적 접근이고, 사회화 과정이나 사회적 복합성 중심이면 미시적 접근으로 본다. 셋째, 반경험적 자료에 의해 검증되는 이론은 거시적이고, 모든 자료가 이론에 기초한 내적 일관성에 의해 판단하면 미시적 접근이다. 넷째, 참여자의 관점이 이데올로기적이면 거시적이고, 참여자의 해석이 감각적 기초에 의존하면 미시적 접근이라고 할 수 있다. 다섯째, 사회적 사실을 국가나 사회의 구조의 산물로 해석하면 거시적이고, 소집단이나 조직의 특성이나 개인적 특성에 의거하여 합리적 해석을 하면 미시적 접근이라고 할 수 있다.

2. 해석학적 패러다임

해석학적 패러다임은 인간의 사회적 행위는 일정하게 공유된 법칙에 따라서 일관되게 이루어지는 것이 아니라고 본다. 행위자는 서로의 행동을 의미있는 것으

2) 거시적 이론과 다른 미시적 해석학 이론에는, 상징적 상호작용론, 현상학적 접근, 문화기술적 연구 등이 속한다. 문화기술적 연구는 미시적 접근의 가장 극단적인 형태라고 할 수 있다. 현상학적 연구는 상호작용론과 비슷하다. 상호작용론은 교육에 관한 연구를 많이 하기 때문에 미시적 해석학 접근방법의 대표적인 것으로 여겨진다(차경수, 1995: 49).

로 받아들이고, 그것을 해석 또는 상황 정의하면서 상호작용 행위를 한다. 즉, 법칙과정이라기보다는 본질적으로 해석적인 과정이라고 파악한다.

해석학(hermeneutics)이라는 말은 그리스어의 '해석하다'의 뜻에 상당하는 말에서 온 것이며, 이 말은 제우스의 의지를 지상의 인간들에게 해석해 주기 위하여 올림푸스산에서 내려온 사자인 'Hermes'에서 유래한 것이다. 그 후 기독교 신학자들이 성경을 해석할 때 이 기법을 계승 발전시켰다. 사회과학에서의 해석학은, 19세기에 독일의 철학자 딜타이(W. Dilthey)를 중심으로 해석학적 기법을 발전시켜 인간의 행위와 제도를 포함한 사물의 이해에 적용하여 새로운 해석학을 발전시킨 데 기인한다. 그들은 사물을 이해한다는 것은 바로 그것을 해석하는 것이라고 보았다. 우리가 무엇을 이해한다는 것은 그것의 의미 혹은 의의를 파악하는 것이며, 무엇을 해석한다는 것은 어떤 관점이나 상황에 비추어 그것이 의미하는 바를 터득하는 것이다. 이해하거나 해석하는 사람은 이미 자신이 가지고 있는 기존의 지식 또는 이해방식(이것을 전이해(前理解)라고 한다)에 근거하여 자신의 마음의 눈으로 대상에 접근한다. 이러한 과정을 딜타이는 '이해'(Verstehen)라고 하였으며, 특히 인간과학의 참된 방법이라고 하였다.

인간의 현상에 대해 자연과학적 법칙의 탐구를 지양하고 이해론적 접근을 하려는 이유는 인간이 나타내는 현상을 자연물이 나타내는 현상과는 다른 것으로 파악하기 때문이다. 인간은 상징을 사용할 줄 아는 동물이며, 주체적인 의사결정을 할 줄 알며, 그의 모든 행동에는 이러한 상징성과 주체성이 포함되어 있다. 우리가 인간행동을 이해한다고 할 때, 그 대상은 바로 의미 구성체로서의 인간행동과 그 산물인 것이다. 해석(또는 이해)은 "인간행동의 의미, 사회적 상호작용의 맥락, 주관적 상태에 대한 명백한 이해, 주관적 상태와 행동 간의 긴밀한 관계"를 강조한다(Patton, 1975: 7). 사회과학에서의 해석학은 인간의 상호작용 속에서 이루어지는 해석과 의미부여에 관심을 두고 있으며, 상호작용을 하나의 해석적 과정으로 파악하고 있기 때문에 그 연구방법 또한 연역적 설명에 의한 것이 아니라, 상호작용이 실제로 일어나고 있는 일상생활 세계를 구체적으로 이해할 수 있는 해석적 기술을 강조한다.

기능이론이나 갈등이론과 마찬가지로, 해석학적 패러다임도 하나의 계보로 이루어진 것은 아니다. 학자들마다 분류하는 방식은 약간씩 다르지만, 현상학적 사회학 · 상징적 상호작용론 · 민속방법론 등의 사회학 계열은 해석학적 사회과학 영역에 해당된다. 그 속에는 미국적 전통이 강한 상징적 상호작용론(symbolic interactionism), 그 한 측면을 발달시킨 낙인이론이 있으며, 유럽철학의 색채가 강한 현상학적 사회학(phenomenological sociology), 실증성을 중시하면서 상호작용의 방법(또는 형식적 구조)을 다루는 민속방법론(ethnomethodology) 등 관심을 달리하는 몇 가지 계보가 포함되어 상호 간에 영향을 미치고 있다.

이들 이론들은 구체적인 측면에서는 차이가 있으나, 몇 가지 기본적인 공통점을 가지고 있다. 법칙적 과정이 아니라 해석적 과정으로서 상호작용을 중시한다는 점과 그것에 대한 해석적 기술이라는 방법을 채택한다는 점, 그리고 연구방법 면에서 질적 연구방법을 강조한다는 점, 분석수준에서는 미시적 분석을 강조한다는 점에서 공통점을 갖고 있다. 해석적 접근의 공통된 특징은 대체로 다음과 같이 제시할 수 있다.

① 내부자 관점의 관점 : 해석적 접근에서 연구자는 행위자(참여자)들과 같은 방식으로 관찰하고 해석하며, 그로부터 특정한 유형이나 규칙성을 찾으려고 한다. 슈츠(Alfred Schutz)에 의하면 그것은 일상생활에 있어서 '현실'로 받아들여지는 '상식으로 구성된 개념'과 일치하는 것으로, 그것은 다시 '이차적으로 구성된 개념'들을 만들어내게 된다. 이것은 과학적 개념으로, 논리적 일관성을 가지며 주관적 의미의 해석에 관련되고 일상생활의 상식적 해석에 의해 이해될 수 있는 것이다. 즉, 그 '현실'은 이 세 가지 기준에 의해 '구성'되어야 한다.[3)]

② 총체주의 : 관심 대상 사태가 처한 복잡한 상황 중에서 몇몇 요소들을 발췌하

3) 이러한 관점을 파이크(K. Pike)에 따라, '에믹' 접근(emic approach)이라고 부르며, 그 반대의 접근, 즉 외부자적 접근 또는 연구자적 접근을 '에틱' 접근(etic approach)이라고 부른다.

여 분석적으로 탐구하기보다는, 문제상황을 전체적으로 인식하고 탐구한다.

③ 맥락화 : 모든 자료는 그 자료가 수집된 환경의 맥락 속에서 고려되어야 한다. 맥락에 근거한 이해야말로 '해석'의 본질이다.

3. 해석적 연구와 이론 : 이해사회학 · 해석학 · 현상학 · 상징적 상호작용론

해석학은 해석에 관한 과학이다. 어떤 학생이 자기 학급의 규범에 따라 이해하고 행동하려 할 때나, 혹은 인류학자가 외국문화의 양식을 이해하려 할 때에도 해석학이 사용된다. 사회학의 전통에서는 막스 베버의 이해사회학이 해석학과 유사한 사유체계를 일찍부터 형성하였다.

(1) 이해사회학

베버는 꽁트(A. Comte)나 뒤르껭(E. Durkheim)처럼 사회학주의나 사회실재론이 아니고 사회명목론적이다.[4] 사회명목론적 관점을 가진 베버에 의하면 국가 · 법인 · 단체 · 관료제와 같은 전체적이고 집단주의적 개념은 오직 인간 행위의 실천에 의한 조직화와 양식과 결과로서만 분석될 수 있다. 따라서 그는 집단보다는 개체를, 전체보다는 부분을, 사회보다는 개인을 중심으로 사회를 분석한다. 베버는 사회

4) 사회명목론과 사회실재론을 정리하면 다음과 같다(이종각, 2009: 529).

- 사회명목론(social nominalism): 사회는 명목일 뿐이며, 실재하는 것은 오직 개인이기 때문에 개인이 사회보다 우위에 있다고 보는 사회이론을 말한다. 사회유명론이라고도 부른다. 방법론에서도 이 입장은 개인을 분석의 단위로 삼고 개인이 가치와 의미의 주체가 된다. 또한 사회를 개개인의 총화나 개인 간의 상호작용의 축적으로 보는 경향이 있다. 사회계약설이나 공리주의 이론에 이러한 관점이 잘 나타나 있다.
- 사회실재론(social realism): 사회가 개개의 구성원들과는 별개로 독자 실재를 가지고 있다고 본다. 따라서 개인보다 사회를 우위에 두는 입장이다. 사회만이 참다운 실재의 의미를 가지고 였다. 사회유기체론(기능주의)에 이러한 견해가 대표적으로 잘 나타나 있다.

과학의 기본 과제가 인간주체를 중심으로 이루어진 의무부여 행위의 구조로서의 사회를 조명하는 데 있다고 본다. 그래서 객관적 법칙이나 사회체제를 이루는 여러 가지 외적 요소들 사이의 관계에 대한 연구는 그 자체로서는 의미를 발견할 수 없고, 오직 사회적 행위를 통해서 행위주체가 행동에 주관적 의미를 부여하는 경우에만 의미의 범주가 발생한다고 하였다.

베버의 사회학은 (객관적) 설명과 (주관적) 이해를 결합시키고자 한다. 즉, 자연과학적 방법인 법칙적 설명과 인문사회과학적 방법인 이해를 결합시키고자 한다. 자연과학은 물리적·기계적·인과론적 설명모형에 입각한 반면, 사회과학은 그러한 모형에만 의존할 수 없다. 만약 자연과학적 설명에만 의존한다면 인간 특유의 특성이나 많은 인간행위를 이루고 있는 것들, 즉 우리가 활동하는 사회적 상황에 대한 공유된 의미와 이해들이 과학적인 고려에서 제외될 것이다. 사회적 행위는 역할과 규칙을 따르는 행위이기는 하지만, 우리가 이런 행위에 기계적인 방식으로 참여하는 것은 아니다. 사회적 행위는 주관적인 동시에 객관적이다. 사회적 행위는 확실하다기보다는 항상 개연적이다. 이처럼 베버는 사회적 행위를 중심으로 사회체제를 분석한다.

(2) 해석학

자연과학적 학문관에 따르면, 학교와 사회의 관계에 대한 정확한 기술은 오직 하나밖에 없다. 기능론자와 정통 마르크스주의자들은 물리적 자연세계와 마찬가지로 사회적 행위도 '인식가능한 법칙'들에 의해서 지배된다고 믿고 있다. 즉, 그들은 과학적 연구를 통한 보편적 법칙의 발견을 목적으로 하고 있다. 그들은 자연과학적 설명방식은 객관적 증거에 바탕을 둔 사회적 실재에 대한 보편 타당한 기술이라고 믿는다. 그러나 해석론자나 현상학자들은 다르게 생각한다. 해석론자들은 이와 같은 '자연과학적 사회인식 모형'을 부정하고 '해석학적 사회인식 모형'으로 전환할 것을 요구하고 있다. 해석학은 법칙적 설명의 역할을 축소하고 해석의 중요성을 강조한다. 해석학자들에 따르면 설명은 항상 어떤 해석을 기초로 하고 있으며 이 해석은 다소간 주관성을 반영한다.

해석학은 개인의 이성과 문화적 규칙이 일차적인 역할을 수행하고 있다고 설명한다. 해석학은 규칙에 의해 지배되는 행위, 개인적 자율성의 정도, 지역적인 상황의 특수성 등을 강조한다. 그리고 전후관계의 맥락에 비추어 해석들을 이해하고 인정하는 것이 중요하다는 점을 강조한다. 우리는 해석 · 이해 그리고 협상과 조정이 필요한 융통성있는 방식으로 사회생활에 참여한다. '사회적 게임'에 관한 규칙을 배우지 않는다면 결코 사회적 행위를 할 수 없을 것이다. 이런 인식은 사회과학을 하는데 있어서 매우 중요하다. 교사와 학생 간의 상호작용, 교장과 교직원 간의 관계, 교육부와 전교조와의 관계와 같은 것들은 모두 기계적인 반응이 아니라 이런 사회적 게임으로 이해할 수 있다.

해석학적 관점의 기본 논리는, 행위 그 자체에 대한 관찰은 중요하지 않다고 보고, 규칙성에 대한 해석의 중요성을 강조한다. 즉, 사건 자체뿐만 아니라 특정 사회현상이나 행위가 같음과 다름을 구별하는 데에는 행위자가 사용하는 규칙에 따라서도 달라질 수 있음에 유의한다. 따라서 상황의 유사성 · 동일성에 관한 관찰보다는 구성원들이 가진 공통의 이해방식을 중심으로 해석해 낸다. 그리고 행위 자체는 사회적 상황들과 연결되어야 정당하게 해석될 수 있다. 해석학은 모든 현상은 전후 관계라는 맥락, 즉 그 현상과 관련된 적절한 용어로만 제대로 해석될 수 있다는 입장을 취한다. 따라서 사회과학 연구의 주요과제는 보편법칙을 찾는 것이라기보다는 특정 집단의 규칙과 의미체계를 규정하는 구조를 구체적으로 밝히는 것이다. 해석학 연구를 통해서 찾아내려는 것은 사회의 의미체계(공유된 이해방식)를 이해하는 것이다. 어떤 해석은 특정 상황의 사실을 설명하는데 다른 해석들보다 더 적합할 수 있다.

(3) 현상학

현상학의 영향을 받은 사회과학에서도 해석학과 유사한 관점을 갖고 있다. 현상학은 현실에 대해 의미를 부여하는 인간의 의식에 관심을 기울이고 있다. 현실에 존재하고 있는 여러 가지 대상은, 인간이 그 대상의 의미를 의식 속에 구성함으로써 비로소 경험되어지는 것이다. 현상학에서는 대상의 실제 특성이 아니라 인간의 '의식의 현상'으로서의 대상을 탐구하고 있다. 그러므로 현상학에서는 과학적·실증주의적 세계관, 즉 독립적인 존재로서 객관적인 외부세계가 있으며, 그것은 미리 만들어진 대상으로 법칙적 설명이 가능한 세계라는 가정에 문제를 제기하고 있다. 현상학에서는 현실이 '주어진 세계'로서가 아니라 '주관적으로 구성된 세계'라고 보는 입장에서 의미의 본질을 탐구하려고 한다. 현상학은 흔히 믿고 있는 상식의 세계를 흔들어 재음미해 보고자 한다.

따라서 현상학적 접근은 상황에 대한 행위자의 인식이 무엇인지를 찾아내는 데 관심을 집중시킨다. 특히 타인이 지각하고 있는 '인식범주'에 집중한다. 타인을 알기 위해서는 행위자는 상호적 행위를 이해할 수 있는 범주들을 구성하게 된다. 예를 들면, 교사는 학생의 행동을 '지혜로운 행동' 혹은 '어리석은 행동'이라고 해석하는 일에 직면하게 된다. 교사는 학생에 대한 사실판단이나 가치판단의 기초와 과정을 스스로 인식할 필요가 있다. 교수학습의 과정에서 지혜로움이라든지, 어리석음과 같은 언어는 객관적 언어가 아니라 평가적 언어이다. 그러한 언어가 함의하고 있는 현상학적 시각에서 검토하고 논증해야 할 필요가 있다. 이렇게 하는 것이 행위자가 할 수 있는 상황 정의의 방법이라고 할 수 있다.

(4) 상징적 상호작용론

미국 시카고대학교 교수였던 미드(G. H. Mead)의 연구를 바탕을 하는 사회적 행동주의는 영국의 하그리브스(David Hargreaves)가 체계화하면서 '상징적 상호작용론'이라고 불리는 하나의 학파로 발전되었다. 개인과 개인 또는 개인과 사회집단 사이의 상호작용을 중요시하는 이 이론은, 개인의 자아는 그 개인의 행위에 대한 다른 사람의 반응과 그 반응에 대한 개인의 반응과정에서 발달하게 된다는 것이다. 개인은 세계의 창조자이면서 동시에 그 세계의 산물이다. 상징적 상호작용론의 두 가지 기본 개념은 의사소통과 언어이다. 이들은 자아, 타인에 대한 지각, 역할 등에 대해서 독특한 시각을 발전시켰다. 그리고 이를 교육현장에 응용하여 교사와 학생의 관계 그리고 그들 사이의 상호작용에 관해서 중요한 이론을 시사한다.

① 자아와 역할

상호작용론자들은 개인의 자아가 다른 사람과의 끊임없는 관계에서 발달한다는 것을 강조하고 있다. 이들은 특히 언어를 중요시한다. 가령 우리가 "당신과 함께 가고 싶다"라고 말할 때 그것은 나 자신에 대해서 어떤 행동을 의미하고 있을 뿐만 아니라 상대방에 대해서도 같은 행동을 전달하고 있는 것이다. 즉, "내가 이 행동을 하면 그 사람이 이런 행동을 반응으로서 보일 것이다."라고 하는 것을 알 수 있다. 따라서 행동자는 자기 자신의 행동의 결과를 예측하는 것뿐만 아니라 상대방의 행동도 예측할 수 있다. 행동자는 자신의 행동을 자기 혼자서 마음대로 하는 것이 아니라 자기의 행동에 대한 상대방의 반응으로서의 행동을 미리 한번 생각하고 행동하게 된다는 것이다. 여기서 개인의 자아는 혼자서 발달하는 것이 아니라 반드시 다른 사람과의 관계에서 발달한다는 것을 강조한다.

개인의 발달과정에 영향을 주는 사람들은 여러 종류가 있지만, 어린 시절에는 권위를 가지고 있는 부모와 교사 등이 가장 영향력이 크다. 처음에는 부모가 가장 영향력이 커서 부모의 행동은 어린이들에게 거의 무비판적으로 받아들여지게 된다. 학교에 처음 갔을 때 교사도 이러한 위치에 있다. 이러한 대상을 '중요한 타인'이라고 한다. 그러나 어린이들이 점점 성장하면서 또래들과 어울리게 되고 또 다른 사람들과도 만나면서, 부모들뿐만 아니라 다른 사람들도 일반적으로 그런 생각을 가지고 있다는 것을 알게 된다. 이렇게 되면 그 어린이는 다른 사람의 행동도 일반적으로 예측할 수 있기 때문에 자신감을 가지고 어느 경우에나 행동할 수 있게 된다. 이 과정이 행동발달에서 매우 중요한데, 이때는 여러 사람들 가운데서 자기 자신의 자아가 상당히 인정된다. 이처럼 다른 사람들에게서 일반성을 발견하게 될 때, 그 사람들을 '일반화된 타인'이라고 한다.

역할도 다른 사람과의 상호작용을 하는 과정에서 생겨나는 것이며, 자아의 발달과정에서 중요한 부분을 차지한다. 사람은 누구나 부모, 교사, 학생 등 일정한 지위를 가지고 있기 때문에 그 지위에 따라서 적합한 행동을 하지 않을 수 없게 된다. 부모는 부모처럼 행동하지 않을 수 없고, 교사는 교사처럼 행동해야 한다. 부모나 교사들이 그렇게 행동하는 것은, 사회의 다른 사람들이 부모나 교사에게 그런 행동을 기대하기 때문이다. 이것을 '역할'이라고 부른다. 따라서 역할은 다른 사람이 기대하는 측면과 그 자신이 스스로 행동하기를 마음먹는 두 가지 측면이 있다. 한 사람이 교사이면서 학생인 경우와 같이 두 개 이상의 역할을 가지고 있을 때는 그 역할에 대한 다른 사람들의 기대가 서로 다르기 때문에 갈등을 느끼게 되는데, 이것이 '역할갈등'이다. 이것은 역할에 다른 사람들이 기대하는 측면이 있기 때문에 나타나는 것이다.

② 타인에 대한 지각

우리는 다른 사람에 대한 인식을 어떤 과정을 통해서 하게 되는가? 이것은 사람과 사람 사이의 상호작용의 중요한 한 면인 것이다. 상호작용론자들은 타인에 대한 지각도 개인과 다른 사람과의 상호작용 가운데서 이루어진다고 설명한다. '해석의 도식', '체제의 적합성' 등의 과정을 거쳐 다른 사람들의 지각이 이루어진다. 우리가 다른 사람을 지각한다는 것은 보고 있는 사람의 인상에 대해서 판단을 하고 그 사람이 어떻다고 결론을 내리는 것까지 포함한다. 대개의 경우 학력, 성별, 연령, 출신학교 등을 바탕으로 하여 그 사람을 판단하고, 이것을 기준으로 하여 그 사람에 대한 행동을 어떻게 하면 되겠다고 결론을 내린다. 이러한 생각의 테두리를 '해석의 도식'이라고 한다. 해석의 도식은 개인이 혼자서 가지고 있을 수도 있고 여러 사람이 함께 그러한 기준을 가지고 있을 수도 있다.

또 다른 사람에 대한 판단이 자기 자신이 가지고 있는 목표나 역할과 관련될 때는 그렇지 않을 때와는 달라지는데, 이것을 '체제의 적합성'이라고 한다. 예컨대, 백화점에서 물건을 팔고 있는 사람을 볼 때 마침 그가 자기가 사고 싶은 물건을 팔고 있으면 그렇지 않을 때와는 다른 안목으로 그 사람을 지각하게 될 것이다. 이처럼 타인에 대한 지각은 해석의 도식과 체제의 적합성 과정 등 여러 과정의 거치면서 개인과 다른 사람 사이의 상호작용을 통하여 끊임없이 생성되어 간다.

③ 교실현장에서의 응용

교사와 학생 상호 간의 인간관계를 중요시하는 미시적 해석학적 접근에서는 특히 교사와 학생들 간의 상호관계에 대해서 몇 가지 연구를 진행해 왔다. 먼저 교사의 역할과 관련해서 하그리브스는 교사의 유형을 사자길들이기형, 연예가형, 낭만주의형 등 세 가지로 구분하였다. 이것은 시카고대학의 헤이비거스트가 권위주의형, 민주주의형으로 구분한 것과 비슷하다.

사자길들이기형은 대표적인 권위주의형으로 학생들의 훈육을 중요시하고 교사가 전달해주는 지식을 그대로 학생들이 신속하게 받아들이기를 원한다. 이에 비하여 연예가형은 학생들이 원래 학습하기를 원하는 것은 아니지만, 학습자료를 재미있게 하고 학습방법을 잘 적용하면 학생들은 흥미있게 학습할 수 있다고 믿는 교사들이다. 따라서 이들은 발견학습과 같이 학생들이 스스로 학습할 수 있는 방법을 교사들이 강구할 것을 강조하고 있다. 낭만주의형은 학생들은 천성적으로 학습의욕을 가지고 있지만 교사들의 잘못된 학습방법과 자료 때문에 학습의욕을 잃게 되는 것이라고 주장한다. 따라서 교사들은 학생들의 학습의욕을 존중하고 조장해야 하며, 학생들이 원하는 것을 학습할 수 있도록 해야 한다고 말한다. 이들은 아동중심주의자들과 같다. 한편, 학생들은 학교와 교사에 대해서 퍽 복잡한 태도를 가지고 있다. 일부의 학생들은 학교와 교사에 대해서 저항적이지만 대부분의 학생들은 교사를 즐겁게 해주려는 태도를 가지고 있다고 본다. 교사가 원하는 대답을 학생들이 하려고 하는 것은 바로 이러한 것의 대표적인 예이다. 비행학생이라고 알려져 있는 학생들도 학교에서 축출되는 것을 피하기 위해 되도록 학교의 규칙이 허용되는 범위 안에서 행동하려고 하는 성격을 가지고 있다고 본다.

상호작용론자들은 이처럼 교사와 학생들 사이에는 복잡한 관계가 끊임없이 진행되면서 관계가 형성, 발전되어 간다고 한다. 교사들은 그들의 권위를 유지하기 위해 학생들에 대한 칭찬, 협박, 교장에 호소, 학생들의 세력 분할 지배 등의 방법으로, 그리고 학생들은 공정성, 교사에 대한 평가, 학부모들에게 호소 등으로 교사를 견제하면서 학교생활을 진행한다. 상호론자들은, 교실의 수업은 교사와 학생의 상호관계를 연구하지 않고서는 이해가 불가능하다고 본다.

4. 미시적 연구의 관점

미시적인 접근에서는 평범한 일상생활을 중요시하여 교육은 교사, 학생, 교육행정가 등의 매일의 일상적인 활동에서 이루어진다고 보고 있다. 따라서 교육을 바꾸고 싶으면 이러한 부분의 일상적인 활동을 바꾸는 것이 현명한 방법이라고 주장한다. 이와 함께 이들은 인간의 자유, 의미, 상호작용, 주관주의적 방법 등에 대해서 각각 독특한 관점을 가지고 있다(Blackledge & Hunt, 1985: 234-236; 정우현, 1990: 256).

① 자유와 의미

개인의 일상적인 활동은 결코 다른 사람에 의해서 강요되는 것이 아니며, 모든 사람은 항상 어느 정도의 자유와 자율성을 가지고 있다. 이것은 사람이 주위의 환경에서 영향을 받는 것을 부인하는 것은 아니다. 단지 인간의 활동이나 역할은 어느 정도까지는 인간에 의해서 창조될 수 있다는 것을 강조한다. 해석학자들은 또 일상생활을 이해하기 위해서는 사람들이 자기 자신의 행동에 대해서 부여하는 의미를 이해해야 된다고 한다. 자유는 '일상적 활동은 개개인의 자율성과 자유에 의해서 이루어진다'는 뜻이다. 의미는 '일상적 활동을 이해하기 위해서는 행위자가 그들의 행위에 부여하는 의미를 파악해야 한다'는 뜻이다(이종각, 2009: 533).

여기에서 우리는 '의미'가 무엇인지 명확하게 할 필요가 있다. 해석학적인 연구자들이 가장 중요시하는 '의미'가 무엇인지는 명확하지 않지만 행동의 목적이나 의도를 뜻할 때가 많다. 예컨대, 교사가 수업을 하는 목적, 학생이 행동하는 의도 등은 행동자의 의미로 생각될 수 있다. 또 어떤 때는 행동의 중요성과 행동의 이유, 즉 교사나 학생이 수업에서 중요하다고 생각하는 부분, 그들이 행동을 하는 이유 등이 '의미'가 된다. 여기에서 중요한 것은 의미는 행동자에게 있어서 개인적인 것이며, 어느 정도의 제한은 인정하지만 기본적으로는 문화나 사회에 의해서 주어진 것이 아니라는 점이다. 오히려 행동자가 문화로부터 만들어내는 것이라고 본다. 이러한 입장은 인간의 행동을 문화에 의해서 나타나는 결과로 보고 인간을 사회화의 산물로 보는 기능주의자들의 입장과는 상당히 차이가 나는 것이다. 이들의 주장은 인간의 주체성을 인정한다는 점에서 사람들의 많은 호응을 얻기도 했다. 버거가 쓴 『사회학에의 초대』는 이들의 관점을 잘 나타내고 있다(Berger, 1963).

② 상호작용

사람들은 늘 공동생활을 하기 때문에 공통적인 생활양식, 즉 문화를 발달시키고 사람들의 행동을 비슷하게 해석하려고 한다. 말하자면 자기 자신의 행동에 대해서 의미를 부여하는 것과 마찬가지로 다른 사람들의 행동에 대해서도 의미를 부여한다. 일상생활을 해나가려면 자기와 관계를 가지게 되는 사람들의 행동에 의미를 부여하지 않을 수 없다. 예컨대, 학생이 수업 중에 얼굴을 찌푸렸다고 가정하자. 교사는 이것을 어떻게 해석할 것인가? 교사의 수업이 못마땅하다는 표시

인가 아니면 학생이 몸이 불편해서 얼굴을 그렇게 하고 있는 것인가? 그저 학생의 습관적인 버릇인가? 해석은 여러 가지로 할 수 있다. 또 학생은 학생대로 교사의 반응적인 행동을 해석하고 있을 것이다.

우리가 이처럼 사람들의 행동에 의미를 붙이고 해석한다는 것은 우리에게 몇 가지를 생각하게 한다. 해석학자들에 의하면 우리는 상대방의 행동을 해석한 다음 거기에 맞추어서 다음 행동을 선택한다는 것이다. 앞의 예에서 보면 만약 학생이 얼굴을 찌푸린 것을 몸이 불편해서 그랬다고 교사가 해석했다면 교사는 그 학생을 보건실에 보내려고 할 것이다. 교사에 도전하는 것이라고 생각했다면 불쾌하게 생각하고 화를 낼 것이다. 이렇게 볼 때 상대방의 행동에 대한 우리의 해석은 매우 중요하다는 것을 알 수 있다. 해석에 따라서 다음 행동이 결정되기 때문이다. 뿐만 아니라 미드(Mead)가 지적하고 있는 것처럼 우리가 어떤 행동을 한다는 것은 행동자가 마음대로 하는 것이 아니라 자기 자신의 행동이 다른 사람에게 전달되고, 그 전달을 받은 사람이 반응으로써 행동할 것을 예상하고, 거기에 맞추어서 행동을 한다는 것이다(Mead, 1934). 예컨대, 학생이 수업 중에 얼굴을 찌푸릴 때는 교사가 자기의 행동에 대해서 어떤 반응을 할 것인가 까지를 생각하고 한다는 것이다.

여기에서 중요한 것은 우리는 이러한 과정에서 우리가 이미 가지고 있는 선입관으로 해석하기 쉽다는 것이다. 앞의 예에서 본다면 만약 얼굴을 찌푸린 학생이 평소에 몸이 약한 학생이라면 곧 몸이 불편한 것이라고 해석하기 쉽지만, 평소에 불량학생이었다면 교사에 대한 도전이라고 해석하기 쉬울 것이다. 과거에 대한 경험뿐만 아니라 그 사람에 대한 연령, 성별, 지능, 동기에 대한 지식 등이 이러한 판단을 하게 하는 조건으로 작용한다. 이 점 역시 우리의 의미와 해석을 어떻게 유지하고 발전시켜 나갈 것인지, 또 어떻게 정확한 해석과 의미부여를 할 것인가와 관련하여 주의해야 할 것이다.

③ 주관주의적 접근

주관주의적 접근은 해석학적 연구의 주요한 특징인데, 행위자의 의미를 어떻게 파악할 수 있느냐와 관련하여 중요한 의미를 갖는다. 여기에서 가장 관심이 있는 부분은 행위자가 상황을 정의하고 판단하는 것을 다른 사람의 입장에서 해석하지 말고 그 행위자의 머리 속으로 들어가서 이해해야 한다는 점이다. 그러나 모든 사람은 자기 자신의 판단기준을 가지고 있으므로 다른 사람의 행동을 그 사람의 입장에서 해석한다고 하면서도 사실은 자기 자신의 판단기준으로 해석하고 있는 경우가 많은 것이다. 이것을 많은 사람들은 인식하지 못하고 있다. 어떤 사람이 손을 든 것은 질문을 하기 위해서 그렇게 한 것이라고 해석하거나, 저 사람은 부지런하다든지 또는 게으르다고 말하는 것은 사실은 말하는 사람의 기준으로 그렇게 하는 것이지만, 그것을 인식하지 못하기 때문에 상대방이 정말로 그러한 것으로 생각한다. 이러한 경우에는 행위자 자신의 의미를 잘못 해석하는 경우가 많다. 해석학자들은, 이러한 오류를 피하기 위해서 우리 자신이 미리 가지고 있는 가정이나 전형화를 버리고 편견 없는 이방인의 입장에서 관찰해야 한다고 주장한다. 그렇게 해야 해석자가 가지고 있는 편견에 의해서 행위자의 참된 의미가 오염되는 것을 막을 수 있다.

5. 해석학적 이론에 대한 평가와 비판

기능주의 이론과 마르크스주의 이론은 다같이 교육의 능동적 역할을 인정하지 않았다. 기능주의자들은 사회화와 교육에 관한 선택 및 지위분배의 이론을 통하여 사람은 사회화의 꼭두각시와 같이 되는 것이라고 했다. 이와 마찬가지로 마르크스주의자들이나 갈등론자들은 교육은 경제적 요인에 의하여 결정된다는 결정론적 입장을 취했다. 갈등론자들이 주장하는 재생산론에서 교육의 능동적인 역할은 하나도 찾아볼 수 없다. 이러한 주장에 비하여 해석학적 이론은 교육의 능동적인 역할을 인정하고, 정치나 경제와 같은 객관적 외부적인 요인에 대한 관심보다도 교사와 학생들의 행동에서 주관적인 의미를 찾으려 하는 데에 관심을 집중했다. 이들은 교육의 주체성을 인정하고, 교실에서 일어나는 교사와 학생의 상호작용을 중요시하여 교육현장에 대한 이해의 폭을 높였다는 긍정적인 평가를 받고 있다.

교사와 학생들에 관한 이러한 해석학적 상호작용론자들의 주장에는 몇 가지 비판이 따른다. 교사와 학생들의 유형이 어떻게 해서 형성되는지에 대해서 명확한 설명이 없고, 또 학생들의 교육에서 매우 중요한 위치를 차지하고 있는 교육의 제도적인 측면을 소홀히 여겼다는 비판을 받고 있다. 그리고 가장 중요한 비판은 교육의 능동성을 강조한 나머지 교육에 제약을 주는 정치, 경제 등 외부적인 요인을 너무 무시했기 때문에, 이상에 치우쳐 교육을 현실적으로 이해하는 데 문제가 있다는 것이다. 즉, 교육의 주체적인 성격을 너무 강조하다 보니 교육을 비현실적으로 보게 되었다는 것이다. 교육은 주체적인 성격도 가지고 있지만 또한 외부적인 요인의 영향도 무시할 수 없기 때문이다.

6. 신교육사회학

1) 신교육사회학의 배경과 성격

신교육사회학은 미시적 해석학적 접근에 속한다. 신교육사회학은 1970년대에 지식사회학의 영향을 받으면서 기능주의적 접근에 대한 반발로 대두되기 시작했다. 1970년대 이후 급속도로 학계의 관심을 불러온 신교육사회학은 독특한 부분이 있기 때문에 해석학적 접근과는 별도로 논의할 필요가 있다(차경수, 1995: 56).

제2차 세계대전이 끝나고 과학의 발달에 의하여 가난과 억압과 착취, 질병으로부터 벗어날 수 있을 것이라는 희망이 인류에게 부풀어 올랐다. 근대화 이론은 19세기 서구에서 발전했던 진화론과 균형론, 구조기능주의적 사상 그리고 과학적, 실증적 연구방법 등이 뒷받침되어 있었다. 그런데 70년대에 이르러 균형론적, 기능주의적, 과학적 근대화 이론의 열기가 점차 식기 시작했다. 전 세계적으로 발전의 문제가 시들기 시작하고 전쟁의 공포, 2차 대전 후 기대했던 빈부격차 해소 및 복지사회의 실현 등에 대한 기대를 충족시키지 못한 실망과 좌절이 컸다. 또한 의회민주주의 및 공업화 등이 개발도상국에서 보여준 역기능 등으로 사회발전과 행복, 교육의 문제를 새로운 시각으로 보지 않을 수 없었다. 프레이리, 일리히 등이 주장한 해방교육론이나 탈학교론 등 남미의 종속이론에 입각한 교육이론과 카노이, 애플, 지루 등이 주장한 미국에서의 갈등론적 비판교육이론 그리고 영국에서 주로 주장되기 시작한 신교육사회학 등은 모두 이러한 맥락에서 이해될 수 있을 것이다. 미국에서는 갈등론적 교육이론, 남미에서는 종속론적 교육이론, 그리고 영국에서는 신교육사회학 이론이 나타났다고 할 수 있다.

1960년대 후반부터 새로이 제기된 교육내용에 대한 분석과 논쟁은 교육사회학의 연구 영역과 기간을 확대시켜 주었다. 교육과정이 교육사회학자들의 연구대상으로 부각된 것은, 교육과정이 '사회적으로 조작된 지식'이라고 지적한 영(M. Young)을 비롯한 신교육사회학자들 또는 교육과정사회학자들의 활동이 활발해지면서부터이다. 1960년대까지만 해도 교육사회학자들이 별로 관심을 보이지 않았던 교육과정과 내용에 대해, 그것의 사회적 성격을 분석해 냄으로써 교육내용에 대한 탐구가 교육사회학적 연구주제의 주요 영역이 되었다(이종각, 2009: 409).

기능론의 교육과정에 대한 전제는 "지식의 조직화나 선별은 일정한 사회적 가치나 목표에 부합한다"는 것이다. 이러한 기능론적 분석의 약점은 기존 문화권의 속성을 지식변천의 상황과 사회체제의 변모하는 상황 속에서 사상적 갈등과 교차시키지 않고 파악하는 것이다. 이와는 달리, 신교육사회학의 가장 중요한 부분은 교육과정에 관한 사회학적 분석을 하면서 집단 간의 사상적 갈등을 교차시키고 있다. 신교육사회학은 학교지식의 객관성 · 중립성 · 보편성에 의문을 제기하고,

학교에서 가르쳐지고 있는 지식은 교육제도 속에서 '선별적으로 처리된 것'으로 본다. 따라서 학교지식의 선택 · 조직 · 분배에 작용하는 사회적 문제를 탐구한다. 이러한 탐구는 교육과정 탐구의 범위와 방법론을 크게 확대하였고, 교육사회학 연구를 교육내용에 관한 연구에까지 확장시켰다.

신교육사회학은, 영국에서 평등화를 위한 교육개혁의 역사적 경험으로부터 발생된 교육분석의 시각과 영역에서 정립된 것이다. 신교육사회학이 새로운 패러다임으로 등장하기 이전인 1950년대와 1960년대 영국의 사회적 상황은 사회평등 구현의 수단으로서의 학교교육에 관심이 지대했다. 영국은 교육의 불평등이 초래되는 요인을 제거하기 위해 조기선발 시험제도를 없애고 복선제를 단선제화 함으로써 교육의 기회를 개방하는 교육개혁을 단행했다.[5] 그럼에도 불구하고 영국사회는 교육불평등이 계속되었다. 그 이유는 교육불평등은 교육 그 자체의 속성 때문이 아니라, 전체사회의 구조적 불평등이 교육에 그대로 반영되었기 때문이다. 이제 '평등화 장치로서의 교육'이라는 시각에 한계를 느끼고 '사회적 불평등의 피사체로서의 교육'의 모습을 보고 분석하게 된 것이다. 평등화를 위한 교육개혁의 영국적 실천 경험이 지적으로 누적되어 표현된 것이 오늘날 신교육사회학이라고 하는 비판적 사유방식을 싹트게 했다. 신교육사회학에서는 교육불평등의 결정요인이 되는 학교 내의 여러 현상을 연구했는데, 교육내용의 성격과 그것이 가르쳐지는 과정에 전체사회의 구조적 불평등이 반영되어 있음을 발견하고, 이 문제(즉, 교육내용과 학교 내 상호작용과정)에 집중적 관심을 보였다.

신교육사회학자들은 교육현실에 대한 가치중립적 탐구, 실증주의적 교육사회학에 대한 비판을 제기했다. 그들은 기능론적 연구의 도구적 추리, 기술적 · 방법적 효율성에 치중하는 논의방식에 문제를 제기한다. 또한 이전의 연구에서 투입

---

5) 단선제, 복선제 개념

- 복선제: 귀족과 평민의 학교계통 이원화의 영향으로, 인문계와 실업계 교육이 처음부터(일찍부터) 분리. 독일의 경우 초등학교 4학년 이후 계통이 나뉜다.
- 단선제: 복선제 교육에 대한 반대로 교육 계통 일원화. 인문계와 실업계의 구분이 없다.

우리나라의 경우는 단선제와 복선제가 절충된 분기형으로, 초등학교와 중학교에서는 하나의 학교계통을 유지하다가 중학교 의무교육을 마치고 복수의 학교계통으로 나누어진다.

-산출의 거시적 연구모형이 학교를 암흑상자로 간주한다고 비판하고, 학교 내부에 대한 미시적 분석의 의의와 중요성을 강조한다. 신교육사회학은 지식사회학의 관점에서 학교에서 가르쳐지고 있는 지식은 누구에 의해 구성되었으며, 왜, 어떤 이유에서 선택되었고, 어떻게 학생들에게 분배되고 있는가에 관한 문제를 제기하고 있다. 나아가 교사, 학생이 어떻게 조직되어 있으며, 그 준거는 무엇인가도 문제삼고 있다. 이러한 문제의 분석을 통해 신교육사회학은 교육과정(잠재적 교육과정 포함) 속에 숨겨져 있는 이데올로기를 분석한다(이종각, 2009: 411). 이데올로기는 학교에서의 세 가지 주요 지식 전달매체인 교육과정, 교수(수업), 그리고 평가를 통해 이루어지고 있기 때문에 교육 내부의 구체적 과정 속에 나타나는 지식적 문제를 파헤친다(Bernstein, 1977: 363).

2) 지식사회학의 영향

신교육사회학의 발전과정에서 하나 더 특기할 것은 지식사회학의 영향이다. 신교육사회학자라고 불리는 사람들의 주장은 바로 지식사회학에서 주장하는 것과 맥락이 같다. 지식사회학의 출현배경이나 주장내용의 이해는 신교육사회학의 이해를 위해 필수적이다.[6] 이 중 교육과 관련된 부분만 살펴보자.

지식사회학은 지식의 사회적 의미에 특별한 관심을 표시하는 사회학 연구의 한

6) 지식사회학의 역사를 간략히 정리하면 다음과 같다(이종각, 2009: 414).
지식사회학은 1920년 독일의 막스 셀러(Max Scheller)에 의해서 생겨났다. 지식사회학은 원래 '과학이 제기한 문제점'을 다루는 것이었다. 지식사회학의 근본명제는 마르크스에 의해 형성되었다. 그에 의하면 "의식이 존재를 결정하는 것이 아니라, 존재가 의식을 결정한다." 즉, 인간의 의식은 그의 사회적 존재 조건에 의해 결정된다. 마르크스의 관심사는 인간의 사고는 노동 속에서 이루어지며, 노동에 의해서 산출되는 사회적 관계 속에서 형성되는 것이다.
만하임에 이르러서는 지식사회학은 이데올로기 문제에 초점을 맞추게 되었다. 슈타크(W. Stark)는 만하임이 이데올로기란 문제에 초점을 맞춘 것을 넘어서게 되었으며, 버거(P. Berger)에 이르러서는 지식사회학이란 인간사회의 지식의 다양성을 다룰 뿐만 아니라 지식의 어떤 부분이 사회적 현실로 정립되는 과정도 다루어야 한다는 입장에 이르게 되었다. 버거에 의하면 지식사회학은 사회에서 지식으로 여겨지는 모든 것들에 관심을 기울여야 한다. 지식사회학은 비이론적 혼은 전이론적인 일상생활 속에서 사람들이 현실로 알고 있는 것들에 관심을 두어야 한다. 사상보다는 '상식적인 지식'이 지식사회학의 주제가 되어야 한다. 그러므로 지식사회학은 현실의 사회적 해석에 관심을 기울여야 한다.

분야이다. 지식사회학자들의 출발점은 지식이 어떠한 사회적 상황에서 창조, 분배되는가에 관심을 가진다. 지식사회학은 여러 유형의 사회 속에서 지식으로 당연시되는 것들이 변해감을 볼 때 사회 사이에서 관찰될 수 있는 차이점들과 그 의미를 파악하려 한다. 나아가 여러 종류의 지식으로 당연시되는 것들 사이의 관계가 사회평등·교육평등·인간평등의 문제와 어떻게 관련되어 있는지에 관심을 갖고 있다. 신교육사회학이 관심을 집중하고 있는 곳이 바로 이 부분이다(이종각, 2009: 413). 지식의 인식론에 대한 그들의 주장에 따르면 모든 지식은 인간의 산물이다. 인간은 진리 그 자체를 볼 수 없으며 다만 진리라고 생각되는 것을 인식할 수 있는 것에 불과하다. 진리는 변하지 않지만, 진리라고 생각되는 인간의 관념, 즉 지식은 바뀌고 상대적인 것이다. 예컨대, 중세시대 인간은 태양이 지구를 돈다는 것(천동설)을 진리로 믿었다. 그와 마찬가지로 현대에 인간은 지구가 태양 주위를 회전한다는 것을 진리로 믿고 있다. 인간이 인식할 수 있는 것은 진리라고 생각되는 것이지 진리 그 자체는 아니다. 이렇게 볼 때 지식사회학자들은 진리와 지식이 인간의 산물임이 틀림없다고 한다.

신교육사회학은 지식이 역사적·사회적 산물이며, 그 존재조건에 영향을 받아 정당화되고 있다고 본다. 지식은 사회적으로 구성된 것이고, 또한 지식은 사회적으로 조직되어 있다. 학교지식 역시 중립적인 것이 아니며, 어떤 집단의 신념이나 관점을 반영하고 있는 사회적 산물 중에서 사회적으로 선택되어진 것으로 본다. 학교지식 선택의 전통에는 지배계급의 사회통제의 원칙이 작용하고 있으며, 합의의 원리가 밑바닥에 깔려 있다. 지식을 인간의 산물이라고 할 때 어떠한 상황에서 어떠한 인간의 집단이 지식을 창조하고 분배하며 해석하는가 하는 것이 문제가 된다. 왜냐하면 사회의 구성원들이 현실을 인식하는 것은 이러한 지식의 창조나 해석에 크게 의존하기 때문이다. 이것은 바로 사회를 이끌고 가는 이념의 문제로 해석할 수 있으며, 이때 그 지식을 창조하고 정당화하는 권력집단들 사이에는 매우 밀접한 관계가 형성된다. 이와 같은 주장은 첫째, 지식과 진리를 인간의 산물로 보고, 둘째, 현실에 대한 인식은 지식과 진리의 해석과 의미에 크게 의존

하며, 셋째, 지식을 정당화하는 권력집단은 매우 중요한 의미를 가진다는 것으로 요약될 수 있다.[7)]

교육과정에 대한 상반된 관점을 요약하면 다음과 같다(이종각, 2009: 415).

〈표 4-1〉 교육과정에 대한 상반된 관점

전통적 교육과정관	교육과정사회학자들의 관점
① 과학적 지식이 교과과정의 핵심이며, 형식적 교과과정을 중시한다. 조직화된 교수전략에 따라 전달한다. ② 지식은 객관적으로 정당화된 것이고, 학교는 지식을 가르치는 곳이다. 과학적 · 객관적 · 조직적인 교과과정 구성을 강조한다. ③ 지식은 각 교과형으로 분류할 수 있다. ④ 학습결과 측정과 과학적 평가에 큰 비중을 두고 있다. ⑤ 교육내용의 보편성 · 교육평가의 보편성 · 교육목표의 보편성 등의 원칙을 강조한다.	① 교육과정사회학자들은 교육과정에서 다루는 지식은 특수 사회계층의 영향력을 받고 있는 것에 불과하다고 한다. ② 교육과정사회학자들은 교육과정 계획이나 교과의 우선순위를 정하는 일이 결코 객관적일 수 없다고 진단한다. ③ 지식사회학의 관점을 가진 교육과정사회학자들은 교육과정을 사회권위 · 권력 · 사회계층 · 학교조직 간의 연계관계에서 파악하고 있다고 볼 수 있다.

3) 신교육사회학의 기본적인 주장

신교육사회학은 1970년대에 주로 영국의 학자들에 의하여 발전하였다.[8)] 이들

7) 신교육사회학자의 한 사람인 영국의 번바움(G. Bernbaum)은 『Knowledge and Ideology in the Sociology of Education』에서 다음과 같이 말하고 있다. "최근에 현존하는 지식의 개념에 대하여 근본적인 도전이 일어나고 있음에 주의해야 한다. 진리의 객관성을 인간의 산물이라고 생각하고, 현실은 인간이 사건에 대해서 부여하는 의미와 해석에 전적으로 의존한다고 생각하면, 그러한 생각은 지식의 본질을 분석하고 한걸음 나아가서 학교에서 무엇을 가르쳐야 할 것인지의 문제를 고려하는 데 커다란 시사를 던져준다. 특수한 형태의 지식이나 지식의 인식방법이 어떤 이익집단과 관련되어 있는 경우에는 지식의 본질을 합법적인 지역사회의 권력조직과 구분하는 것이 사실상 불가능하게 된다. 그러한 경우는 지식이 정확성이나 적합성에 의해서라기보다 지식을 창조하고 이해하는 사람들의 이익과 권력에 의해서 판단되는 것이다"(Bernbaum, 1977: 59-60).

8) 1972년 고버트(Gorbutt, D.)는 '신교육사회학(The New Sociology of Education)'이란 논문에서 이 용어를 처음 사용한 것으로 알려져 있다. 그는 교육내용에 대한 연구의 중요성을 강조하면서 이러한 학문동향을 새로운 패러다임으로 소개했다(이종각, 2009: 409). 그러나 신교육사회학의 이론적 발전에 가장 중요한 공헌을 한 것은 마이클 영(M. Young)이다. 그 외에 1970년대와 80년대에 걸쳐 비슷한 시각의 학교교육을 논의한 신교육사회학자로 번스타인(B. Bernstein), 이글스턴(J. Eggleston), 번바움(G. Bernbaum), 머스그레이브(F. Musgrave) 등을 들 수 있다(차경수, 1995: 59).

의 주장은 제각기 조금씩 다르지만, 공통적인 것은 지식을 '사회의 구성물'로 보는 것이다. 이러한 전제에서 신교육사회학에서 보는 교육이론의 특징은 다음과 같이 요약될 수 있다.

① 이념과 가치의 중시

신교육사회학은 교육에 있어서 이념을 중시한다. 이것은 기능주의자들이나 갈등론자들이 환경을 중시하는 것과 크게 차이가 난다. 해석학적 연구를 하는 이들의 입장에서는, 인간은 인간 존재 밖에 외부적으로 이미 존재하는 지식을 그대로 받아들이는 것이 아니다. 인간사회에서 지식으로 만들어지는 출발점으로 지식의 전제, 가정, 사회의 가치관, 인생과 교육의 목적 그 자체에 대한 분석과 검토를 강조한다. 이러한 논의를 바탕으로, 학업성적과 같은 교육의 결과가 사회계층이나 사회환경에 의해 결정된다고 보던 과거의 경향을 수동적이고 결정론적이라고 비판하면서, 지식사회학의 입장은 이념적이고 주체적이라고 한다. 번바움은 그의 입장이 '철학적, 인간적, 낭만적, 민주적, 미래지향적'이라고 하면서 이러한 교육사회학의 방향을 '신교육사회학'이라고 부르고 있다.

② 사회적 구성물로서의 지식, 진리, 진리의 타당성

신교육사회학은 지식, 진리, 진리의 타당성은 모두 사회적 구성물이라고 하고 있다. 지식은 영구불변하는 것이 아니고, 특정한 시대의 사회적, 역사적 상황에서 구성된 것이라고 주장하는 상대주의적 입장을 취하고 있다. 한 걸음 더 나아가서 특정한 사회계급이나 전문가 집단이 이러한 지식을 학교의 교육과정으로 만드는데 영향력을 행사하고 있다고 보고 있다. 결과적으로 교육과정은 중류계급 중심으로 구성되고 있으며, 이러한 현상은 노동계급의 학생들이 학교에서 학업에 실패하는 중요한 원인을 이루고 있다. 이들은 또 지식과 진리를 구성하고 그 타당성을 판단하는 기준으로서의 '합리성'이나 '과학성'이라는 근거도 모두 사회적 구성물에 불과하다고 한다. 그것은 자본주의적 생산체제를 가지고 있는 사회에서 자본주의에 대한 비판을 억제하고 사회의 현상유지를 위한 기득권층의 준거라고 공격한다. 이러한 기준 자체가 당연히 검토의 대상이 되는 것이며, 이러한 기준 이외에 새로운 대안으로서의 사상체계나 근거가 모색되어야 한다고 주장한다.

③ 능력, 지능, 교육적 성공과 실패의 사회성

교사가 판단하는 학생들의 능력, 지능, 이와 관련하여 평가되는 학생들의 학교에서의 성공과 실패도 모두 사회적 산물이라고 이들은 주장한다. 학업과 놀이, 학술적인 것과 비학술적인 것, 우등생과 열등생, 두뇌의 명석함과 둔함, 학부형과 학생의 역할 등은 모두 사회적 구성물이므로 이들에 대한 새로운 분석이 철저하게 시도되어야 한다고 본다. 교사들은 근거없는 가정으로 학생들의 능력과 지능을 평가하고, 이 결과에 따라서 학생들을 우수하다거나 열등하다고 판단한다. 한 번 그렇게 판단되면 '자기 충족적인 예언의 원리'에 의해서 학생들은 우수하게도 되고 열등하게도 된다. 교사들은 멀쩡한 학생들을 열등하다고 '낙인'을 찍어 그들을 정말 열등생으로 만들고 있다는 것이다. 만약 판단의 기준이 바뀌어지면 성공과 실패의 평가도 물론 달라질 것이다. 새로운 기준은 '문화적 실조'보다도 '문화적 다양성'에 의해서 구성되어야 할 것이다. 왜냐하면 노동자계급의 학생들은 열등하게 행동하는 것이 아니라 중류계급의 학생들과 다른 모습으로 행동하기 때문이다.

④ 지식의 조직과 교육과정에 대한 관심

교육의 기회균등, 교육의 효율성, 일탈자에 대한 통제, 사회계층이나 가정환경을 학업성적 결정의 요인으로 보는 것은 구교육사회학(Old Sociology of Education)이라고 하고, 신교육사회학자들은 교육에서 이념과 가치를 중요시한다. 또한 신교육사회학은 학생의 선발, 지식의 조직, 교육이념, 가치의 분석, 교육과정 등에 보다 더 많은 관심을 가져야 한다고 주장한다. 특히 교육과정은 지식사회학에 기초한 신교육사회학자들이 교육이념과 함께 가장 중요시하는 영역이다. 학생에게 어떤 지식을 왜 어떤 방법으로 가르쳐야 할 것인가의 문제는 그들의 중요한 관심사이다. 학생에게 가르치는 지식은, 학생의 주체적인 존재를 떠나 '외부적'으로 이미 존재하는 지식이 아니라, 그들에게 가장 의미있고 적합한 것이어야 한다고 주장한다. 즉, 교육과정의 '적합성'을 강조하고 있다. 이 점에서 그들은 학교가 교육과정에서 지금까지 조직해 놓은 교육적인 지식은 학생들의 일상생활에 필요한 상식적인 지식보다도 나을 것이 없다고 하면서, 교육적 지식이 상식적인 지식보다도 우수하다는 것을 부인한다. 교육적인 지식은 중류계급 중심이며 그렇기 때문에 교사와 노동계급의 학생 사이에 높고 낮은 위계관계가 성립된다. 이러한 위계관계가 있어야 할 이유가 없으며, 일상생활의 상식적인 지식을 가르친다면 그러한 문제가 발생하지 않는다고 주장한다.

4) 신교육사회학의 구체적 내용들

각 학자들이 신교육사회학과 관련하여 제기하는 구체적인 내용이나 질문들은 다음과 같다(이종각, 2009: 416).

애플(M. Apple)은 학교지식에서 노동사나 여성사가 배제된 것을 지적한다(자본가의 지배, 남성의 지배와 관련시켜 생각해 보라). 애니언은 미국의 중·고등학교의 역사교과 내용 선택의 전통이 어떻게 편파적인가를 제시한다(Anyon, 1979). 즉, 미국의 경제 발전을 다루는 역사의 기술에서 노동운동의 부분이 왜곡되거나 제외되고 있으며, 그것이 주체가 되는 노동조합은 마치 불법단체인 것으로 기술되고 있고, 노동쟁의가 가장 온당치 않은 행위로 묘사되고 있음을 밝혔다.[9] 또 영(M. Young)은 다음

9) 예를 들면, 중·고등학교 교과서 내용을 통해서도 신교육사회학자들이 제기하는 질문들이나 주장을 확인할 수 있다(이종각, 2009: 418) 중앙일보에 실린 기사를 보면, "노동자와 사업자 간 문제를 이대로 방치하다간 노동자들이 폭동을 일으키겠어."(중학교 사회2 교과서)에 대해, 한국노동교육원의 주장은 "노사갈등의 원인을 다양하게 제시하기보다는 파업을 폭동으로 표현, 근로자의 노동3권을 인정하는 것을 전제로 대화의 타협에 접근하는 서술로 바꿔야" 한다고 했다. 한편, 재계(한국경제연구원)의 견해는 "노사관계를 너무 갈등적 요인으로만 보면 노사관계에 대한 시각이 잘못될 수 있다. 폭동·폭력 시위 등 너무 과격한 표현은 안 쓰는 게 좋다"라고 하였다(2004년 4월 29일자 중앙일보). 이처럼 학교교육내용은 여러 집단이 관련되어 있고 영향을 미치게 된다.

과 같은 질문을 제기하고 있다. 왜 학교에서는 근로자 계급의 아이들에게 정규교육의 실패를 예견하면서도 현행 교육과정을 계속적으로 제공하는가? 또, 왜 학교에서는 아무런 주저 없이 수학·문학과 같은 고급 교과목과 가정·실업·공예와 같은 하위 교과목으로 분류할 수 있으며, 대부분의 근로계층 아이들은 하위과목에 어울리는 성향이 있고 중산계층 아이들은 고급 교과목에 적합한 경향이 있을까? 라는 문제를 제기하였다.

교육과정사회학자들이 제기하고 있는 질문은 다음과 같은 것들을 포함하고 있다. 사회에서 현재 교육제도나 교육구조 속에서 지식의 사회적 분배가 어떻게 이루어져 있는가? 그와 같은 지식의 사회적 분배구조는 불평등한 사회의 유지에 공헌하는가? 학교지식의 계층성은 왜 그리고 어떻게 존재하는가? 지식의 선발과 전수는 어떻게 이루어지며 그리고 누구에 의해 어떤 조건 아래에서 행해지는가? 교과 간의 분류와 관계는 합리적인가 아니면 인위적인가? 그리고 그러한 관계는 교육을 통제하는 집단의 편의와 이익을 위하여 존재하는가? 이러한 질문들은 교육과정에 선택된 지식의 성격을 파악하게 해줄 뿐만 아니라 학교교육에서 불평등이 이루어지는 이유에 대한 실마리를 제공해 주기도 한다.

5) 신교육사회학의 의의

신교육사회학은 종래의 수동적 인간관과 달리 사회적 현실의 창조와 구성에 적극적인 참가자로 보는 능동적 인간관을 기저로 하고 있다. 교육활동에 관여하는 사람들이 그들의 일상적 세계를 구성하고 정의하고 관리하는 과정에 대한 연구를 중시한다. 신교육사회학의 의의를 다음과 같이 정리할 수 있다(이종각, 2009: 411-412).

첫째, 지식사회학적 관점을 강조한다. 지식의 사회성, 의식의 존재구속성을 지적하면서 지식은 그 지식이 생산된 사회구조를 반영함을 강조한다. 종래의 객관적·보편적·절대적 지식관을 배격하고, '역사적·사회적 생성물'로서의 지식을 강조한다. 교육조직과 활동에 관여하는 사람들이 구성해낸 일상적 세계를 '자명'하거나 '당연'한 것으로 생각하지 않고 의문을 제기하고 분석한다. 따라서 교육과정과 학교 내의 상호작용과정에 대한 연구에 사회학적 시각을 새롭게 부여하였다.

둘째, 지식 · 문화 · 이데올로기 · 규범 등의 지적인 과정을 통한 지배와 억압의 구조를 파헤침으로써 교육과 사회불평등에 대한 이해의 폭을 넓혔다. 개인의 해방(특히, 의식의 해방)과 지배구조의 재편성을 통한 평등과 자율이 더욱 보장되는 사회를 이상적인 교육과 사회의 모습으로 가정하고 있다. 여기에는 종래의 수동적인 인간관의 가정으로부터 능동적이고 주체적인 인간관으로의 변화가 포함되어 있다.

셋째, 교육제도와 기능중심의 교육사회학을 교육내용과 과정, 학교내부 현상에 관심을 두는 교육사회학으로 변화시켰다. 그리고 연구방법 면에서도 양적 연구로부터 질적 연구의 필요성과 중요성을 강조하고 있다. 또한 거시적 분석으로부터 미시적 분석의 필요성과 중요성을 일깨워주고 있다.

넷째, 교육과 사회불평등에 관한 연구에서 개인주의적이고 능력주의적 분석(기능론적 분석)을 비판하고, 역사적이고 구조적인 분석에 비중을 두었다. 또한 종래의 제도적 분석에 인간의식과 지식적 (또는 문화적) 분석을 추가해주고 있다.

다섯째, 학업성취와 교육과정에 대해 객관주의적이고 심리적 분석을 포기하고, '합법화된' 학교지식으로 대상화시켜 분석하는 사회정치적 분석을 중요시하였다. 학교지식의 성질 · 학교의 조직 · 교사의 이데올로기 등 교육에서의 여러 문제를 상대적인 것으로 보고 지금까지 자명하게 생각하여 왔던 모든 전제에 의문을 제기해 주었다. 학교는 지식을 분류 · 처리하는 기관임을 신교육사회학자들은 강조한다. 따라서 신교육사회학자들은 교육과정(잠재적 교육과정 포함) 속에 나타나 있는 '지식과 사회구조와의 역학관계', '지식과 집단 간의 사상적 갈등'을 집중적으로 분석하면서 교육과 사회평등에 관한 문제 논의의 새 지평을 전개하였다.

여섯째, 학교와 교실에 대한 통제와 조직에 대해 경영적 · 효율적 · 기술적으로만 접근하는 방법을 비판하고, 그것에 대해 사회적으로 상호작용적이고 문화적인 면을 강조하는 비판적 견해를 중요시하였다. 신교육사회학이 지식사회학의 입장에서 교사와 학생의 범주를 재정의·재구성하려는 노력은 교사와 학생의 의식변혁과 밀접하게 관련되어 있으므로 학교교육의 활성화에 미치는 의의가 크다.

6) 신교육사회학에 대한 평가와 비판

신교육사회학에 대한 평가와 비판은 다음과 같다(차경수, 1995: 61-63).

첫째, 교육의 주체성과 적합성 강조이다. 신교육사회학자들은 교육의 사회성을 인정하고 교육이념과 가치 등을 강조하면서, 교육에서의 학습자의 주체적인 참여를 중요시함으로써 교육의 본질적인 기능을 일깨워주었다. 주어진 지식을 무비판적으로 암기하는 것은 참다운 교육이라고 할 수 없다. 이것은 미국의 갈등론적 교육이론이나 남미의 급진적인 교육이론과 맥을 같이 한다. 또, 교육과정의 적합성 문제를 중요시한 것 역시 학습자의 주체적 참여를 위해서 빼놓을 수 없는 교육의 원리이다. '주어진 틀에 인간을 맞추려고 하는 것'보다 '스스로 인간을 형성해 나가는 과정'을 중요시하고 있다.

둘째, 역사적 문화유산 무시이다. 이념적으로 보수적인 교육이론을 공격하는 데는 상당한 설득력을 가지고 있으나, 현실적으로 이들의 주장을 교육실천에 옮기는 데는 난점이 많다. 구체적인 연구결과나 실적을 별로 쌓지 못하고 또한 실천모형을 제시하지 못하고 있다. 오늘날 어느 나라에서나 교사들은 주어진 관료적 틀 속에서 가르치지 않을 수 없으며, 교육내용의 조직이나 해석에 가해지는 제한을 완전히 배제한다는 것은 현실적으로 불가능하다. 신교육사회학은 이미 존재하는 제도권 교육과의 조화 및 이론의 실천가능성을 제시해야 하는 과제를 가지고 있다.

또 지식의 보편성을 부인하고 사회의 역사적·문화적 전통을 소홀히 한다는 비판을 받고 있다. 지식은 사회의 영향을 받기는 하지만 한편으로는 시간과 공간을 초월하는 보편성도 갖는다. 그러나 신교육사회학자들은 지식은 사회적 구성물이라고 하면서 상대주의적 입장을 취한 것은 진리의 보편성을 부인하는 것이다. 지식은 중류계급 중심이라고 하는 것에 대해서도, 지식이 계급성을 가지고 있는 것은 어느 정도 사실이지만 지식은 계층을 따지지 않고 어느 계급 출신 아동이건 학습해야 할 문화적 가치고 있다. 교육적인 지식이 일상생활의 상식적인 지식보다도 나을 것이 없다는 주장도 문제가 있다. 교육적인 지식은 역사와 전통 가운데서 전수된 것이며 인류의 문화적 유산이다. 이러한 지식을 부인하는 것은 문화적 전통을 부인하는 것과 같다.

셋째, 지식과 진리에 대한 상대주의의 난점이다. 신교육학자들은 다른 모든 진리나 기준을 사회적 구성물이요, 상대적인 것이며, 어느 특정 계급의 이익을 대표하는 것이라고 한다. 그런데 자기들의 주장은 상대적인 것이 아니라 불변하는 진리라고 주장한다. 진리와 진리의 타당성 모두 상대적인 것이라고 하는 주장은 그들 자신의 이론도 마찬가지 운명에 빠지는 모순을 가지고 있다. 결국 그들도 자신들이 지적하고 있는 특정집단의 이익을 대표하고 있다. 이제 신교육사회학도 어느새 낡은 이론이 되었고, 신교육사회학자들이 주장하는 것처럼 그들도 하나의 '관점'을 제시하는 것에 불과하다.

참고문헌

이종각(2009). 새로운 교육사회학총론. 개정증보판. 동문사.

정우현(1990). 교육사회학연구. 교육과학사.

차경수(역)(2012). 아동의 교실생활. 배영사.

차경수, 최충옥, 이미나(1995). 교육사회학의 이해. 양서원.

최정웅(편역)(1993). 교육의 사회학적 이해. 교육과학사.

Anyon, J.(1979). Idelology and U. S. history textbooks. *Harvard Educational Review*. Vol. 49.

Anyon, J.(1983). Social class and the hidden curriculum of work. *In The hidden curriculum and moral education*. edited by Giroux, H. and Purpel, D.. CA: McCutchen.

Apple, M.(Ed.)(1982). *Education and power*. London: Routledge and Kegan Paul.

Berger, P. L.(1963). *Invitation to Sociology*. Garden City, N. Y.: Anchor Books.

Bernbaum, G.(1977). *Knowledge and Ideology in the Sociology of Education*. London: Macmillan.

Bernstein, B.(1977). *Class, Codes and Control*. Vol. 3. New York: The Macmillian Press.

Blackledge, D. & Hunt, B.(1985). *Sociological Interpretations of Education*. London: Croom Helm.

Egglestone, J.(1989). 이경식 외(역). 교육과정 사회학. 교육과학사.

Krüger, M.(1987). 지식사회학. 심윤종(역)(1987). 경문사.

Mead, G. H.(1934). *Mind, Self, and Society*. Chicago: University of Chicago Press.

Meltxer, B. N., Petras, J. W. and Reynolds, L. T.(1975). *Symbolic Interactionism*. London: Routledge & Kegan Paul.

Schutz, A.(1953). 'Common-sense and Scientific Interpretation of Human Action', *Philosophy and Phenomenological Research*, September, 1-37.

Schutz, A.(1972). *The Phenomenology of the Social World*. London: Heinemann.

Starker, W.(1984). 지식사회학. 임영일(역)(1987). 한길사.

Young, M. F. D.(1976). Curriculum change: limits and possibilites. In E. Dale. & M. Macdonald(Eds.), *Schooling and Capitalism*. London: Routledge and Kegan Paul Ltd.

제 5 장

사회계층과 교육

어느 순간부터 우리 사회에는 수저계급론이라고 하여 수저 논란이 만연해있다.[1] 수저론을 통해서도 알 수 있듯이 우리 사회는 여러 계층으로 나뉘어져 있고 이 계층을 건전하고 건강하게 변화시키는 것이 우리 사회의 중요한 과업이다.[2] 그리고 이러한 사회계층과 계층이동의 중심에 교육이 있다. “개천에서 용 난다”라는 표현이 말해주듯이 교육은 사회계층 이동의 도구, 사다리로 인식되기 때문이다. 하지만 교육이 계층 이동의 사다리가 되는 것도 옛말이 되었다. 부모의 재력이 교육기회의 불균등을 가져오고 교육은 이제 경제력을 대물림하는 통로가 되었다.[3] 이 장에서는 사회계층의 개념을 이해하고, 사회계층과 교육의 관계, 사회계층이동과 교육에 대해서 살펴본다.

---

1) SNS상의 수저론에 따르면, 수저계급은 총 5개로 다이아몬드 수저 · 금수저 · 은수저 · 동수저 · 흙수저로 나뉜다. 다이아몬드 수저는 자산 30억 원 또는 가구 연 수입 3억 원, 금수저는 자산 20억 원 또는 가구 연 수입 2억 원, 은수저는 자산 10억 원 또는 가구 연 수입 8,000만 원, 동수저는 자산 5억원 또는 가구 연 수입 5,000만 원, 흙수저는 자산 5,000만 원 미만 또는 가구 연 수입 2,000만 원 미만이며, 부동산은 제외된다. 정부가 정한 2017년 2인 가구 최저생계비(삶을 유지하는 데 필요한 최소한의 비용)는 월 169만원으로 연 소득으로 환산하면 약 2,000만원이다. 한국의 전체 일하는 사람 중에서 아주 적게 따져도 1/3은 흙수저(최저 생활의 수준에 못 미치는 비중)에 속한다고 한다(JTBC, 차이나는 클라스, 2017년 4월 30일, 장하성 강연).

2) 어떤 사회는 상층에 소수만이 있고 대다수가 하층에 깔려 있는 형태를 보이기도 할 것이고, 또 어떤 사회는 다수가 중간층으로 몰려 있는 형태를 띠기도 할 것이다. 앞의 것을 ‘피라미드형’으로, 뒤의 것을 ‘다이아몬드형’이라고 부른다. 일반적인 믿음은 피라미드형보다는 다이아몬드형이 더 안정된 사회라는 것이다(홍두승, 28). 피라미드형은 소수의 상층과 다수의 하층, 그리고 빈약한 중간층으로 구성되어 있는데 사회적으로 갈등이 발생할 소지가 크다. 빈부의 격차가 심한 사회가 여기에 해당된다. 반면에 대다수가 중간에 몰려 있는 사회를 흔히 ‘중산층 사회’로 지칭하고, 이를 사회정책의 목표로 삼기도 한다.

3) “서울대 합격률 강남 · 강북 20배差… “부모 경제력 빼니 1.7배””라는 제목의 기사가 실렸다(2017년 1월 30일자 서울신문). “교육의 조건: 말로는 실력, 실제는 돈, 대물림 통로로 변질된 ‘교육 사다리’ 교육이 더 이상 ‘계층 이동의 사다리’가 아니라 세대 간에 경제력을 대물림하는 통로로 이용되면서 우려가 커지고 있다. ‘개천에서 용이 나지 않는다’는 말은 이제 새로울 것도 없는 상황이 됐다. 고소득층은 저소득층에 비해 6배가 넘는 교육비를 투입하고 이 격차는 고스란히 학벌 격차로 이어지고, 미래 수입으로 연결된다. 전문가들은 ‘기회 평등’을 제공하던 교육의 기능이 회복되지 않으면 양극화가 더욱 심해질 것이라고 우려했다.”

1. 사회계층, 사회적 불평등

1) 사회계층의 이해

사회계층이란 재산·수입·직업·교육·종교·인종·학연 등 객관적 조건이 동일한 사람들의 집적이다. 사회계층은 사회성층이라고도 하며, 일종의 통계학적 집단 또는 사회적 범주이다. 학자에 따라 소득을 위주로 계층을 구분하기도 하고, 직업 지위를 위주로 구분하기도 하며, 소득·직업·교육수준을 복합적으로 고려하여 구분하기도 한다(교육학용어사전). 사회계층은 우리가 사는 사회를 세로로 절단해서 보는 것과 같다. 위쪽의 층도 있고 아래쪽의 층도 있다. 그러나 지층과 다른 것은 지층의 각 띠는 서로 성질을 달리할 뿐 높고 낮음이 없는 데 반해 사회계층은 높고 낮음이 있다. 무엇이 높고 무엇이 낮은가 하는 것은 사회에 따라 시대에 따라 다르다. 바로 그 시대에 그 사회에 사는 사람들이 무엇을 가치 있게 생각하느냐에 따라 달라진다(홍두승, 2010: 26).

사회계층을 이해하기 위해서는 사회적 불평등을 이해해야 한다. 사회적 불평등은 개인들 또는 집단들 사이에 나타나는 자산, 위세, 권력 등 여러 형태로 평가된 사회적 구별을 의미한다. 사회적 불평등은 육체적 특징이나 능력, 개인적 또는 집단적 성취, 사회적 또는 문화적 역할 등에 의해서 구별된 개인들 또는 집단들에게 위계적으로 내려진 사회적 평가와 그에 따른 사회적 보상의 결과를 말한다(오욱환, 2003: 103). 모든 유형의 인간관계에는 사회적 분화와 사회적 평가가 따르기 때문에, 사회적 불평등은 어떤 유형의 사회에서도 나타나기 마련이다. 이처럼 인간관계에서 피할 수 없이 일어나는 사회적 불평등이 사회적 쟁점이 되고 사회학의 중심 주제가 되는 이유는 이러한 불평등이 일시적 현상이 아니라 구조화되어 있기 때문이다. 구조화된 사회적 불평등은 사회 계층화라는 개념으로 통용되고 있다. 사회 계층화는 사회적 불평등이 구조적으로 유형화되고 한 세대에서 다음 세대로 전수되는 경우에만 적용된다. 사회 계층화는 경제, 가족, 종교, 교육 등 중요한 사회제도를 통해서 점차 강화된다. 한 세대의 불평등 구조가 다음 세대에도 그대로 이어지고, 또 그 다음 세대에도 이어진다면, 말하자면 계층구조가 재생산된다면 그러한 사회는 매우 굳어버린 폐쇄적인 사회일 것이다. 이런 사회는 과거 전통적인 신분사회에서 흔히 볼 수 있었던 것으로, 사회이동의 경로가 막혀버린 것이다(홍두승, 2010: 104).

사회적 불평등과 사회 계층화를 설명할 때 가장 빈번하게 사용되는 세 가지 개념은 직업, 계급 그리고 계층이다(오욱환, 2003: 104).

① 직업에 따른 불평등(뒤르껭학파, 기능론적 입장)

뒤르껭학파에 속한 학자들은 사회를 하나의 거대한 생명체와 같이 생각하기 때문에 사회가 기능적으로 원활하게 작동하는 것이 최우선적 과제가 된다. 사회가 유지되고 발전하기 위해서는 생산활동이 원활해야 하고 사회의 구성원들이 규범과 가치를 공유해야 한다고 주장했다. 생산의 효율화를 위해 생산과정에서의 노동 분업이 급격하게 진행되었고 사회 전반적으로 분업이 보편화되었다. 분화된 업무에 대한 사회적 가치가 차등 평가되면서 직업적 지위가 위계적으로 형성되었다. 직업적 지위에 따른 격차는 사회구성원들에게 위화감을 조성하기 때문에 사회적 결속을 해체시킬 수 있다. 이러한 위험을 막기 위해 뒤르껭은 유기적 결속이 필요하다고 주장하였다. 그는 유기적 결속을 위해 도덕교육을 강조하였다.

뒤르껭의 사상을 계승한 기능론자들은 사회의 위계적 구조화를 생산력 높이기 위한 필연적 과정으로 설명한다. 사회의 위계적 구조화 곧, 사회의 구조적 불평등은 사회가 효율적으로 기능하기 위해서 업무의 분업화가 이루어지고 분화된 업무를 나누어 맡은 개인들에게 업무의 중요성과 난이도에 따라 사회적 보상이 차등 지급된 데 따른 결과이다. 사회가 순조롭게 기능하기 위해서는 사회의 과업을 모든 구성원들이 나누어 맡는 것이 효율적이다. 과업을 나누다보면 상대적으로 더 어려운 업무와 더 중요한 업무가 나타나게 된다. 사회가 유지 · 발전하는 데 밀접히 관련된 업무일수록 수행하기가 어렵다. 특수한 능력을 갖춘 사람들로 하여금

이 업무를 맡게 하기 위해서는 더 많은 보상이 주어져야 한다. 따라서 업무의 중요성과 난이도에 따라 사회적 보상을 달리함으로써 불가피하게 사회적 불평등이 야기된다.

직업에 따라서 사회적 불평등이 발생하게 된 일련의 과정을 이해하면 이 불평등이 부당한 것이 아니라는 결론에 이르게 된다. 또한 상대적으로 더 많은 사회적 보상이 주어지는 일자리가 누구에게나 개방되어 있기 때문에 차등적 사회보상 체제가 정당화된다. 현대사회는 이전의 사회와 비교할 때 균등한 기회가 주어지는 개방사회이며 업적주의 사회이다. 이 입장에서는 직업선택의 기회가 균등하고 개방되어 있는지에 대해서는 전혀 의심하지 않는다. 직업에 따라서 사회적 불평등이 발생하게 된 일련의 과정을 이해하면 이 불평등이 부당한 것이 아니라는 결론에 이르게 된다. 직업은 사회적 과업을 효율적으로 수행하기 위해 마련한 분업의 결과로 나타난 역할이다. 그리고 역할의 중요성과 난이도에 따라 사회적 위세와 경제적 소득이 적절하게 차등 배분된 결과로서 사회적 불평등이 발생한다.

② **계급에 따른 불평등**(마르크스학파, 갈등론적 입장)

사회계급은 사회계층과 혼용되기도 하지만 두 개념은 차이가 있다. 계층 간의 대립은 주로 경쟁관계로 설정되고 공존의 가능성이 충분히 인정된다. 반면에 계급 간 대립은 갈등관계로 묘사되며, 계급 투쟁(부르조아와 프롤레타리아)라는 말처럼 상이한 계급들이 한 사회에서 공존할 수 있는 가능성은 희박하다.

계급의 의미를 파악하기 위해서는 마르크스의 계급론을 살펴보아야 한다. 마르크스가 말하는 자본주의 사회의 두 가지 계급인 자본가계급과 노동자계급을 가지고 사회계급을 정리해 보면 다음과 같다. 자본가계급은 생산수단을 소유함으로써 부유하게 살며 자신들의 지배를 지속시키기 위한 이데올로기(지배이데올로기)를 고수하고 노동자계급을 착취, 지배하고 있다. 한편, 노동자계급은 생산수단을 소유하지 못함에 따라 자신의 노동력을 팔아서 가난하게 살아갈 수밖에 없고 지배이데올로기를 수용하도록 강요받고 있으며 피착취, 피지배 상태에 있다.[4] 라이트와

페론은 사회계급을 생산수단의 소유, 타인 노동력의 구매, 타인 노동력의 통제, 자기 노동력의 판매라는 네 가지 항목을 통해 파악하였다. 자본가는 생산수단을 소유하고, 타인의 노동력을 구매 통제하며, 자신의 노동력은 팔지 않는 사람을 일컫는다. 노동자는 생산수단을 소유하지 못하고, 타인의 노동력을 구매하지 못할 뿐만 아니라 통제하지도 못하고, 오직 자신의 노동력을 팔기만 하는 사람이다.[5] 마르크스는 혁명의 필연성을 강조할 때 사회계급을 억압자와 피억압자, 지배자와 피지배자, 자본가와 노동자, 부르주아지와 프롤레타리아로 구분함으로써 계급 간의 적대적 대립관계와 함께 지배집단의 부당함과 비도덕성을 부각하였다.

직업을 통해서 얻게 되는 경제적 이득은 자신의 노동력에 대한 대가로 받게 되는 소득이 전부이다. 그러나 계급을 통해 얻게 되는 경제적 이득은 자신의 노동력에 대한 보상이 미미해지고 부모로부터 물려받는 금전적 자본이나 토지의 형태를 띤 자산과 부가 절대적 비중을 차지한다. 예를 들면, 의사의 자녀가 의사가 되고자 할 때 직업은 상속이 되지 않기 때문에 사회에서 요구하는 조건을 갖추어야 한다. 반면, 자본가의 자녀는 부모로부터 자본을 물려받음으로써 자본가가 되며 사회적으로 요구하는 조건은 없다. 그리고 일상생활의 질적 수준은 직업이나 소득보다는 계급이나 부에 의해 더 많이 결정된다. 사회적 불평등은 직업과 소득에

4) 자본주의 사회, 경제, 자본가계급과 노동자계급 등에 대한 기본적인 이해를 위해서는 채사장의 『지적 대화를 위한 넓고 얕은 지식(현실세계 편)』(2014, 한빛비즈)을 참고하면 좋다.

5) 여기에 더하여, 경영자는 생산수단을 소유하지 못하고 자신의 노동력을 팔면서도 타인의 노동력은 통제한다. 프티 부르주아(자영업자)는 생산수단을 소유하지 못하고 타인의 노동력을 사지도 통제하지도 않으며 자신의 노동력을 팔지도 않는다.

자본가계급과 노동자계급 중간에 있는 중간계급의 존재, 중간계급은 중산계급이라고도 한다. 이 범주 속에는 중소상공업자, 자영상인, 자작농과 같이 남에게 고용되어 있지 않고 자기 사업을 하는 자영업주들과 공무원이나 교사, 사무 관리직 회사원들과 같이 기관이나 조직에 고용되어 봉급을 받는 직장인들이 포함된다. 중간계급은 어떤 직업에 종사하느냐를 바탕으로 식별한다. 일반적으로 중간계급의 범주에 정신노동자는 포함되지만 육체노동자는 포함시키지 않는다. 그러나 정부의 정책이나 대중매체에서는 중간계급(또는 중산계급)보다는 중산층이라는 말이 더 보편적으로 사용되고 있다(홍두승, 2010: 36-37).

산업화 과정에서 임금근로자의 비율은 크게 증가한 반면, 자영업주는 꾸준히 감소해왔다. 그러나 다른 OECD국가들과 비교해볼 때 우리나라의 자영업주의 비율은 아직 높은 편이다. 동아시아의 대표적 신흥공업국인 대만, 싱가포르, 홍콩 등에 비해서도 높다. 따라서 우리나라 노동력 구조에서 자영업주가 차지하는 비중에 주목하지 않을 수 없다. 계급이론에서는 자영업주를 생산수단을 소유하고 있지만 타인의 노동력을 사거나 생계를 위해 자신의 노동력을 팔지 않는 '소부르주아지'로 지칭하기도 한다. 때로는 소부르주아지를 '구중간계급'이라고 하여, 봉급생활자인 '신중간계급'과 대비한다(홍두승, 2010: 70-71).

의해서보다는 계급과 부에 의해서 더 극명하게 드러난다. 사회적 불평등의 구조화와 재생산 과정을 비판하는 학자들은 계급이 세습되는 점을 증거로 제시한다. 기능주의자들과는 달리, 사회적 불평등의 부당함과 기회균등의 허구성을 부각하려는 학자들은 계급을 중심으로 사용한다.

③ 계층에 따른 불평등

계층의 개념을 정확하게 이해하기 위해서는 베버의 계층론을 이해해야 한다. 베버는 마르크스가 사회현상을 경제결정론으로 설명하는 데 거부감을 가졌다. 베버는 인간들의 일상적 생활이 경제에 의해서만 결정된다는 마르크스의 주장을 거부했다. 마르크스는 경제구조 또는 하부구조에 의해 상부구조가 모두 결정된다고 주장했지만, 베버는 상부구조의 핵심인 의식의 자율성과 중요함을 부각시키는 데 주력하였다. 마르크스가 자본주의 사회가 출현하게 된 계기를 봉건주의 경제체제의 모순에서 찾는 것과 달리, 베버는 자본주의 체제의 발달 근거를 마르크스의 분류에 따르면 전형적인 상부구조에 속하는 정신, 종교에서 찾았다.[6] 베버는 프로테스탄트의 기독교 윤리가 자본주의를 발달시킨 원동력이라고 설명하였다. 베버는 프로테스탄트 윤리를 통해 근검과 절약을 강조함으로써 자본의 축적을 가능하게 했으며, 직업을 하나님이 내린 소명으로 받아들임으로써 최선을 다해 일하고 생산력을 높이는 데 기여했다고 하였다.[7]

베버는 계급이라는 개념이 사회주의 사회의 불평등을 비판하고 새로운 사회를

6) 막스 베버는 프로테스탄티즘, 특히 칼뱅주의의 교리에 포함된 종교적 윤리와 가치가 근대 유럽의 자본주의 발전에 큰 역할을 하였다고 보았다. 칼뱅주의 교리에 따르면 인간은 운명을 가지고 태어나는데 금욕과 절약을 통해 신에게 선택되었다는 확증을 얻을 수 있다는 것이다. 자기 확신을 획득하기 위해서는 현세의 직업활동을 열심히 하는 것이 가장 적합한 방법이라고 보았다. 프로테스탄티즘에서 일은 신성한 소명이며 신의 영광을 위해 수행되어야 한다는 것이다. 따라서 금세에 있어서의 성공은 신으로부터의 은총의 결과라고 본다. 프로테스탄트 윤리에는 근면성, 자기절제, 금욕주의, 개인주의 등이 포함된다.

7) 학력에 따른 기대가 현실적으로 충족되지 못할 때에 현재 종사하고 있는 직업에 대한 만족과 몰입도는 낮을 수밖에 없다. 직업을 '천직'으로 나타낼 때에는 특별한 함의를 가지고 있다. 소명의식, 즉 '신의 부르심'을 뜻하는 용어를 내포하고 있는 것이다. 천직이라는 용어는 루터의 종교개혁 이후에 등장한 것으로 일은 하나님으로부터 소명받은 것으로 사회에 대한 기여를 강조하고 있다. 하나님이 정해준 자리에서 그 일에 충실하는 것이 하나님에 봉사하는 길이라고 믿는 것이다(홍두승, 2010: 60-61).

건설하기 위한 전략적 성격을 더 많이 가지고 있음을 지적하고 사회의 일상적 현실을 기술하는 데 적합한 개념으로 계층을 개발하였다. 베버는 사회의 계층화가 상호 독립적이면서 상호작용하는 세 가지 요소, 즉 경제적 자산, 사회적 위세, 정체적 권력에 의해 형성된다고 주장하였다. 교육사회학 연구에서 계층을 분류하는 가장 보편적인 방법은 수입 또는 소득, 직업적 순위, 학력 등을 계량화하여 산출하는 사회경제적 지위(socioeconomic status: SES)이다.

2) 사회 이동

사회적 불평등과 함께 다루어져야 하는 주제는 사회 이동이다. 사회학자들이 불평등을 문제 삼을 때는 바로 이 개방성 정도(사회이동)가 주제가 된다. 뒤르껭학파는 현대사회의 개방성을 강조하기 위해 상대적으로 상승이동이 용이한 직업을 가지고 사회적 불평등을 설명한다. 마르크스학파는 현대사회의 폐쇄성을 주장하기 위해 상대적으로 상승이동이 어려운 계급을 가지고 설명한다. 즉, 자본주의 사회의 불평등이 구조화되어 있고 세대로 이어가면 재생산된다고 설명한다. 한편, 베버는 마르크스학파의 한계를 넘어서기 위해 계층이라는 개념을 사용한다.

사회의 유형은 사회 이동이 얼마나 많이 일어나느냐에 따라 분류될 수 있다. 사회 이동은 어떤 개인이나 사회집단이 한 위치에서 다른 위치로 이동하는 것을 의미한다. 수직적 사회 이동은 한 지위에서 순위가 다른 지위로 이동하는 것을 말하며 사회계층화와 관련되어 주목받는다. 수직적 사회 이동은 상승이동과 하강이동으로 나뉜다. 상승 사회이동은 한 지위에서 상위 지위로 이동하는 경우를 말하며, 하강 사회이동은 이전보다 낮은 지위로 이동하는 것을 의미한다. 여기에 세대라는 측면을 더하면, 세대내 상승 사회이동, 세대내 하강 사회이동, 세대간 상승 사회이동, 세대간 하강 사회이동 등 네 가지 경우가 발생한다. 수직적 사회 이동이 어렵거나 거의 일어나지 않는 사회는 폐쇄사회로 불리며, 그러한 이동이 쉽게 빈번한 사회는 개방사회로 지칭된다. 수직적 사회 이동이 완전히 봉쇄된 사회의 경우, 모든 사회적 지위는 부모로부터 물려받을 수밖에 없다. 이러한 대표적인 예로는 신라시대, 조선시대 등을 들 수 있다. 한편, 완전 개방사회에서는 누구라도 원하는 사회적 지위를 자신의 노력으로 획득할 수 있다. 두 가지 상반된 지위는 각각 귀속적 지위, 성취적 지위로 개념화된다.

자신의 지위를 결정함에 있어 현대 산업사회는 전통사회에 비해 업적적 지위가 귀속적 지위보다 더 큰 비중을 차지하고 있다. 세대를 고려한 사회 이동은 교육사회학에서 중요한 주제가 된다. 그 이유는 학교교육이 사회계층 이동의 중요한 도구로 인식되어 왔으며 가시적, 객관적 기준으로 사용되어 왔기 때문이다. 한국사회에서는 모든 부모들이 세대간 상승 사회이동을 목적으로 학력 및 학벌 높이기에 매진하고 있다. 업적적 지위의 대표적인 것이 '교육적 성취', 즉 우리가 흔히 이야기하는 바로 학력 또는 학벌이다. 과거에 한국 사회에서는 업적적 지위에 속하는 학력을 성취하면 어느 정도 상승 사회 이동을 할 수 있었기 때문에, 지금도 한국사회는 개인들 간의 교육 경쟁이 치열하다. 하지만 학력을 취득하는 것으로 상승 사회 이동이 얼마만큼 가능한가? 그리고 학력이 상승 사회 이동을 보장한다는 믿음에 전제하여 교육기회를 균등하게 배분하는 것이 사회경제적 불평등을 해소하는 데에 어느 정도 기여하는가? 선진국에서 교육기회를 평등하게 배분함으로써 사회경제적 불평등을 해소하고자 한 사회정책이 성공적이지 못하다고 하는 비판이 많이 있다. 그 사회의 경제적 불평등과 생산구조는 그대로 둔 채 교육기회의 평등화만으로는 그 목적을 달성할 수 없다는 것이다(홍두승, 2010: 105).

2. 사회 불평등과 교육

교육학에서 사회적 불평등을 주목하는 이유는 교육이 사회적 불평등의 원인으로 작용할 뿐만 아니라 사회적 불평등의 결과로써 교육적 불평등이 야기되기 때문이다. 학생들 간의 교육 격차가 이들의 사회경제적 지위에 상당한 영향을 미치며, 각 가정의 사회경제적 환경은 자녀들의 교육 성취에 중요한 원인으로 작용하고 있다. 또한 교육은 사회불평등을 심화시키는 측면도 있고 완화시키는 측면도 있다. 교육을 통해서 사회경제적 불평등이 구조화, 정당화되며 이와는 반대로 기회균등과 사회평등이 구현되기도 한다. 교육과 사회적 불평등의 관계는 교육이 사회적 불평등의 원인인 동시에 결과이고, 교육에 의해 사회적 불평등이 심화되기도 하고 완화되기도 한다는 모순적 양면성 때문에 교육정책과 교육실제를 두고 치열한 논쟁이 일어난다. 현대인들은 이전 시대의 사람들에 비해서 높은 평등의식을 갖고 있으며 자신들의 불리한 처지를 숙명으로 받아들이지 않고 타개하려고 노력한다. 현대사회에서 교육은 불우한 처지를 타개하는 데 더없이 유용한 도구로 간주되고 있다. 이 때문에 '교육과 사회적 불평등의 관계'가 교육사회학의 쟁점 주제가 된다.

교육과 사회적 불평등의 관계는 크게 두 가지로 나누어진다. 즉, 교육적 불평등과 사회적 불평등의 발생을 불가피한 현상으로 보는 입장(기능론적 입장)과 교육적 불평등과 사회적 불평등의 발생을 비판하는 입장(갈등론적 입장, 경쟁론적 입장)으로 나누어진다. 먼저, 기능론적 입장에서는 교육적 불평등과 사회적 불평등의 발생을 불가피한 현상으로 받아들인다. 이 불평등을 수용하는 학자들은 기능론에 근거하여 논지를 편다. 교육적 불평등과 사회적 불평등의 밀접한 관계를 당연하게 생각하며 인과적 관계로 설명한다. 인적자본론은 인간의 지적 능력이 생산성을 좌우하는 중요한 자본임을 주장하고 그 능력을 신장하는 방법으로 교육과 경험을 비중있게 고려한다. 지위획득론은 현대사회에서 사회적 지위는 각 개인들의 사회적 공헌도에 따라 배분되므로 사회적으로 선망받는 직업과 그에 따른 위세는 부모로부터 물려받을 수 없고 자신들의 재능과 노력에 의해 취득된다고 주장한다.

한편, 갈등론적 입장에서는 교육적 불평등과 사회적 불평등의 부당함을 비판하며, 교육격차에 의해 사회적 불평등이 야기되는 방식은 인위적 조작이며, 교육을 통한 사회불평등 해소 또는 평등사회 구현을 도모한다. 불평등한 현실을 비판하는 학자들은 사회의 구성원들이나 사회집단들이 갈등 또는 경쟁관계에 있다고 주장한다. 이들은 이 관계가 기능적으로 유지되고 있다고 설명하는 것은 현실 왜곡이라고 비판한다. 갈등론자들은 현재 지배적 위치를 차지하고 있는 집단들(지배집단)이 현 상태를 영원히 지속하기 위해서 폭력과 함께 이데올로기도 이용한다고 주장한다. 지배집단은 이데올로기를 사용함으로써 피지배집단이 현재 상태를 자연스럽게 수용하도록 조작한다. 한편, 경쟁론자들은 현실사회의 특징을 집단 간의 경쟁으로 규정한다. 현대사회는 개인보다는 집단으로 경쟁하는 것이 유리하며 집단은 기득권을 유지하기 위해 집단에 유리한 조건을 경쟁의 기준으로 제시한다.

사회불평등에 대한 세 가지 접근(기능론, 갈등론, 경쟁론)과 각 접근에 해당되는 교육사회학 이론들은 다음과 같이 정리된다(오욱환, 2003: 119).

〈표 5-1〉 **사회 불평등에 대한 입장, 접근방법, 하위 이론의 관계**

사회 불평등에 대한 입장	접근방법	하위 이론
수용적	기능론	인적자본론, 지위획득론
비판적	갈등론	경제적 재생산이론, 문화적 재생산이론
		저항이론
	경쟁론	선별이론, 계층경쟁론

1) 기능론적 접근

기능론자들은, 사회는 여러 하위 부분들이 제각기 맡은 역할을 충실히 수행해야만 유지·발전될 수 있다고 본다. 기능론자들은 사회를 생명체에 비유함으로써 각 하위 부분들의 역할 수행을 생존을 위한 절대적 임무로 규정지었다. 교육은 사회의 하위 부분들 가운데 하나로, 개인들에게 생업에 필요한 기술과 지식을 습득시키고 사회구성원으로서의 임무와 책임을 인지시킴으로써 사회가 유지되도록 한다. 교육이 제도화한 형태인 학교는 사회의 하위 부분들 가운데 하나로서, 미래의 성원들에게 기술, 지식, 사회적 규범과 가치 등을 가르치고 사회적 업무를 적절하게 배분하는 임무를 맡고 있다(오욱환, 2003: 119).

기능론자들은 현대사회를 이전의 사회와 비교할 수 없을 정도로 전문적 지식과 기술이 요구되는 사회로 규정한다. 과거 소수의 지배집단에 의해 독점되었던 학교교육의 기회가 피지배집단에게도 개방됨으로써 학교교육 기회의 균등화 작업이 학교교육의 팽창으로 이어졌다. 산업이 발달할수록 교육체제와 경제체제는 더욱 밀접하게 관련된다. 현대사회에서 산업화가 가속됨에 따라 높은 지적 기술을 요구하는 직업들이 끊임없이 창출되고 종전의 직업들도 더 많은 지적 기술을 가진 사람들로 대체된다. 산업화가 진전될수록 경쟁은 더욱 치열해지고 전문가에 대한 요구가 증가하면서, 사회 전반적으로 학력이 상승하고 결과적으로 학교교육이 급속도로 팽창한다.

또한 기능론자들은 학교교육이 확대되어야만 교육받은 시민들이 정보를 더 많이 수집하고 더 정확하게 판단함으로써 정치적 속임수에 휘말리지 않고 적극적으로 정치에 참여할 수 있다고 한다. 학교교육은 미래의 시민들에게 정치적으로 성숙할 수 있는 정보를 제공할 뿐만 아니라 학교생활을 통해 다양한 정치활동을 경험하게 하기 때문에 정치발전에 필수적인 조건이라고 본다. 기능론자들은 학교가 가족생활에서 현대, 도시, 산업사회에의 성인생활로 성공적으로 나아갈 수 있도록 하는 본질적 기관이라고 본다.

① 인적자본론

인적자본론자들은 교육을 의미 있는 투자로 부각시키기 시작했다. 교육과 훈련이 투자임을 강조했다. 노동이나 금전(자본)과 구별되는 지식, 기술, 경험 등 인적자본을 부각하며, “인적자본이 늘어나면 생산력이 상승하고 그 결과로 생산이 확대된다”로 표현될 수 있는 기본원칙을 설정하였다. 인적자본론자들은 노동자가 가진 인적자본의 축적량에 따라 노동력의 수준이 결정되고 이 수준에 의해 소득의 규모가 좌우된다고 주장한다. 고용주는 생산능력이 많은 피고용자에게 그에 부합하는 경제적 보상을 제공하고 피고용자의 생산능력은 교육에 상당히 의존하기 때문에 교육은 소득과 밀접한 인과관계를 맺는다. 인적자본론자들은 인적자본을 구성하는 핵심변인으로 교육을 상정하며, 학교교육을 독립변인으로 하고 소득을 종속변인으로 하여 인과관계를 설정한다. 이에 따라 학력에 따른 소득의 격차를 강조한다. 학교교육 연한에 따른 생애소득 격차는 학력이 높은 사람이 낮은 사람보다 일생 동안 획득한 소득이 많다는 사실로서 증명된다. 일자리의 직업적 지위가 낮을수록 인적자본의 가치를 덜 인정받는다.

인적자본의 증대는 개인의 소득 향상뿐만 아니라 국가발전에도 중요하게 작용한다. 인적자본론자들은 전체 국민들의 교육수준에 의해 상당히 결정되는 국가의 인적자본 총량이 해당 국가의 생산성과 국제경쟁력을 좌우한다고 주장한다. 이러한 연구결과를 가지고 비교교육학들은 국가발전의 필수조건으로 국민들의 교육수준 향상을 지적하였다. 또한 이러한 연구결과는 국민들의 교육수준을 높임으로써 경제성장을 달성하려는 정치지도자들로 하여금 학교교육의 확대 정책을 채택하도록 부추겼다. 인적자본론은 학력과 소득의 밀접한 관계를 증명함으로써 학교교육을 '출세'의 지름길로 생각하는 대중들의 상식적 통념을 하나의 법칙처럼 전파시킨다(오욱환, 2003: 125).

② **지위획득론**

현대사회로 접어들면서 서구사회는 계몽운동에 의해서 귀속주의를 거부하고 대중참여를 지지하였다. 이 두 가지 원칙은 업적주의로 축약되며, 지위획득론은 업적주의를 근간으로 한 이론이다. 이 이론은 업적주의 이념을 가지고 사회계층화를 설명하고 정당화하려는 학자들에 의해 제기되었다. 산업의 발달로 고급 능력을 필요로 하는 직업들이 창출되고 업무의 효율성을 높이기 위해 교육받은 사람들이 고위 직업을 갖게 됨에 따라, 교육은 생산성을 향상시키고 민주주의 정신을 실현하며 사회정의를 구현하는 필수 조건으로 인식되었다. 지위획득론은 구조기능주의를 이론적 기반으로 한다. 이 이론은 인적자본론과 마찬가지로 자유경쟁적 노동시장을 전제하고 있다. 지위획득론은 사회적 불평등을 사회계층화로 이름하고 계층화가 균등한 기회와 공정한 절차에 의해 이루어지기 때문에 정당하다고 주장한다. 지위획득론자들은 사회구성원 모두가 공평한 기준 위에서 자신들이 갖고 있는 지적 기술의 사회적 공헌도를 평가받아 위계화된 사회적 지위 가운데 한 위치를 차지하게 된다고 주장한다. 기능론자들은 현대사회에서 개인들이 학교교육을 통해 사회적으로 의미 있는 지적 기술을 습득한다고 가정하며, 학력과 직업적 성취 사이의 밀접한 관계를 실증적으로 증명해 왔다.

지위획득론은 현대사회를 업무가 중요성과 난이도에 따라 나누어진 분업사회, 세분화된 업무가 효율적으로 수행되도록 하기 위해 보상이 달리 주어지는 위계적 사회, 업무 수행에 요구되는 능력을 갖추면 누구든지 원하는 자리를 차지할 수 있는 개방사회로 규정한다. 지위획득론자들은 인적자본론자들과 마찬가지로 사회를 하나의 거대한 자유경쟁의 노동시장으로 간주하며 이 시장에서 모든 구성원들이 객관적이며 공정한 기준에 의해 사회적 공헌도를 평가받고 그 평가결과에 부합하는 직업을 얻는다고 주장한다. 이들이 가정하는 자유경쟁 노동시장에서는 구인 및 구직에 관한 모든 정보가 개방되어 있기 때문에, 누구든지 충분한 정보를 입수할 수 있고 자신의 재능과 능력에 적합한 직업을 얻는다. 이 노동시장에서는 어느 누구도 계급, 성, 인종, 종교 등 사회구조적 요인에 의해 차별을 받지 않으며 오직 업적에 의해서 사회적 위치를 차지한다.

이들은 위계적으로 분업화된 업무를 효율적으로 수행하려면 적절한 지적 능력과 정의적 태도가 요구되고, 높은 지적 능력과 적극적 태도는 생득적 재능과 생후의 노력에 의해 좌우된다고 주장한다. 이 이론은 사회의 유지와 발전을 위해 모든 업무가 중요성과 난이도에 따라 세분되어야 하고 각 업무의 원활한 수행을 위해서 교육과 경험에 의해 높은 능력을 갖춘 사람들에게 더 많은 사회적 보상이 주어져야 한다고 주장한다. 아울러 보상의 차등화로 위계화된 사회적 지위는 각 개인들의 업적에 따라 배정되어야 한다고 주장한다. 지위획득론자들은 직업이 부모로부터 자녀에게 세습되지 않고 각 개인들의 업적에 의해 획득되고 있음을 실증적으로 증명하였다. 이들에게 있어서 학교는 능력의 신장과 가치 및 태도의 변화를 위한 중요한 제도이다.

2) 갈등론적 접근

갈등론자들은 각 집단들은 자신들의 이익을 확대하는 데 집착하기 때문에 집단 사이의 갈등은 불가피하다고 본다. 갈등론자들은 기능론자들이 동의, 합의, 조화 등의 개념을 사용하여 사회를 규정함으로써 자본주의 사회에서 일어나는 자본가 계급 또는 지배계급의 착취와 지배를 정당화시킨다고 주장한다. 갈등론자들은 학교는 현재 권력을 장악하고 있는 지배집단이 자신들의 이익을 보전하기 위해서 아동들의 본질적 재능, 지능, 창의성 등을 억압한다고 본다. 이들의 시각에서 보면, 자본주의 사회의 학교는 재능있는 사람들의 사회계층 이동을 용이하게 해주는 곳이 아닐 뿐만 아니라 민주적·인본적 가치를 추구하는 곳도 아니다. 학교는 유순하고 순종적인 노동력을 확보함으로써 지배집단의 이익을 보전하는 데 이용되며 학생들의 상상력을 억압하고 독립적으로 사고할 수 없도록 규제한다. 학교는 예비 사회의 모양을 갖춤으로써, 학생들이 나중에 성인이 되었을 때 불평등한 사회구조를 거부감 없이 수용하도록 하기 위해서 사회화시킨다.

① 프레이리의 의식화론

프레이리를 이해하기 위해서는 그의 삶과 저서 두 가지를 모두 이해해야 한다.[8] 프레이리는 브라질에서 태어나 박사학위를 받고, 브라질 국립문맹퇴치 프로그램의 책임자로 부임했고 이때 브라질 국민 500만 명을 교육하려는 계획을 세웠다. 그러나 체제전복 혐의로 투옥되었고 석방된 뒤에는 칠레로 망명하여 세계를

8) 프레이리(Freire, P., 1921-1997)는 브라질의 교육자로 20세기 대표적 교육사상가이다. 브라질을 비롯하여 전 세계를 돌며 문맹퇴치 교육에 앞장섰다. 프레이리는 문맹퇴치 교육을 통해 전 세계의 피억압 민중 스스로가 사회적·정치적 자각을 얻을 수 있도록 힘썼다. 교육의 궁극적 목표는 인간해방임을 주장한 저서 『페다고지』는 제3세계 민중교육학의 고전이 되었다.

돌아다니며 문맹퇴치 교육에 앞장섰다. 프레이리는 문맹퇴치 교육을 통해서 피억압 상태의 민중들이 자신들의 처지를 정치적·사회적·역사적 맥락에서 간파하게 하였다. 1950년대 그는 농민들이 일상적으로 접하는 용어들을 가지고 이들에게 글을 가르침으로써 매우 놀라운 성과를 얻었다.[9)] 그러나 그가 민중들에게 실시한 문해교육은 또 하나의 더 소중한 성과를 얻었다. 민중들은 글을 읽고 쓸 줄 알게 되었을 뿐 아니라 세상을 알게 된 것이다. 민중들은 글을 배우면서 불평등의 근본적인 원인 곧, 자신들이 가난하고 억압당하는 이유가 자신들의 개인적 결함에 있는 것이 아니라 불평등한 사회구조에 있음을 알게 되었다. 결과적으로 프레이리는 문해교육을 통해서 민중들을 의식화시켰다. 민중들의 의식화는 현존 체제를 거부하는 운동으로 이어질 수 있기 때문에 그는 체제를 전복하려 한다는 혐의를 받게 되어 투옥되었고 결국 외국으로 망명하였다. 프레이리의 교육사상은 의식화 또는 인간 해방으로 요약될 수 있다.

그의 대표적인 저서 『피억압자를 위한 교육학(Pedagogy of the oppressed)』은 제3세계의 민중을 의식화시키는 데 핵심적인 도서로 이용되었다.[10)] 이 책에서 프레이리는 전통적 교육은 인간을 수동적으로 만듦으로써 억압을 더욱 촉진한다고 주장하였다. 그는 은행저축식 교육에 대한 대안으로서 문제제기식 해방교육을 주장하였다.[11)] 프레이리는 누구라도 어떤 사람이 탐구하는 것을 막는다면 그 사람에

9) 이 방법은 교수법으로도 아주 적절한 것이었다. 이 방법은 누구나 자신에게 중요한 일은 잘 할 수 있다는 원리를 이용한 것이다. 이러한 교수방법은 '관련성'(relevance)으로 개념화되고 있다. 우리는 에스키모 아동들에게 열대지방에 사는 동물들의 이름을 가지고 글읽기를 가르치는 것보다 이 아동들이 일상적으로 접하는 북극지방의 동물들의 이름을 가지고 가르치는 것이 훨씬 나을 것임을 쉽게 짐작할 수 있다. 프레이리의 문해교육 방법은 학생들이 30시간의 교육만으로 글을 읽고 쓸 수 있게 만들었다.

10) 이 책은 우리나라에서는 『페다고지』라는 제목으로 여러 권이 번역되어 나와 있다. 2000년에는 발간 30주년을 맞이하기도 하였다(원서 1970년 출간). 오욱환은 "이 책은 독재시대로 알려져 있는 박정희 정권 시대에 금서(禁書)였다. 이 책은 구하기 어려웠던 이 시절에 베스트셀러에 속할 정도로 인기가 있었지만 누구라도 읽을 수 있는 오늘날에는 거의 잊혀지고 있다"고 하였다(오욱환, 2003: 140).

11) 프레이는 전통적 교육체제의 수업장면에서 교사가 "4 곱하기 4는 16", "한국의 수도는 서울"이라고 하면, 학생은 셈하기의 의미나 서울이 한국에서 무엇을 의미하는지에 상관하지 않고 교사가 불러주는 것을 기록하고 외우고 반복할 뿐이다. 이러한 수업이라면 교사는 성명서를 낭독할 뿐이며 학생과의 대화는 기대할 수 없다. 그는 이러한 수업을 은행저축식 교육이라고 개념화하였다.
프레이리는 은행저축식 교육과 문제제기식 교육의 차이를 세 항목에 나누어 설명하였다. 첫째, 은행저축식 교육은 대화를 거부하지만, 문제제기식 교육은 대화를 불가피한 요소로 생각한다. 둘째, 은행저축식 교육은 학생들

게 폭력을 행사하는 것이며 어떤 사람이 자신의 의사를 결정할 수 없도록 소외시킨다면 그 사람을 대상물로 만든 것이라고 주장하였다. 그는 인본주의적, 자유주의적 실천인 문제제기식 교육이 자신들의 해방을 위해서 반드시 싸워야 하는 피지배 상태의 인간들에게 기반이 된다고 주장하였다. 문제제기식 교육은 피지배집단으로 하여금 역사적 맥락에서 자신들의 삶을 파악하게 하고 서로 대화하게 하여 불평등 구조를 타파할 수 있는 힘을 기르게 한다. 그는 탐구와 의식적 실천이 없는 인간은 진정한 인간일 수 없다고 비판하고 "세상에 대해서 글을 가지고 서로 대화함으로써" 탐구하고 실천하는 인간이 길러질 수 있다고 주장하였다. 그는 이 교육을 통해서 '혁명적 미래'를 기대하였다(Freire, [1970] 1983: 72).

② 일리히의 탈학교론

프레이리와 더불어 학교교육의 문제점을 신랄하게 지적한 또 다른 유명한 비평가로 이반 일리히를 들 수 있다.[12] 일리히는 라이머와 함께 학교교육의 폐지를 주장하였다. 일리히는 "사람들의 학습권이 학교를 다녀야 한다는 의무 때문에 제한을 받고 있다."고 주장하였다(Illich, 1970). 그는 미국 뉴욕에서 교구 신부가 되었으며 한때 푸에르토리코에 카톨릭대학교의 부학장을 역임하기도 하였다. 그는 교구 신부를 그만두고 쿠에르나바카에 문화교류문헌자료센터를 설립하였다. 그는 이 연구소에서 세계 여러 국가에서 온 교육비평가들과 활발하게 토론함으로써 탈학교론의 타당성을 확신하였다. 그의 주장은 책 『학교 없는 사회(Deschooling society)』에 고스란히 담겨 있다(Illich, 1970). 이 조그마한 책은 학교교육의 현실을 신랄하게 비판

을 도와주어야 할 대상으로만 취급하지만, 문제제기식 교육을 이들을 비판적 사상가로 만든다. 셋째, 은행저축식 교육은 창의성을 억제하고 깨달음의 욕구를 순화시키지만, 문제제기식 교육은 창의성을 기반으로 하며 진정한 반성과 현실에 근거한 행위를 고무시킨다. 요약하면 인간은 은행저축식 이론과 실천을 통해서 자신의 역사적 존재를 알 수 없다. 그러나 문제제기식 이론과 실천은 인간이 역사적 존재임을 깨닫게 한다(오욱환, 2003: 140).

12) 일리히(Illich, I., 1926-2002)는 오스트리아 출신의 사상가이다. 1951년 뉴욕에서 가톨릭 보조사제로 일했고 1956-1960년 푸에르토리코 가톨릭대학 부학장을 지냈다. 1961년 남아메리카의 미국형 현대화정책에 반대하여 멕시코에 문화교류문헌자료센터(CIDOC)를 설립했다. 그는 "가장 급진적 사상가(TIME)"였고, 주류 체제를 떨게 하는 "지식의 저격수(뉴욕 타임즈)"라고 평가된다.

하고 새로운 대안을 제안하였기 때문에 교육개혁운동에 지대한 영향을 끼쳤다.

그는 사회는 어떤 형태로든지 학교교육을 의무로 부과하지 말아야 하며 국가는 고용주들이 학력에 근거하여 피고용자들을 채용하지 못하도록 법적 장치를 강구해야 한다고 했다. 그가 제도로서의 학교교육을 반대하는 이유는 첫째, 가난한 국가들이 자국의 학교교육 수준을 부유한 국가들의 수준으로 끌어올릴 수 있는 방법은 전혀 없다. 따라서 학교교육을 신뢰하면 할수록 부유한 국가에 대한 가난한 국가의 열등감은 심화되고 지속된다. 둘째, 가난한 국가에서 학교교육의 확대는 학교교육을 적게 받았거나 받지 못한 사람들의 삶의 기회를 봉쇄시키는 결과를 가져온다. 학교교육의 확대가 사회계층 간 격차를 해소시키지 못한다는 사실은 가난한 국가에서든 부유한 국가에서든 똑같이 확인된다.

일리히가 학교교육을 신랄하게 비판하는 까닭은 그가 "교육"을 전혀 다르게 개념화화기 때문이다. 그는 "유용한 기술, 지적 성장, 지성적 자율 등을 획득하는 과정"으로 교육을 정의하고, 학교에서는 이러한 과정이 이루어지지 않고 있을 뿐만 아니라 영원히 불가능하다고 단언했다. 그러면 학교 없는 세상에서 교육은 어떻게 되는가? 일리히가 말하는 교육은 어떤 식으로 이루어지는가? 일리히는 『학교 없는 사회』에서 제도로서의 학교를 대신할 새로운 "공부망"을 제시하고 있다(Illich, 1970: ch. 6). 공부의 다른 방식, 학교에 의존하는 것에 대한 대안은 사람들에게 공부를 '하게 하는' 새로운 방안으로, 인간과 환경 사이의 교육적 관계에 대한 새로운 방속을 창조하는 것이다.

이를 위한 교육제도는 첫째, 공부하기를 원하는 모두에게 그 나이에 관계없이 필요한 자원에 접근할 수 있게 해야 한다. 둘째, 자신이 아는 것을 나누고자 하는 사람에게 그로부터 배우고자 하는 사람을 찾게 해주어야 한다. 셋째, 공중에게 문제를 제기하고자 하는 사람에게 그들의 도전을 알릴 기회를 부여해야 한다. 이러한 공부를 위해서는 ① 교육적 목적을 위한 참고서비스: 도서관, 박물관, 실험실 등이 이용되어야 한다. 그리고 ② 기능 교환: 기능을 배우고자 하는 사람을 위해 스스로 가르치고자 하는 사람들의 명단이 공개되어야 할 것이다. 또한, ③ 동료

연결: 사람들의 탐구를 위해 동료를 발견하고자 하는 경우 자기가 하고자 하는 공부활동을 기록하는 의사소통 네트워크가 필요하다. 마지막으로, ④ 교육자를 위한 참고서비스: 전문가로서 교육자들이 교육과 서비스를 위해 자기를 공개하는 목록도 필요하다(박홍규, 2009: 155-196).[13)]

③ 경제적 재생산이론

자본주의 체제가 유지되기 위해서는 생산양식뿐만 아니라 생산에 관련된 인간관계도 생산양식에 적합하게 유지되어야 한다. 자본주의 생산체제는 소수의 자본가가 지배하고 다수의 노동자가 복종하는 인간관계를 기반으로 하여 운영된다. 따라서 자본주의 체제는 자본가와 노동자의 지배-복종 관계를 유지하기 위해서 여러 가지 방법을 사용한다. 피지배집단의 복종을 지속적으로 이끌어내려면 반드시 피지배집단이 자신들의 피지배 상태를 수용하거나 감수하도록 설득해야 한다. 마르크스는 모든 사회적 생산과정은 동시에 재생산과정이라고 말했다. 이 말은 어떤 유형의 생산과정이라도 지속되기 위해서는 세대를 이어가며 반복되어야 한다는 뜻이다. 자본주의 생산양식은 피지배계급이 자신들의 피지배 상태를 수용해야만 재생산될 수 있다. 마르크스 경제이론에 지적 기반을 두고 있는 정치경제학자들은 권력을 가진 계급이 자신들의 이익을 확보하기 위해서 사회를 통제한다고 주장한다.

이들의 주장에 따르면 학교는 권력을 가진 사람들에 의해 조종되는 사회적 기관이며, 지배계급의 이념과 그 이념에 근거하여 구성된 지식이 재생산되고 노동의 사회적 분업이 유지되는데 필요한 기술이 분배되는 곳이다. 이들은 경제적, 사

13) 오랫동안 학교를 다니고 또, 학교가 없다는 것을 감히 상상도 할 수 없는 우리에게 학교 없는 사회라는 것이 가능할까? 일리히가 주장하는 새로운 교육방식, 공부방식이란 굳이 지금 우리가 흔히 쓰는 말로 바꾸면, 평생교육, 학점 인정제, 학점 은행제, 캠퍼스 없는 학교 등이 될 것이다. 또한 특정 학교를 졸업한 데 대한 졸업장이나 학위증이 아니라, 능력을 인정해주는 자격증이나 레벨증 등을 추구하는 것이다. 새로운 교육과 공부를 위해 40여년 전에 일리히가 필요하다고 주장한 네 가지 요소(교육적 목적을 위한 참고서비스, 기능 교환, 동료 연결, 교육자를 위한 참고서비스)는 현재 지식정보기반사회에서 얼마든지 가능하고 손쉽게 획득할 수 있다. 한 나라 안에서뿐만 아니라 전세계에 정보통신망이 깔려 있는 지금, 인터넷 등을 통해 일리히가 말한 것처럼 "학교 밖에서"의 배움을 추구할 수 있다.

회적, 문화적 재생산의 대행기관으로서 학교의 역할을 분석해야 학교의 실제적이며 원초적인 목적을 파악할 수 있다고 주장한다. 자본주의 체제에서의 학교교육을 비판하는 학자들의 질문은 "자본주의 체제를 유지하는 데 학교교육이 어떻게 이용되는가"로 요약될 수 있다. 마르크스주의 정치경제학의 배경을 가진 보울즈와 긴티스는 '경제적 재생산'이라는 개념으로 이 질문에 대답하였다(Bowles, S. & Gintis, H., 1979). 이들은 학교교육이 사회불평등을 해결하는 방법이 될 수 없음을 광범위한 자료에 근거하여 증명하고, 불평등의 근원은 자본주의 경제체제의 구조적 모순이며, 학교는 이 모순을 유지하고 강화하려는 지배계급에 의해 조작되고 있는 사회적 기관에 지나지 않는다고 주장한다. 이들은 사회적 불평등을 해소하기 위해서 학교체제가 바뀔 가능성은 기대하기 어려우며, 자본주의 경제체제가 전면적으로 재구조화되지 않은 상태에서 교육체제의 변화는 사회평등화에 도움이 되지 않는다.

보울즈와 긴티스는 자본주의 생산과정에서 요구되는 지배－복종의 인간관계가 학교교육을 통해서 재생산된다고 설명한다(Bowles, S. & Gintis, H., 1979). 이들은 부지런하고 권위에 순종하는 성격은 학업성적과 크게 관련되며 나아가 경제적 성공과도 깊은 관련이 있다. 상응원칙에 따르면, 작업장에서의 사회적 관계가 학교에서의 사회적 관계에 그대로 반영되어 있으며, 자본주의 생산장면이나 계급화된 사회생활에서 일어나는 인간관계를 규정하는 준거가 되는 가치, 규범, 그리고 기술의 위계는 학급상황에서 일어나는 인간관계에도 그대로 적용된다. 즉, 사회 및 작업 장면에서 위계적, 지배－복종적 인간관계가 학교에도 그 모습 그대로 거울에 비치듯 작용하고 있다. 학교장면에서의 지배－복종적 인간관계는 개별 교사와 개별 학생의 개인적 만남이 아니라, 교사라는 지위집단과 학생이라는 지위집단 사이의 지배하고 복종하는 관계를 의미하며 자본주의 생산장면에서의 계급관계와 일치한다. 학교의 권위적 구조는 직장의 조직구조에 상응하며 학교에서의 성적 등급은 직장에서의 보상체제와 일치한다. 학교교육은 교사－학생 간 지배－복종적 관계와 성적에 따른 상이한 보상을 미리 연습시킴으로써 학생들이 추후 성인이 되었을 때 생산장면과 사회생활에서 직면하는 지배계급의 명령과 통제를 거부감 없이 받아들이게 한다.

또한 자본주의 경제체제는 작업과정을 분업화시킴으로써 노동자들의 단합을 저지하고 통제를 용이하게 한다. 작업과정이 여러 단계의 단편적인 작업들로 세분화됨으로써, 전체과정의 극히 일부분만 담당하게 된 노동자들은 생산과정에 대해 통제력을 가질 수 없다. 생산과정에 대한 노동자들의 무력화는, 이들이 가진 기술수준이 작업과정의 세분화로 하찮은 것이 되고 이에 따라 쉽게 교체될 수 있기 때문에 더욱 가속화된다. 이와 같은 논리로, 학교급별 수준이 낮을수록, 직업계열일수록, 학생집단의 사회적 배경이 낮을수록, 학교의 재정이 빈약할수록 학교는 제한된 교육내용을 가르치며 학생의 자율성을 규제한다. 상이한 교육을 받은 학생들은 자신들이 받은 교육 경험에 적합한 직업세계로 진출한다. 학력이 낮고 통제에 익숙한 학생들은 낮은 지식과 기술로도 업무수행이 가능하고 상급자의 지시와 통제를 따르기만 하는 직업을 갖게 된다. 인간관계를 학교에서 배운 학생들은 같은 구도의 직업세계에 쉽게 적응하여 역시 같은 구도의 사회에서도 거부감 없이 살아간다. 결과적으로 자본주의 사회의 학교는 자본주의 체제에 부합하는 인간관계를 재생산함으로써 자본주의 사회를 지속시키는 데 공헌한다.

④ 문화적 재생산이론

부르디외는 교육의 문화적 재생산이론을 제시하였다(Bourdieu, 1973, 1974; Bourdieu & Passeron, 1977). 경제적 재생산이론이 경제구조에 초점을 맞춘 것과 다르게, 문화적 재생산이론은 문화에 비중을 두고 재생산 과정을 설명하였다. 부르디외와 파스롱은 "어떻게 집단 사이의 임의적인 불평등 권력관계가 자연스럽게 나타나고, 전통성을 인정받으며, 도전을 받지 않고 지속되어 다음 세대로 이어지는가"를 탐구하였다. 이들은 불평등 구조의 정통성과 재생산을 지배집단의 '속임수'로 설명하였다. 지배집단은 권력의 불평등을 문화적 격차로 변조시킴으로써 자연스럽게 만든다. 지배집단은 상대적으로 높은 자신들의 문화수준을 제시함으로써 피지배집단으로 하여금 권력구조에서의 열세를 수용하도록 만든다. 권력의 불평등이 문화적 격차로 변조됨으로써 권력관계의 부당함과 모순은 드러나지 않는다. 문화적 재생산이론에서는, 기능이론에서 강조하는 공통문화의 전수를 허구라고 비판하며 지배계급의 문화가 일방적으로 전파될 뿐이라고 주장하고, 사회규범의 공유화를 의미하는 사회화를 일종의 우민화라고 지적하며, 능력 있는 사람의 적절한 선발을 구조적 불평등을 업적주위로 위장함으로써 불평등을 합리화하는 과정으로 설명한다.

문화적 재생산론자들은 학교교육이 문화적 불평등을 지속, 심화시키는 역할을 담당함으로써 임의적 권력관계가 유지, 강화되는 데 기여한다고 설명한다. 지배계급은 정통성 유무를 규정할 수 있는 힘을 가지고 있으며 이 힘을 통해 학교를 간접적으로 통제한다. 학교는 순종과 복종을 드러내어 주입하지 않으면서도 구조적 불평등이 유지되고 재생산되게 하는 상징적 기관이다. 학교는 지배문화의 생산과 분배를 담당함으로써 불평등한 권력관계를 재생산한다. 문화는 보편적인 것도 아니며 중립적인 것도 아니다. 따라서 어떤 특정 계급의 문화가 보편적 문화, 모든 사회구성원들이 공유해야 하는 상징체제로 등장하는 것은 임의의 조작의 결과이며 일종의 폭력이다. 지배계급은 피지배계급의 문화를 가치 있는 문화로 인정하지 않고 자신들의 문화만을 정통성을 가진 가치 있는 문화로 규정하고 피지배계급에게 습득하도록 강요한다. 이 때문에 문화는 직접적으로 드러나지 않는 상징적 권력이며 상징적 폭력의 도구이다. 학교는 지배계급의 이데올로기를 담고 있는 문화를 공평하고 중립적인 것으로 받아들여 학생들에게 가르침으로써 사회적 불평등을 조장시킨다.

학교가 지배계급의 문화를 보편적 가치를 가진 문화로 인정하고 모든 학생들에게 가르치기 때문에, 지배계급의 자녀들은 학업성취와 학교활동에서 절대적으로 유리하다. 지배계급의 문화에서 지식이 만들어지고 그 지식에서 교과과정이 선정, 조직되므로 지배계급의 자녀들은 자신의 문화를 배우게 되며, 피지배계급의 자녀들은 남의 문화, 곧 생소하고 체질에도 맞지 않는 문화를 배울 수밖에 없다.

피지배계급의 문화는 가치를 인정받지 못하기 때문에 교과과정으로 선정될 수 없다. 이러한 과정에서 지배계급의 자녀들은 높은 학력과 학업성취를 통해 자연스럽게 높은 사회적 지위를 차지한다. 또한 지배집단은 도서, 음반, 비디오, 원화(原畵), 악기, 컴퓨터, 박물관, 미술관, 음악회 등 풍부한 문화적 자본을 통해서도 높은 성적, 높은 학력, 높은 학벌을 성취할 수 있다. 지배집단은 자신들이 가진 문화적 자본에서의 유리함을 성적, 학력, 학벌 등으로 객관화한 후 이를 준거로 하여 사회적으로 높은 자리를 차지한다. 문화적 자본은 이러한 과정을 거침으로써 경제적 자본으로 전환된다. 이와 더불어 지배집단은 유리한 인맥—사회적 자본—을 통해서도 자녀들에게 유용한 정보, 조언, 통로를 제공해주게 된다.

⑤ 저항이론

저항은 적응에 실패한 사람들의 부적응 행위와 다르며, 사회의 통상적 허용범위를 벗어나는 일탈과도 구별된다. 저항은 적극적으로 자신을 인정하기 위한 행위로서, 계층화된 사회에서 피지배집단의 행위를 이해하는 데 유용한 개념이다. 저항이라는 단어는 윌리스의 연구를 통해서 하나의 학술 개념으로 발전했다(Willis, 1977). 그는 영국 중부의 작은 공업도시의 종합학교에 재학하고 있는 12명의 영국계 노동계급 남자 반항아들('사나이')의 거친 문화를 기술하면서 저항이라는 개념을 사용한다. 그는 이 학생들이 학교문화에 적극적으로 대항하고 자신들의 지역사회 문화, 곧 노동계급 문화를 고수하려는 자세를 갖고 있음을 주목하였다. 그는 '사나이들'의 거칠고 가부장적 행위를 저항이라고 표현하고 부적응, 일탈 등 소극적 수동적 개념과 구별하였다. 윌리스 연구의 핵심은 "계급사회의 비천한 직업인 노동계급 직업이 어떻게 노동계급 부모들로부터 자녀들에게 계승되는가"로 요약된다. 그는 계급의 재생산 과정이 노동계급 학생들의 주체적 결단에 의해 이루어지고 있는 '역설적 사실'에 주목한다. 노동계급 학생들은 학교가 지지하는 문화를 거부하고 자신들의 아버지의 문화인 노동계급 문화를 고수한다. '사나이들'은 교사들이 노동계급의 남성적 문화를 파괴한다고 생각하기 때문에 경계하고 적대시하며, 순응적 학생들을 "계집애들과 같다"고 경멸함으로써 자존심을 갖는다. '사나이들'은 거친 복장, 음주, 흡연 등 금지된 행위를 거리낌 없이 자행함으로써 자신들의 남성적 우월성을 증명한다.

'사나이들'의 대항 학교문화는 노동현장의 문화와 매우 비슷한데, 그 이유는 '사나이들'이 노동현장문화를 신봉함으로써 학교문화에 저항하기 때문이다. 이들은 노동현장문화를 기반으로 하여 '대항문화'를 주창하며, 학교문화를 거부하는 과정을 통해서 주체적으로 노동계급의 직업을 선택하게 된다. 결국 노동계급의 아들들은 아버지들의 직업 곧 노동계급의 직업을 계승하게 된다. 이들은 정신노동을 파괴적이라고 비판하며 육체노동이야말로 생산적이기 때문에 높이 평가되어야 마땅하다고 주장한다. 이러한 인식을 바탕으로, 이들은 자신들의 가정과 지역사회의 문화 곧 노동계급 문화를 고수한다.

그러나 '사나이들'의 행위는 비록 학교문화를 거부하고 노동계급 문화를 지키고 있지만, 정치적 의식화와 해방을 위한 사회운동으로 발전하지 못한다. 이들은 억압구조를 부분적으로 간파할 뿐 사회구조에 대한 체계적·비판적 이해가 부족하여 자신들의 저항을 사회변화를 추진하는 집단운동으로 승화시키지 못한다. 이들은 계급구조의 필연성을 가정하고 현재의 계급구조 속에서 노동계급 문화를 자찬한다. 이들의 인식수준은 계급구조의 현실을 파악하는 정도에 머물렀을 뿐 이 계급구조가 역사적 구성물이라는 데까지는 이르지 못한다. 그 결과 '사나이들'은 자본주의 체제와 부르주아 문화를 거부하면서도 현존 체제를 감수하게 된다. 이들의 저항행위는 사회의 구조적 변화는 물론 자신들의 직업적 지위 향상에도 영향을 미치지 못함으로써, 현존 상태의 불평등 구조가 재생산되는 데 동조한 결과로 끝난다.

자본주의 사회의 모순을 극복하고 평등사회를 실현하고자 하는 학자들은, 재생산이론을 극복할 수 있는 적극적 이론을 창출하기 위해 교육과 학교교육을 새로운 사회를 건설하는 데 필요한 전략으로 고려한다. 교육이 사회변동의 동인이 되기 위해서는 교육은 사회로부터 자율성을 확보해야 한다. 종속적, 도구적, 수동적 교육론을 극복하려는 학자들은 교육의 자율성을 위해 저항 개념을 도입했다. 저항이론가들의 최종 목표는 새로운 사회의 구현이다. 저항이론가들은 교육을 통한 사회변화의 가능성에 집착하기 때문에, '저항'을 이론으로 발전시키는 작업을 하였다(Anyon, 1983; Apple, 1982; Giroux, 1983). 재생산이론에서는 사회변화를 추진할 수 있는 원동력이 없다. 불평등한 자본주의 사회를 변화시키려면 자본주의 사회의 모순에 대한 비판만으로는 부족하며 변화를 추진할 수 있는 동인이 필요하다. 이들은 (자본주의 사회) 구조 속에 있지만 구조를 거부할 수 있는 능동적, 적극적, 주체적 인간의 개념을 설정하고자 했는데, '사나이들'의 저항을 바탕으로 하여 자본주의 불평등 구조를 타파할 수 있는 전략으로 '저항이론'을 제안했다. 이들은 자본주의 사회 현실에 대한 상세한 설명이나 신랄한 비판보다 평등사회의 실현 가능성을 탐색하고 구체적 실천을 중요하게 생각한다.

3) 경쟁론적 접근

교육을 경쟁의 관점에서 접근해 볼 수 있다. 갈등은 "개인이나 집단 사이에 목표나 이해관계가 달라 서로 적대시하거나 불화를 일으키는 상태"를 의미하고, 경쟁은 "동일한 목적을 두고 이기거나 앞서려고 서로 다투는 상태"로 풀이된다. 갈등은 전쟁처럼 어느 하나는 반드시 죽어야 하지만, 경쟁은 경기처럼 어느 하나가 반드시 죽어야 하는 것은 아니다. 마르크스는 계급 사이의 관계를 갈등으로 기술하였고, 베버는 집단들의 관계를 경쟁으로 묘사하였다. 갈등에서는 한 계급이 다른 계급을 지배하려고 하지만, 경쟁에서는 한 계층은 다른 계층을 배제하려고 한다. 더 나은 학력과 더 나은 학벌이라는 동일한 목적을 두고 여러 계층은 경쟁하고 있다. 교육사회학에서 경쟁론적 접근을 취하는 이론은 선별이론과 계층경쟁론으로 나누어볼 수 있다.

선별이론과 계층경쟁론의 차이점은 다음과 같이 정리할 수 있다(오욱환, 2003: 154). 첫째, 선별이론은 학력이 선별도구로 활용되는 이유를 더 나은 방안이 없는 데 따른 불가피한 결과로 설명하지만, 계층경쟁이론은 학력이 사회적 폐쇄를 위한 의도적 준거로 이용된다고 설명한다. 둘째, 선별이론은 고용주가 교육을 활용하지만, 계층경쟁론에서는 상위계층이 교육을 이용한다. 셋째, 선별이론은 교육이 선별에 활용되는 과정을 무의도적이라고 보지만, 계층이론은 지배집단의 전략적 행위로 본다. 넷째, 선별이론의 일차적 비판대상은 인적자본론이지만, 계층경쟁론은 지위획득론을 비판한다. 다섯째, 선별이론에서는 교육 전반에 관심을 두지만, 계층경쟁론은 고등교육에 더 많은 비중을 둔다. 여섯째, 선별이론을 주장하는 대표적인 학자로는 버그(Ivar Berg)가 있으며, 계층경쟁론은 콜린스(Randall Collins)에 의해 제기되었다.

① 선별이론

인적자본론과 지위획득론의 논리적 오류를 지적하는 학자들은, 학교교육은 생산적 능력을 높이는 것이 아니라 교육받았다는 사실, 곧 '신분증명' 효과를 높여주며 신망도 높은 증명서(상급학교 졸업장) 때문에 더 나은 일자리를 얻게 되고 높은 소득과 직업을 확보하게 된다고 주장했다. 선별이론에 의하면, 학교교육은 생산장면에서 요구되는 지식과 기술을 길러줌으로써 생산성을 향상시키는 것이 아니라 피고용자들의 타고난 재능, 권위에 대한 순종적 태도, 책임감, 성취동기 등을 알고 싶어하는 고용자들에게 선발자료로 이용될 뿐이다. 많은 학자들이 인적자본론에서 주장하는 합리적 인과관계, 즉 학교교육→생산성 향상→소득 증대가 현실에 맞지 않는다고 생각하였다. 이들은, 학교교육이 생산성을 높인다는 증거가 없고 설혹 생산성이 높아진다고 해도 학교교육을 통해 길러진 생산성이 생산현장에서 높은 생산량으로 실현된다고 확신할 수 있는 근거가 없으며, 고용주들이 학교교육을 선발기준으로 삼는 이유도 현실적으로 더 나은 방안이 없기 때문에 불가피하게 선택한 결과일 뿐이라고 하였다(Berg, 1971; Thurow, 1972; Arrow, 1973; Spence, 1973; Stiglitz, 1973, 1975).

졸업장 또는 학력은 현실적으로 중요한 채용기준으로 이용되고 있다. 선별이론가들의 설명에 따르면, 이것이 생산성을 보장하기 때문이 아니라 소정의 과정을 성공적으로 끝냈음을 증명하고 앞으로도 부과된 업무를 성공적으로 수행할 것이라고 기대할 수 있게 하는 신분증명 효과가 있기 때문이다. 즉, 취업을 원하는 지원자들의 학력, 곧 졸업장이나 성적표 등은 생산장면에서의 생산성을 예측하는 척도로서는 부적절하지만, 고용주들은 현실적으로 참고할 수 있는 정보가 이것뿐이기 때문에 하나의 신용증명서로 삼아 채용 여부, 임금수준, 직급을 결정한다.

선별이론자들은 현실적 사례들을 가지고 자신들의 주장의 타당성을 입증하려고 한다(Berg, 1971; Arrow, 1973; Spence, 1973; Stiglitz, 1973, 1975). 예를 들면, 적정 수준의 학력을 갖춘 사람을 고용하기 위한 공고가 발표되고 고용주가 요구한 학력조건을 갖춘 지원자들이 일자리의 수보다 많이 지원했을 경우를 상정해 보자. 인적자본론자들의 주장대로라면 지원자들 모두가 채용조건을 갖추었기 때문에 아무나 선발되어도 상관없다. 그러나 현실은 그렇지 않다. 고용주들은 업무수행과는 무관하더라도 공고한 선발기준보다 더 높은 학력을 가진 사람－응시자 가운데 최고 학벌과 학력을 가진 사람－을 우선적으로 채용한다. 한편, 고용주들은 학교를 중퇴한 지원자들을 기피한다. 인적자본론의 주장처럼 학교교육을 통해 체득한 생산능력이 고용 여부를 결정하는 변수라면, 교육연한이 상대적으로 높은 지원자가 항상 채용되어야 한다. 그러나 고용주는 요구한 학력보다 상급학교를 다닌 지원자라 할지라도 그가 학업을 도중에 그만두었을 경우에는, 입사 후 맡겨진 업무수행에서도 중도에 포기할 수 있다는 불안 때문에 채용을 꺼리게 된다. 선별이론을 주장하는 학자들 중 신호효과론을 강조하는 학자들은, 교육은 높은 생산력이 기대되는 개인들을 식별해내는 데 유용한 정보를 제공한다(Arrow, 1973; Spence, 1973; Stiglitz, 1973, 1975). 한편, 신용증명 효과에 주목하는 학자들은 교육이 취업에 결정적인 변인임을 강조한다.

② 계층경쟁론

여러 가지 기준으로 형성된 집단을 포괄적으로 함축하는 개념으로 계층이 이용되면서 계층경쟁이라는 복합 개념이 자연스럽게 파급되었다. 계층론자들은 계층에 연구의 주제에 따라 소득, 직업, 권력 등 베버의 세 가지 기본 측면 외에 다른 생득적 조건을 포함한다. 인간들은 이익 확대를 목표로 하는 경쟁에서 유리한 조건을 갖기 위해 집단을 구성하여 타협과 협상을 한다. 하위계층이 주어진 조건을 최대한 활용하여 계층 상승이동을 도모하고 상위계층이 기득권을 고수하고 확대하기 위하여 전력하기 때문에 계층경쟁은 무한경쟁의 형태가 될 수밖에 없다. 현대사회에서는 기회균등이 이념으로 등장하면서 구조적 불평등이 정당성을 상실하고 지위집단 간 경쟁이 활발해졌다. 현대사회로 접어들면서 교육기회의 균등화가 중요한 국가목표로 부각되고 모든 계층이 교육의 확대를 요구하기 때문에 계층경쟁론이 설득력을 갖게 되었다. 하위계층은 가계소득의 상승과 자녀수의 감소로 이전보다 나은 상태에서 교육경쟁에 참여할 수 있기 때문에 교육기회의 확대를 요구하고, 상위계층은 '불리할 것 없는 경기'라고 판단하여 교육경쟁을 거부하지 않음으로써 사회 전반적으로 교육이 확대되었다(오욱환, 2003: 158).

콜린스가 1971년에 논문 '교육적 계층화에서 기능론과 갈등론'을 발표하고 후속 논문을 게재하고 출판하면서, 교육현상을 설명하는 데 베버의 이론이 도입되었다(Collins, 1971, 1974, 1979, 1986, 1988).[14] 그는 교육의 기술-기능이론을 설명하고 이론의 적용 한계를 밝힌 후, 그 대안으로 교육적 계층화의 갈등이론을 제시하고 적용가능성을 실증하였다. 피지배집단은 지배집단이 문화와 지식을 통해서 지배를 정당화해 왔음을 경험하였고 산업의 발달로 지적 기술이 상위 지위를 얻는 데 결정적 수단이 됨을 목격했기 때문에, 계층 상승이동을 위해 더 높은 학력을 추

14) 콜린스는 교육과 사회계층의 관계를 설명하면서 기능론과 갈등론을 비교하고, 교육으로 현직 생산성을 예측하기 어려우며 경우에 따라서는 반생산적이기도 하다고 결론지었다(Collins, 1971). 고용주들은 일자리에 어떤 기술이 요구되는지 구체적으로 알지 못하기 때문에 최적의 인원을 선발할 수 없으며 다만 일정 수준을 충족시키는 사람을 뽑을 수밖에 없다. 그 일정 수준은 집단의 속성에 근거하여 정해지며 집단속성의 중요변인으로 학교교육이 고려되기 때문에 교육의 계층화가 발생하고, 교육계층화가 사회계층 형성과정에 작용함에 따라 교육과 사회계층의 관계가 밀접해진다. 교육은 전문적 기술이나 성취의 증명서로서보다는 특정 집단의 일원임을 밝혀주는 신분증으로 더 중요하게 활동되고 있다. 한편, 조직 엘리트는 충성심을 보장받을 수 있는 사람들을 물색하게 되고 이 과정에서 엘리트들은 자신들이 가진 속성과 동일한 속성을 가진 사람들을 구성원으로 선발하게 된다. 선발된 사람들은 추후 조직 엘리트가 되어 같은 논리로 신입 회원들을 확보하게 됨에 따라 한 지위집단에 대한 다른 집단의 배제가 자연스럽게 이어진다.

구하게 되었다. 기회의 확대가 자유 경쟁체제를 정당화하는데 요구되는 전제조건인 기회균등을 충족시키는 것으로 인식되면, 학력 경쟁이 공정성을 확보하게 되고 누구나 이 경쟁에 참여함으로써 경쟁이 치열해진다.

학력 경쟁에서 지배집단이 패할 가능성은 거의 없다. 교육수준이 상승할수록 비용과 노력이 더 많이 요구되기 때문에 상위계층은 더욱 유리한 조건에서 경쟁에 임할 수 있다. 하류계층은 불리한 학력경쟁을 감당하기 위해 경제적, 정신적 부담에 시달리며 경쟁의 결과는 물론 그에 따른 계층화 곧 사회경제적 불평등 구조까지 인정해야 한다. 하류계층은 중류계층과 상류계층을 따라잡으려고 하고, 중류계층은 하류계층을 따돌리고 상류계층을 따라잡기 위해서, 그리고 상류계층은 중·하류계층과의 격차를 유지하기 위해서 학력상승을 추구하기 때문에 사회 전반적으로 학력이 급격히 상승하면서 학력 인플레이션이나 과잉교육 현상이 발생하게 된다.

동일한 선에서 출발한다고 기회가 균등한 것은 아니다. 그러나 학부모들은 교육기회 균등의 허구성을 알지 못하며 설혹 알고 있더라도 크게 개의치 않는다. 거의 대부분의 부모들은 구조적 변화보다는 주어진 조건 아래에서 최대의 이익을 추구하려는 데 관심을 더 많이 둔다. 균등하고 공정하게 제공되는 것으로 이해되고 있는 학교교육 경쟁에서 하위계층이 상위계층을 따라잡을 수 있는 가능성은 매우 적다. 하류계층은 더 부담스러운 교육비를 투입하고도 그에 따른 이익은 적게 얻음으로써 학력경쟁에서 이중적 손해를 보게 된다. 클라크와 캐러벌은 각각 기능이론과 갈등이론의 입장에 서있지만, 고등교육이 학생들에게 계층 상승이동을 부추기는 것뿐만 아니라 '냉각기능'도 수행함을 보여준다(Clack, 1960a, 1960b; Karabel, 1972).[15] 이 내용을 요약하면 일반적으로 수학 기간이 상대적으로 짧고 질

15) 클라크와 캐러벌은 2년제 전문대학의 역할을 각각 기능이론과 갈등이론으로 접근하였다. 전문대학이 어떤 역할을 하는지 보여주는 이 연구에서 교육의 '냉각기능'을 이해할 수 있다. 냉각기능은 자신의 무능력을 인식하게 하여 기대수준을 낮추고 실현될 수 없을 정도로 높게 설정한 계획을 포기하도록 유도하는 기능을 말한다. 이 기능을 통해 사회는 인력을 적절하게 배분할 수 있고 하류계층의 사람들로 하여금 자신들의 낮은 사회적 지위를 능력의 부족으로 인식함으로써 욕구 불만에 의한 사회불안 요소를 사전에 제거할 수 있다(오욱환, 2003: 160).

적으로 낮은 대학들(4년제가 아닌 2년제 전문대학)은 하위계층 학생들에게 교육기회의 균등을 체험하게 하면서 동시에 적당한 수준으로 포부를 낮추어 하류계층의 직업을 선택하게 하는 역할을 은밀하게 담당하고 있다. 이 때문에 4년제 대학 학생들은 2년제 대학 학생들보다 위계적으로 높은 곳에 위치하게 된다.

이러한 풍토 아래 중류계층 부모들은 자녀들을 대학에 진학시킴으로써 유리한 조건을 고수하려 했으며, 하류계층 부모들은 자녀들에게 대학교육의 기회를 제공함으로써 자신들이 겪었던 불리함을 반복시키지 않으려고 노력하였다. 대학교육 기회를 두고 벌어진 계층 간의 경쟁은 대학교육 수요를 급증시켰으며, 당국 미국 사회는 이 수요를 감당할 수 있는 조건을 갖고 있었기 때문에 대학이 급속도로 확대되었다. 제도적, 법률적, 관행적으로 교육기회가 제한되지 않는 현대사회에서는 교육투자가 계층 상승이동을 위한 전략으로 보편화되었다. 학교교육에 대한 욕구가 가열되고 교육 인플레이션 현상이 일어나는 이유는 계층 사이에 끝없는 경쟁이 지속되기 때문이다.

3. 교육기회와 교육성취

교육평등(이하 교육기회균등)은 모든 학생들로 하여금 자신들이 가진 재능, 흥미, 능력 등을 계급, 계층, 성, 인종, 국적 등 사회적 배경에 구애받지 않고 충분히 발휘할 수 있도록 학교교육의 기회를 동일하게 제공하는 것을 의미한다. 현대사회에서는 교육수준과 사회경제적 지위 사이에는 높은 상관관계가 성립한다. 사회경제적으로 불리한 위치에 있었던 사람들은 학력(學歷)과 사회경제적 지위 사이에 깊은 관련이 있음을 중시하여 교육을 통한 사회경제적 지위 상승 곧 출세를 추구해왔다.

교육기회균등이 하나의 이념으로 작용하게 된 배경에는 계급, 인종, 성 등 귀속적 속성으로 인한 불평등을 학교교육으로 완화 또는 해소할 수 있을 것이라는 기대가 작용하고 있다. 미국의 호러스 만은 "교육은 인간이 고안한 모든 장치들을 넘어서는 것으로서 인간의 조건들을 평등화하는 위대한 장치이며 사회라는 기계의 균형을 유지시키는 바퀴와 같다."고 하였다(Walker, Kozma, & Green, 1989: 13). 미국사회는 구조주의적 접근을 고려하지 않고 개인주의적 접근으로 사회문제를 해결하려고 하였다. 학교교육을 통해 개인들의 지식과 기술 수준을 높이고 적극적 태도와 긍정적 가치관을 갖게 하여 이전보다 나은 조건의 직업을 취득하게 하고 소득을 상승시켜 사회경제적 격차를 해소하는 방안이 강구되었다. 이로 인해 사회적으로 불리한 조건에 처한 사람들에게 그 상황에서 탈출할 수 있도록 개인적 자질을 향상시키는 방안이 강구되고, 그 결과 교육기회의 확대와 균등화가 핵심 전략이 되었다.

학생들의 교육경험은 소속된 계층에 따라 상당히 다를 수밖에 없다. 학생들은 계층의 높낮이에 따라 질적 및 양적을 격차가 있는 교육환경에 처하게 된다. 가정의 문화적 환경도 계층에 따라 차이가 난다. 가정의 문화적 자본과 그 가정 자녀들의 학업성적 사이에는 밀접한 관계가 있다. 중·상류 계층의 부모들은 자녀들에게 교육적으로 유리한 환경을 제공하고 있다. 사회계층은 학업성적 및 교육성취와 직접적인 관련이 있으며, 부모의 소득은 자녀의 학업성적, 우수반 배치 정도, 일반계 편성에 영향을 미치고 있다. 하류계층 자녀들은 상대적으로 학업 성적이 낮고, 중도 탈락률이 높으며, 학교에서 가르치는 것에 대한 거부감도 더 많이 보이고 있다. 하루계층 학생들은 가계소득이 낮기 때문에 교육비 지원을 적게 받고, 문화적 자본이 적은 환경에서 생활할 뿐만 아니라 학교와 학급에서 지향하는 문화와 괴리된 문화권에 있으며, 비슷한 조건의 친구들을 사귐으로써 지적 자극을 받을 가능성 또한 적다. 하류계층 학생들은 가정과 학교에서 교육적 및 직업적 포부수준이 낮은 또래들과 어울림으로써 이들과 비슷한 포부를 갖기 쉽다. 하류계층 학생들이 겪고 있는 교육적 불리함을 열거해 나가면 누구도 교육기회가 균등하다고 주장하기 어렵다.

교육기회균등의 원칙은 20세기 후반에 걸쳐 공교육 정의(justice of public education)의 주제였다. 미국과 영국의 경우, 정부는 교육기회의 균등화를 위한 전략을 마련하기 위해 대규모 연구 프로젝트를 발주했으며 구체적인 정책을 수립하고 집행하였다. 1960년대부터 1980년대까지 양국에서 시행된 교육기회균등 정책은 교육을 통한 빈곤 퇴치라는 목적 아래 추진되었다(Silver & Silver, 1991).[16] 1960년대까지 교육기회균등은 많은 국가들에 의해 진보적 국가정책의 일환으로 강력하게 추진되었다. 1966년 미국에서 콜먼 보고서로 알려진 『교육기회의 균등(Equality of educational opportunity)』이 출간되면서, 교육기회균등은 심각한 쟁점으로 부각되었다. 교육기회균등이라는 개념은 모든 학생들에게 사회적 배경에 관계없이 자신들의 재능을 충분히 발전시킬 수 있도록 교육기회를 보장하는 것을 의미하게 되었다(오욱환, 2003: 197).

1) 콜먼 보고서

미국 의회는 1964년 교육국으로 하여금 교육기회 불평등 현실에 대해 보고하도록 했다. 이 거대한 규모의 조사연구는 교육기회 불평등 정도와 원인을 규명하기 위한 것이었다.[17] 웹과 셔먼은 콜먼보고서를 '성취점수, 학교특성, 가정의 영향, 학생집단 특성, 학생의 운명 통제력'이라는 다섯 항목으로 나누어 요약하였다(Webb & Sherman, 1989). 콜먼보고서를 요약하면 다음과 같다(오욱환, 2003: 201-202). 첫째, 소수민족 학생들은 학문적으로 불리한 상태에서 학교에 입학한다. 그리고

16) 미국과 영국이 교육기회균등을 실현하기 위해 사전에 조사한 연구보고서(콜먼 보고서(Coleman Report)와 플라우던 보고서(Plowden Report))는 모든 계층과 인종으로 하여금 교육에 관심을 갖게 만들었다(Coleman et al., 1966; Central Advisory Council for Education(England), 1967).

17) 미국 교육국(U. S. Office of Education)은 당시 존스홉킨스대학교 사회학과 교수였던 콜먼을 연구책임자로 임명하고, 그는 수준 높은 학자들로 연구팀을 구성하였다. 이 팀은 2년 기한을 가지고 전국에 걸쳐 학생 645,000명, 교사 60,000명, 학교 4,000개교를 대상으로 하는 프로젝트를 계획했다. 이들은 학생들의 학업성취를 측정하기 위해 1, 3, 6, 9, 12학년 학생들에게 읽기, 쓰기, 계산, 문제해결 능력 시험을 실시하였다. 이 연구에서는 여섯 인종, 민족 집단들(흑인, 푸에르토리코 계통의 미국인, 미국 인디언, 멕시코 계통 미국인, 동양 계통의 미국인, 백인)이 포함된다(오욱환, 2003: 201).

이 격차는 학년이 올라갈수록 더욱 벌어진다. 둘째, 흑인 학교와 백인 학교 사이에서 학교 특성(학교건물의 연한, 물리·화학·언어 실험실, 도서관, 교과서의 수, 학급의 평균 크기, 학생 1인당 경비, 교육과 시험 점수로 산출된 교사의 배경특성)의 차이는 미비하다. 셋째, 학생들 간 학업성취 격차는 가정의 영향으로 상당히 설명된다. 가정, 이웃 그리고 또래의 영향이 너무도 강하여 학교가 학생들의 학업성취에 독립적으로 미치는 영향을 무력하게 만든다. 넷째, 학생의 성공에 다소 영향을 미치는 요인들 가운데 가장 의미 있는 요인은 학생 집단의 사회계급적 구성이다. 다섯째, 불리한 조건의 학생들은, 유리한 조건의 학생들과는 대조적으로 자신들에게 닥친 환경을 어쩔 수 없다고 확신하며 계획과 노력보다 행운에 더 많이 의존하고 있다.

콜먼 보고서에서 밝혀진 사실들은 학교교육을 통해 개인적 삶의 기회를 확대하고 사회불평등을 해소하려고 기대했던 교육학자, 교육자, 정책결정자, 그리고 시민들을 곤혹스럽게 만들었다. 교육기회균등을 주장한 사람들은 학교가 사회평등을 실현하는 매개체로 작용할 것을 기대하였다. 교육기회의 확대와 균등화는 사회에 업적주의 원칙을 확산시킴으로써 평등사회로 발전시키는 견인차가 될 것으로 기대했다. 교육기회의 확대는 모든 사람들로 하여금 공평한 기준에 의해 경쟁할 수 있을 것이라는 희망을 주었다.[18] 기회균등을 통해 귀속주의 사회구조를 타파하고 자유주의와 평등주의가 구현되는 사회를 건설하려고 시도하였다. 이러한 기대 때문에 기회균등은 모든 문제를 해결하는 완벽한 해결책으로 간주되었다.

하지만 기회균등이 곧바로 결과의 평등을 보장하지는 않는다. 예를 들면, 10명의 학생들을 동일 선상에서 동시에 출발시키는 100미터 달리기는, 균등한 기회를 제공받았지만 결승선에 동시에 도착하지는 않는다. 교육기회가 균등하게 제공되더라도 학업성취나 학력에서 동일한 결과나 나오지는 않는다. 이 때문에 교육기

18) 1980년대 이후에는, 이러한 추세에 대한 반동 성향이 뚜렷하게 나타나고 있다. 이러한 흐름은 교육기회균등 이념이 후퇴하고 있다기보다는 "학교가 교육기회를 균등하게 제공할 수 있는가"에 대한 대답이 분명하지 않은 데 따른 망설임의 결과이다(오욱환, 2003: 206). 한편, 교육기회균등 이념이 후퇴하고 있는 이유로, 1980년대 이후 대두된 신자유주의와 시장경제주의의 시대적 배경도 생각해 볼 수 있다. 이러한 이념들은 복지국가 정책을 비판하며 국가의 불간섭을 강조한다.

회균등이라는 개념은 적극적인 의미를 더하면서 교육기회 확대를 위한 조치는 점차 결과평등으로 나아가게 한 계기가 되었다. 교육기회균등은 적극적으로 개념화될 때 결과의 평등으로 귀착된다. 능력에서 격차가 있는 개인들의 학업성취를 동일한 수준까지 끌어올리려면 학습능력이 낮은 학생에게는 결손을 보충해주는 프로그램이 제공되어야 한다. 이렇게 하다보면 결국 결과의 평등까지 추구하게 되는 것이다. 교육기회균등에 대한 보고서를 작성했던 콜먼의 경우, "교육기회균등은 개별 학생들에게 주어진 투입이 다르더라도 결과는 평등해야 한다."고 하며 교육기회균등을 위해서는 기회의 균등을 넘어서 결과의 평등까지 주장한다(Coleman, 1968: 16-17).

낙관적 기대 속에 추진된 교육기회균등 정책은 1960년대 이후 신랄한 비판을 받게 되었다. 교육기회 균등화로는 사회적 불평등을 해소할 수 없으며 교육적 불평등조차도 줄일 수 없다는 것이다. 확대된 학교교육의 기회에도 불구하고 삶의 격차가 크게 확대되고 지속된다는 사실이 이를 잘 보여준다. 완벽한 교육기회균등은 학교 밖에서 미치는 모든 영향이 사라질 때에만 이루어질 수 있다. 완벽한 교육기회균등은 모든 학생들이 가정으로부터 격리시켜 기숙학교에 수용해야만 이루어질 수 있을 것이다.[19] 1980년대 이후 세계 여러 국가에서 교육기회균등 정책은 위기를 맞이했다. 국제 경쟁이 치열해지면서 교육기회균등에 대한 비판(반대)이 급속도로 확산되었다. 국민들의 학력(學力)이 국가의 경쟁력을 좌우한다는 가정이 확신으로 바뀌면서, 민족주의자들, 보수주의자들, 자유주의자들은 국가경쟁력을 약화시킨 주범으로 학교교육을 지목하게 되었다. 미국에서 보수적 성향의 학자들은 교육기회균등이념과 이를 실현하기 위한 정책들을 비판하고 있다(National Commission on Excellence in Education, 1983).[20]

19) 이러한 주장은 플라톤이 『국가』에서 제시한 내용을 생각나게 한다. 플라톤은 국가에서 아버지와 어머니가 서로 공유되어야 하며, 태어난 아이들은 부모가 누구인지 알지 못하도록 해야 하며, 자식들은 부모가 각 개인의 집에서 키우는 것이 아니라 공동으로 나라에서 (기숙시설 등을 통해) 키워져야 한다고 주장하였다(Platon, Politeia, 천병희(역)(2013)).

20) '위기에 처한 국가(A national at risk)' 보고서에서는 무분별한 교육기회균등 정책 때문에 교육의 수월성이 약화되고 이로 인해 국가의 경쟁력이 약화되었으며 미국이 특히 일본과 같은 경쟁국들로부터 추월을 당하고 있다

2) 사회계층과 교육

현대 민주주의 사회에서 기회의 확대가 이전보다 훨씬 많이 이루어지고 있지만, 여전히 개인들의 삶의 기회는 출신배경에 따라 상당히 좌우된다. 기회의 허용과 기회의 보장은 다르다. 국가가 기회균등을 위해 적극적인 정책을 펴더라도 기회허용 수준을 넘어 기회보장에 이르기에는 여전히 장벽이 있다. 기회허용은 제도적 장치로 마련될 수 있지만 기회보장은 재정적 뒷받침이 있어야만 가능하다. 예를 들면, 거주이전의 자유가 보장되더라도 경제적 여건을 포함한 제반 조건이 갖추어져야 원하는 곳으로 이주할 수 있다. 사회계층에 따라 양육과 교육에서 어떤 차이가 발생하는지 살펴볼 필요가 있다.

① 빈곤계층의 교육

빈곤계층의 삶은 '어쩔 수 없는 가난'이다. 빈자는 인간 복지에 기본적으로 요구되는 재화와 서비스를 구입할 수 있는 금전적 여유가 없는 사람들을 일컫는다. 빈자들의 삶을 바꿀 수 있는 결정들이 이들 스스로에 의해서 내려질 가능성이 거의 없다는 점에서, 빈자들은 자신들의 운명이 다른 사람들에게 맡겨진 사람들을 의미한다.[21] 한국사회에서 빈민지역은 미국사회처럼 뚜렷하지 않지만 빈민지역이 형성되어 있다. 부모들은 자녀교육의 중요성을 인식하고 있지만 제공할 수 있는 교육기회의 양과 질이 중류계층 부모들의 자녀교육 수준에 이르지 못하며 구체적 전략에서는 그 격차가 더욱 벌어진다.

학교는 기본적으로 중류계층의 문화와 생활을 기준으로 하여 운영되고 있으며, 교사는 자신의 출신배경에 관계없이 중류계층의 문화를 지지하고 이 문화를 근거

는 주장을 펴고 있다. 그리고 이들은 부모의 자녀교육 선택권이 기본 인권임을 내세움으로써 교육기회균등 정책이 부당하다고 주장하고 있다.

21) 빈곤계층이 부정적인 측면만 있는 것은 아니다. 어려운 삶은 사람들을 강하게 만들기도 한다. 어떤 아동들은 놀라울 정도로 가난을 굳건히 견뎌내며 자신과 인생에 대해 깊은 통찰력을 가지고 성인의 세계로 진입하기도 한다. 한국사회는 서구사회에서 보편적으로 드러나는 빈곤계층의 부정적, 소극적 속성이 그대로 반복되지는 않는다. 한국인들은 빈곤 속에서도 희망을 포기하지 않는 성향이 매우 강하며 자신들의 소원을 교육을 통해서 실현하려고 애쓴다(오욱환, 2003: 268-269).

로 하여 교과를 가르치고 학생들을 지도한다. 학교는 학생들이 외적 통제보다 내적 통제의 의거해서 행동하기를 바라며 순종하기보다는 탐구하기를 권장하고 가르친다. 반면에, 빈민계층 부모들은 자녀들이 학교로부터 개인적 창의성을 개발하고 주도적 자세를 갖기보다는 원칙을 배우고 주어진 교과내용을 습득하기를 더 원한다(오욱환, 2003: 269). 미국 노동계층의 생활을 연구한 갠스의 설명에 의하면, 노동계층 부모들은 학교가 학생들에게 순응을 강요하고 명확한 규칙들을 적용하며 복종을 가르쳐주기를 원한다(Gans, 1967).[22] 빈곤계층의 부모들은 자녀들의 교육성취에 대해서 깊은 관심을 갖지만 현실적으로 도와줄 방법이 없다. 따라서 많은 가난한 부모들은 교육은 학교가 알아서 할 일로 간주해 버리고 자신들보다 교사들이 자녀들을 더 잘 도와줄 수 있다고 생각한다(신명호, 2011).

② 중류계층의 교육

빈곤계층의 가족들은 자녀들이 추후 갖게 될 직업에서 요구되는 권위, 순종, 온순 등을 강조하지만, 중류계층에 해당하는 직업은 복잡한 상황을 분석하고, 적절하게 행동하며, 해결을 위해서 끝까지 포기하지 않는 자세를 요구한다. 중류계층의 부모들은 자녀들로 하여금 지적 호기심, 섬세한 표현력, 남을 배려하는 마음, 균형감 있는 자제력, 확고한 자신감, 투철한 책임감 등을 갖추도록 요구하며 큰 야심을 품기를 희망한다. 중류계층 부모들은 자녀들이 내적 기준에 의해서 자신들이 세운 목표를 스스로 해결해 나가는 능력과 자세를 강조한다(Kohn, 1969). 상류계층은 부모로부터 풍부한 경제적 자산과 막강한 정치적 권력을 물려받음으로써

22) 빈민계층의 자녀들은 복종을 강요하는 부모들의 양육방법에 익숙해져 학교에서도 부모들에게 복종하듯 교사들에게 순종하고 의존하게 된다. 이러한 자세 때문에 빈민계층 아동들은 자신들의 능력에 대해서 자신감을 갖기 어려우며 학습과 학교활동에 적극성을 보이기도 어렵다. 복종과 의존에 익숙해지면서, 아동들은 부정적 자아개념을 형성하게 되고 자신들의 미래를 비관적으로 전망하게 된다. 사회적 통념에 의해서, 빈곤계층 부모들은 자녀들이 아무런 포부도 갖지 않는 것으로 오해하고 있다. 이러한 통념에 근거해서 학교는 빈곤계층의 부모들이 자녀들에 대해서 높은 포부를 갖지 않으며 학업에서 대단한 성취를 이룰 것으로 기대하지도 않는다고 미리 짐작해서 판단해 버리는 경우가 적지 않다. 그러나 현실은 통념과 매우 다르다. 콜먼 보고서를 비롯한 연구들이 빈곤한 환경에서 자라는 흑인 학생들도 예상할 수 없을 만큼 높은 포부를 갖고 있음을 보여준다(Coleman, et al., 1966). 하지만 이들의 공부를 도와줄 수단이 없기 때문에 학업에 실패한 가난한 아동들은 분노를 쌓아가게 된다(Katz, 1968).

현재의 특권을 유지할 수 있다. 이러한 특권을 갖지 못한 중류계층은 현재의 계층을 유지하는 데 만족하지 않으며 상류계층으로의 이동을 소망한다. 중류계층은 자신들의 재능과 업적, 사회적 가치를 객관적이며 가시적으로 증명해줄 수 있는 실증적 증표를 확보하는 데 심혈을 기울이게 된다. 이 때문에 이들은 자녀들의 학력과 학벌을 높이기 위해서 온갖 정성을 기울이며 금전적 투자를 아끼지 않는다.

중류계층은 교육수준에 의해서 자신들의 노동시장 가치가 좌우된다고 믿으며 학교교육을 자신들의 이점을 확보할 수 있는 전략기지로 활용한다. 중류계층은 높은 학력과 학벌에 의해서 증명된 자신들의 능력을 통해 현재의 계층을 확보하고 이를 발판으로 하여 계층 상승이동을 도모할 수 있다고 확신한다(Giddens, 1973). 빈곤계층이나 노동계층이 자신들이 직면하는 현실을 수용하는 경향이 있는 것과는 다르게 중류계층은 현실에 안주하지 않고 계층 상승이동을 추진하지만, 물려받은 특권이 없기 때문에 자신들의 재능과 노력에 의해 갖출 수 있는 경쟁력을 높이는 데 주목한다. 이들이 교육성취에 몰두하는 이유는 이전의 사회와 달리 현대사회에서는 객관적이며 가시적인 기준에 의해 선발이 이루어지며 학력과 학벌이 출세에 중요한 도구가 되기 때문이다. 중류계층 부모들은 학교생활과 학업에서 성공한 경험이 있기 때문에 교육을 인생의 성공 여부를 좌우하는 결정적인 요소로 확신한다.[23)]

23) 노동계층 가정의 일상생활에 비해서 중류계층 가정의 일상생활이 학교생활과 더 비슷하기 때문에, 중류계층 자녀들은 학교생활에 훨씬 쉽게 적응한다. 중류계층 가정에서 어머니와 자녀 사이에 이루어지는 대화는 '묻고 답하는 유형'이 많다. 이러한 의사소통 방법은 학급에서 교사와 학생 사이에 이루어지는 교수-학습과정과 비슷하다. 중류계층 자녀들은 가정에서 익힌 의사소통 방법이 학습 장면에서 그대로 적용되기 때문에 별다른 노력 없이 교사로부터 교육적 메시지를 전달받을 수 있다. 그러나 노동계층이나 빈곤계층의 아동들은 학습에서 이루어지는 의사소통과 같은 대화를 가정에서 나누어본 적이 별로 없기 때문에 학습장면에서 당황하게 되고 교육적 메시지를 전달받는 데 어려움을 겪게 된다, 교사들의 질문을 중류계층 아동들은 "답해야 할 하나의 물음"으로 이해하는데, 똑같은 질문을 노동계층 아동들은 야단치는 것으로 오해할 수 있다. "답해야 할 질문을 받았다"고 생각하는 아동과 "야단맞고 있다"고 생각하는 아동의 반응은 각각 '대답'과 '침묵'으로 나타날 가능성이 많다. 그 반응에 대한 교사의 평가는 크게 다를 것이며, 그 평가결과는 추후에 이루어질 교사-학생 교섭 유형에 영향을 미칠 것이다(오욱환, 2003: 272).

③ 사회계층과 가정

학교에서의 성공 여부는 학령 이전의 경험에 의해서 영향을 많이 받는다. 어떤 환경에서 무엇을 경험했느냐에 따라 아동의 정신적 발달이 상당히 달라진다. 교육성취, 독해력, 어휘 발달에 대한 연구에서 블룸(Bloom, 1964)은 한 사람의 지적 발달 가운데 3분의 1 정도가 학력 이전의 경험에 의해서 결정된다고 밝혔다. 이 사실을 통해서 우리는 학령 이전 가정에서의 경험이 교육적으로 매우 중요함을 확인할 수 있다. 아동들이 가정에서 쌓게 되는 경험은 각 가정이 처한 사회·경제·문화적 조건 곧 사회계층에 따라 상당한 차이가 있다. 사회계층이 높을수록 학문적 성취수준이 높고 사회계층이 낮을수록 성취수준도 낮을 가능성이 매우 많다.

그러나 사회계층이 어떠하든 교육의 가치는 모두 동일하게 인식한다. 하류계층 사람들도 중류계층 사람들 못지 않게 교육의 중요성을 인정하고 있다. 그러나 중류계층 사람들이 교육에 의해서 출세가 좌우된다고 확신하는 데 비하면, 하류계층 사람들은 출세에 미치는 교육적 영향력을 그렇게 높게 보지 않는다. 그 이유는 하류계층 사람들이 상대적으로 낮은 지위의 직업들을 추구하며 이 직업들은 높은 지위의 직업들과 비교할 때 교육의 영향을 덜 받기 때문이다(오욱환, 2003: 345). 이 점과 관련해 신명호는 "고등교육과 높은 지위의 직업을 경험하지 못한 부모들(저학력 노동자층)은 자녀들에게 높은 직업열망을 심어주지도 못한다. 고급 화이트칼라의 직업세계를 알지도 못할 뿐만 아니라 그런 직업을 얻기 위해서 자녀를 어떻게 공부시켜야 하는지에 대한 정보와 경험이 전무하기 때문"이라고 하였다(신명호, 2011: 138).

이제 사회계층과 교육에 대해 마무리하고자 한다. 교육은 한 개인의 잠재가능성을 실현하는 것이며 한 나라의 발전을 이끌 수 있는 중요한 역할을 한다. 또한 교육은 한 개인의 사회적 성취와 지위 획득에 중요한 역할을 한다. 교육사회에서 교육을 중요하게 다루는 이유는 교육이 사회계층, 사회계층의 이동에 연관이 있다고 여겨지기 때문이다. 현대사회에는 과거의 봉건적이고 신분적인 사회와 달리, 개인의 타고난 가문이나 신분이 아니라 자신의 능력과 노력에 따라 사회적 지위가 획득되고 보장된다. 그리고 이러한 자신의 능력과 노력에 도움이 되는 것으로 교육을 꼽는다. 교육을 더 많이 잘 받은 만큼 사회에서 더 좋은 지위를 차지하게 된다는 것이다. 이처럼 교육은 사회계층 상승이동의 사다리 역할로 인식되어 왔고, 우리 사회도 한때 이러한 희망과 기대가 구현되기도 했다. 하지만 1970년대 이후 미국와 영국뿐만 아니라 우리나라에서도 교육은 더 이상 사다리로서의 역할을 하지 못한다. 교육이 반드시 사회계층의 상승이동을 위한 수단이나 도구가 되어야 하는 것은 아니다. 하지만 교육은 사회계층이 고착·폐쇄되지 않고 이동·변화하는 개방적 사회를 위한 몇 안 되는 중요한 기제였다. 이 때문에 교육의 수단적 역할을 중요하게 여겼던 것이다.

자본주의 사회가 심화될수록 빈부의 격차는 벌어지고 그로 인한 교육의 동일한 출발선이라는 것은 허울만 남게 되었다. 가정의 경제적, 문화적 자본이 곧 한 아이의 교육적 결과를 담보한다. 한국은 특히 극심한 교육 경쟁에 내몰리고 있다. 이것은 한국인의 과도한 교육열과 같은 문제가 아니다. 빈부의 격차나 가정의 격차가 차이가 나는 것은 한 개인의 성취에 따른 당연한 것이라고 생각할 수 있다. 하지만 정도를 넘어서는 극심한 경쟁과 차이는 사회구조적 차원에서 접근해 볼 필요가 있다. 여기서는 기능론과 갈등론의 입장을 서로 내세우는 것이 아니라 한 사회가 할 수 있는 일을 생각해 보는 것이 필요하다. 한국의 극심한 경쟁은 흔히 교육을 통해서만 사회 상승이동이 가능하다고 여겨지기 때문이다. 한 개인의 교육적 성취를 통해서만 직업과 생계와 복지가 유지되는 것이다. 하지만 건전한 사회는 한 개인의 성취를 넘어서서 사회구조적 해법을 든든히 구축해야 한다. 교육에만 전력하지 않아도 제도적으로 직업과 생계와 복지가 보장되는 나라를 만들어야 한다. 이를 위해 경제정책, 정치정책, 조세정책, 복지정책, 교육정책 등이 운용되어야 할 것이다. 이것이 가능할 때 사회계층 상승이동을 위해 교육에 전력투구하지 않아도 되는 사회가 될 것이다.

참고문헌

신명호(2011). 왜 잘사는 집 아이들이 공부를 더 잘하나: 사회계층간 학력자본의 격차와 양육관행. 한울(한울아카데미).

오욱환(2003). 교육사회학의 이해와 탐구. 교육과학사.

천병희(역)(2013). 플라톤 국가. 도서출판 숲.

홍두승(2010). 높은 사람 낮은 사람: 한국 사회의 계층을 말한다. 동아시아.

Arrow, K. J.(1973). Higher education as a filter. *Journal of Public Economics*, 2(3). 193-216.

Berg, I.(1971). *Education and jobs: The great training robbery*. Boston: Beacon.

Bourdieu, P.(1973). Cultural reproduction and social reproduction. In *knowledge, education, and cultural change*. edited by R. Brown. London: Tavistock.

Bourdieu, P.(1974). School as a conservative force: Scholastic and cultural inequalities. In *Contemporary research in the sociology of education*. edited by J. Eggleston. London: Methuen.

Bourdieu, P. & J-C. Passeron([1964] 1977). *Reproduction in education, society, and culture*. translated by R. Nice. London and Beverley Hills. CA: SAGE Publications.

Bowles, S. & Gintis, H.(1979). *Schooling in capitalist America*. New York: Basic Books.

Central Advisory Council for Education(England)(1967). Children and their primary school: A report of the central advisory council for education(England). Volume 1: Report, Volume 2: Research and survey. London: Her Majesty's Stationary Office.

Clack, B.(1960a). The 'cooling out' function in higher education. *American Journal of Sociology*, 65(6). 569-576.

Clack, B.(1960b). *The open door college: A case study*. New York: McGraw-Hill.

Coleman, J. S.(1968). The concept of equality opportunity. *Harvard Educational Review*, 38(1). 7-22.

Coleman, J. S., E. Q. Campbell, C. J. Hobson, J. McPartland, A. M. Mood, F. D Weinfeld, & R. L. York(1966). *Equality of educational opportunity*. Washington, DC: U. S. Government Printing Office. The Coleman Report로 더 널리 알려져 있음.

Collins, R.(1971). Functional and conflict theories of educational stratification.

American Sociological Review, 36(6). 1002-1019.

Collins, R.(1974). Where are educational requirements for employment highest? *Sociology of Education*, 47(4). 419-442.

Collins, R.(1979). *The credential society: An historical sociology of education and stratification*. New York: Academic Press.

Collins, R.(1986). *Weberian sociological theory*. New York: Cambridge University Press.

Collins, R.(1988). *Theoretical sociology*. San Diego and New York: Harcourt Brace Jovanovich.

Freire, P.([1970], 1983). *Pedagogy of the oppressed*. New York: Continuum. 남경태(역)(2009). 페다고지. 그린비.

Gans, H. J.(1967). *The Levittowners: Ways of life and politics in a new suburban community*. New York: Vintage Books.

Giddens, A.(1973). *The class structure of advanced societies*. London: Hutchinson.

Giroux, H.(1983). *Theory and resistance in education: A pedagogy for the opposition*. London: Heinemann Educational Books.

Karabel(1972). Community college and social stratification: Submerged class conflict in American higher education. *Harvard Educational Review*, 42(4). 521-562.

Katz, I.(1968). Academic motivation and equal educational opportunity. *Harvard Educational Review*, 38(1). 57-65.

Kohn, M.(1969). *Class and conformity: A study in values*. Homewood, Ⅱ: Dorsey Press.

Illich, I.(1970). *Deschooling society*. New York: Harper and Row. 박홍규(역)(2009). 학교 없는 사회. 생각의 나무.

National Commission on Excellence in Education(1983). *A nation at risk: The imperative for educational reform*. Washington, DC: US Government Printing Office.

Silver, H. & P. Silver(1991). *An educational war on poverty: American and British policy-making 1960-1980*. Cambridge and New York: Cambridge University Press.

Spence, A. B.(1973). Job market signaling. *Quarterly Journal of Economics*, 87(3), 355-374.

Stiglitz, J. E.(1975). The theory of 'screening', education, and the distribution of income. *American Economic Review*, 65(3). 283-300.

Thurow, L. C.(1972). Education and economic equality. *The Public Interest*, 28. 66-81.

Walker, J. H., E. J. Kozma, & R. P. Green, Jr.(1989). *American education: Foundation and policy*. St. Paul, MN: West.

Willis, P.(1977). *Learning to labour: How working class kids get working class jobs*. New York: Columbia University Press. 김찬호(역)(2004). 학교와 계급 재생산. 이매진.

제 6 장

아동 · 청소년 문화와 비행

최근 청소년 범죄의 발생률이 급격하게 증가하고 있고 범죄의 유형도 성인범죄를 모방한 범죄가 속출하고 있다. 이러한 청소년 범죄의 증가는 가정의 해체, 인간의 존엄성에 대한 인식 부재, 집단 이기주의, 사회 양극화 현상 등을 원인으로 볼 수 있다. 청소년 범죄자를 대상으로 한 조사 연구에 따르면 청소년 범죄를 일으키는 주요 원인으로 가출, 비행, 유아기의 부모의 학대 및 방임 등인 것으로 나타났다. 특히 가출, 비행, 학대, 방임 등은 유아기에 형성된 사회화와도 깊은 관련성이 있다. 예를 들어 어린시기 학대(신체, 정서, 방임, 유기 등)를 경험한 청소년일수록 청소년 시기에 비행이나 범죄를 저지를 가능성이 높음을 알 수 있다. 즉, 유아기의 양육받은 경험은 한 사회구성원으로 성장하는 데 매우 중요한 영향을 미치는 것을 볼 수 있다. 따라서 유아기의 중요성에 대해 살펴보고자 한다.

유아기는 한 사회의 구성원으로 살아감에 있어 신체, 언어, 사회, 정서, 인지 발달의 기초를 형성하는 매우 중요한 시기이다. 다시 말해 유아기는 한 사회의 구성원으로서 타인과의 원만한 관계를 유지하기 위한 기술을 습득해 나가는 데 기초를 형성하는 시기라 할 수 있다. 이러한 과정을 통해 사회적 기호를 습득하는 것을 사회화(socialization)라 한다. 사회화란 한 인간이 태어나 타인과의 상호작용을 통해 사회생활에 필요한 기본적인 지식과 역할, 문화적 가치, 신념 등을 배우며 내면화시키는 과정이다. 이러한 사회화 개념은 뒤르껭(Durkheim, 1981)에 의해 주장되었는데, 그는 교육을 곧 사회화로 정의함으로써 교육의 기능을 '학생들이 미래 성인으로서 역할을 성공적으로 수행할 수 있는 자질과 책임을 내면화하는 것'(Parsons, 1959)으로 정의하고 있다(오경희, 2007). 그렇다면 유아들의 사회화 과정은 어떻게 형성되는가에 대해 살펴볼 필요성이 있다.

유아기의 사회화 형성에는 교사, 부모, 또래 등과 같은 인적 구성원의 영향력이 매우 큰 시기이다. 특히 사회의 경제적 구조가 변화함에 따라 맞벌이 가정이 증가하게 되면서 여성의 사회진출은 증가하게 되었고, 이에 따라 과거 유아에 대한 양육의 기능이 가정에서 사회로 이양되면서 유아교육기관의 역할이 증대되었다. 이에 따라 유아들의 사회화 과정에 유아교육기관이 상당부분을 차지하게 되었다.

특히 유아와 많은 시간을 보내는 유아교사는 유아의 사회화 과정에 많은 영향을 미치게 된다. 이로 인해 교사가 유아들과의 상호작용을 어떻게 하느냐에 따라 유아들은 사회화하는 존재이기보다는 사회화되는 존재이기 때문에 교사의 영향력은 무엇보다 중요하다. 예를 들어 유아의 양육을 담당하는 성인(교사, 부모)의 입장에서 보면 유아는 낮은 지위로 여겨지지만 한편으로는 유아와 성인은 아주 신뢰로운 관계이기도 하다. Mayall(2002)는 유아들은 자신들이 유아라는 것과 부모의 아이로서 다루어지는 것을 적극적으로 받아들인다고 설명한다. 특히 유아들은 스스로 완성된 인격체가 아니다(not a person)라고 표현함으로써 종속적인 위치(subordiante status)를 수용한다고 설명한다. 이처럼 유아는 자신이 유아이기에 성인에게 종속되어질 수밖에 없고 이러한 종속적 위치를 당연하게 받아들이는 것이 착한 아이가 해야 할 의무라고 본다. 이와 같이 성인에 의해 강요된 관점에서는 유아를 보호와 준비의 기간으로서 볼 수 있지만, 다른 한편으로는 유아의 권리 결핍, 책임감 부족, 활동의 제한 및 경계와 같은 유아의 일상생활 경험에 영향을 미친다(오경희, 2007에서 재인용). 즉, 유아가 건강한 사회구성원으로 성장함에 있어 성인(교사, 부모)의 역할은 매우 중요하다는 것을 알 수 있다.

이와 같이 유아기는 성인이 되어 감에 있어 기초를 다지는 시기이다. 만약 이 시기에 부모나 주변의 성인들로부터 긍정적인 환경에 노출되지 못하고, 부모의 폭력, 약물중독 등과 같은 부정적 환경에서 질책, 비난, 벌 등과 같은 경험에 반복적으로 노출될 경우 비행 청소년으로 성장할 가능성이 매우 높다. 특히 이러한 환경에 지속적으로 노출된 청소년이 성인으로 자라 사회에 진출할 경우 반사회적 인격을 가질 확률이 매우 높기 때문에 유아기부터 성인으로 성장하기까지 성인들의 노력이 절실히 요구된다. 따라서 본 장에서는 아동과 청소년의 비행과 관련한 내용을 중심으로 다루어 보고자 한다.

1. 아동·청소년 비행의 개념 및 유형

1) 아동·청소년 비행의 개념

아동·청소년 비행은 아동·청소년의 심리적 상태나 주변 환경과의 갈등이 외부로 표출되는 하나의 표현행동이다. 비행은 넓은 의미로는 반사회적 행위와 비사회적 행위인 불량행위를 포함하며, 좁은 의미로는 반사회적 행위만을 의미한다(McCartney, 1977). 청소년 비행이란 용어는 아동·청소년에 국한하여 적용되며 형사상 책임을 전제하지 않는 개념이다. 우리나라의 소년법 제4조 제1항에서는 청소년 비행이란 10세 이상 19세 미만의 청소년에 의한 범죄행위, 촉법행위 및 우범상태를 말하며, 이러한 행위를 하거나 상태에 놓인 청소년을 각각 범죄행위소년, 촉법행위소년, 우범행위소년으로 분류하고 있다. 소년범의 분류는 〈표 6-1〉과 같다.

〈표 6-1〉 현행 소년법에서의 소년범의 분류

유형	해당연령	형사책임 여부	형사법령위반 여부	가능한 처분
우범소년	10세 이상 19세 미만	없음	위반 안함	보호처분
촉법소년	10세 이상 14세 미만	없음	위반	보호처분
범죄소년	14세 이상 19세 미만	있음	위반	보호처분 및 형사처분

출처: 윤여원(2014). 가정환경이 청소년 비행에 미치는 영향. p.7.

이와 더불어 보다 넓은 범위에서 비행의 개념에 포함시킬 수 있는 음주, 흡연, 싸움, 흉기 소지, 부녀자 희롱, 기타 자기 또는 타인의 도덕성을 해치는 행위를 하는 자를 불량행위소년으로 규정하고 있다. 이와 같이 청소년 비행 개념은 형법을 위반한 행위뿐만 아니라 미래에 형벌을 위반할 가능이 있는 행위까지도 포함하고 있다.

보통 청소년 비행이라고 말할 때는 청년기에서 일어나는 도덕적, 윤리적, 사회적 그리고 법률적 측면에서 옳지 못한 행동을 하는 것을 의미한다. 일반적으로 청소년 비행은 지위행위와 범법행위 모두가 포함된다. 지위행위란 청소년들에게만 금지되는 행동들로서 무단결석, 가출, 약물남용과 같이 형법에는 저촉되지 않으나 특정 연령층에 의해 행해지는 일탈행동들이 여기에 해당된다. 즉, 성인들은 이와 같은 행동을 해도 법률에 위배되지 않으나, 청소년들이 하면 체포될 수 있는 행동들을 말한다. 이와 대조적으로 범법행위는 성인이나 청소년 모두에게 불법이 되는 행동들로서 살인, 폭행, 절도, 매춘 등의 다양한 행동들을 말하며, 비행은 범죄보다 더 포괄적인 개념이라 할 수 있다(김정은, 2010).

2) 아동 · 청소년 비행의 유형

아동 · 청소년 비행의 개념은 앞서 언급한 내용에서 살펴보았듯이 비행은 크게 지위행위와 범법행위로 구분지어 볼 수 있다. 이는 청소년의 비행을 광의적인 개념으로 구분하였을 때이며, 학자에 따라 조금씩 다르게 구분되고 있다. 국내학자들이 분류한 청소년 비행의 유형에서는 김준호, 박정선(1993), 김준호, 이동원(1996)은 지위비행, 폭력비행, 재산비행, 약물비행, 성비행으로 구분하였으며, 김준호, 박해광(1994), 김준호, 김은경(1996)은 행위의 심각성에 따라 경비행과 중비행으로 구분하였다. 이들의 분류를 보면 그 기준은 다르지만 청소년 비행이 형법을 위반하여 범죄로 간주되는 행위(패싸움, 돈뺏기, 약물사용 등)뿐 아니라 범죄는 아니지만 청소년이기 때문에 규제되는 행위의 지위비행(음주, 흡연, 유흥장 출입 등)을 포함하는 광의의 개념으로 사용되고 있다(홍봉선 외, 2011에서 재인용). 기존 선행연구를 토대로 청소년 비행의 유형을 비교하면 〈표 6-2〉와 같다.

〈표 6-2〉 청소년 비행의 유형

비행 유형	김준호, 박정선 (1993)	김동일 (1993)	김준호, 박해광 (1994)	김준호, 김은경 (1996)	김준호, 이동원 (1996a)	김준호, 이동원 (1996b)
지위 비행	유흥장 출입, 음주, 흡연	흡연, 늦은 귀가, 어른에게 반항	▶경비행: 음주, 흡연, 늦은 귀가, 술집 출입 ▶중비행: 등록금유용, 패싸움, 가출, 환각제	▶경비행: 음주, 흡연, 금지장소 출입, 음란물 접촉 ▶중비행: 성관계, 약물사용, 돈 · 물건 훔치기 및 빼앗기, 폭행	소주방 출입, 컨닝, 학교수업 빼먹기, 가출, 불량서클 가입	술마시기, 비디오방, 흡연, 성관계
폭력 비행	패싸움, 흉기소지, 삥뜯기 등	패싸움, 공공기물 파괴, 폭력			패싸움	폭행, 돈뺏기, 폭주족, 자동차 손상
재산 비행	본드, 환각제				물건훔치기	물건훔치기
약물 비행	이성과의 성관계	가스, 본드			흡연, 음주, 본드, 가스, 환각제	
성 비행		음란전화, 음란비디오	강간, 사창가 출입		애인과 성관계, 돈주고 성관계	
도피 비행						본드, 가스, 환각약품, 가출, 무단결석

출처: 홍봉선, 남미애(2011). 청소년복지론. 파주: 공동체. p.225.

이처럼 청소년의 비행은 지위비행, 폭력비행, 재산비행, 약물비행, 도피비행, 성비행으로 세분화될 수 있으며, 최근 약물로 인한 범죄와 사이버범죄가 증가하고 있어 지위비행에서 '약물비행'을 따로 구분하고, '사이버비행'을 별도의 비행 유형으로 구분하기도 한다.

2. 아동 · 청소년 비행 발생요인

앞서 살펴본 바와 같이 청소년 비행은 다양한 형태로 발생되고 있다. 그렇다면 이러한 청소년의 비행이 일어나는 요인을 살펴볼 필요성이 있는데, 청소년의 비행 발생요인은 하나로 정의내리기 어렵다. 그 이유는 청소년의 비행 발생요인은 한 가지로 이루어진 것이 아니라 다양한 이유에서 발생하기 때문이다. 예를 들면, 가족구성원과 같은 개인적인 요인으로 인해 발생하기도 하며, 가정, 학교와 같은 물리적 환경에서 나타나기도 한다. 따라서 본 장에서는 청소년 비행요인을 개인적 요인과 환경적 요인, 심리적 요인의 세 가지로 구분지어 살펴보고자 한다.

1) 개인적 요인

비행에 대한 개인적 요인에는 선천적(유전적) 요인뿐만 아니라 개인의 후천적 요인도 포함된다.

첫째, 낮은 자기존중감을 들 수 있다. 이는 자기 자신을 귀하게 여기지 못하기 때문에 일시적인 충동이나 쾌락에 자신을 아무렇게나 내던질 수 있다. 또한 스스로를 귀하게 여기지 못하면 타인의 인정에 급급하여 누구든지 자신의 존재만을 알아주기만 하면 어떤 행동이든 하게 된다.

둘째, 충동조절능력의 부족을 들 수 있다. 충동조절능력이란 본능적 욕구를 스스로 조절할 수 있는 인간의 능력으로서 충동조절능력이 낮은 경우 자기방어 기능이 약해져 스스로 충동을 조절하지 못해 공격적 행동을 폭발시키는 경향이 있다.

셋째, 감정인식 및 표현능력의 부족을 들 수 있다. 비행아동이나 청소년들은 자신의 감정이나 욕구를 분명히 인식하고 적절한 방법으로 표현하는데 어려움을 겪는 경우가 종종 발생한다.

넷째, 자기중심적 사고 및 인지왜곡이다. 아동 및 청소년기의 자기중심성은 자신은 특별한 존재라서 다른 사람과는 근본적으로 다르다고 믿게 하는 경향성이 있다. 즉, 과장된 자의식으로 인해 자기가 타인의 집중적인 관심과 주의의 대상이 되고 있다고 믿게 되면서 과도한 행동을 하는 경우가 있다.

다섯째, 지적 결함, 문제해결능력의 부족을 들 수 있다. 아동과 청소년들은 가정, 학교 등 다양한 생활 영역에서 많은 문제에 직면하게 되는데, 이때 그 문제에 대한 해결능력이 부족하여 문제행동으로 야기되는 경우가 있다.

여섯째, 성격적 결함(왜곡), 의지의 박약 또는 감성의 빈약을 들 수 있다. 삶의 초기과정에서 부모의 보살핌과 애정을 제대로 받지 못한 경우 성격적 결함이나 이상이 나타날 수 있다. 이는 추후 문제행동의 직접적인 원인으로 작용할 수 있다.

2) 환경적 요인

비행에 대한 환경적 요인에는 크게 가정환경, 학교환경, 사회환경 요인으로 나누어 살펴볼 수 있다.

첫째, 가정환경은 인간이 출생하여 경험하는 최초의 환경으로서 개인의 성장과 보호기능을 담당하는 교육의 장이라고 할 수 있다. 하지만 최근에는 사회의 급격한 변화로 인해 가정이 본래의 기능을 충분히 발휘하지 못함으로써 아동과 청소년 비행의 발생원인이 되고 있다.

둘째, 학교는 아동과 청소년기에 가정만큼이나 중용한 영향력을 행사하는 곳으로 학교생활에서 청소년들은 친구, 교사와 관계를 맺으며, 발달과업상의 학업을 성취해감으로써 성장하게 된다. 하지만, 청소년 비행에 있어 학교 관련 요인의 영향력을 지적하고 있는데, 구체적으로는 주된 상호작용을 하는 친구, 교사와의 관계, 학교생활에서의 만족 및 애착요인 등이 청소년 비행과 관련이 있는 것으로 나타났다(진혜민, 배성우, 2012). 또한 학생들의 학교에 대한 낮은 애착과 소외감, 학교활동의 낮은 성공 및 낙인 등도 비행의 직접적인 원인이 되기도 한다. 특히 또래를 통하여 비행을 모방하고 비행에 대하여 상호 간에 강화를 받기도 한다.

셋째, 가정과 학교를 떠나 접하는 곳이 바로 사회인데, 이는 미성숙한 아동과 청소년이 성인의 세계로 나가기 위해 내딛는 새로운 환경이라 할 수 있다. 이러한 사회의 환경적 특성은 아동과 청소년의 비행에 직접 또는 간접적으로 많은 영향을 주고 있다. 최근 인터넷의 급속한 발달은 우리 사회의 발전과 더불어 생활의 유용성을 증가시키는데 큰 역할을 하였으나, 한편으로는 무분별하게 제공되는 정보는 아동과 청소년에게 부정적 영향을 미쳐 또 다른 사회문제로 대두되고 있다.

3) 심리적 요인

인간의 심리에 대한 연구 분야는 복잡하고 다양하기 때문에 이에 기초하여 청소년의 비행을 접근하기에 상당히 어렵다. 이에 비행에 대한 심리학적 접근은 대체로 비행을 일으키는 청소년의 정신적인 측면을 중심으로 비행의 원인을 규명하려는 데 집중되어 왔다. 따라서 청소년의 비행에 관한 심리학적 관점들을 정신분석이론, 행동주의이론으로 나누어 살펴보고자 한다.

(1) 정신분석이론 관점에서의 비행요인

프로이트(Freud, 1961)는 인간의 성격을 빙산에 비유하여 물위에 떠 있는 작은 부분이 의식이고, 물속에 잠겨 있는 훨씬 더 큰 부분이 무의식이며, 파도에 의해 물 표면으로 나타나기도 하고, 잠기기도 하는 부분이 전의식이라고 보았다. 또한 인간의 성격은 원초아(id), 자아(ego), 초자아(superego)로 구성되어 있으며, 원초아는 성격의 가장 원초적인 부분으로서 생물학적 본능으로 구성되어 있기 때문에 주로 성(性)적, 공격적인 것이며, 원초아는 전적으로 무의식 세계에 존재하며 현실세계와는 접촉이 전혀 없다. 또한 원초아는 쾌락의 원리에 의해 지배되는데 여기에서 쾌(快)는 고통을 최소화시키고 긴장을 감소시킨다. 이러한 원초아의 즉흥적이고 충동적인 성향을 현실의 원리(reality principle)로 제어하는 것이 자아이다. 더 나아가 인간의 옳고 그름에 대한 판단 역할을 하는 것이 초자아이다. 초자아는 우리가 흔히 양심이라고 부르는 것과 자아이상으로 구성된다. 즉, 자신이 잘못한 행동에 대해 죄책감을 느끼는 것이 양심이고, 자신의 잘한 행동에 대해 자부심을 느끼는 것이 자아이상이다(정옥분, 2007). 이와 같이 원초아, 자아, 초자아의 역학적 관계가 원만할 때 개인은 정신건강, 행복감, 정서적 안정감을 얻을 수가 있으나, 초자아의 역할이 제대로 수행되지 못할 경우 어떠한 불안감이나 죄의식도 느끼지 못하는 반사회적 행위와 같은 비행이 일어난다는 것이다.

또한 에릭슨(Erickson, 1968)은 많은 청소년들이 자신들의 역할과 인생의 목표에 대해 감정적이고 충동적이며 확신하지 못하는 상태를 느끼면 자신의 내부에서 일어나는 갈등에 직면하는 '정체성 위기'를 경험하게 될 때 청소년은 비행을 쉽게 저지른다고 설명하고 있으며, 아들러(Adler, 1931)의 심리학에서는 인간의 기본적인 욕구는 열등감의 극복이기 때문에 인간은 이러한 열등감의 극복을 위해 지속적으로 투쟁하고 있으며, 이러한 문화는 청소년들에게 열등감에 대한 콤플렉스를 일으키게 되고 동시에 콤플렉스 극복을 위한 방법으로 비행행위를 저지르게 된다고 보고하고 있다(김준호 외, 2013). 결과적으로 심리학적 측면에서는 프로이트의 정신분석이론에 기초하여 원초아, 자아, 초자아의 세 주체가 균형을 이루느냐 그렇지 못하느냐에 따라 청소년들이 건강한 사회구성원으로 성장하는가 그렇지 못하는가가 결정된다. 따라서 청소년들이 성장하는 시기에 가정, 학교 등에서는 청소년이 건강한 자아를 구성하도록 환경을 제공하는 것이 무엇보다 중요하다.

(2) 행동주의이론 관점에서의 비행요인

행동이론에서는 정신분석이론가들에 의해 주장된 측정할 수 없는 무의식적인 현상이 아니라 오로지 측정할 수 있는 사건들에 대해서만 관심을 기울이는 특성이 있다. 즉, 행동이론가들은 개인이 그들의 행동에 대해 다른 사람들이 어떻게 반응하는가를 관찰하는 것을 통해 배우게 되고, 행동은 처음에 환경 내에서의 자극이나 변화에 의해서 시작된다고 주장한다. 또한 어떠한 특정 행동이 다른 사람의 긍정적인 반응에 의해 강화되면 특정 행동이 지속되는 경향이 있으며, 만약 그 행동이 다른 사람들에 의해 지지되지 않고 처벌되어질 때 그러한 행동은 점점 줄어드는 특성이 있다. 따라서 폭력행위가 빈번하게 발생하는 가정환경에서 자란 청소년들은 그러한 행동이 강화되어 보상받는 행동으로 인식하기 때문에 가정 밖에서 또래 청소년을 상대로 폭력행동으로 이어진다는 이론이다(김준호 외, 2013).

한편, 사회학습이론(모방학습이론)에서는 인간의 본성을 유연하고 항상 변화가 가능한 것으로 보고 있다. 우리 인간의 행위도 역시 처해진 환경과 상황에 따라서 융통성이 있고 변할 수 있다는 논리이다. 우리 사회는 일련의 보편적 합의나 관습적인 가치에 의해 조직되어 사회구성원 전부가 이러한 보편적인 합의에 기초한 일률적인 관습적 가치를 견지하는 것으로 보고 있지만 오히려 일부는 상이한 가치를 가질 수도 있다. 따라서 사람들을 가치체계상 일탈과 동조라는 두 가지 전통에 모두 노출될 수 있다. 인간이 비행을 저지르는 사람이 되느냐의 여부는 주로 자신이 참여하는 집단의 종류에 의해 좌우된다는 것이다. 사회학습이론가들은 인간으로 하여금 일탈할 수 있도록 동기를 부여하는 것은 영구적인 반사회적 힘이 아니라 현재 자신이 겪고 있는 타인과의 상호작용의 과정이라고 주장한다. 즉, 인간은 애초부터 일탈의 특질을 갖고 태어나는 것이 아니라 일탈적인 타인과의 친밀한 관계를 통한 관찰과 보상에 의해 일탈을 학습하게 된다는 것이다(오만록, 2011). 따라서 행동주의 이론의 관점에서 살펴보면 청소년들의 일탈은 무엇보다도 청소년 주변의 인적, 물적 환경의 구성에 의해 결정되기 때문에 청소년들이 올바른 사회구성원으로 성장하는데는 성인의 칭찬, 격려 등과 같은 순기능적 환경의 제공이 무엇보다 우선 되어야 한다.

3. 아동·청소년 비행 관련 이론

앞서 아동·청소년의 비행의 발생요인을 살펴보았다. 이러한 요인을 설명하는 데 있어 관련 이론을 살펴볼 필요성이 있다. 아동·청소년의 비행원인을 설명하는 이론으로는 생물학적 이론, 사회학적 이론, 심리학적 이론, 생태학적 이론 등으로 분류할 수 있는데, 이를 차례대로 논의하면 다음과 같다.[1)]

1) 생물학적 이론

비행에 관한 생물학적 이론은 인간의 신체적 특성(지능, 기질, 체질, 염색체 등)이 유전적으로 결정되어 생물학적 변인의 영향을 받는다고 보는 관점이다. 유전적 요인으로 인한 유전적 이상이 뇌구조적 결함과 신경생화학적 이상을 초래하고, 뇌구조적 손상, 뇌의 생화학적 이상으로 인해 심리장애와 관련된 주요 신경전달물질(세르토닌, 도파민 등)의 과다 혹은 결핍이 심리적 이상을 일으켜 문제행동을 유발시킨다는 것이다. 도파민의 경우 정서적 각성, 주의집중, 쾌 감각 등의 심리적 기능에 영향을 미치고, 세르토닌은 기분조절, 수면, 음식섭취, 공격성, 통증 등에 영향을 미친다. 또한 세르토닌의 수준 저하는 충동억제력을 감소시켜 상황에 대한 지나친 반응을 일으키고, 불안정성, 충동적 성행동, 공격적 행동 등을 유발시키게 된다. 특히 세르토닌은 인간의 공격행동을 조절하는 중요한 신경전달물질로 임상연구에서는 대부분 자살기도자와 난폭한 범죄자를 대상으로 정상인과의 세르토닌 지표에 어떠한 차이가 있는지에 대한 연구에 주로 활용되어 왔다. Linnoila 등은 살인죄로 수감중인 핀란드 죄수를 대상으로 세르토닌의 대사물질인 뇌척수액 5−HIAA의 농도를 살펴본 결과 두 개의 유형으로 구분할 수 있다. 먼저 첫 번째 유형은 간헐적 폭발성 장애나 반사회적 인격장애 등 충동적 공격을 보인 유형이

1) 오만록(2011). 교육사회학. 서울: 동문사 pp.272-298의 내용을 재구성.

었으며, 두 번째 유형은 편집성 인격장애나 수동–공격성 인격장애 등 비충동적 공격행동을 보인 유형이었다. 이 두 유형의 세르토닌 농도를 살펴본 결과 두 유형 모두 세르토닌의 농도가 낮게 관찰되었다. 이러한 연구결과로 볼 때 세르토닌은 인간의 공격성과 밀접한 관련성이 있음을 알 수 있다. 하지만 대부분의 비행이 정상적인 사람에 의해 발생하는 경우가 높기 때문에 단순히 신경전달물질과 같은 생물학적 요인만이 비행을 일으킨다고는 볼 수 없다. 따라서 비행의 원인을 살펴보기 위해서는 다양한 측면의 요인을 함께 고려해야 한다.

2) 사회학적 이론

사회학적 이론은 아동·청소년 비행을 생물학적 이론처럼 개인 자체에서 일어나는 점에 관심을 두는 것이 아니라 사회의 구조적 요인에 관심을 두고 비행을 살펴보는 관점이다. 예를 들면, 사회학적 이론에서는 비행의 원인과 과정을 사회의 구조적 문제나 비행하위문화, 사회 내에 존재하는 상반된 가치관과 각종의 이해관계 의한 갈등이나 무규범 상황, 계층이나 빈부의 격차, 사회적 통제의 결여, 비행자나 비행상황과의 접촉 등으로 설명하고자 한다. 따라서 사회학적 이론에서는 기능이론, 사회통제이론, 낙인이론, 갈등이론을 중심으로 살펴보고자 한다.

(1) 아노미 이론

아노미 이론(theory of anomie)은 문제행동의 원인을 사회구조적 측면에서 찾는다. 성공과 행복이라는 삶의 목표를 합법적으로 달성할 수 있는 제도화된 수단과 개인이 서로 모순되거나 불일치될 때 이와 같은 모순과 괴리감이 개인으로 하여금 사회적 비행을 저지르게 하는 압력으로 작용한다. 사회적으로 중요시되는 가치는 누구나 획득하고 싶어하는데, 사회구조상 사회경제적 지위가 상위에 속하는 사람들은 이러한 목표를 추구할 기회가 더 많은 반면, 하위집단의 경우 이를 획득할 수 있는 기회가 제한되어 하위집단의 사람들은 아노미를 체험하게 되어 비행을 저지르게 된다(성낙돈, 안병화, 가영희, 노재화, 2011). 사회구조의 접근방법으로서 아노미 이론은 뒤르껭(E. Durkheim)에 의해 설명된다. 그는 사회적 해체나 긴장상태를 변화하는 사회구조 속에서 찾으려고 하고, 범죄 유발요인은 사회계층이나 문화 등 사회구조 자체 속에 내재되어 있다고 주장한다. 즉, 사회의 규범이 혼재되어 있거나, 규범이 없는 상태 또는 규범의 일관성이 없는 상태에서 사회구성원들이 안정적 욕구 충족 수단이 없어 병리적 현상이 나타나고 일탈현상이 발생된다는 것이다. 특히 이러한 상황에서는 사회구성원 스스로가 도덕적인 판단을 할 수 없기 때문에 사회구성원의 이상행동이 유발된다고 볼 수 있다.

아노미 이론은 사회구성원이 사회에 대해 기대하는 요구의 불일치가 일어나 사회 범죄가 발생한다고 밝힌 부분에서는 크게 주목받았다. 하지만 이러한 논리에도 불구하고 아노미 이론은 몇 가지 제한점을 내포하고 있다. 그 내용으로는 첫째, 아노미 이론은 재산범죄 부분에 있어서는 타당하지만, 폭력범죄에 있어서는 설명력이 낮다는 것이다. 둘째, 사회에서 범죄를 일으키는 대부분의 범죄자는 사회적 신분이 낮은 하류계층으로 지목하고 있다는 것이다. 이러한 결과는 하류계층에 대한 비난을 내포하고 있다는 단점이 있다. 셋째, 아노미 이론은 미국사회에 국한된 이론으로 남성 위주의 일탈에 초점을 두고 있으며, 특히 상류계층의 범죄에는 무관심하다는 것이다. 즉, 사회적 지위가 낮은 남성을 대부분 범죄자로 규정하는 반면, 사회적 지위가 높은 남성은 범죄와 무관하다는 사회 인식을 조장하였다는 단점을 지닌다.

(2) 하위문화이론

하위문화이론(subculture theory)에서 하위문화란 일반문화체계와는 구별되는 특정한 집단의 문화(예: 비행집단 등)에서 통용되는 공통된 가치관이나 신념, 지식 등을 포함하는 사고나 그에 기인한 행동양식을 말한다. 따라서 하위문화이론이란 하류층에는 중산층과는 다른 문화(하위문화)가 존재하며, 그 중 어느 특수한 부분이 하위계층 청소년들로 하여금 비행을 저지르기 쉽게 한다는 것이다. 이러한 하위문화이론에 있어서는 서로 다른 입장을 취하는 비행하위문화이론(delinquent subculture theory), 기회구조이론(opportunity structure theory), 하층계급문화이론이 있다.

① 비행하위문화이론

비행하위문화이론은 코헨(A. Cohen)에 의해 주장된 이론으로, 비행을 일탈이나 청소년의 문제로 이해하려는 일반적인 관점에 반대하는 입장이다. 하류계층의 저조한 학업성취는 대부분의 하류계층 청소년들의 가치와 학교체제의 지배적인 중류계층의 갈등에 기인한 것으로 보는 입장이다. 즉, 하위계층 청소년들은 중산층의 지배문화로 인해 '지위좌절(status frustration)'을 경험하게 되는데 이는 학교에서 사용되는 대부분의 언어나 사회적 기술이 중류계층에 맞춰져 있어 이를 경험하지 못한 하류계층의 청소년들은 자신의 지위에 대해 좌절을 경험하고 있다는 것이다. 이러한 좌절은 중산층의 지배문화에 대항적인 성격으로 비행이 일어난다고 보는 것이다. 특히 비행하위문화이론은 이러한 실패를 극복하기 위해 하류계층 청소년들은 자신들의 지위와 사회적 인정을 재고하고 자아존중감을 회복할 수 있는 방안을 위해 중산층의 문화와 반대되는 기준에 바탕을 둔 비행집단을 형성하게 된다는 이론이다.

② 하층계급문화이론(문화적 일탈 이론)

하층계급문화이론은 밀러(Miller)에 의해 주장된 이론으로, 하층계급은 그들의 관심이 일반인들과 다른 독특한 문화규범이 있기 때문에 이에 따라 행동함으로써 중류계층의 법규범을 위반하고 범죄가 생기게 된다는 이론이다. 즉, 비행하위문화이론에서처럼 중산층의 반대문화로서 하류계층의 문화가 형성되는 것이 아니라 하류계층 자체의 고유한 문화체계로 오랫동안 존속됨으로써 그 자체가 하나의 통합력을 갖게 되며, 특정의 유형화된 전통을 갖는 하층계급의 문화로 인정하는 이론이다. 다시 말해 하류계층 청소년의 비행은 중류계층의 가치에 대해 수용불가능하다는 입장이 아니라 자신들의 문화나 가치가 더 중요하다고 믿고 있기 때문에 중류계층이 희망하는 행동패턴과는 상이한 행동들이 나타난다는 것이다. 하층계급문화이론 관점에서의 하류계층 청소년의 주요 관심 행동은 〈표 6-3〉과 같다.

〈표 6-3〉 **하층계급문화이론에 따른 하류계층 청소년의 주요 관심사항**

주요 관심사항	특징
말썽-사고치기(trouble)	법을 위반하면서 문제행위를 일삼음-영웅적, 정상적, 성공적 것으로 간주
강건함-사나움(toughness)	육체적인 힘이 있으며 두려움이 없다는 것을 과시-남성다움과 육체적 힘의 과시, 용감성 · 대담성에 대한 관심
교활-영리함(smartness)	길거리 세계에서 필요한 실제적인 지식을 가지고 있으며 상대방을 능가할 수 있다는 이미지-남이 나를 속이기 이전에 내가 먼저 남을 속일 수 있어야 한다는 믿음
자극적임(excitement)	지속적으로 스릴을 찾고 이에 따른 위험을 감수함
숙명-운명(fate)	운명을 좌우하는 강한 정신적 힘에 의해 일생이 좌우된다는 신념-빈곤생활을 숙명이라고 믿고 이를 현실적으로 정당화
방종-자율성(autonomy)	경찰, 교사, 부모 등의 권위자로부터 독립적임-타인으로부터 명령과 간섭을 받고 있는 현실에 대한 잠재의식적인 반발. 누구의 간섭도 받기 싫어함.

(3) 낙인이론

레머트(Edwin Lemert)와 백커(Howard Backer)에 의해 주장된 낙인이론은 흔히 비행이라는 것을 행위 그 자체의 본질적 특성이라기보다는 사회적으로 규정된 것으로 보았다. 또한 그들은 특정인이 비행자로 낙인찍히는 과정, 낙인찍힌 사람이 스스로를 비행자로 자기규정하는 과정, 그리고 결국 경력 비행자가 되는 과정을 분석하는데 주력하였다(오만록, 2011). 즉, 낙인이론은 비행행위 자체에 관심을 두기보다는 비행을 연속적으로 저지르는 경력 비행자(career deviant)에 관심을 둔다는 것이다.

한편, 레머트와 백커의 비행에 관한 주된 관점은 서로 조금씩 다르다고 할 수 있다(오만록, 2011). 먼저 레머트의 관점은 일차적 비행에서 이차적 비행으로 발전하는 과정을 분석하였는데, 그 과정은 ① 일차적 비행 발생→② 사회적 제재→③ 일차적 비행의 반복→④ 보다 강력한 제재와 거부→⑤ 분노와 적의에서 비롯된 거듭된 비행→⑥ 관용의 범위를 넘어 낙인 시작→⑦ 낙인에 대한 반응으로 비행이 보다 심화됨(이차적 비행)→⑧ 낙인에 부합된 행동과 역할수행(낙인에 맞는 자아상 형성과 역할수행) 등의 과정으로 나타난다고 하였다.

이와 달리 백커는 '일탈이란 사람이 저지르는 행위의 속성이 아니라 다른 사람들이 이른바 규칙위반자에게 가하는 제재의 결과'라는 관점을 지향한다. 따라서 일탈자는 단지 그러한 낙인이 성공적으로 적용된 사람에 불과하며, 일탈행위란 사람들이 단지 낙인을 찍는 행위에 불과하다는 입장을 취한다. 또한 그는 특히 일차적 비행을 저지르지 않는 사람이 비행자로 낙인찍히는 경우와 화이트 칼라 범죄처럼 일탈행위를 저지르고도 낙인찍히지 않는 경우를 분석하였다. 즉, 백커는 어떤 계층의 특정행동을 수행한 사람은 일탈자로 낙인되고, 동일한 행동을 한 다른 계층은 낙인되지 않는 구조적 불평등의 문제를 강조하였다.

3) 심리학적 이론

심리학적 이론은 비행의 원인을 욕구불만에 따른 정서불안, 긴장, 부정적 자아의식, 반항성, 충동성, 공격성, 정신병 등과 같은 특수한 성격적 요인이나 정신질환, 신경증, 정신병 등과 같은 개인의 심리적 특성에 두고 있다.

(1) 정신분석이론

정신분석이론에서는 프로이트(S. Freud)의 이론의 관점에서 비행을 설명하고 있다. 프로이트는 인간의 성격을 원초아(id), 자아(ego), 초자아(super ego)로 구분하였다. 원초아는 본능적인 욕구(배고픔, 수면, 배설, 성적욕구 등)를 추구하는 '쾌락의 원리'를 따르며, 자아는 원초아의 본능적 욕망과 초자아의 자아이상을 중재하는 역할을 하며 '현실의 원리'를 따른다. 한편 초자아는 양심과 자아이상을 추구하는 '도덕적 원리'를 따른다는 것이다. 이에 정신분석이론은 비행의 원인을 자아(ego)가 본능적 욕구와 충동적 공격성을 지닌 원초아(id)를 통제하지 못해 일어나는 것으로 보고 있다. 즉, 프로이트에 의하면, 범죄자나 일탈자들은 성장과정에서 초자아를 발달시키지 못했기 때문에 양심을 내면화시키지 못해 도덕성 발달이 제대로 이루어지지 못하게 되고 이러한 결과로 사회화 과정에서 실패하여 비행을 저지르게 된다고 주장한다. 따라서 정신분석이론 관점에서는 훌륭한 교육이란 아동과 청소년들이 건전한 자아를 확립하도록 돕는 것이며, 이는 바로 비행예방의 첫걸음이라 할 수 있다(오만록, 2015).

(2) 행동주의 이론

행동주의 이론에서는 비행을 행동주의 학습이론과 사회학습이론으로 설명하고 있다. 먼저 행동주의 학습이론의 관점에서 보면 개인의 모든 행동은 주어진 환경적 상황에 의해서 학습된 것으로 보고 있다. 즉, 인간의 행동은 학습의 결과이며, 비행은 잘못된 학습의 결과인 것으로 볼 수 있다. 따라서 청소년들이 처한 환경을 적절히 개선하고, 바람직한 행동을 더욱 강화시킴과 동시에 바람직하지 못한 행동을 감소 혹은 제거시키는 '행동수정(behavior madification)'의 기법을 적극적으로 적용하여야 한다고 주장한다.

이와 달리 사회학습이론에서는 인간은 타인의 행동을 면밀히 관찰하고 이를 통해 타인의 행동을 모방함으로써 인간의 행동이 형성된다고 보고 있다. 대표적인 학자로 반두라(Bandura)를 들 수 있다. 그는 모델링을 통해 바람직한 행동 또는 문제행동이 학습된다고 보았다. 특히 그는 모델링(modeling)을 통해 인간의 복잡한 행동을 습득하는 것이 더 적절한 방식이라고 강조하면서, 이러한 모델링은 세 가지 특성을 지닌다고 하였다. 첫째, 관찰자는 본보기를 통해서 이전에 전혀 몰랐던 행동을 할 수 있다. 둘째, 본보기 행동 관찰을 통해 이전에 억제했던 행동을 강화시킬 수도 있고 이전에 행동을 약화시킬 수도 있다. 셋째, 이미 하던 행동을 촉진시키는 결과를 보인다. 예를 들면, 가정폭력을 하는 아버지 행동을 모방학습하여 폭력을 하게 된다거나 연예인이나 유명인의 자살보도를 보고 모방자살을 시도하거나 영화나 TV에서 본 범죄를 모방하여 범죄행동을 하는 것 등이다.

또한 2008년 EBS 다큐프라임 '아이의 사생활'에서 방영된 유아들의 관찰 실험에서도 모방학습의 사례가 잘 드러나고 있다. 비슷한 또래의 유아를 세 그룹으로 구성한 후 각 그룹에게 서로 다른 영상(공격행동, 친철행동, 무관심 행동)을 보여준다. 그 후 영상이 촬영된 세트장에 각 집단별로 유아를 들여보낸 후 행동을 카메라로 관찰한다. 그 결과 공격성 영상을 시청한 그룹의 아이들 9명 중 7명이 공격행동을 모방하였다. 다음으로 친절행동 영상을 시청한 그룹에서는 전체 7명 중 3명이 친절행동을 모방하였으며, 공격행동을 보인 유아는 한 명도 없었다. 마지막으로 무관심 행동 영상을 시청한 그룹에서는 전체 6명 중 6명 모두 무관심 행동을 모방하는 것으로 나타났다. 이러한 실험에서도 알 수 있듯이 모방행동은 인간의 행동을 결정짓는 중요한 요인이라 할 수 있다.

따라서 행동주의 관점에서 보면 아동과 청소년이 비행자가 되고, 되지 않고는 그들이 접하는 인적·물리적 환경에 따라 결정된다고 할 수 있기 때문에 아동과 청소년의 비행을 예방하기 위해서는 성인들 스스로가 건강한 사회구성원으로서 책임을 갖고 행동하는 것이 아동과 청소년의 비행을 예방하기 위한 최선의 방법이라 할 수 있다.

4) 생태학적 이론

생태학적 이론은 비행을 브론펜 브레너(Bronfen Brener)의 생태체계학적 이론에 기초하여 설명하는 이론이다. 생태학적 이론 관점에서의 아동과 청소년의 비행은 개인의 내적 요인과 환경적 요인 간의 상호작용의 결과에 의해 발생하는 것으로 보고 있다. 인간은 정해진 환경의 범주 내에서 생활하게 되므로 개인과 환경은 서로 영향력을 행사하기 마련이다. 그는 이러한 내용에 기초하여 인간의 환경체계를 미시체계(microsystem), 중간체계(mesosystem), 외체계(exosystem), 거시체계(macrosystem), 시간체계(chronosystem)의 다섯 가지로 설명하고 있다.

첫째, 미시체계는 아동과 청소년을 둘러싸고 있는 직접적 환경체계를 말하는데, 여기에는 가족, 또래, 학교, 이웃 등이 포함된다. 미시체계 내에서 청소년과 부모, 또래, 교사와 같은 사회구성원 간에는 대부분 직접적인 상호작용이 이루어진다. 특히 아동과 청소년은 환경의 영향을 받는 수동적인 존재가 아니라 스스로 환경을 구성하는 능동적인 주체로 인정한다.

둘째, 중간체계는 미시체계들 간의 상호작용에 의해 형성되는 환경으로 가정과 학교 간의 상호관계, 가족과 또래 간의 상호관계 등을 의미한다. 예를 들어 부모로부터 사랑받지 못한 청소년은 교사, 또래 간의 긍정적 인간관계를 맺기 어려울 가능성이 높다. 따라서 중간체계는 미시체계보다는 넓은 의미에서의 관계에 관심을 두고 있다.

셋째, 외체계는 개인을 직접 포함하지 않는 사회의 주요기관인 정부기관, 사회복지기관, 교통 및 통신시설, 대중매체 등이 포함된다. 청소년은 외체계에 직접 관련되지는 않지만 이러한 환경들에 있어 간접적 영향을 받게 된다. 예를 들어 한 가정의 가장이 실직을 당해 알코올 중독에 빠질 경우 아버지의 역할변화가 배우자와 자녀에게 부정적인 영향을 미칠 수 있다는 것이다.

넷째, 거시체계는 미시체계, 중간체계, 외체계에 포함된 모든 요소에다 개인이 살고 있는 문화적 환경까지 포함하는 것을 말한다. 문화란 세대에서 다음 세대로 전수되는 행동유형, 신념, 관습 등을 일컫는다. 아동과 청소년이 속해 있는 사회문화적 배경은 청년발달에 지속적인 영향을 미친다.

다섯째, 시간체계는 전 생애에 걸쳐 일어나는 변화와 사회역사적인 환경을 포함한다. 예를 들면, 부모의 이혼이 아동에게 미치는 영향에 관한 연구에서 연구자들은 이혼의 부정적인 영향은 이혼한 첫해에 최고조에 달하며, 딸보다 아들에게 더 부정적인 영향을 미친다는 것을 발견하였다. 또한 이혼 후 2년쯤 되면 가족 간의 상호작용은 안정을 되찾는다. 사회문화적인 환경과 관련해서는 20~30년 전에 비해 더 많은 여성들이 직업 갖기를 희망한다. 이와 같은 상황에서 시간체계는 청소년들의 삶에 지대한 영향을 미친다.

이상과 같이 생태학적 이론은 각 체계들 간의 역동적인 상호작용이 일어나고 있으며, 이러한 상호작용은 아동과 청소년들에게 긍정적 영향뿐만 아니라 비행과 같은 부정적 영향을 미치기도 한다. 따라서 아동과 청소년들의 비행을 줄이기 위해서는 그들을 둘러싸고 있는 다양한 체계의 환경을 긍정적으로 변화시키기 위한 성인들의 노력이 요구된다고 할 수 있다.

4. 청소년 비행의 실태

1) 청소년 비행 실태 및 현황

청소년 비행의 실태 및 현황을 알아보기 위해 2020년 청소년백서(여성가족부)의 청소년 범죄 현황을 살펴보고자 한다. 18세 이하 청소년 범죄자는 대체로 감소하고 있다. 최근 10년간 전체 범죄자 대비 청소년 범죄자의 구성 비율을 보면, 2010년에는 5.8%이었다가 2016년 3.9%(76,000명)까지 감소하였으며 2017년 일시적으로 4.0%로 증가하였으나, 다시 감소하여 2019년에는 3.8%를 기록하였다. 이는 청소년 인구의 감소로 인하여 청소년 범죄자의 비율도 줄어들고 있는 것이다. 하지만 2019년 청소년 범죄자의 절대적인 숫자 자체는 소폭 증가하여 여전히 청소년 범죄에 대한 관심과 경계가 필요하다고 하겠다.

연도별 청소년 범죄자 현황과 구성비는 〈표 6-4〉와 같다.

〈표 6-4〉 **연도별 청소년 범죄자 현황 및 구성비**

(단위 : 명, %)

구분 \ 연도	2010	2011	2012	2013	2014	2015	2016	2017	2018	2019
전체범죄자	1,764,746	1,711,687	1,843,289	1,859,697	1,851,150	1,888,959	1,973,655	1,818,237	1,704,086	1,723,499
청소년범죄자	101,596	100,032	104,780	88,731	77,594	71,035	76,000	72,759	66,142	66,247
구성비	5.8	5.8	5.7	4.8	4.2	3.8	3.9	4.0	3.9	3.8

출처: 청소년백서(2020). 여성가족부. p.464

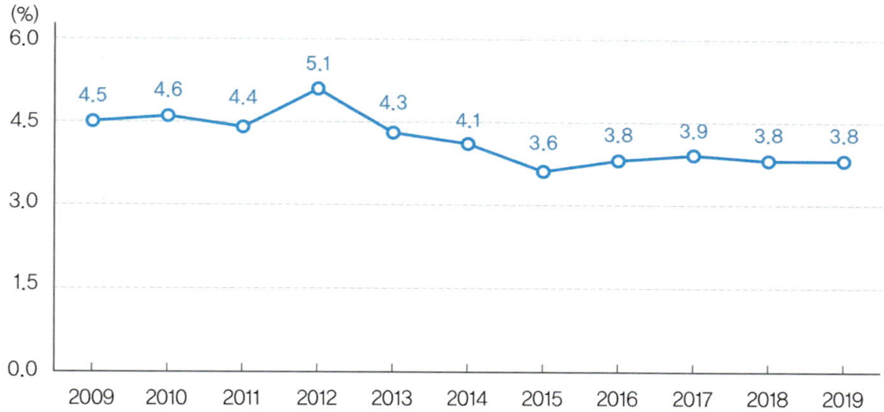

출처: 청소년백서(2020). 여성가족부. p.XIX(통계로 보는 청소년: 국내외 주요 지표편)

[그림 6-1] **전체 범죄대비 청소년 범죄의 비율 추이**

2019년 청소년 범죄 발생비를 살펴보면, 재산범죄 327.6, 강력범죄(폭력) 219.4, 교통범죄 88.0, 강력범죄(흉악) 43.2의 순으로 나타났다. 재산범죄의 발생비는 2010년부터 계속 증가하여 2012년 442.4건으로 가장 높았다. 이후 대체로 감소하여 2019년에는 327.6건 발생하여 2010년 대비 18.2% 감소하였다. 강력범죄(흉악)의 발생비는 2010년 33.7건에서 감소추이를 보이다가 2016년부터 꾸준히 증가하여 2019년에는 43.2건이었다. 이는 2010년 대비 28.2% 증가한 수치이다. 강력범죄(폭력)의 발생비는 2012년 310.0건으로 최고치를 기록한 이후 증감을 반복하다가 2019년 219.4건이 발생하였다. 이는 2010년 대비 12.4% 감소한 수치이다. 교통범죄의 발생비는 2019년 88.0건으로 2010년 대비 41.7% 감소하였다.

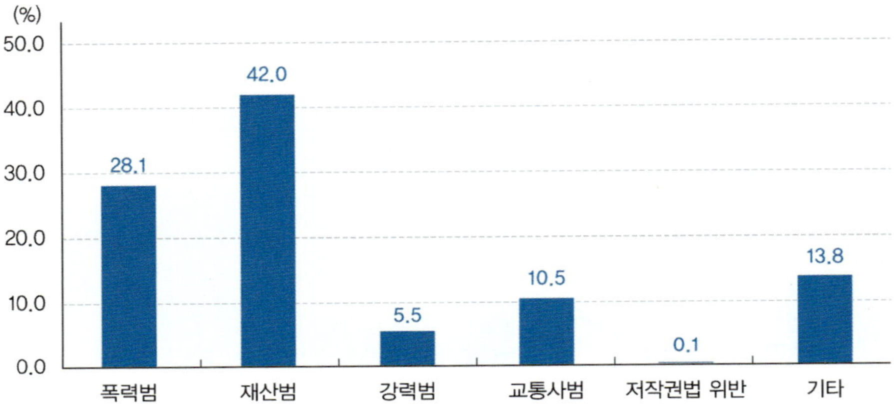

출처: 청소년백서(2020). 여성가족부. p.XX(통계로 보는 청소년: 국내외 주요 지표편)

[그림 6-2] **청소년 범죄 유형(2019년)**

2019년 전체 청소년 범죄자의 연령을 살펴보면, 18세가 26.5%(17,578명)로 가장 높은 비율을 차지하였고, 이어 17세 21.6%, 16세 20.5%, 15세 17.7%, 14세 16.4%의 순으로 나타났다. 최근 10년간 청소년 범죄자의 연령 추세를 볼 때 17~18세 청소년 범죄자의 비율이 증가하고 있음을 알 수 있다. 또한 2019년도 청소년 범죄의 남녀별 비율을 보면 남자가 82.2%, 여자가 17.8%로, 남자의 비율이 약 5배 정도 많다. 2010년 남자청소년의 범죄율이 80.7%로 최저치를 기록한 이후 지속적으로 증가하여 2014년과 2015년 85.2%를 기록하였으나, 이후 다시 감소세를 보여 2018년 81.4%를 나타냈다. 2019년에는 그 비율이 소폭 증가하였다

〈표 6-5〉 청소년 범죄의 연령별 현황(2015-2019)

(단위: 명, (%))

연도 \ 연령	계	14세 미만	14세	15세	16세	17세	18세
2015	71,035 (100.0)	64 (0.1)	7 (0.0)	14,387 (20.3)	17,624 (24.8)	18,231 (25.7)	20,722 (29.2)
2016	76,000 (100.0)	84 (0.1)	7,530 (9.9)	13,789 (18.1)	17,589 (23.1)	17,607 (23.2)	19,401 (25.5)
2017	72,759 (100.0)	93 (0.1)	7,703 (10.6)	12,376 (17.0)	16,391 (22.5)	17,358 (23.9)	18,838 (25.9)
2018	66,142 (100.0)	-	8,321 (12.6)	11,595 (17.5)	13,306 (20.1)	15,513 (23.5)	17,407 (26.3)
2019	66,247 (100.0)	-	9,053 (16.4)	11,730 (17.7)	13,548 (20.5)	14,338 (21.6)	17,578 (26.5)

출처: 청소년백서(2020). 여성가족부.p.467

〈표 6-6〉 청소년 범죄의 성별 현황(2015-2019)

(단위: 명, (%))

연도 \ 구분	계	남자		여자	
	인원	인원	비율	인원	비율
2015	71,035	60,534	85.2	10,501	14.8
2016	76,000	63,777	83.9	12,223	16.1
2017	72,759	60,264	82.8	12,495	17.2
2018	66,142	53,879	81.5	12,263	18.5
2019	66,243	54,437	82.2	11,806	17.8

출처: 청소년백서(2020). 여성가족부. p.469

2) 청소년 비행화 과정

청소년 비행화 과정은 가족의 비행 가능 환경조성, 비행성향의 형성기, 비행세계 맛보기, 공식적 사건, 비행의 고착기 등의 5단계로 구분된다.

(1) 가족의 비행 가능 환경조성

부모의 적절치 못한 양육방식이나 갈등과 긴장을 초래하는 가족구조는 비행에 많은 영향을 미친다.

① 가족구조 결손: 부모의 사망, 이혼, 별거, 계부 또는 계모 등
② 부적절한 양육환경: 친척집에서 양육되는 경우, 한부모 가정 등
③ 가족구성원의 개인 문제: 부나 모의 가출 또는 음주로 인한 주폭, 외도, 도박, 의처(의부)증, 권위적인 부모, 가출한 형제의 요인 등
④ 가족구성원 간의 관계상 문제: 부모의 불화, 가정폭력, 자녀에 대한 부모의 심한 편견, 고부 간의 갈등, 형제와의 심한 갈등, 대화가 없는 무관심 등
⑤ 훈육의 부재 및 잘못된 훈육방법: 부모의 강압적 태도, 부와 모의 훈육방식 불일치, 부모로부터의 지속적 학대, 구타 등
⑥ 위기적 사건 경험: 부모의 갑작스러운 사업 실패, 이혼, 이사 혹은 전학 등

(2) 비행성향의 형성기

가정에서의 갈등, 학대, 방임, 무관심 등으로부터 탈피하고자 하는 시도, 즉 일탈행위를 하는 시기인 초등학교 초기에서부터 후기에 나타난다. 대표적인 예로 간단한 물건 훔치기, 게임, 무단결석, 음란물 시청, 술, 담배 등은 호기심에서 시작하는 경우이다.

(3) 비행세계 맛보기

비행행동으로 빠지게 되는 데에는 중요한 계기가 되는 사건들이 있다. 예를 들어 비행 친구들과 친해지면 공부에 흥미를 잃고 무단결석이 잦아지면서 가출, 음주와 흡연, 본드나 부탄가스 흡입, 패싸움, 성관계 등의 활동이 시작된다. 이러한

반사회적 행동들이 교사나 부모와 같은 성인들에게 발각되면 제재를 받기도 하지만 대부분이 그때 뿐 또 다시 이러한 행동들을 반복하게 된다. 특히 이러한 행동이 반복될 경우 가족으로부터 소외감, 학교 적응력 저하 등으로 이어지며, 함께 비행을 저지르는 친구들과 함께 집단 비행으로 이어진다.

(4) 결정적 사건-공식적 비행청소년

공식적 비행청소년이 되는 것은 비행행동으로 인한 반응들이다. 앞선 단계인 비행세계 맛보기 단계에서 비행행동으로 경찰서에 잡히거나 중대한 범죄로 이어져 소년원으로 가는 경우 등이 비행청소년이 되는 결정적 사건이라 할 수 있다. 특히 이러한 경우 학교를 중퇴하게 되는데 이는 그 자체만으로도 사회로부터 낙인이 찍히게 된다.

(5) 비행의 고착기-범죄청소년

여러 번 비행행동을 반복하게 되면 그 행동의 강도는 더욱 강화되면서 그것으로부터 빠져나오기 어려운 비행청소년으로서 역할을 수행하게 되는 단계를 말한다.

5. 아동 · 청소년 비행에 대한 예방 및 교육적 대책

앞서 아동 · 청소년 비행의 실태 및 현황을 살펴보았다. 아동 · 청소년의 비행은 시간이 갈수록 증가하고 있으며, 범죄의 유형도 성인 범죄의 모방 형태로 그 심각성이 증가하고 있다. 특히 아동 · 청소년기는 성인초기 이전 단계이므로 이들이 겪는 심리적 갈등을 극복하지 못하여 사회부적응자로 전향되는 경우가 비일비재하다. 따라서 아동 · 청소년 비행문제의 원인과 형성과정을 총체적으로 파악하고 이와 더불어 이들이 겪는 심리적, 사회적 갈등을 해결할 수 있는 체계적이고 직접적인 솔루션 계획을 수립하는 등의 적절한 대응책을 마련해야 한다.

■ 아동 · 청소년 비행에 대한 예방대책

아동 · 청소년의 비행에 있어 재발을 방지할 수 있는 대책도 무엇보다 중요하지만 그 이전에 예방대책이 가장 중요하다. 즉, 비행의 요인이 될 수 있는 문제행동적 특성을 조기에 발견하여 이를 제거하는 것이 비행을 예방하는데 가장 효과적이라 할 수 있다. 예방적 조치가 그리 쉬운 일은 아니지만 다음에 제시되는 몇 가지 사항을 고려한다면 아동 · 청소년의 비행을 미연에 예방하는데 도움이 될 것이다.

첫째, 아동 · 청소년들이 저지르기 쉬운 비행에 대한 예방교육을 철저히 실시하여야 한다. 최근 인터넷의 발달로 아동 · 청소년들은 유해한 대중매체에 쉽게 노출되어 있다. 따라서 대부분의 많은 성인들은 아동 · 청소년들에게 관심을 가지고 이러한 유해매체를 조기에 차단하여야 할 것이다. 또한 이와 더불어 아동 · 청소년들에게 유해한 매체들에 대한 심각성, 폐해 등을 미리 알림으로써 이들이 유해한 환경에 노출되는 것을 사전에 억제할 수 있다.

둘째, 아동 · 청소년의 발달적인 특성에 대한 지식을 가지고 지도하여야 한다. 에릭슨의 심리사회적 발달 이론에 따르면, 아동 · 청소년은 청소년기의 단계로 자아정체성 또는 정체성의 혼미를 경험하는 시기이다. 따라서 아동 · 청소년들이 경험하는 성공과 실패의 경험을 통해 자아정체성을 확립할 수 있도록 하기 위해서는 성인들의 끊임없는 관심과 노력이 요구된다.

셋째, 성인들은 아동 · 청소년과의 눈높이를 맞추는 것이 매우 중요하다. 성인들의 입장에서 아동 · 청소년은 늘 부족하고 미성숙한 존재로 인식된다. 대부분의 많은 성인들은 자신의 청소년 시기에 성인들로부터 받아온 교육방식인 강요나 억압 등의 무리한 지시로 현대의 아동 · 청소년을 지도하려는 경향이 있다. 하지만 현대사회를 살고 있는 아동 · 청소년들은 과거에 비해 신체적 성장은 월등하게 발달했으나, 정신적 측면은 과거에 비해 약하다고 할 수 있다. 따라서 성인들은 아동 · 청소년을 대할 때 자신과 동등한 위치라는 점을 인식할 때 비로소 아동 · 청소년의 입장을 이해할 수 있다.

넷째, 아동 · 청소년의 욕구를 발산할 수 있는 다양한 여가활동을 보장해야 한다. 현대사회를 살아가는 아동 · 청소년들은 학교를 통해 끊임없는 경쟁을 강요받고 있다. 이에 경쟁에서 살아남기 위해 많은 시간을 학업에 소비하고 있어 자신들의 욕구를 발산할 수 있는 시간이 부족하다. 따라서 아동 · 청소년들의 신체적, 정신적 욕구를 발산하기 위한 다양한 프로그램의 운영 및 경쟁보다는 상생을 강조하는 사회분위기의 조성이 필요하다.

다섯째, 현대의 아동 · 청소년들에게 '나눔, 배려, 봉사'의 정신을 행동으로 옮길 수 있는 기회를 제공해야 한다. 학교에서 나눔, 배려, 봉사 등과 관련된 학문적 지식은 습득하지만 이를 실천적 지식으로 옮길 수 있는 기회가 현실적으로 부족하다. 학문적 지식은 행동으로 옮길 때 진정한 지식으로 남게 된다. 따라서 아동 · 청소년들이 사회에서 이러한 정신을 실천할 수 있는 기회를 확대하여 제공하고, 이를 통해 아동 · 청소년들은 자신의 지식을 직접 실천함으로써 보다 건강한 사회구성원으로 성장할 수 있다.

이와 같이 아동 · 청소년의 비행 예방에는 우리 사회 전체가 관심을 가져야 한다. 특히 비행은 아동 · 청소년과 직접적인 연관성이 있는 학교, 가정, 지역사회 등은 유기적인 협조체제를 구축하여 아동 · 청소년의 비행 예방에 적극적인 관심을 가져야 할 것이다. 또한 정부에서도 아동 · 청소년의 일탈과 같은 비행을 예방하기 위해 행정적, 재정적 지원을 아낌없이 해야 할 것이다.

참고문헌

김율희(2007). 가정환경이 청소년 비행에 미치는 영향. 서울시립대학교 대학원 석사학위논문.

김정은(2010). 비행청소년과 일반청소년의 가정환경요인에 관한 차이 분석. 영남대학교 교육대학원 석사학위논문.

김준호, 노성호, 이성식, 곽대경, 박정선, 이동원, 박철현(2013). 청목출판사.

성낙돈, 안병환, 가영희, 노재화(2011). 교육사회학. 동문사.

여성가족부(2020). 2020 청소년백서.

오경희(2007). 유아기 아동과 또래문화에 대한 교육사회학적 탐색: 해석적 재생산론적 접근. 아동권리연구, 11(4). 635-653.

오만록(2011). 교육사회학. 동문사.

오만록(2015). 교육사회학. 정민사.

윤여원(2014). 가정환경이 청소년 비행에 미치는 영향. 중앙대학교 행정대학원 석사학위논문.

정옥분(2007). 아동발달의 이해. 학지사.

진혜민, 배성우(2012). 청소년비행 관련변인에 관한 메타분석. 청소년복지연구, 14(2). 193-221.

홍봉선(2011). 청소년복지론. 공동체.

Linnoila, M., Virkkunen, M., Scheinin, M., Nuutila, A., Rimond, R., & Goodwin F. K.(1983). Low cerebrospinal fluid 5-hydroxyindoleacetic acid concentration differentiates impulsive from non-impulsive violent behaviour. Life Sci 33: 2609-14.

제 7 장

교육열과 조기유학

한국의 교육열은 국내를 비롯해서 국외에도 잘 알려져 있다. 미국 오바마 전 대통령이 공개적으로 한국 교육의 우수성을 극찬한 것은 유명하다. 오바마는 수차례 연설을 통해서 한국의 교육열, 한국 교육시스템의 우수성에 대해서 언급하며 미국 교육의 변화를 촉구하였다(2009년, 2010년, 2015년). 미국의 오바마 대통령뿐만 아니라 다른 나라나 외신에서도 한국의 교육시스템과 뜨거운 교육열에 대해 흥미로운 시각으로 바라보고 있다. 영국의 공영방송인 BBC는 몇 년전부터 한국의 교육시스템, 그리고 교육열에 대해서 큰 관심을 가져왔다.[1] BBC의 경우 한국 교육시스템의 장단점을 함께 설명했지만 뉴욕타임즈(NYT)는 '한국의 교육시스템이 학생들을 아프게 한다'는 제목의 칼럼으로 한국의 교육시스템을 신랄하게 비판했다.[2] 스웨덴 일간지 아프톤블라뎃도 특집기사로 한국의 교육을 다루면서 교육성과는 높지만 그 이면에는 부작용이 크다는 내용으로 한국교육의 명암을 다루었다. 이 신문은 한국 학생들이 우수한 이유로 교육을 중시하는 유교사상이 지배적인 사회분위기, 특히 부모의 높은 교육열을 꼽았다(2013년 10월 30일자 연합뉴스). 한 신문에서는 "한국 교육열에 놀란 라가르드"라는 제목의 기사와 사진이 올라와 있다(2014년 1월 16일자 조선일보).[3]

1) 2016년 11월 BBC는 영국 학생들을 실제로 한국 고등학교에 교환학생과 비슷한 개념으로 직접 보낸 후 한국 학생의 생활을 직접 체험하는 'school swap Korean style' 프로그램을 제작했다. 이 방송에서 영국의 웨일스 지역의 학생 3명이 한국 강남에 위치한 한 한국의 고등학교에서 생활을 하게 된다. 방송과 기사의 첫부분에 BBC는 지난 2012년 한국이 국제학업성취도평가에서 상위권을 차지했다고 소개하면서 이와 대조로 영국의 웨일스 지역 같은 경우에는 이 평가에서 43위를 기록해 영국에서도 하위권을 기록했다고 지적한다. 따라서 과연 한국 학생들이 어떻게 공부를 하기에 이런 학업성취도평가에서 상위권을 차지하는지 알아보기 위해 이와 같은 프로그램을 기획하게 됐다고 설명한다(2016년 12월 13일자 토마토 프라임).
방송과 기사를 보면 이 세 학생들은 한국의 엄청나게 긴 수업시간에 대해 놀라는 모습이 나온다. 오전 7시 50분에 수업을 시작해서 4시 20분까지 긴 하루가 지속되고 또 수업 이후에도 자율학습과 보충학습을 거의 10시까지 하는 것이 충격적이었다고 학생들은 전한다. BBC는 이와 별도로 기사에서 한국 학생들이 하루에 14~16시간 공부하는 것이 일상적이고 밤 12시까지 공부하는 것은 기본이라고 전한다. 또한 정부가 밤 10시 이후로는 학원에서 공부를 못하도록 규제하고 있을 정도라고 충격을 나타내기도 한다. 또 한국 학교에서는 지각을 하는 학생들은 벌로 복도를 청소하게 되어 있는데 이 세 명의 영국 학생들도 늦게 도착해서 벌을 받았는데 이것이 매우 이색적인 경험이었다고 소감을 전했다.

2) 외신들은 너무 많은 시간을 공부에 투자하는 것, 암기 중심의 교육, 그리고 부모들의 엄청난 교육열, 높은 학원비 등 한국 교육에 대한 문제점도 지적했다.
뉴욕타임즈는 칼럼에서 국제 시험에서 한국 학생들은 상위권을 기록하고 있어 세계가 한국의 교육시스템을 모델로 삼아야 한다는 얘기도 있지만 한국의 교육시스템의 어두운 부분은 매우 깊은 그림자를 드리우고 있다고 전했다(2016년 12월 13일자 토마토 프라임).

이처럼 한국의 교육열은 유명하고 유별나다. 오욱환 교수는 한국사회의 독특한 교육현상을 설명하는 데 유용한 용어들이 몇 가지 있지만, '교육열'보다 더 널리 알려진 개념은 없다고 하였다(오욱환, 2000: 15). 국가 경제력을 고려하여 국민들의 교육수준을 순위 매긴다면 한국은 세계 최고의 '교육국가'로 손꼽힐 것이다. 경제적으로 부유한 국가들 가운데서도 한국사회만큼 높은 취학률을 보이는 국가도 거의 없다. 이처럼 한국인들의 교육열은 유별난 것이지만, 그 특이함의 원인을 한국인들의 개인적 속성에서만 찾는 방법은 한계가 있다. 이 장에서는 교육열의 개념을 이해하고, 교육열이 공교육 · 사교육 · 외국교육(유학)에 미치는 영향 등을 살펴본다.

1. 교육열의 의미

1) 교육열의 정의

교육열을 정의하려고 할 때 '교육열'에 대한 합의할 수 있는 개념 규정은 거의 없는 실정이다. 교육열의 정의가 무엇이든간에 한국의 교육열은 대체로 부정적으로 다루어진다. 교육열을 부정적인 입장에서 보는 입장에서는 교육열을 극심한 교육경쟁, 사교육의 심화, 치맛바람과 같은 학부모의 극성, 교육의 부정부패 사례의 원인으로 지목한다.[4] 이와는 정반대로, 교육열을 긍정적인 의미에서 바라보아

3) 김용 세계은행 총재는 크리스틴 라가르드 국제통화기금(IMF) 총재와 대화한 일화를 소개했다. 김용 총재가 "한국 학생들은 8시부터 11시까지 공부를 한다"고 했더니, 라가르드가 "3시간 공부하면서 어떻게 그렇게 성적이 좋죠?"라고 묻자, 김용 총재가 "(오전 8시부터) 오전 11시가 아니라 오후 11시까지입니다."라고 답해서 라가르드가 믿기 힘들다는 듯 고개를 흔들었다고 한다.

4) 교육열에 대한 부정적인 시각은 대체로 사교육과 관련이 있다. 교육열은 교육비와 연관되며 교육비는 사교육과 연관된다. 왜냐하면 사교육비 지출 규모에 따라 주요 대학 진학률은 큰 차이를 보이기 때문이다. 한 신문에서 "초등생 둔 40대 부부, 30대보다 교육열 높다"라는 제목으로, "초등생 자녀를 둔 40대 부부는 월평균 교육비로 70만원을 쓴다"고 하였다(2017년 3월 8일자 뉴스1코리아). 2014년 워싱턴포스트는 '한국은 교육에 미친 나라'라며 한해 90억원 버는 학원 강사도 있다고 보도한 바 있다.

야 한다는 입장도 있다. 열악한 상황 속에서도 교육이 국가발전에 이바지할 수 있게 만든 근본 동력 또한 교육열이었다고 본다.[5)] 한편, 교육열을 긍정하는 것을 넘어서서 적극적으로 활용해야 한다는 입장도 있다.[6)]

오욱환은 『한국사회의 교육열』에서 교육열을 논의할 때 다음과 같은 의미가 포함되어 있다고 한다(2000: 18). (1) '교육열'은 고유의 용어로서 기존의 용어들로 대체가 불가능하다. (2) '교육열'은 학력과 학벌을 높이는 데 집중되므로 학교교육열에 가깝다. (3) '교육열'은 정상을 벗어난 상태를 나타내는 부정적인 개념이다. (4) '교육열'은 한국사회회의 교육현실을 파악하기 위해 만든 개념이다. (5) '교육열'은 심리적 속성보다는 사회적 풍토에 더 비중을 둔다. 이를 정리하면서 오욱환은 『한국사회의 교육열』에서 교육열을 "한국인들의 교육욕구가 사회적으로 만연하여 한

5) 한국의 교육열을 긍정하는 입장을 소개해 보면 다음과 같다. 하버드대학 사무엘 헌팅턴 교수는 그의 저서에서 "1960년대 한국은 아프리카의 가나와 비슷했는데 현재 1인당 소득 면에서 20배 이상 앞서게 됐다"며 그 이 이유 중 하나로 한국의 뜨거운 '교육열'을 꼽았다. 베스트셀러 『빈곤의 종말』을 쓴 경제학자 제프리 삭스 미 컬럼비아대 교수가 2010년 11월 8일 경북도청에서 '어떻게 빈곤을 끝낼 것인가?'라는 주제로 특강을 하면서 한국의 녹색성장과 교육열정, 새마을운동에 찬사를 보냈다. 하와이대학의 마이클 세스는 교육열에 대해 "자원인가? 아니면 문제의 근원인가?"라는 질문을 던지고 논의한 끝에, 교육열을 자원으로 잘 활용할 지혜를 길러야 한다고 주문하고 있다. 주한 이스라엘 대사를 역임한 아셀 나임은 재임 당시 한국교육이 안고 있는 문제를 해결하기 위해서는 "한국사회의 교육열과 한국 어머니들의 헌신적인 태도를 어떻게 개선하여 효과적으로 활용하는가에 대해 연구하는 것이 중요하다"라고 하였다(이종각, 2011: 54-56). 또한 슈미트 전 서독총리는 1990년대 후반 "21세기에 아시아에서 일본 다음으로 선진국이 될 국가는 어디일까?"라는 물음에, "향후 2~30년 내 한국은 '글로벌 탑 4리딩 네이션'이 될 것이다. 그 이유는 국민 교육열 때문이다. 국민 70%(현재 80%)가 대졸자인 세계 최고의 지성 국가가 지구촌의 리더가 되는 것은 당연한 이치다"라고 하였다(2017년 4월 17일자 이데일리).
미국에서 한국의 교육열을 도입한 또 다른 예로 미국 데모크라시 프랩 스쿨을 들 수 있다. 이 학교는 한국식 교육방식을 도입해 한국어를 정규 과목으로 채택하고 한국 전통 문화와 예의범절을 가르치고 있다. 할렘 최하위 수준에 머물렀던 이 학교가 한국식 교육 시스템을 도입한 이후 뉴욕시 최우수 학교로 탈바꿈했다. 이 학교 설립자는 Seth Andrew다. 그는 한국에서 원어민 교사로 일하면서 가난에서 벗어나고 성공하기 위한 방법으로 한국인들이 더 열심히 공부하는 모습을 보았고, 한국어와 한국식 교육으로 교육의 혁신을 이룰 수 있다는 것을 믿었다. 이후 미국에 돌아와서 학교를 설립하면서 한국식 교육을 도입했고, 대학진학률 100%라는 성공적인 결과로 인해 데모크라시 프랩 스쿨과 한국식 교육방식은 미국에서 큰 이슈가 되고 있다.

6) 교육열을 긍정적으로 바라보고 더 나아가 적극적으로 이용해야 한다는 입장은 이종각의 일련의 연구에서 볼 수 있다.
이종각(2003). 교육열 바로 보기. 서울: 원미사.
이종각(2009a). "교육정책과 교육열, 손자병법으로 들여다보기". 새교육 4월호, 10-14.
이종각(2009b). "이열치열의 원리로 교육열을 경영하자!". 새교육 6월호, 65-69.
이종각(2009c). "교육열의 심층에는 '가슴'이 있다". 새교육 8월호, 41-45.
이종각(2009e). "교육열의 힘과 성격을 알고 해야 한다—이명박 정부의 사교육과의 전쟁". 새교육 9월호, 31-36.
이종각(2011). 교육열을 알아야 한국교육이 보인다. 파주: 한국학술정보(주) 이담북스.

국사회 전반적으로 나타나는, 정상수준을 넘어선 학력 및 학벌 쟁취 현상"이라고 정의한다(오욱환, 2000: 18).

이종각은 교육열의 개념과 관련하여, 교육열의 개념에 대해서 학자들 사이에 견해가 다양하게 나타나고 있는데, 한 델파이 연구(전문가의 판단을 중심으로 한 연구법)는 다음 내용을 제시하고 있다고 하였다(이종각, 2009: 358).

① 대부분의 전문가들이 교육열의 주체를 학부모라고 생각하고 있다.
② 교육열을 출세와 관련된 개념으로 이해하고 있다. 교육열은 막연히 교육에 대한 열정이나 열의가 아니라, 출세라고 하는 지극히 현실적인 욕구와 연계된 열정이다.
③ 교육열을 본능적인 그 무엇은 아닌 것으로 이해하고 있다. 다시 말해 교육열은 사회적 맥락을 배경으로 발생하는 것인 바, 적절하고도 의미 있는 교육시스템의 건설과 학부모를 대상으로 한 지속적인 교육을 통해 새로운 대화의 장을 열 수 있는 개념으로 파악된다.
④ 교육열은 교육열 현상(예: 과외, 입시지옥, 치맛바람)과는 구별되는 개념이다.

이를 통해 보면 교육열은 교육열 현상을 설명하는 보다 근본적인 사회적 욕구 및 동기체제로 이해된다. 교육열은 모종의 에너지로 교육열은 교육행위에 파고 들어가서 그 행위의 열도를 높이고 강화시켜 주는 원인이 되는 것으로 파악할 수 있다. 그것은 어떤 교육행위에 대한 열성이며 어떤 교육현상을 강화시켜 주는 원인이다. 한국인의 교육열은 교육결과(과거급제, 학력, 학벌, 성적, 순위)로 얻게 되는 사회적 가치에 의해 방향지워진 것이다. 또한 한국인의 교육열은 자녀성취욕구를 만족시키는 교육관련 수단들과의 결합성이 높다(이종각, 2009: 359).

2) 교육열의 원인

(1) 역사적 접근: 동아시아의 교육열 : 유교문화, 과거문화

OECD가 주요국의 15세 학생들을 대상으로 과학, 문해력, 수학 세 분야의 학습 성취도를 측정하는 지표인 PISA의 2018년 결과가 발표되었다. 순위를 보면 중국, 싱가포르, 마카오, 홍콩이 1~3등을 석권하고, 그 뒤를 에스토니아, 대만, 일본이 뒤따르고, 한국도 6~10등에 올라있다. PISA에서는 열정적 교육열을 보이는 아시아 국가들이 대부분 상위권을 차지했다. PISA 결과에서 주목할 점은 상위권을 차지한 대부분의 국가가 한국을 비롯하여, 중국, 싱가포르, 홍콩, 일본, 대만 등 동아시아라는 것이다. 동아시아 각국은 한국 못지않은 교육열풍을 가지고 있다(KBS 인사이트아시아, 2007: 333).[7)]

왜 동아시아 학생들은 공부를 잘 할까? 이를 보여주는 예로 텍사스 영재고등학교(The Texas Academy of Mathematics and Science: TAMS)를 들 수 있다. 이 학교는 미국 텍사스에서 최상위권 학생들만 들어가는 북텍사스대학교 산하 영재 고등학교이다. 텍사스는 주민 중 단 1%만이 동양인이다. 하지만 텍사스 최고 교육기관인 텍사스 영재학교는 학생의 3분의 2가 동양인이다. 이 학교의 졸업식에서 한국인들을 인터뷰했을 때 이들은 부모님에게 감사를 돌렸다. 중국(칭화대, 베이징대)에서 만난 학생들도 부모님(가족), 사회, 국가를 위해 공부한다고 했다. 동아시아의 어떤 문화가 학생들을 열심히 공부하게 만들고 부모님들을 위해 공부하게 만드는 것일까? 니스벳 교수는 자신의 저서를 통해 동양인이 서양인보다 공부를 잘 하는 이유를 몇 가지 거론했다. 그 중 하나가 바로 '동양인은 서양인과 달리 개인을 넘어 가족 · 사회 · 국가를 위해 공부한다'는 것이다(KBS 공부하는 인간 제작팀, 2013: 97). 동

7) 타이거맘이란 자녀를 엄격하게 훈육하는 엄마, 엄격하게 훈육하고 간섭하면서 자녀를 혹독하게 교육하는 엄마를 의미한다(시사상식사전). 미국 예일대 교수 에이미 추아가 2011년 중국식의 엄격한 자녀 훈육 방식을 강조한 책 『타이거 마더』를 통해 제시한 개념이다(에이미 추아, 2011, 민음사). 추아 교수는 저서를 통해 엄격한 방식으로 자녀를 교육해 명문대에 보냈다고 강조한다. 추아는 두 딸에게 전 과목 A학점 취득을 명령하고 자녀들이 목표를 달성하도록 강요하는 교육법을 행했는데, 큰 딸이 2011년 하버드대와 예일대를 동시에 합격하면서 추아 교수의 교육법이 주목받기 시작했다. 이 책은 아시아 부모의 교육열을 단적으로 잘 보여준다.

양인들은 자신만의 명예나 부를 위해 공부하기보다는 가족·공동체의 행복과 안녕을 위해 공부하기 때문에 나태해지거나 좌절에 빠졌을 때에도 쉽게 포기하지 못한다. 자신에게 큰 기대를 걸고 있는 사람들의 얼굴이 떠올라 차마 책상 앞을 떠나지 못하는 것이다. 개인을 넘어 공동체를 위한 공부를 한다는 그 목적이 강력한 동기로 작용해서 동양인들이 서양인들보다 더 열심히 공부하게 되고, 그 노력은 그들이 흘린 땀만큼 높은 학업성취로 이어지는 것이다(KBS 공부하는 인간 제작팀, 2013: 111). 동아시아 학생들이 열심히 공부하는 이유는 개인을 넘어 가족·공동체의 것으로 확장시키는 문화가 있다. 니스벳 교수에 의하면, 동양 문화는 '집단, 관계성'을 중시하기 때문에 사회적 관계 속에서 자신을 규정하려고 한다고 했다.

이 외에 동아시아 교육열을 설명할 다른 이유가 있는가? 동양인들은 학문 그 자체를 중요하게 생각하기보다는 미래의 안녕을 보장하고 자신의 사회적 지위를 결정짓는 수단, 즉 출세를 위한 도구로 보는 경향이 강하다(KBS 공부하는 인간 제작팀, 2013: 148). 공부 말고 성공을 보장하는 다른 대안이 없고, 공부가 곧 성공의 길이며 안정된 미래라는 팽배한 문화 속에서 자라기 때문에 동양인들은 공부에 집착할 수밖에 없다는 것이다. 그렇다면 공부를 신분 상승의 도구로 생각하는 동양 문화가 형성된 근원은 무엇일까? 중국, 한국, 베트남 등 유별나게 교육열이 높은 여러 아시아 국가들의 정신적 근간을 이루는 유교사상 때문일까? 하지만 유교는 학문을 출세의 수단으로 보기보다는 기본적으로 학문 그 자체에 높은 가치를 두고 그 즐거움을 추구하는 사상이었다. 유교의 창시자 공자의 『논어』 첫 구절은 그 유명한 "學而時習之 不亦說乎"(배우고 때로 익히니 또한 기쁘지 아니한가)로, 일생을 배움으로 일관하라는 뜻이다. 이런 내용을 유교의 최고 경전인 『논어』의 첫 구절로 삼았다는 것은, 유교가 그만큼 배움을 중요하게 생각하고 학문의 즐거움을 추구하는 사상임을 알 수 있다. 따라서 유교는 동양의 높은 교육열의 근원이 될 수는 있지만, 공부를 신분 상승의 수단으로 인식하는 근거로 보기에는 조금 무리가 있다.

한편, 리처드 니스벳 교수를 비롯한 많은 전문가들은 공부를 출세의 도구로 보는 동양 문화의 근원을 '과거제도'에서 찾았다(KBS 공부하는 인간 제작팀, 2013: 150). 사실, 한국은 과거 조선왕조에서 무려 500년 동안이나 과거제도가 시행되었으며, 교육열이 뜨거운 동아시아의 다른 나라인 중국, 베트남 등도 모두 과거제도가 시행되었던 나라이다. 과거제도가 획기적인 관료 선발제도였던 이유는 혈연이나 지연을 철저하게 배제하고 오로지 능력을 검증해서 인재를 뽑는 방식이었기 때문이다. 때문에 혈통이 아니라 실력만으로 당당하게 경쟁해서 사회에 진출하고자 희망했던 사람들의 시대적인 요청에 부응하는 정책이었다.[8] 하지만 과거시험은 그야말로 뛰어넘기 힘든 거대한 장벽이었다.[9] 그럼에도 불구하고, 과거제도가 관직에 나갈 수 있는 유일한 길이자, 무엇에도 구애받지 않고 오직 실력만으로 부와

8) 혈통이 아니라 실력만으로 당당하게 경쟁한다고 하였지만, 조선시대 과거에 응시할 수 있는 계층은 중인 이상의, 경제적·시간적 여유가 있는 (상류)계층이었다(오욱환, 2000: 172). 물론 상류계층이라도 사대부는 세습되는 신분이 아니기 때문에 (과거에 합격하지 않으면) 몰락하는 부담을 안고 있었다. 4조(四祖: 아버지, 할아버지, 증조할아버지, 고조할아버지의 총칭) 내에 현관(顯官)이 없으면 양반신분에서 탈락되었다(이성무, 1995: 57). 그래서 조선의 양반들은 태어나서 글자를 공부하기 시작할 때면 과거에 합격하기까지 평균 30년 동안 거의 평생을 과거공부를 하며 살았다고 해도 과언이 아니다.

9) 조선시대 과거에 급제하기가 얼마나 어려운가는 뽑는 인원만으로도 짐작할 수 있다. 과거는 (별시를 제외하고) 3년마다 한번씩 시행한다. 조선의 문과의 경우 크게 소과와 대과로 나뉘는데, 소과에 합격해야 대과에 응시할 수 있다. 수천 명씩 모여드는 과거시험에서 대과에 응시해서 최종적으로 합격해서 벼슬길로 나아갈 수 있는 인원(과거 급제)은 고작 33명에 불과하다. 관직의 수는 제한되어 있고 과거응시자 수는 해마다 누적되어서(과거에 합격하지 못하는 양반은 다음번에 또 응시를 하게 되므로) 과거가 진행될수록 과거에 응시하는 사람은 불리하게 된다. 과거제도가 500년간 유지되면서 과거에 합격하지 못하고 누적되는 인원을 생각해 본다면 과거에 급제한다는 것은 그야말로 하늘의 별따기, 낙타가 바늘구멍 통과하기이다. (그렇다면 과거시험에서 9번이나 1등을 한 조선 최고의 천재 이이(李珥)의 경우 구도장원공(九度壯元公)이라고 불렸는데, 이러한 과거(문과 대과의 경우)에서 1등을 하는 장원은 얼마나 대단한가.)
참고로 문과의 소과와 대과 과거 합격 인원은 다음과 같다.
① 소과 : 생진과(생원, 진사를 뽑음)라고도 함.

소과 (생진과)	생원과 (명경, 경전)	초시 700명	복시 100명 생원	참고 1등급 5 / 2등급 25 / 3등급 70
	진사과 (글짓기, 제술)		100명 진사	

② 대과 : 벼슬길로 나아감(최종 33명 뽑음)

대과	초시	복시	전시	갑과 1-3등 (정7품) 을과 4-10등 (정8품) 병과 11-33등 (정9품) 갑과 1등 장원급제 종6품 (정9품 7~8년 되어야 종6품) 1등 장원, 2등 방안, 3등 탐화
	240명 합격	33명 합격	33명의 등수 가림 (임금님 앞에서)	

성공을 거머쥘 수 있는 확실한 보증수표였기 때문에, 사람들은 너도나도 과거시험에 응시했던 것이다. 과거에만 합격하면 인생이 탄탄대로였기 때문에 사람들은 오직 시험과목으로 지정된 것만 공부하였다. 심지어 어떤 사람들은 기출문제와 모범 답안, 예상문제를 담은 초집(秒集)으로 벼락공부를 하였다. 당연히 학문의 내용이나 영역이 제한될 수밖에 없었고, 이 과정에서 공자와 유교에서 말하는 교육은 변질될 수밖에 없었다(KBS인사이트아시아 유교 제작팀: 392). 사서오경이라는 방대한 분량을 공부하고 암기해야 했던 동아시아 과거제도의 공부방식이 지금도 반복되고 있다고는 할 수 없지만, 동아시아의 교육은 치열하며 경쟁이 심하다.

(2) 구조적 접근

한국의 교육열이 높은 이유를 구조적(사회 경제적)인 문제에서 살펴보도록 하자. 채사장은 교육열에 대해서 직접적으로 언급하고 있지는 않지만, 한국의 교육열이 높은 이유는 교육 내부에만 있지 않다. 채사장은 교육의 형태를 결정하는 근본 원인으로 경제체제를 꼽고 있다(채사장, 2015: 230).

한국의 수능인원은 보통 65만 명 정도이다. 이 중 최상위 대학인 서울대, 연세대, 고려대에 진학하는 학생은 대략 1만 명으로, 상위 1.5%에 해당한다. 그리고 일반적으로 '인 서울(in Seoul)'이라고 불리는 서울 소재의 4년제 대학에 진학하기 위해서는 상위 8% 안에 들어야 한다. 학교뿐 아니라 사회에서 평가의 일차적 기준은 대학이고, 특히 그 기준은 인 서울에 있다. 사회는 대학을 인 서울과 지방대로 나눈다. 인 서울이라면 평범하게 공부한 사람이고, 그 밖은 공부를 못한 사람이라는 인식이 반영되어 있다. 하지만 인구 구성을 보았을 때, 인 서울에 해당하는 사람들은 상위 8%로 매우 높은 성적을 얻은 소수이다. 수능과 내신에서 평균 5등급을 받았다면 전체 인원 중에서 중간에 위치한 것이고, 이것은 이 학생이 해당 평가에서 매우 평균적이고 평범한 점수를 받았음을 의미한다. 이 학생은 칭찬받아야 한다. 하지만 실제 학교현장에서는 5등급을 받은 학생은 부끄러움과 죄책감을 느끼도록 만드는 환경이 조성되어 있다. 상식적으로 보았을 때, 50%에 해당하는 학생이 평범함의 기준이 되어야 함에도 불구하고, 과도하게 높은 상위 8%가 그 역할을 대신하고 있다.

왜 학습의 목표가 상위 8%에 기준이 맞춰져 있는가? 이것은 사회와 경제적 배경을 고려해서 그 원인을 이해해야 한다. 결론부터 말하면 소득 때문이다.[10)]상위 10%의 소득은 월 330만원이고 50%의 소득은 90만원이다. 왜 교육현장의 암묵적인 인식이 중간인 5등급의 학생을 초점으로 맞춰진 것이 아니라, 상위 8%의 학생을 기준으로 결정되어 있는지를 이해할 수 있을 것 같다. 대략 국민의 10%에 해당하는 사람들만이 그나마 안정적인 경제생활을 영위할 수 있고, 나머지 사람들은 정도의 차이는 있겠지만 만성적인 경제적 부담에 시달리게 된다는 것이 현실이다. 상위 10%에 들어야 먹고 살 수 있다는 현실에 대한 뼈저린 이해가, 교육에서 상위 8%에 들어가야만 한다는 사회적 인식을 필연적으로 발생시킨 것인지 모른다. 한국의 높은 교육열과 치열한 경쟁은 바로 이 상위 8%, 더 나아가서 상위 1%에 들어가야 한다는 상식의 결과일지도 모른다.

평균적인 성적으로 정당한 대우를 받고, 평균적인 소득으로도 인간적인 삶을 영위할 수 있는 경제적 환경이 조성된 사회가 정상임에도 불구하고, 그러지 않은 사회에 책임을 묻지 않는다. 성적이 5등급인 학생은 자신이 공부를 못한다고 부끄러워하고, 월 90만 원의 중위소득을 얻는 성인은 자신의 무능을 부끄러워한다. 5등급, 90만원이라는 평균에 해당하는 사람들에 대한 오늘날의 사회적 인식을 우리는 부당하다고 느끼지 않는다. 왜냐하면 경쟁이라는 형식을 거쳤기 때문이다(채사장, 2015: 212). 우리는 공정한 경쟁이라면 그 결과는 정당하다고 믿는다. 경쟁 자체는 정당한데, 자신이 무능해서 경쟁에서 실패했다고 믿는 것이다. 이러한 믿음은 사회적 위선이다. 공정하게 시험이 치러졌다는 이유만으로 그 결과를 정당하

10) 한국인의 소득 상위 10%에 해당하는 사람의 연간 수입은 3,940만원으로 월 평균 330만 정도다. 전체 소득자를 100명이라고 하고 이들을 일렬로 세웠을 때, 위에서부터 10번째 해당하는 사람의 소득이다. 중간인 50%에 위치한 사람의 소득은, 동국대 김낙년 교수의 자료에 의하면 2010년 기준 개인소득자의 중위 소득은 1,074만원이었다. 한 달에 90만원이 채 안 된다.

다고 믿는 것은 합리적이지 않다. 그러한 경쟁률을 발생시킨 사회구조에 주목해야 한다. 평가결과에 따른 우선적인 책임은 사회에 있다. 중간 성적에 속한 학생들이 칭찬받고, 중간 정도에 노력하는 사람이 취업할 수 있고, 중위 소득에 속하는 사람이 먹고 살 수 있는 사회가 정상적인 사회다. 이러한 사회에서 이루어진 경쟁이라고 할 때에만, 우리는 그 결과의 책임을 비로소 개인에게 물을 수 있다.

(3) 개인적 접근 - 자녀의 행복

이종각은 교육열의 원인, 교육열의 동기를 '자녀의 행복'으로 규정한다(이종각, 2011). 이종각에 의하면, 자녀의 행복을 위해 교육을 잘 시키고자 하는 동기체제가 교육열의 핵심이다. 자녀의 행복 결정에 교육(특히 제도교육)이 얼마나 큰 비중을 차지하느냐는 그 사회의 성격에 따라 다르다. 행복결정에 교육의 비중이 큰 사회와 작은 사회와는 교육열의 강도와 표출방식이 다를 수밖에 없다. 또 교육 이외의 또 다른 행복추구 수단, 즉 행복추구의 대체수단이 얼마나 다양하게 존재하느냐의 여부에 따라 교육열 표출의 강도는 달라질 것이다. 한국사회를 학력사회나 학벌사회로 규정하는 것은 그만큼 제도교육이 사회진출에 결정적인 영향을 미치는 사회라는 말이다. 교육열에는 자녀교육에 대한 한국인의 감성이 듬뿍 배어 있다. 한국사회에서의 진학경쟁과 입시지옥, 치맛바람이나 사교육 열풍, 해외로의 교육대탈출과 같은 교육열 현상은 교육열 행동이 집합적으로 나타난 결과이다. 교육열은 (자녀의 성공과 출세와 같은) 행복의 법칙을 따른다. 세속적이고 평범한 의미의 행복 법칙이다. 가슴으로부터 우러나오는 교육열을 이념이나 도덕적 잣대라는 이성의 날카로운 칼날로 막는 데에는 한계가 있다. 이 사실은 한국의 입시정책과 사교육정책의 역사가 잘 보여주고 있듯이, 온갖 방법으로 막고 식히려고 해봤지만 막히지도 않았고 식히지도 않았다.

이종각은 교육열 현상은 극성스럽게 살아온 우리들 삶의 한 장면이라고 하였다(이종각, 2011: 231). 이종각은 한국사회와 교육열을 다음과 같이 얘기했다. "교육열(현상)은 '왜곡', '질병' 혹은 '광기'이기 이전에 한국인의 치열한 삶의 한 가지 표현이다. 한국인들은 그동안 척박한 환경에서 치열하게 살아왔다. 생활의 각 장면에서 치열하게 살아왔으며, 교육 장면에서도 치열하게 살아왔다. … 이런 극성스러운 모습들이 우리들의 치열한 삶의 모습이다. 교육열도 그 극성스러운 우리 국민들 삶의 한 부분이다. 다시 말해서 교육열만 극성스러운 것이 아니라 극성스러운 사람들이 만들어 낸 여러 극성들 중의 하나가 교육열이다. 만약 교육열이 광기라면 그 광기는 교육열에만 있다기보다는 우리 국민들의 여러 생활의 여러 장면에 넘쳐 나고 있다고 해야 옳을 것이다. … 그래서 교육열을 광기라고 묘사해 낸다면, 한국인의 다른 많은 생활도 광기로 그려 내야 공평할 것 같다."

3) 교육열의 결과 : 공교육, 사교육, 해외교육

교육열이 공교육과 사교육, 그리고 외국교육이라는 세 부분에 어떤 영향을 미치는지 생각해 보자. 영역은 모두 세부분이지만 공교육과 사교육은 따로 떼어서 생각할 수 없을 만큼 밀접한 관련을 맺고 있다. 그래서 공교육과 사교육을 하나로 묶어서 보고, 해외교육을 따로 나누어서 보도록 한다.

(1) 공교육과 사교육

한국의 교육열만큼 유명한 것이 사교육이고, 교육열 때문에 사교육이 성행하게 된 것으로 보고 있다.[11)] 그리고 사교육을 한 만큼 한국의 상위 대학 진출이 용이하게 된다. 한국의 학부모들의 교육열은 공교육을 잘 받기 위해 사교육에 의존하

11) 미 온라인매체 쿼츠는 "아시아 가정 과외비, 美의 7배…소득의 15%", "美 매체 "특히 한국의 사교육 악명 높다"라는 제목으로 기사를 냈다(2017년 4월 28일). 아시아 부모들은 미국 부모들에 비해 자녀 과외비를 7배나 많이 쓰는 것으로 나타났다. (2017년 4월) 27일(현지시간) 쿼츠는 교육시장 분석기관 에드서지(EdSurge)를 인용해 아시아 가정에서 소득의 15%를 과외비로 쓰고 있다고 전했다. 반면 미국은 겨우 2%에 불과했다. 쿼츠는 동아시아 학생들이 수학, 과학 등에서 두각을 드러내는 것은 부모들이 상당한 돈을 과외에 쏟아붓기 때문이라고 강조했다.

게 되고, 사교육은 가계에 사교육비 부담을 불러오지만 한국에서 좋은 대학에 가기 위해서는 사교육에 의존할 수밖에 없다. 사교육은 교육의 악이고, 사교육을 불러일으키는 교육열도 교육광으로 받아들여진다. 이 때문에 우리 사회에는 다음과 같은 고정관념이 널리 퍼져 있다(이종각, 2011: 79).

–공교육은 좋은 것, 사교육은 나쁜 것이다.
–좋은 공교육은 살려야 하고, 나쁜 사교육은 죽여야 하는 것이다.
–공교육을 살리면, 사교육은 죽을 것이다.

이러한 관점은 사교육 정책에 대한 국민적 정답처럼 자리 잡고 있다. 이러한 국민적 정답은 정치적 부담으로 이어져, 역대 대통령들이 모두 사교육 경감을 주요 정책으로 내세웠다. 하지만 학부모 입장에서는 공교육이든 사교육이든, 국내교육이든 국외의 외국교육이든 학부모의 욕구(교육열)를 잘 만족시켜 주는 곳을 좋아하고 여건이 되면 선택할 것이다.[12] 그런 교육기관을 교육열의 표출 통로로 활용할 것이다. 그러나 한국의 교육정책은 공교육중심주의이고 국가의 개입과 규제가 심하다. 국내 공교육을 기준으로 삼아 교육열을 억제하려는 것이 기본적인 인식방식으로 자리잡고 있다. 교육열이 제대로 발산되지 못하여 교육열을 막으면(각종 규제와 금지조치) 흐를 곳을 찾아내게 되고(풍선효과), 공식적으로 흐르는 것을 막으면 비공식적인 흐름을 찾게 되고(지하시장으로의 왜곡), 국내의 흐름에 만족하지 못하면 해외의 흐름길을 찾게 된다(해외유학, 교육대탈출). 공교육의 부족과 공교육에 대한 불만은 사교육을 찾게 하고, 한국의 교육에 만족하지 못한 교육열이 해외로 나가는 것이 유학이고 조기유학이다.

한국의 교육은 공교육중심 관점 혹은 공교육보호적 관점을 가지고 있다. 공교육을 살리기 위해서 공교육(학교)에 대해서는 보호와 지원을, 사교육과 외국교육에

12) 정원식은 한국인의 교육열은 "교육받을 사람의 열의라기보다도 교육을 기대하는 사람의 열의", 즉 "부모의 교육열이지 학생의 교육열이라고 하기는 어렵다." "우리들이 갖고 있는 교육열이란 궁극적으로는 입신출세에 필요한 최고의 학력이나 일류의 학벌을 자녀들에게 갖게 하려는 개인적 차원에서의 사적인 욕망이라고 볼 수 있다"(1984: 89).

대해서는 억제를 한다. 사교육은 공교육을 위협하는 것이라고 인식된다. 공교육을 제대로 할 수 없는 이유는 사교육 때문이라는 것이다. '사교육이 공교육의 정상화를 침해'한다거나 사교육은 '공교육의 보완 역할을 넘어 공교육 정상화를 침해하는 기능을 하고 있다'고 한다. 그리고 한국에서 사교육을 크게 문제 삼는 이유들 중에서 가장 큰 관심사항은 사교육비 부담에 따르는 고통과 사교육이 계층 재생산의 주요 원인이라는 점이다. 결국 증가하는 사교육비는 점점 더 국민, 학생과 학부모들의 삶을 제약한다는 것이 일반적인 인식이다(안선회, 2009: 2).[13] 이처럼 문제가 많은 사교육을 억제하고 근절하여 공교육을 정상화시키기 위해서 지난 수십 년간 여러 대통령과 각 정부는 다양한 정책을 내놓았다. 하지만 지난 40여 년간 생각할 수 있는 거의 모든 사교육 대책을 내놓았지만, 사교육은 양으로 보나 강도로 보나 줄어들기는커녕 오히려 진화를 거듭해오면서 더욱 강력해져 우리를 곤혹스럽게 하고 있다.

공교육 지원과 사교육 및 외국교육 억제과정 속에서 학교는 오히려 온실 속의 식물처럼 나약해졌다. 학교는 '공교육 정상화'라는 이름의 보호주의 정책 속에서 오히려 자율적 혁신능력을 잃고 무기력해지고 활력을 잃었다. 공교육 강화를 지원하기 위해 내신반영비율을 강화한 정책 같은 경우, 같은 학교 학급 학생들 간의 경쟁을 심화시켰고, 학교의 권력(내신성적부여권력)을 강화시키고 사교육비를 증가시키게 되었다.[14] 또한 학교교육 정상화, 사교육 없는 학교를 위해 방과후 프로그램을 학교에 들임으로써 오히려 학생들은 정규시간뿐만 아니라 밤 시간까지 꼼짝없이 학교에 붙들려 있어야 한다. 공교육을 잘 받기 위한(그래서 자녀들이 성공하

13) 사교육이 문제가 되는 이유는 다음과 같다.: 사교육비의 증가는 우선 학생의 학습 부담과 스트레스 증가 유발, 사교육비 과다 지출은 직접적으로 학부모의 고통 증가, 안정적인 가계 운영을 위협, 저출산 현상에 영향, 부모의 노후를 부실하게 하는 원인, 사교육비 격차 확대·사회 양극화 재생산: 지역 및 사회계층에 따른 사교육비 지출 차이도 지속적으로 그 격차가 확대되어 사교육이 계층재생산, 즉 부익부빈익빈 교육의 주요인으로 작용

14) 이 정책의 경우, 이승욱의 『대한민국 부모』에서 "내신제도 폐지"를 주장하고 있다. 수능 때문에 60만의 익명의 학생들과 경쟁하는 것만도 힘겨운데, 내신제도는 "매일 만나는 급우, 내 짝이 경쟁자인 세상"이 된다. 이승욱은 우정을 배워야 할 시기에 경쟁을 배우게 된다는 점에서 유감을 표명하고 있다. "청소년기를 이렇게 보내면서 어떻게 인간에 대한 연민과 진실한 우정을 경험할 수 있겠는가. 관계의 근본이 경쟁과 긴장을 바탕으로 한다면 어떻게 인간을 신뢰하는 마음이 생길 수 있겠는가"(이승욱, 2012: 306).

고 출세하기 위한) 교육열이 심각한 경쟁과 사교육을 부추겼고, 이렇게 거대해진 사교육을 억제하기 위한 정책들이 도리어 공교육에 대한 위협이 되고 있는 실정이다. 예를 들면, 대학의 합격커트라인 발표금지, 대학에서 합격자의 중간점수 공개와 같은 점수공개제한정책은, 사설학원이 더 예리한 정보를 수요자들에게 제공하게 되는 기회가 되었다. 정보욕구가 해소되지 못하자 사설 입시학원이 불안해소 역할을 맡음으로써 오히려 사교육이 신뢰를 얻고 대학입시 안내를 장악하게 되는 일이 벌어졌다. 이처럼 교육열이 정당하게 발산되지 못할 때 교육열을 왜곡되어 나타나게 되었다.

공교육을 정상화하기 위해서 사교육을 억제하는 정책은 오히려 사교육보다는 공교육에 더 큰 영향을 미쳤다. 공교육은 공교육 보호정책 아래에서 야성이나 도전 정신을 잃고 있다. 예를 들면, 대학입시에서 사라졌던 논술고사는 1996년에 다시 도입되었다가 사교육 조장 논란에 의해 폐지되었다. 수년 후 학생들의 논술능력의 현저한 결핍으로 인해 논술고사 부활 여부가 다시 쟁점이 되었을 때, 학교는 준비가 안 되었다고 부정한 반면 사교육 기관은 밤낮 없이 준비를 하였다. 학교는 거대규모의 관료제적 제도와 연결되어 있어서 무능성을 극복하기 어렵고, 교사가 학생의 학습 지도 이외에 행정업무 등 일이 많아서 극복하더라도 너무나 오랜 기간이 걸린다. 반면에 학원 초기의 무능성을 발빠르게 극복한다. 제도가 바뀔 때마다 바뀐 제도에 공교육과 사교육 중 어느 기관이 더 빨리 적응하여 경쟁력을 키우는가 하면 사교육 기관이 더 빨리 적응한다. 미래의 일꾼이 될 오늘의 학생들에게 논술능력을 가르칠 필요가 있다. 이 중요하고 필요한 논술능력을 공교육 기관이 할 수 있으면 좋고 사교육 기관이 하면 안 된다는 판단은 문제다. 또한 공교육 기관이 할 수 없다는 이유로 논술능력을 포기하는 것은 더 큰 문제다. 이런 점에서 보면 현재 우리의 공교육 정책과 사교육 정책의 가장 큰 희생자는 학생 자신 그리고 국가 자신이라고 봐야 할 것이다. 이종각은 학교가 못 하는 일을 학원이라도 해주니 오히려 다행스럽게 생각하는 것은 너무 당돌한 것인지 우리에게 반문하고 있다(이종각, 2011: 113). 국가적으로 필요하다면 누군가는 해야 하는데 그 누군가가 학교면 괜찮고 사교육 기관이면 안 된다는 이유는 무엇인가? 이제는 공교육과 사교육을 구분짓는 것이 아니라 두 교육의 공진화를 통한 교육의 정상화를 생각해야 한다.

한국인의 교육열은 높다고 누구나 인정하고 있다.[15] 그런데 교육열이 너무 높아 왜곡이나 과잉이 심하기 때문에 억제해야 한다고 한다. 사교육 억제라는 국가의 권력행사는 어떻게 정당화될 수 있는가? 사교육 억제정책 40년으로도 해결이 안 된다면 이제 어떻게 할 것인가? 한국사회는 교육열도 매우 높지만, 교육열에 대한 국가의 규제도 심하다. 한국은 대통령들이 사교육을 잡겠다고 공약하는 나라가 되었다. 한국의 교육정책의 최우선 순위가 '사교육 잡기'가 되어버렸다. 하지만 교육정책 목표의 우선순위는 '좋은 교육 만들기'이어야 한다. 국가가 우선적으로 관심을 가질 것은 '학교 살리기'가 아니라 국민의 '교육권 살리기'가 되어야 할 것이다. 국가는 학교를 통해서만 교육의 공공성을 확보할 것이 아니라 모든 종류의 교육기관을 통해 교육의 공공성을 확보해야 한다. 국가가 교육열 억제조치를 취하면 조기불법해외 유학, 비밀과외, 위장전입, 성적우수자 자퇴 등과 같은 현상이 자주 대량으로 발생한다. 사교육은 억제해서 해결될 수 있는 것이 아니라서

15) 이종각은 한국은 교육열이 높다고 하면서도 수수께끼 같은 일이 많다고 하였다. "온 국민이 모두 자녀를 좋은 학교에 보내고 싶어 하는데, 실상은 좋은 학교를 별로 갖지 못한 나라가 우리 한국이라는 사실이다. 좋은 대학원도 없고, 좋은 대학도 없다. 그럼 좋은 고등학교는 있는가? 중학교와 초등학교는 어떠한가? 교육열이 그렇게 높다는 한국의 학교들이 이런 수준이라면 누구나 이상한 일이라고 생각할 것 같다. 그런데 우리 주변에는 이를 이상하게 생각하는 사람이 많지 않은 것 같다. 이 또한 이상한 일이다. … 수수께끼 같은 장면은 또 있다. 한국같이 교육열이 높은 나라가 학생들을 학교로부터 쫓아내고, 또 자기 나라 교육기관에서 쫓아내어 남의 나라 교육기관에 가서 공부하게 한다는 사실이다. 교육열이 높은 나라라면, 자기 국민들을 자기 나라에서 편안하고도 품위 있게 그리고 수준 높게 교육시킬 수 있어야 할 것 아닌가? 학력우수자를 학교에서 자퇴(주로 고교에서)하도록 만드는 나라가 한국이니, 이것이 학교에서 멀쩡한 학생을 쫓아내는 것이 아니고 무엇인가? … 한국은 학생을 학교로부터만 쫓아내는 것이 아니라 아예 나라 밖으로도 엄청나게 쫓아낸다. 너무나 많은 학생이 해외로 나가 너무나 많은 돈을 외국에서 교육비로 지출하다 보니, 2005년 1월에는 교육부가 아닌 한국은행에서 경고 메시지로 17조 원이나 해외교육비로 지출하고 있다는 통계를 발표한 바가 있다. 그들은 한편으로 구조적으로 내쫓김을 당하고 있기도 하다. 왜냐하면 국내에는 그들의 교육열을 만족시킬 교육기관이 없고 그런 분위기가 아니기 때문이다. 이렇게 학교 밖으로, 나라 밖으로 수많은 학생을 내쫓는 학교제도는 무엇을 하는, 누구를 위한 교육제도인지, 이런 것이 교육열 높은 나라가 가진 교육제도인지 의심스럽다. 기러기 가족, 펭귄 가족 등 부작용도 많이 나타나는 이와 같은 점을 이상하게 생각하고 그 실마리가 교육열과 관련이 있다고 생각하게 되었다. 이처럼 내가 교육열에 대해 관심을 갖고 조목조목 따져 보는 일을 하고 싶게 된 이유들이 위와 같은 수수께끼 같은 사실들과도 깊은 관계가 있다"(이종각, 2011: 13-15).

공교육과 사교육이 대결을 하면서 이기는 쪽으로 학부모가 선택할 수 있도록 해야 한다.

이종각은 공교육과 사교육에 대한 대책으로 교육열의 자원화를 주장한다(이종각, 2011: 135). 국가가 교육의 모든 것을 계획하고 짊어지고 갈 수 있는 시대는 지났다. 교육에 대한 각계각층의 국민들 욕구와 필요가 너무 다양해지고 복잡해지고 수준도 높아졌다. 또 그 변화도 매우 빠르다. 교육부의 정치적이고 관료적인 행정으로는 이런 변화속도와 다양성을 따라잡을 수 없다. 국가가 꼭 필요로 하는 영역(영재육성 교육, 소외계층을 위한 교육복지 정책, 학습결손이나 중도탈락자 대책 등)에 대한 교육은 국가가 직접 챙길 필요가 있다. 정부는 교육에 가급적 적게 관여하고 민간부분의 자유로운 선택과 조정능력을 신뢰하고 그에 맡긴다. 나머지는 민간부문에 의한 교육의 공급과 수요가 균형을 이룰 수 있도록 환경을 조성해야 할 것이다. 교육열의 자원화를 위해서는 교육체제가 다양화, 고급화, 개방화되어야 한다. 교육의 자유화가 확대되어야 한다. 국가는 「하나의 가장 좋은 제도」를 통해 국민 전체의 다양한 교육욕구를 만족시키겠다는 사고방식을 벗어나야 한다. 교육열 열효율 향상의 핵심사항은 사회에서의 출세구조를 투명화하여 공정한 능력주의 사회를 구축하는 것이다. 국가는 학력인정방법에 대해 원천적으로 검토해야 한다. 공교육 대책 따로 사교육 대책 따로가 아니라, 언제 어디서나 교육받고 인정받을 수 있는 미래형 평생체제의 구축을 통해 사교육 문제 해결의 실마리를 찾을 수 있다. 공교육·사교육이라는 말의 감옥에서 풀려나 실력을 쌓으면 언제 어디에서 쌓든 최대로 학력을 인정해 준다는 원칙에서 교육기능을 전면 검토·재편하는 차원에서 이 문제를 접근하는 것이 필요하다.

(2) 해외교육

여기서 말하는 해외교육은 유학을 말한다. 유학 자체가 문제가 되는 것은 아니다. 한국에서 규정하는 중등교육(초등학교에서 고등학교)을 마치고 다른 나라로 유학을 떠날 수 있다. 문제는 한국의 교육에 만족하지 못해서 자신의 욕구를 채워줄 수 있는 다른 나라의 교육을 찾아 떠나는 것, 그리고 한국에서 중등교육을 마치기 전에 유학을 조기유학을 떠나는 것이다. 너무나 많은 학생들이 그것도 어린 학생들이 해외로 나간다. 최근 한국사회에서는 세계화에 따라 국제적 경쟁력을 지닌 인재육성이라는 사회적 필요가 증가하고, 국내교육여건에 대한 실망과 경제력의 증가 등 여러 요인들이 복합적으로 작용하여 초·중·고등학생들의 조기유학이 꾸준히 증가하고 있다. 해외 조기유학은 더 이상 일부 특수 계층에 국한된 문제가 아니라 선진 교육을 목적으로 한 중류층 가정의 부분적 장단기 해외 이주 현상으로 자리매김하고 있다. 사회적 측면에서 보면 이는 공교육에 대한 명백한 불만의 표현으로서 선진 교육제도로의 이주이며 사회계층 간 위화감을 조성할 수 있고 막대한 외화가 유출되는 현상이다(이순형·권미경, 2009). 교육열과 해외교육의 관계는 조기유학에서 좀더 자세히 살펴볼 것이다.

2. 교육열과 조기유학

한국사회에서 조기유학은 한국사회의 교육열과 무관하지 않은 현상으로 보인다. 조기유학은 자녀들에게 조금이라도 더 좋은 교육의 기회를 제공해 주려고 하는 부모들에 의한 한국사회의 교육열의 한 측면이라고 볼 수 있다(이민수, 2011: 23). 한국사회의 학부모의 교육열은 자녀의 학력과 학벌 등과 같은 형태로 사회적 경쟁력을 높여주기 위한 일환의 노력으로 나타난다고 볼 수 있다. 그에 따라 이러한 노력이 자녀들의 학원수당이나 고액과외 등의 형태로 사교육의 비정상적 확대를 가져왔으며, 이제는 사교육의 확대가 국내에서의 과외나 학원 수업을 넘어서 국외로까지 이어지고 있다. 이러한 노력이 바로 해외어학연수나 조기유학의 형태로 나타남을 알 수 있다. 이제는 더 나아가 조기유학 안에서도 국가별, 학교별로 차별화를 둠으로 인해 좀 더 세분화된 모습으로 나타나고 있다. 조기유학은 한국에서의 교육에 만족하지 못한 결과 교육열이 해외로 흘러나간 것이라고 볼 수 있기 때문에(이종각, 2011), 조기유학의 목적과 동기와 결과가 어떠하든 간에 여러 가지 우려와 문제를 낳게 된다. 여기에서는 조기유학의 정의, 조기유학의 변화 추이, 조기유학의 목적 및 동기 등에 대해서 살펴보고, 최종적으로 조기유학에 대한 대안이자 한국사회의 교육열에 대한 대안도 살펴보고자 한다.

1) 조기유학의 정의

조기유학이라고 검색을 하면 미국, 캐나다, 뉴질랜드, 중국, 필리핀 등 해외 여러 나라로 유학을 보내는 기관 사이트와 유학 성공기 등이 컴퓨터 모니터 화면 가득히 나타난다. 이처럼 (인터넷 등에서) 유학에 대한 공급이 많다는 것은 그만큼 수요가 많다는 것을 반증하는 것이다.[16] 유학의 정의는 유학에 대한 법규인 국외유학에 관한 규정 제2조 제1항에서 '유학이란, 외국의 교육기관, 연구기관 또는 연수기관에서 6개월 이상의 기간에 걸쳐 수학하거나 학문, 기술을 연구 또는 연수하는 것'이라 정의한다. 이에 따라 조기유학이란 '초·중·고등학교 단계의 학생들이 국내 학교에 입학 혹은 재학하지 아니하고 외국으로 나가 현지 외국의 교육기관에서 6개월 이상의 기간에 걸쳐 수학하는 행위'를 의미한다(김홍원, 2005). 즉, 조기유학은 초·중·고등학교를 졸업하지 않은 초·중·고등학생이 해외로 6개월 이상 유학을 가는 경우를 의미한다. 2000년에 증가하는 조기유학생에게 유학생으로서의 합법적인 신분을 보장해 주어야 할 필요가 증가되면서 '해외유학자유화조치'로 중학교 졸업자 이상에게 조기유학을 허용하기로 하였다(이순형, 2009).

조기유학의 유형을 구분해 보면 다음과 같다(이순형·권미경, 2009). 자비로 출국하는 조기유학의 경우 나홀로 유학, 기러기 가족유학, 교환학생 형태의 유학으로 구분된다(교육인적자원부, 2007). 첫째 유형은 부모 없이 유학생 혼자 학업을 목적으로

16) 2000년대 거세게 불던 조기유학 열풍이 2006년에 정점을 찍은 후 2007년이 되면서 꺾이기 시작했다.

출국하는 유학으로 미국에서는 비행기에서 단신으로 내리는 조기유학생들을 비유하여 '낙하산 아이(parachute kid)'라 지칭한다. 나홀로 유형의 조기유학생들은 기숙사가 있는 사립학교 또는 친척이나 보호자의 집에서 생활한다. 두 번째 유형은 조기유학 학생과 부모 중 한쪽이 동반하는 분거 가족 형태의 기러기 가족유학이다. 일반적으로 어머니가 자녀와 동반하고 아버지가 한국에 남아 경제적 지원을 하는 형태가 보편적이다. 세 번째 유형은 해외 교환학생 제도를 이용한 것으로 만 15세에서 만 18세까지의 중·고등학생들이 미국, 영국, 캐나다 등의 공립학교에서 현지학생들과 동일한 정규과정을 6개월 또는 1년 과정으로 공부하는 유형이다. 해외 교환학생 제도에 연간 1,800여명 정도의 중·고등학생들이 참여하고 있다. 근래에 교환학생 기간을 마친 후 더 남아 유학을 계속하는 경우가 증가하고 있다.

2) 조기유학 변화 추이

조기유학에 몇 가지 두드러지는 추세는 첫째, 해외 유학하는 초등학생의 수가 급증하고 있다. 한국교육개발원의 집계에 따르면 초등학생의 해외 유학은 1995년 235명이었던 것에 비해 2006년에는 13,814명으로 10년 사이에 60배 가량 큰 폭으로 증가하였다. 또 조기유학 하는 초등학생이 증가함에 따라 조기유학 연령의 하향화 추세가 보인다. 이렇듯 초등학생의 유학이 급증하는 이유는 유학하며 단기간에 영어를 집중적으로 습득한 후 한국에 돌아와 영어로 인한 학업의 부담을 줄이려고 하기 때문이며, 외국어의 습득이 만 12세 이전에 효과적이라는 점도 초등학생의 유학 증가의 배경이 되고 있다. 둘째, 유학대상국가가 다변화하고 있다. 미국과 캐나다, 호주와 뉴질랜드 등의 국가에서 교육비와 생활비가 저렴한 동남아 국가나 중국으로의 유학이 증가하고 있다. 이는 조기유학에 관심을 갖는 학부모들이 많은 비용을 감당할 수 있는 부유계층에 국한되지 않음을 간접적으로 보여준다(교육인적자원부, 2007).[17)] 셋째, 해외에서 대학진학을 목표로 하던 조기유학이 영어능력 향상을 위한 단기유학이나 국내 특수목적고 진학을 위한 준비과정으로 이용되고 있다. 때로는 국내 대학입학을 위한 준비과정으로 선택하는 등 조기유학 기관과 목표가 다양해지고 있다(한국교육개발원, 2006). 넷째, 조기유학생이 국내 학교에서 부적응을 피하기 위한 도피성 유학에서 선진 교육을 받아 국제인으로 활약하려는 도약성 유학으로의 변화가 확인된다.

다음에서 초 · 중 · 고 및 대학 이상 해외유학 현황을 살펴볼 수 있다. 아래에서 초 · 중 · 고등학교와 대학 이상 학위의 표를 두 개로 구분한 것은 초 · 중 · 고등학교 유학이 조기유학에 해당하기 때문이다.

〈표 7-1〉 1995-2019학년 초 · 중 · 고 해외유학 현황

구분	초	중	고	합계	구분	초	중	고	합계
2020년	-	-	-	-	2007년	1만 2,341	9,201	6,126	2만 7,668
2019년	4,399	2,893	1,785	9,077	2006년	1만 3,814	9,246	6,451	2만 9,511
2018년	4,103	2,761	2,028	8,892	2005년	8,148	6,670	5,582	2만 400
2017년	4,103	2,761	2,028	8,892	2004년	6,276	5,568	4,602	1만 646
2016년	3,796	2,700	2,247	8,743	2003년	4,052	3,674	2,772	1만 498
2015년	4,271	3,226	2,432	9,929	2002년	3,464	3,301	3,367	1만 132
2014년	4,455	3,729	2,723	1만 907	2001년	2,107	3,171	2,666	7,944
2013년	5,154	4,377	2,843	1만 2,374	2000년	705	1,799	1,893	4,397
2012년	6,061	4,977	3,302	1만 4,340	1999년	432	709	698	1,839
2011년	7,477	5,468	3,570	1만 6,515	1998년	212	473	877	1,562
2010년	8,794	5,870	4,077	1만 8,741	1997년	241	978	2,055	3,274
2009년	8,369	5,723	4,026	1만 8,118	1996년	341	1,743	1,489	3,573
2008년	1만 2,531	8,888	5,930	2만 7,349	1995년	235	1,200	824	2,259

17) 조기유학의 변화 추이 중 하나가 유학대상국가의 다변화인데, 이와 관련하여 이민수는 최상류층의 과시형 조기유학은 선망의 대상이 되어 이를 모방 · 동조하려는 부모들에 의해 조기유학이 증가하고 있다고 하였다(이민수, 2011). 최상층은 경제적인 어려움이 없이 최고급 학교에 자녀들을 보내지만, 경제적 여건이 충분하지 않은 중산층의 경우에는 미국과 캐나다의 사립학교 등을 선택하지 못하고, 비교적 학비가 저렴한 호주나 뉴질랜드를 선택하며, 이마저도 여건이 안 되는 경우에는 필리핀이나 말레이시아 같은 동남아국가 등으로 어학연수나 조기유학을 선택한다. 이것은 연도별 조기유학지의 변동상황을 살펴볼 때, 전통적으로 강세를 보이던 미국이나 캐나다로의 조기유학의 비중이 점차 줄어드는 반면, 중국이나 동남아국가로의 조기유학이 증가함을 알 수 있다. 이러한 현상은 조기유학이 경제적인 측면과 매우 밀접하게 연관되어 있음을 알 수 있으며, 실제로 조기유학지의 선택에 있어 경제적인 여건이 매우 중요하게 작용함을 알 수 있다. 이를 보면 조기유학은 한국의 최상류층 혹은 상류층 일부에 국한된 것이 아니라 중산층에도 관련되어 있고 따라서 한국사회와 한국교육에서 해결해야 할 중요한 문제 중의 하나임을 알 수 있다.

통계청은 계속 늘어가던 조기유학생들이 2007년부터 줄어들기 시작해서, 2009년부터 조기유학 열풍이 잦아들고 있다고 한다. 실제 교육부와 한국교육개발원에 따르면 2014년 3월부터 2015년 2월 사이에 유학을 목적으로 외국으로 출국한 학생은 총 1만 907명으로, 조기유학생 수가 정점을 찍은 2006년(2만 9천 511명)의 1/3 수준으로 급감한 것으로 파악됐다. 조기유학을 떠나는 청소년이 지속적인 감소세를 보이는 것으로 나타났다. 2015년 이후에는 계속 1만 명을 밑돌고 있다. 조기유학의 감소는 2008년 세계금융위기 이후 계속된 경기침체가 가장 큰 원인으로 꼽힌다. 이에 더하여 대학 어학계열 특기자 전형의 축소, 특목고 진학 시 영어 내신의 절대평가와 등급제 반영 등 고교, 대학 진학 시 이점의 축소와 더불어 취업에 있어 이점이 축소된 부분도 영향을 미친 것으로 풀이된다. 최근에는 코로나19로 인해 유학가는 것이 어려워졌다.

〈표 7-2〉 2000-2019학년 해외 유학 현황

구분	대학(학위)	대학(학위+연수)	구분	대학(학위)	대학(학위+연수)
2019년	13만 1,518	21만 3,000	2009년	15만 1,566	24만 949
2018년	12만 3,795	22만 930	2008년	12만 7,000	21만 6,867
2017년	14만 2,886	23만 9,824	2007년	12만 3,965	21만 7,959
2016년	13만 3,178	22만 3,908	2006년	11만 3,735	19만 364
2015년	15만 8,415	21만 4,696	2005년	10만 716	19만 2,254
2014년	14만 560	21만 9,543	2004년	10만 5,893	187만 683
2013년	14만 4,087	22만 7,126	2003년	9만 8,331	15만 9,903
2012년	15만 4,178	23만 9,213	2002년	-	-
2011년	16만 4,169	26만 2,465	2001년	10만 9,151	14만 9,933
2010년	15만 2,852	25만 1,887	2000년	-	-

3) 조기유학의 목적 및 동기

공교육의 실패는 학력 및 학벌사회에서 교육 소비자들로 하여금 조기유학을 급속하게 확산시키는 근본적인 요인 중 하나이다. 공교육 실패는 무엇보다 세계적으로 그 유례를 찾기 힘들 정도로 높은 교육열과 학력 경쟁 하에서 공교육을 통해 자녀의 입시 경쟁력을 키우는 것이 불가능하다는 불신에 의해 교육 소비자들이 공교육보다 사교육이나 대체교육을 우선하는 현상을 불러일으키게 되었다. 공교육의 위기는 공교육이 입시교육 경쟁에서 사교육에 주도권을 내줌으로써 학부모와 학생들이 학교보다 학원을 더 신뢰하고 '교실붕괴 혹은 교실공동화' 현상에서 대표적으로 나타나고 있다고 본다. 공교육에 대한 학생과 학부모의 불신은 사교육에 대한 의존을 심화시켜 왔고, 더 나아가 유학을 나가서라도 경쟁력을 갖춰야 한다는 압박요인으로 작용하고 있다(윤종일, 2016).

이순형의 연구에 따르면 조기유학의 동기는 "유학대상국가의 교육환경이 좋아서 교육의 효과가 크다. 영어와 같은 국제어를 익힐 수 있다. 선진국에서 몰려드는 세계인들과 인맥을 형성하여 한 단계 높은 미래사회를 준비할 수 있다."라고 한다(이순형, 2009). 또한, "평등이념에 입각한 획일화된 공교육과 지나치게 경쟁적인 교육풍토·과도한 사교육비 부담 등 한국 교육여건, 해외 유학 규제 완화, 급속한 경제성장에 의한 경제력"도 조기유학의 동기가 되었다. 윤종일에 따르면(윤종일, 2016), "세계화에 따른 외국어 능력 배양의 필요성, 선진화된 교육체제로의 편입, 해외유학파 출신에 대한 사회적 우대"를 조기유학의 요인으로 제시하였다. 학교교육으로는 외국어 능력을 획기적으로 신장시키기 어렵고, 따라서 일찍부터 해외에 나가면 다른 것을 모르더라도 외국어 구사 능력 하나만은 어느 정도 획득할 수 있을 것이라고 기대하는 부모들이 많다. 실제로 조기유학을 경험한 학부모, 학생들을 대상으로 한 조사에서도 영어 및 외국어 실력향상이 조기유학으로 얻을 수 있는 대표적인 성과로 꼽았다. 계속해서 "한국사회와 교육체제가 갖는 취약성과 교육소비자들의 공교육에 대한 불신, 과도한 사교육비 지출, 극심한 입시경쟁과 학벌중심 사회의 폐해"를 조기유학의 원인으로 제시하였다(윤종일, 2016).

조기유학의 요인에 대해 나용의 연구에서도 유사한 요인을 제시하고 있다(나용, 2010). 첫째, 국제화에 따른 영어의 위상강화로 인해 영어를 배우고자 한다. 둘째, 자녀의 다양한 국외 대학 진학의 선택기회를 갖고자 조기유학을 고려하는 것은 한국적 교육열이 외국으로 눈을 돌려 연장된 것이라고 볼 수 있다. 셋째, 입시지옥에서의 교육문제에 대한 대안으로서 조기유학을 고려하고 있다. 넷째, 수준 높은 교육이나 좋은 교육환경을 찾아 자신의 자녀들에게 자아개발과 창조적 사고능력을 배양하기 위해서이다. 조기유학을 떠난 이유에 대해서 영어/외국어 능력 향상을 위해 떠났다는 응답이 주를 이루는 가운데, 다른 이유도 주목해 볼 수 있다. 나용의 연구에 따르면, 영어/외국어 능력 향상을 위해 떠났다는 응답 외에, 그 다음으로 높은 이유가 학교생활 부적응(왕따) 탈출이었다(나용, 2010: 30). 이 연구에서는 남학생의 경우 26명(36.5%)이 영어/외국어 능력 향상을 이유로 조기유학을 선택했다고 응답하였으나, 여학생의 경우는 79.2%가 그렇다고 응답하였다. 반면에 한국 학교생활 부적응(왕따) 탈출 때문이라는 이유에 여학생은 한 명도 응답하지 않았으나 남학생은 과반수인 35명(49.3%)이 응답하였다. 이러한 반응은 날로 증가하는 학교폭력으로 인한 현상이 반영되었다고 볼 수 있다고 하였다.

한편, 이민수는 한국사회에서의 조기유학은 사회적 과시와 관련이 있다고 하였다(이민수, 2011). '명문학벌'은 능력과 노력의 소산물로 인정되고 출세를 보장하는 결정적 발판으로 간주된다. 해외유학은, 한국의 학교가 상대적으로 뒤떨어져 있었고 외국 학위가 사회적 자본으로 그리고 외국어 구사능력이 인적 자본처럼 통용되었기 때문에, 명품학벌을 취득하기 위한 전략적 통로로 이용되어 왔다. 오욱환에 의하면(2008), 한국사회에서 해외유학은 명문학벌로서 출세의 지름길로 인식되어 왔고, 이 지름길을 일찍 그리고 더 효율적으로 이용하기 위해서 일부 부유층 부모들이 자녀들의 조기유학을 결행하였다. 처음에는 재벌급 최상류층에서 은밀히 시작된 조기유학은 이후 그 수가 점차 늘어나면서 유행처럼 퍼져나가 이제는 시대적 흐름처럼 당당해졌다고 한다. 부유층의 경우 조기유학은 과시적 소비

–평판을 높이기 위한 무용지물에 대한 과도한 지출–외에 의미는 별로 없다. 왜냐하면 부유층 자녀들이 갖는 외국 학교의 졸업장이나 학위증이 소득 증대에 기여할 가능성이 거의 없기 때문이다. 더욱이 부유층 부모들은 대부분 조기유학을 다녀온 사람들이 아니며, 이들은 부모의 상속만으로도 고소득을 이미 보장받고 있기 때문에 그 졸업장이나 학위증은 체면의 유지 또는 과시를 위한 장식으로 이용된다. 부유층에게 자녀들의 조기유학은 다른 계층과 구별되기 위한 수단이 되고 있다. 조기유학이 유행처럼 확산되자 상류층들은 동조자들이 추종하기 어려운 최고급 학교에 자녀들을 보내면서 또다른 차별을 모색하고 있다. 이는 조기유학 초기에는 학군이 좋은 공립학교가 선호되었지만, 점차 사립학교로 바뀌었으며 이제는 기숙사립학교로 몰리고 있다. 이러한 조기유학이 선망의 대상이 되어 이를 모방·동조하는 부모들에 의해 조기유학이 증가하고 있다고 본다.

4) 조기유학에 대한 평가와 전망

이제 우리사회에서 '기러기 아빠'는 유학 혹은 조기유학의 대명사가 되었다. 자식을 교육시키기 위해 가족이 떨어져 지내야 하는 기막힌 현상이 우리 사회에 만연해 있다. 조기유학은 기러기 아빠라는 가족 분거뿐만 아니라 막대한 외화 유출, 인재 유출, 낯선 나라의 적응에 따른 심리 정서 문제 등 수많은 문제를 낳게 되었다. 이러한 조기유학의 문제를 어떻게 볼 것이며, 어떻게 해결할 것인가? 조기유학은, 개인적으로는 자녀의 더 나은 교육에 대한 욕구를 실현시키고자 하는 자구책이지만, 사회구조적으로 볼 때에는 개인의 교육적 욕구를 채워주지 못하는 우리 교육의 한계를 그대로 보여주는 것이다. 제도와 교육과정 등이 선진화되지 못하고, 세계화 시대에 영어를 제대로 가르치지 못했고, 학업성적이 아니라 학생 한 명 한 명의 잠재성을 파악하지 못하는 데 대한 총체적 불만과 위기의 표현이라고 할 수 있겠다.

조기유학 열풍이 2000년대에 비해 이제는 좀 가라앉았다는 소식도 있다(MBC 뉴스, 2015. 11. 17). 교육부는 2014년 3월부터 2015년 2월까지 해외 유학을 위해 출국한 초·중·고교생은 1만9백여 명으로 집계됐다고 밝혔다. 1년 전 같은 기간에 비해 12% 줄었고, 조기유학 열풍이 정점에 달했던 2006학년도와 비교하면 8년만에 3분의 1 수준으로 급감했다. 그간 우리나라는 2000년대 들어 외국에서 고등학교를 나오면 대학 입시에 유리하다는 점이 부각되면서 유학생 수가 꾸준히 증가했다. 하지만 지난 10년간 '기러기 아빠'가 사회문제화되는 등 조기유학의 문제점이 드러난 데다, 해외 거주자 특별전형 대입 경쟁률도 만만치 않고, 특히 국제 학교 등 국내에 생긴 교육기관이 유학 수요를 흡수하면서 조기유학자 수는 꾸준히 감소세를 이어왔다. 2015년 조기유학생 수는 2001년 이후 14년 만에 처음으로 1만 명을 밑돌 것으로 보인다.

조기유학이 감소하는 것은 반가운 일이다. 하지만 이러한 감소세가 한국교육의 문제점이 개선된 것으로 이해해서는 안 된다. 이종각이 말했듯이 정상적인 경로로 표출되지 못한 교육열은 비정상적인 다른 방식으로 표출될 것이기 때문이다. 이전의 비정상적인 방식이 조기유학 열풍이었다면, 요즘 들어서는 국제학교 입학 등의 방식으로 바뀐 것이다. 한국 교육이 나아가야 할 근본적인 문제를 해결하지 않고 입학자격 방식의 변경, 합격자격과 경로의 다양화 등으로는 한국의 교육을 바로 잡을 수 없다. 이론이나 문법 위주가 아닌 실무와 실용의 외국어 습득, 학생들에 대한 다면적 평가와 잠재성 실현, 학력·성적 위주가 아니라 능력 위주의 학생 선발, 공교육과 사교육의 공진화, 다양한 학점 인정기관의 설립 등이 세계화 속에서 한국 교육이 나아가야 할 방향일 것이다. 그리고 무엇보다도 사회구조적 개선이 필요하다. 교육과정의 선정 등에 대한 학교의 재량권 확대, 학생의 경험과 실무를 추구하는 현장체험 학습과 현장연계 교육, 학교의 서열화에 대한 사회 인식의 재고, 뒤처지는 학생에 대한 더 많은 관심과 투자 등이 우리 사회에 도입되어야 한다.[18)]

18) 핀란드에서는 "우리는 잘하는 학생보다 못하는 학생에게 더 관심이 많다." "단 한 명의 낙오자도 없어야 한다."고 한다. 핀란드에서는 학교에 입학해서 9년 과정을 마치면 실시되는 일제고사에서 더 못하는 아이, 부진아를 가려내고 이들을 위해 1.5배의 예산이 책정된다. 소수의 잘하는 엘리트 학생에게 관심을 가지고 그들을 지원하

3. 교육열에 대한 대안

한국사회의 교육열이 부정적인 것으로 인식되면 교육열은 억압되어야 할 것이고, 긍정적으로 인식되면 적극적으로 이용해야 할 것이다. 따라서 교육열에 대한 대안은 교육열의 억압과 교육열의 적극적 이용으로 나누어 생각해 볼 수 있다. 또한 교육 내부의 개혁과 교육 외부의 개혁으로 나누어 생각해 볼 수 있다.

1) 교육내부의 개혁

이종각은 사교육과 공교육의 공진화(共進化)을 주장한다(이종각, 2011). 공교육은 학력평가권과 학력인정권을 독점하고 있다. 이런 독식구조에 공교육은 안주하고 있다. 사교육은 안주하고 있는 공교육에 기생하고 있다. 이것이 우리나라 교육생태계의 핵심이다. 이런 공교육 독식구조의 해체를 위해서도 개념의 혁명이 필요하다. 즉, (학교)제도 중심의 공교육강화라는 기존 패러다임에서 가치 중심의 공교육강화라는 새로운 패러다임으로의 전환이다. '학교에서 하면 모두 공교육'이 아니라 공교육적 가치를 실현해 주는 교육이라면 어떤 형태의 교육이든 공교육이라는 판단을 하는 개념이다. 달리 말해서 우리가 추구해 가야 할 것은 '제도로서의 공교육'이 아니라 '가치로서의 공교육'이다. 학교에 의한 공교육제도가 아니라 보편적 공교육제도의 창출을 위한 개혁을 해나가야 한다.

이종각의 교육 쇄신의 방향 중 하나는 사교육과 공교육의 공진화이다. 이종각은 다음과 같이 주장한다(이종각, 2011: 194). 국민적 정답처럼 되어 있는 공교육 살리기와 사교육 죽이기를 전제로 한 사교육대책 패러다임 틀 내에서 만들어진 교육정책은 공교육의 방향까지도 왜곡시킨다. 사교육과 공교육이 서로의 기능을 저하시키는 악순환 궤도에 물려 있다. 사교육은 경감정책으로 경감되지도 않고, 내

기 위해 학교가 운영되는 경향이 강한 우리의 교육현장과는 너무도 비교된다.

성이 강화되거나 음성화되거나 왜곡화가 이루어진다. 이제는 공교육과 사교육의 공생을 통한 공진화 전략을 모색할 때이다. 사교육이나 공교육이나 모두 교육의 유형이고 그 둘 사이의 상호의존성은 매우 높다. 한쪽에 대한 규제는 그것으로 끝나지 않고 다른 쪽에도 규제가 된다. 그래서 개념적 경계선을 허무는 것이 필요하다.

또 하나는 제도적 관점을 기능적 관점으로 바꾸는 것이다. 학교는 가장 중요한 교육기관임에 틀림없다. 그러나 광범위한 사회변화, 그 중에 특히 부의 증진, 개방화 및 IT기술의 변화는 이미 이전 의미의 교육, 즉 지식과 기술의 습득·보관·유통이라는 의미의 교육기능을 충족시켜 주는 기관·장소·사람이 매우 많아지고 다양해지며 곳곳에 편재해 있는 상황으로 바뀌었다. 즉, 공교육뿐만 아니라 교육의 존재상황 자체를 전적으로 바꾸어 놓고 있다. 이러한 교육상황에서 교육수요자들에게는 공교육과 사교육의 기능상의 차이가 없다. 따라서 교육정책 목표의 우선순위를 '공교육 정상화'보다는 '교육(기능) 정상화'로 삼아야 한다.

이종각이 그리는 구상은, 새로운 학력인정방안을 모색하고, 사교육에도 학력에 대해 책임성을 갖게 만든다. 또한 기존의 학교라는 특정기관에서 특정 교육과정을 이수한 것에 기초하여 학력을 국가가 인정하던 것을 대체하는 새 제도를 창안해 내는 것이다. 평생교육 분야에서 이미 많이 도입하고 있는 제도들(예를 들면, 학점인정제, 학점은행제, 캠퍼스 없는 학교 등)을 공교육에 대폭 도입해서 공교육과 사교육의 융합을 꾀한다. 학교에서뿐만 아니라 다양한 매체와 채널, 기관에서의 학습도 학력으로 인정하고 진학에도 개방적이고 유연한 학제를 만든다. 학교와 비(非)학교(학교 아닌 것)의 벽을 얇게 하고, 학교에서의 수업만 학력으로 인정하는 학교의 학력독점권을 분산시킨다. 학제의 유연화, 개방화, 국제화가 이루어져야 하고 여기에 공과 사, 국내와 국외 등의 경계선이 중요한 것이 아니라 기능과 호환성이 중요하게 인정되어야 한다.

예를 들면, 뉴질랜드에서는 뉴질랜드 국립학습평가센터를 설립(NZQ)하여 이제까지 각급 학교에서 일정한 기간의 학습 후에 발부하던 졸업장 대신 각 학습내용에 따라 국가에서 독립적으로 학력을 인증하는 레벨증을 발부하고 있다. 영국에서도 이제 학위증이 문제가 아니라 각종별 레벨증이 더욱 신뢰를 얻고 있는 형편이다. 이에 따라 사회의 각 부분에 걸쳐 다양한 학습기관들이 생겨나고 있다. 이러한 유연화, 개방화, 국제화로의 교육체제 변화는 지금과는 다른 새로운 공교육의 개념을 형성할 것이다. 특정 학교를 다닌 이력을 중심으로 한 공교육 개념이 아니라 어떤 능력을 갖춘 증명으로서의 공교육 개념으로 변해가야 할 것이다(이종각, 2011: 199-201).

2) 교육 외부의 개혁

채사장은 "교육은 경제가 결정한다. 경제적 환경이 좋아져야 한다."고 한다(채사장, 2011). 계속해서, 교육문제에 대해서 다음과 같이 말하고 있다(채사장, 2011: 215). "교육문제도 마찬가지입니다. 학교교육의 문제를 해결하는 방법은 두 가지입니다. 교육과 관련된 사람들의 의식을 바꾸는 방법과 교육의 구조를 바꾸는 방법이죠. 그런데 의식을 바꾸는 방법으로는 효과를 기대하기 어렵습니다. 아무리 교육문제의 관련자인 학생과 선생님과 학부모를 대상으로 과도한 경쟁을 하지 마라, 사교육을 하지 마라, 선행학습을 하지 마라 등등의 캠페인을 벌인다 하더라도 이것은 실현되지 않을 겁니다. 왜냐하면 교육문제의 근본은 구조에 있기 때문입니다. 그리고 여기서의 구조란 경제체제를 말합니다. 경제체제가 교육의 형태와 문제를 규정합니다." 앞서 살펴본 것처럼 교육에서 경쟁이 심화되는 문제는 경제구조와 직결되어 있다. 단적으로 말해서 교육의 모습을 규정하는 건 경제체제다. 그리고 특히 일자리의 양과 소득격차라는 두 가지 경제적 요인이 결정적인 역할을 한다.

경제구조(일자리의 양과 소득격차)가 교육의 모습을 결정한다는 채사장은 한국 교육에 대한 이해와 대안을 위해 덴마크 교육을 예로 들고 있다(216).[19] 덴마크 학생들

19) 핀란드의 교육은 한동안 한국 사회에서 크게 이슈가 되었다. 그것은 OECD가 실시하는 국제학업성취도 평가인 PISA에서 핀란드가 한국과 더불어 상위에 오르기 때문이다. 그래서 교육열이 높은 한국의 학부모들 사이에서

의 교육은 성적인 바닥이지만 행복도는 높다. 극심한 학업경쟁과 높은 대학 진학률을 보이는 한국 학생들과 정반대로, 덴마크 학생들은 치열하게 경쟁하지 않으며, 전체 학생의 40% 정도만 무료인 대학에 진학한다. 그 이유는 우선 일자리의 양이다. 한국사회에서처럼 상위 10%에 해당하는 사람만이 안정적인 경제생활을 영위하는 상황이라면 좋은 일자리를 얻기 위한 경쟁이 심화될 수밖에 없다. 하지만 덴마크의 경우 고용률이 75%를 넘는다. 덴마크 학생들이 치열하게 경쟁하거나 대학에 진학하려 애를 쓰지 않는 것은 기본적으로 사회에 일자리가 보장되어 있기 때문이다. 기본적인 일자리 보장은 입시 경쟁을 완화하고 이로 인해 학생들의 학업 부담을 줄여준다. 다음으로 소득격차가 경쟁을 심화시키는데, 덴마크에서는 개인 소득세율이 55%에 이르고 이를 통해 강력한 복지정책이 시행되고 있다. 높은 세금은 고소득자의 실질 소득을 낮추고, 강력한 복지는 저소득자의 실질 소득을 높여 임금격차를 완화한다. 그래서 실제로 공부가 적성이 아닌 학생들까지도 모두 대학에 가기 위한 경쟁에 참여할 필요가 없는 것이다. 소득격차의 완화는 직업 간의 귀천의식을 사라지게 하고, 대입 진학의 필요성을 감소시킨다.

교육은 경제가 결정한다. 경제적 상황과 환경, 구체적으로는 일자리와 소득격차의 정도가 어떠한가에 따라 교육의 모습이 결정된다. 교육의 본질은 자기 수양과 학문에의 정진이라고 생각할 수도 있다. 하지만 현실에서 교육은 직업 획득의 문제, 개인의 경제생활 영위 능력과 밀접하게 연결되어 있는 것이 사실이다. 특히 일자리의 양과 소득격차의 수준은 그 사회의 교육의 분위기를 결정한다. 일자리고 적고 소득격차가 커서 소수의 사람들만이 양질의 일자리를 차지할 수 있는 사회라면 학생들과 취업자들이 심각한 경쟁환경에 던져지는 것은 필연적인 결과다. 그렇다면 문제해결은 간단해 보인다. 한국 교육의 문제를 해결하기 위해서는 양질의 일자리를 늘이고 소득격차를 줄이면 될 것이다. 하지만 일자리 창출과 소득격차 완화를 위한 해결방법은 서로 대립하는 측면이 있다. 일자리 창출을 위해서

핀란드식 교육법을 배우고 차용하고자 하는 분위기가 형성된 적이 있다. 하지만 OECD 학생 행복도 2013년 조사에서 핀란드는 60위, 한국은 64위를 차지했다(전체 조사 국가는 64개국이었다). 반면 덴마크는 PISA 테스트 결과에서 언제나 하위권에 머무르지만 OECD 학생 행복도 조사에서 매번 상위권을 기록한다.

는 시장의 자유가 효과적이고, 소득격차 완화를 위해서는 정부의 개입이 필요하기 때문이다. 이 두 가지는 모순을 가지고 있지만 '유연안정성'이라는 개념을 통해, 시장의 자유와 기업의 유연성을 보장하고, 정부의 개입과 강력한 노동자 보호라는 안정성을 동시에 추구해야 한다. 아이들의 미래를 위해서 시장 자유와 정부 개입의 합리적인 선택과 조율이 필요하다.

3) 한국의 교육열과 미래

한국정부는 1995년 5월 31일 "세계화 · 정보화 시대를 주도하는 신교육 체제 수립을 위한 교육개혁 방안"(이하 5·31 교육개혁안)을 수립, 발표하고 이후 3차례에 걸쳐 교육개혁 방안을 발표하였다. 교육개혁위원회는 5 · 31 교육개혁안에서 당시를 "정보화 · 세계화"라는 "문명사적 전환의 시기"로 규정하였다. 즉, 첨단 정보통신 기술의 발달, 이데올로기 장벽의 붕괴, 지역 공동체의 출범, WTO 체제의 출범 등으로 국경 없는 세계화 시대가 도래하였고, 국민 전체가 보유한 지식 · 정보의 양과 질이 개인과 국가발전의 원동력이 되고 국가 경쟁력을 좌우하는 지식 · 정보화 사회가 도래하였다. 하지만 우리의 교육은 이러한 문명사적 전환에 대응하기에는 많은 문제점을 안고 있다. 지금까지의 교육이 암기 위주의 입시교육, 교육공급자 중심의 경직되고 획일적인 교육, 산업화를 위한 양적 성장 위주의 교육이기 때문에 세계화 · 정보화로 요약되는 미래사회에서 요구되는 인간상인 고도의 창의력과 높은 품격, 다양한 개성을 지닌 인간을 길러낼 수 없다는 것이다.

그리하여 교육개혁 위원회는 5 · 31 교육개혁안을 마련하게 되었는데, 그 기본 취지는 세계의 중심 국가를 지향하는 신한국 창조에 있다(교육개혁위원회, 1995). 이에 대해 교육개혁위원회는 첫째, 세계수준의 질 높은 교육을 위하여 단편적 지식의 암기 위주의 교육에서 창의력 배양 중심의 교육으로 전환할 것, 둘째, 특수성과 보편성의 조화를 위해 우리 고유의 전통문화에 대해 관심을 갖게 할 것, 셋째, 세계 시민으로서의 자질과 지도력을 갖추도록 할 것(평화교육, 국제이해교육, 외국어교육), 넷째, 교육의 지역적 특수성과 단위학교의 자율성을 확대하는 방향으로 변화할 것이라는 네 가지 과제를 제시하였다. 이에 따라 외국어 교육의 강조, 조기 영어교육의 전격적인 실시, 초등학교에 영어교과 도입 결정이 이루어졌다.

5·31 교육개혁이 발표된 이후 한국의 교육은 얼마만큼 변화했는가? 지금 한국의 교육은 미래사회에서 살아갈 수 있는 학생들을 길러내는 데에 합당한가? 교육이 어떠해야 한다는 것은 단순히 도덕적·규범적 측면에서만 논의할 수도 없고, 또 한편으로 경제적·수단적 측면에서만 논의할 수도 없다. 교육은 취직이나 출세를 위한 도구가 아니라 한 개인의 선천적 잠재가능성을 실현시켜 주는 것이며 자기 수양을 위한 것이라는 가치규범적 논의는 현실을 모르는 고리타분한 이야기라고 답답하게 여긴다. 한편으로 교육은 성공, 출세를 위한 것이라고 솔직하게 인정하는 것은 교육의 가치를 훼손시키는 일이라고 우려한다. 교육을 대하는 이러한 모순 속에서 어떤 방향성을 잡는 것이 타당한가? 세계에서 유례를 찾아볼 수 없다는 한국사회의 뜨거운 교육열을 어떻게 바라볼 것인가? 교육열에 대한 대책과 논의는 교육열을 억압해야 한다거나 혹은 잘 활용해야 한다는 식의 식상하고 진부한 얘기가 되기 십상이다. 교육열은 세계에서 가장 뜨겁다고 하면서 좋은 학교 하나 갖고 있지 못하고 오히려 학생들을 학교 밖으로 쫓아내고, 세계적으로 우수한 인재를 배출해 내지도 못하는 이 모순을 어떻게 해결할 수 있을까?

교육열이 높은 것은 분명 어떤 원동력으로 작용할 수 있다. 학교가 학생을 내쫓고, 과도한 경쟁을 통한 교육이 세계적으로 초라한 성적을 얻은 우리에게는 앞으로 더 나아가야 할 동기와 목적이 필요하다. 좋은 학교도, 우수한 성취도 거머쥔 적이 없는 우리는 아직 더 많은 사람들이 최고의 교육을 받을 수 있기를 꿈꾸고, 더 탁월한 성취를 이루기를 희망한다. 뜨거운 교육열이 더 나은 공부, 더 높은 사고, 세상을 변화시킬 수 있는 행동으로 이어진다면 걱정할 것이 없다. 하지만 한국의 교육열 혹은 동아시아 국가의 교육열이 경쟁을 통한 개인적 우위의 선점에 그친다는 데에 우려를 표하는 것이다. 교육은 입신양명, 출세, 개인의 행복을 목적으로 하는 것이라지만, 지금까지의 결과로 보았을 때에는 이러한 교육이 낳을 미래에 기대를 걸 수는 없다. 그럼 우리는 어떻게 해야 하는가? 경쟁이 아닌 평준화를 추구해야 하는가? 어떻게 하면 이 작은 나라에서 제대로 교육하고 제대로 살아갈 수 있을까? 한국의 교육을 위해서 합의할 수 있는 원칙은 없을까?

"우리나라처럼 자원이 부족한 나라가 살아남기 위해서는 여유가 없다." 여기서 말하는 나라는 한국이 아니다. 여기 경쟁이 아닌 협동을 이야기하는 나라가 있다. "우리나라처럼 자원이 부족한 나라가 살아남기 위해서는 어느 아이의 재능이건 잃어버릴 여유가 없다." 핀란드는 1971년 이후 정권은 바뀌어도 결코 바뀌지 않았던 교육원칙이 있다. 바로 "경쟁이 아닌 협동"이다. 1980년대 이후 미국과 영국 등 선진국들이 교육원칙으로 '경쟁'을 강조했다. "더 많은 인재를 키우기 위해서는 학생들 간의 경쟁을 강화시켜야 한다." 하지만 핀란드는 경쟁이 아닌 협동을 원칙으로 삼았다. "학교에서 경쟁만을 배우고 협동을 배우지 못한 아이들이 사회의 미래를 책임진다면 과연 그 사회가 경쟁력을 가질 수 있을까요?" 에르끼 야호 핀란드 전 국가교육청장은 "경쟁은 경쟁을 낳아 결국은 유치원생까지 경쟁의 소용돌이에 말려들게 될 것이라는 사실을 국민들에게 설득시켰다. 학교는 좋은 시민이 되기 위한 교양을 쌓는 과정이다. 그리고 경쟁은 좋은 시민이 된 다음의 일이다." 라고 하였다. 이 원칙 아래 학교에서의 경쟁을 금지한다. 핀란드처럼 우리도 모든 국민이 이 땅에서 잘 살아가기 위해 합의할 수 있는 원칙을 가질 수 있을까?

한국의 교육열에 대해 마무리하며, 교육을 잘 받는다는 것이 어떤 것인지 확인하고 넘어가고 싶다. 한국은 나라 안에서도 치열한 경쟁을 하며, 국내의 교육으로도 성에 차지 않아서 중국과 인도 다음으로 유학을 많이 보내는 나라가 되었다. 막대한 외화가 유출되는 최대 교육소비국이 된 것이다. 어떠한 교육이 되었건 그러한 교육이 이 땅에서 이 나라의 문제를 해결할 수 있는 인재를 양성하고 능력을 길러주는 것이기를 바란다.

박태웅은 "눈을 떠보니 대한민국은 선진국이 되어 있었다. … 우리 앞에는 이제 여덟 나라밖에 없다."라고 했다. K드라마, K-pop, K영화, K푸드, K가전에 이어 코로나 대유형에 맞서 K방역, K의료는 세계를 선도하며, 한국은 이제 선진하는 위치에 서게 되었다. GDP 세계 9위의 한국은 개발도상국에서 선진국으로 격상되었다. 우리는 선진국이 된 것일까?[20] 최진석 교수는 『탁월한 사유의 시선』에서 이제 우리가 나아가야 할 방향은 선진, 선도라고 하였다. 선도한다는 것은 기존에 짜여진 판 속에서 어떤 방법을 쓸까를 생각하는 전술적 차원이 아니라, "판 자체를 새로 짜는 일"이다(최진석, 2017: 73). 선도하는 능력은 철학적 높이의 시선, 전략적 시선을 가지고 있을 때 가능하다. 한국의 교육열이 경쟁, 성적, 유학, 조기유학 등의 판 속에서 헤매며 어떤 해법을 찾고 있다면 우리는 여전히 선진하는 나라에 진입하지 못하고 중진국에 머무를 것이다. 지금 우리는 뜨거운 교육열을 모아 한 단계 더 높은 시선을 가지고, 우리와 나라의 운명을 끌고 나갈 "새 판"을 짜야할 것이다.

20) 박태웅은 그의 책 『눈 떠보니 선진국』(2021, 한빛비즈)에서, 우리 앞에 이제 여덟 나라밖에 없는 대한민국이 진정한 선진국으로 나아가기 위한 여러 가지 제언을 했다.

참고문헌

교육인적자원부(2007). 조기유학 유형별 분석을 위한 연구. 정책연구개발 사업, 2007-공모-50.

김홍원(2005). 조기유학에 관한 국민의식 조사 연구 – 규제 순응도를 중심으로. 정책연구과제 2005-지정-41. 교육인적자원부.

나용(2010). 조기유학 경험자의 조기유학에 대한 인식연구. 고려대학교 교육대학원 석사학위논문.

안선회(2009). 사교육비 경감정책 평가연구 – 참여정부를 중심으로 –. 고려대학교 박사학위논문.

오욱환(2000). 한국사회의 교육열: 기원과 심화. 교육과학사.

윤종일(2016). 조기 유학을 경험하고 귀국한 학생들의 학교생활 적응에 관한 연구. 한양대학교 교육대학원 석사학위논문.

이민수(2011). 조기 유학의 참여 경험 분석. 한국교원대학교 교육대학원 석사학위논문.

이성무(1995). 조선양반사회연구. 일조각.

이성무(1997). 한국 과거제도사. 민음사.

이순형, 권미경(2009). 한국의 조기유학. 한국아동학회. 아동학회지 제30권 제6호. 297-308.

이승욱, 신희경, 김은산(2012). 대한민국 부모. 문학동네.

이종각(2011). 교육열을 알아야 한국교육이 보인다. 이담북스.

정원식(1984). 교육열. 서울대 사회과학연구소. 사회과학과 정책연구 제6권 제3호. 81-91.

채사장(2014). 지적 대화를 위한 넓고 얕은 지식: 현실세계편. 한빛비즈.

채사장(2015). 시민의 교양. 웨일북.

최진석(2017). 탁월한 사유의 시선. 21세기북스.

한국교육개발원(2001). 한국교육의 현실과 조기유학의 명암. 2001년 제1차 KEDI 교육정책포럼.

한국교육개발원(2006). 인간발달적 관점에서 본 조기유학의 득과 실. 수탁연구R2006-38.

KBS 공부하는 인간 제작팀(2013). 공부하는 인간. 위즈덤하우스.

KBS인사이트아시아 유교 제작팀(2007). 유교 아시아의 힘. 위즈덤하우스.

Amy Chua(2011). *Battle Hyme of the Tiger Mother.* 황소연(역)(2011). 타이거 마더. 민음사.

Richard, E. N.(2009). *Intelligence and How to Get It: Why Schools and Cultures Count.* 설선혜(역)(2010). 인텔리전스. 김영사.

제 8 장

양성평등과 교육

1. 양성평등의 이해

인간은 생물학적으로 남성과 여성으로 태어나 자신이 속한 사회문화의 성 정체성에 따라 살아간다. 남성에게는 '남성다움'을 여성에게는 '여성다움'이라는 사회적 기대를 내면화하고 남성과 여성에게 적합한 행동을 하는 것이다. 우리나라의 경우, '여자는 치마를 입어야 한다', '아이는 반드시 여자가 길러야 한다', '여자는 순결해야 한다' 등과 같이 여성에게는 얌전하며 가정과 사회에서 타인을 위해 헌신하는 보조적 역할 등을 요구하며 '남자는 태어나서 세 번만 운다', '진정한 남자는 누구에게도 지시를 받지 않는다', '남자는 여자보다 우월하다' 등 남성에게는 모험적, 근성, 고집과 같은 사회를 주도하는 역할이 요구해 왔다. 그러나 성에 대한 사회적 요구는 고정관념을 내면화시킬 뿐만 아니라 남녀 성 차별을 발생시켜 사회적 문제를 일으킨다. 특히 Z세대[1]는 남녀 성 차별에 대해 매우 심각하게 인식하는 것으로 나타났다.[2] 이러한 성별 갈등을 극복하기 위해 양성평등을 위한 사회적 노력이 지속되고 있다. 양성평등을 이해하기 위해서는 양성평등과 관련된 주요 용어와 개념을 구체적으로 살펴볼 필요가 있다.

1) 주요 용어

양성평등과 관련하여 주요 용어를 설명하고 있는 송현주(2008)는 양성평등을 섹스(Sex), 젠더(Gender), 가부장제(Patriarchy), 성차별주의(Sexism), 성역할(Sex-roles), 성별분업(Gender division of labor), 양성평등(Gender equality), 성형평성(Gender equity),

---

1) Z세대란 밀레니얼 세대의 다음 세대를 의미한다. 정확한 세대를 가르는 기준은 없으나, 인구통계학자들은 일반적으로 1995년부터 2010년까지 태어난 세대로 어려서부터 인터넷을 자연스럽게 접해 IT 기술에 익숙함을 느끼고, 사교 생활에 있어서 스마트폰, SNS를 자유롭게 사용하는 세대이다. '디지털 네이티브(디지털 토착민)' 세대 혹은 MZ(밀레니엄 Z세대)라고 불리기도 한다(출처: 위키백과에서 재구성).

2) "각종 지표에 드러나는 남녀갈등…MZ세대 불평등 · 성희롱 가장 민감" 헤럴드경제 2021년 5월 20일자 기사 (http://news.heraldcorp.com/view.php?ud=20210520000150)

성중립적(Gender neutral), 성인지력(Gender sensitivity), 성인지성(Gender awareness), 성별영향평가(Gender based analysis), 성 주류화(Gender main streaming)로 분류하여 설명하고 있다. 이에 대한 설명을 살펴보면 다음과 같다.

(1) 섹스(Sex)

생물학적으로 결정된 성을 의미하는 섹스는 여성과 남성을 지칭한다. 여성과 남성은 생물학적으로 생식기의 다름으로 성이 결정되는데 이는 23개의 유전자 중 단 1개가 다르기 때문이다. 결국, 여성과 남성의 생물학적 차이는 1/23의 차이를 말한다. 하지만 이러한 1/23의 생물학적 성 차이는 대부분 여성의 열등함, 결핍으로 설명되어 불리한 운명으로 동일시 된다. 따라서 섹스는 성 불평등을 설명하는데 적절한 분석틀이 되지 못해왔다.

(2) 젠더(Gender)

사회문화적으로 구성된 성, 즉 여성성(femininity), 남성성(masculinity)을 말한다. 젠더는 성 차이가 생물학적인 운명이 아니라 사회문화적 산물임을 설명할 수 있는 분석틀이다. 즉, 여성과 남성의 구분을 자연스럽고 당연한 것으로 생각하는 기존의 개념에 대해, 여성과 남성을 사회적으로 형성된 성으로 구분하는 새로운 차원에서의 '성(gender)'에 대한 인식이다. 이러한 인식은 생물학적 성차로 인해 사회적 역할이 규정된 기존의 사고를 전환하고자 하는 출발점이 되었다. 실제로 성(gender)의 형성과정은 한 사회 내에서 권력과 기회를 차등화 하는 과정이라 할 수 있으며 바로 이와 같은 차별적 성의 기제가 사회 각 영역에서 어떻게 작용하는가를 가능케 하는 분석틀이 바로 젠더인 것이다.

(3) 가부장제(Patriarchy)

가부장제의 어원을 살펴보면 '아버지'라는 의미의 'Pati'와 '지배'를 뜻하는 'archy'가 합쳐져서 만들어진 단어이다. 즉, 아버지는 가정의 대표로서 가족 구성원에 대해 일방적인 권위를 가지고 지배하는 것을 의미한다. 또 가부장제는 협의와 광의의 의미로 구분지기도 하는데, 가족 구성원 중 가장 연장자인 남자를 중심으로 모든 권력과 지배가 이루어지는 가족의 형태를 협의의 개념으로 본다. 사회 전반에 연소자, 여성을 포함한 소수 그룹, 기득권층에 속하지 않은 남성들이 경제적, 정치적, 문화적, 사회적 자원에 접근하는 것을 체계적, 제도적으로 허용하지 않는 사회제도 등은 광의의 개념으로 볼 수 있다.

(4) 성차별주의(Sexism)

성차별이란 생물학적인 성(sex)을 토대로 한 성의 집단이나 개인에 대해 사회적으로 부여되는 편견이나 차별을 말한다. 이러한 성차별은 성역할(Sex-roles)을 고정된 당연한 규범으로 정당화하는 근거가 된다. 이러한 정당화는 여성과 남성 간의 불평등한 가부장제를 지지하는 이데올로기를 만듦과 동시에 성고정관념(stereotyping)을 생성하게 된다. 이러한 성차별주의에 의해 고정된 성 고정관념은 남성의 직업과 여성의 직업으로 구분하여 남성은 군인, 산업기사, 건설노동자 등과 같이 주도적, 진취적, 용기 등이 중심이 되는 직업을, 여성에게서는 가정주부, 간호사, 미용사 등과 같이 남성을 보조하고 수동적인 역할이 중심이 되는 직업을 당연하게 인식시킨다. 특히 이러한 성 고정관념은 성차별을 당연시하기 때문에 직책에 있어서도 남성이 여성보다 우월한 지위를 차지하는 것을 당연하게 여기게 된다.

(5) 성역할(Sex-roles)

성역할은 생물학적인 성을 토대로 사회문화적으로 바람직하다고 기대되는 역할을 말한다. 더 나아가 성역할 규범을 '당위'로 규정하는 것을 말한다. 당위란 사전적 의미로 마땅히 그렇게 하거나 되어야 하는 것을 의미한다. 즉, 성역할에 있어 당위는 정상과 비정상을 구분하는 기준이 된다. 예를 들어 가정의 일은 당연히 여성의 몫이라는 당위를 가정할 때, 집안일은 가족 구성원 공동의 몫이라고 생각하는 여성은 비정상으로 규정되고 이와 달리 집안일은 당연히 여성의 몫이라고 생각하는 여성을 정상으로 규정한다는 것이다. 이같이 고정된 성역할이란 개인의 능력보다 생물학적 성(sex)에 따라 그 역할을 정해놓고 한정하여 한 개인이 인간으로서 탐구할 수 있는 영역과 개발할 수 있는 능력을 반쪽으로 제한한다. 이것은 인간의 권리추구에 위배 되는 규범이며 이데올로기(ideology)라 할 수 있다.

생물학적 성에 따라 사회에 요구되는 역할은 생산적 역할, 재생산적 역할, 지역사회 관리 역할, 지역사회 정치 역할, 삼중 역할 등으로 구분하여 살펴볼 수 있다.

첫째, 생산적 역할이란 공적 영역에서 자신의 노동을 화폐로 보상받기 위해 수행되는 역할이다. 전통사회에서 생산적 역할은 대부분 남성에게 요구되는 역할이라 할 수 있다.

둘째, 재생산적 역할이란 과거에 주로 여성에게 요구되는 역할로 사적인 영역에서 출산, 양육, 가사노동, 정신적 · 육체적 돌봄 노동의 역할을 말한다. 즉, 노동력의 유지와 재생산을 보장하기 위해 요구되는 사회적 역할로 현재의 노동력에 대한 보조 및 지원 역할과 미래의 노동력을 보살피고 유지하는 역할이다.

셋째, 지역사회 관리 역할이란 여성의 재생산 역할이 확대된 것으로 지역사회의 수준에서 여성이 담당하는 활동을 말한다. 일반적으로 지역사회를 위한 보건, 교육, 봉사 등에 참여하는 것이며, 이는 자유로운 시간에 참여하고 보수가 없는 자발적 무급노동이다.

넷째, 지역사회 정치 역할이란 지역사회수준에서 공식적인 정치를 조직화하는 활동을 말한다. 이것은 과거에 남성이 차지한 역할이며 공식적으로 임금이 책정되며 지위와 권력을 상승이 이루어지는 유급노동이다.

다섯째, 삼중 역할은 삼중노동 혹은 다중부담이라고도 하는데, 이는 여성의 재생산 역할과 2차 소득자로서 생산적 역할, 지역사회 관리 역할 등 세 가지의 역할을 동시에 수행하는 것을 의미한다. 삼중노동은 우리나라의 워킹맘(working mom)을 통해 그 예를 들 수 있다. 워킹맘은 기본적으로 자신의 직업에 있어 직장인의 역할, 가정에서 어머니의 역할, 자녀 학교에서 급식당번의 역할 등으로 다중부담을 가지고 있다.

(6) 성별분업(Gender division of labor)

성별분업이란 사회분업에 있어 그 역할을 생물학적 성에 따라 남성과 여성으로 구분하는 것을 말하는데, 예를 들어 남성에게는 사회와 생산 영역을, 여성에게는 가정과 재생산 영역을 담당하는 방식으로 구분되는 것을 말한다. 즉, 남성은 가족의 생계를 책임지는 생계부양자의 역할, 여성에게는 가정의 일을 담당하는 가사담당자의 역할로 사회의 역할을 성에 따라 구분하는 것이다. 하지만 이러한 성별분업은 여성을 억압하는 기제로 사용되고 있는데, 이는 두 가지 관점에서 볼 수 있다. 먼저 성별분업 체제하에서 여성의 위치는 '가정'으로 제한되기 때문에 남성에게 경제적으로 의존하면서 가사일을 전담하는 '가정주부'로만 인식되는 것이다. 이러한 성별분업의 논리는 여성의 역할을 제한하고 여성의 불평등한 대우를 조장하는 성차별적 이데올로기를 정당화하여 여성을 억압하는 기제로 작용한다. 둘째, 성별분업에 의해 가사노동의 일차적 전담자로 규정되어진 여성들은 노동시장에서는 이차적이고 부수적인 노동자로 규정된다. 이에 여성들은 여성성을 띠는 특정 직업 영역에만 취직되거나, 남성보다 저임금을 받고 낮은 지위에 머무르게 되는 것이다. 이는 '여성은 일차적 생계책임자가 아니다'라는 사회적 규범에 따라 합리화된다. 따라서 이러한 원인으로 성별분업은 여성에게 지속적인 억압으로 작용한다.

(7) 양성평등(Gender equality)

양성평등이란 사람이 살아가는 모든 영역에서 남자와 여자를 서로 차별하지 않고 동등하게 대우해 똑같은 참여기회를 주고 똑같은 권리와 이익을 누릴 수 있도록 하는 것을 의미한다. 즉 여성과 남성이 정치, 경제, 사회문화 등 삶의 모든 영역에서 동등한 참여를 보장받고 동등한 지위에서 동등한 권리와 이익을 향유하는 것이다. 구체적으로 양성평등에서 평등은 기회의 평등, 조건의 평등, 결과의 평등으로 구분된다[3].

(8) 성형평성(Gender equity)

성형평성이란 여성과 남성을 대우할 때 남녀가 동등한 여건에 있을 때 동등하게 대우하지만, 성(sex)이 다르기 때문에 남녀가 서로 다른 여건에 있을 때는 그 다른 여건을 고려하여 대우하는 것을 의미한다. 여성은 사적 영역에서 출산, 양육, 가사 등에 대한 일차적 책임이 이미 부여된 상태이다. 이러한 상황에서 여성이 취업을 할 경우 남성과 동등한 조건으로 일하기란 쉽지 않기 때문에 이러한 조건에서 여성을 다르게 대우할 수 있는 조건 혹은 상황을 만들고자 하는 것이 성형평성의 개념이다.

(9) 성중립적(Gender neutral)

성중립적 개념을 살펴보기 위해서는 먼저 중립에 대한 개념을 살펴볼 필요성이 있다. 중립이란 개념은 어느 영역에도 치우지지 않고 양쪽의 한가운데 위치함을 의미한다. 하지만 성에 있어 중립적인 개념은 성차별적인 결과를 초래하기도 한다. 예를 들어 제도나 정책, 사업계획을 수립할 때 남성과 여성의 다른 상황과 요구를 무시하고 동일한 기준을 반영하는 성중립적 입장을 취한다면 그것을 성차별

3) 기회, 조건, 결과의 평등에 대한 구체적인 개념은 2절에서 다루고자 한다.

적인 결과를 초래하게 된다. 따라서 성중립적 접근이란 성형평성을 고려하지 않고 접근하는 것을 말한다.

(10) 성인지력(Gender sensitivity)

성인지력은 현존하는 성차이와 성차별 그리고 성(gender)과 관련된 문제를 인지할 수 있는 능력을 말한다. 정책 수립이나 프로젝트 등을 수행할 때 성별입장과 경험을 동등하게 고려하여 성차별적인 영향을 배제할 수 있도록 하는데 필요한 통찰력을 의미한다.

(11) 성인지성(Gender sensitivity)

성인지(gender-sensitivity)란 여성과 남성의 생물학적, 사회문화적 조건에서의 격차에 대한 문제의식을 기반으로 이를 개선하고자 하는 실천의지가 함양되어 상황에 대한 가치부여와 판단, 행동기준으로 실천할 수 있는 것을 의미한다(송인자, 2006). UNESCO(2018)는 성인지성을 남녀에 대한 인식을 대립적으로 갖는 것이 아니라 젠더와 관련된 어떠한 가정들이 타당하며 어떤 것이 고정관념에 치우친 일반화인지 그들이 결정하도록 돕는 것으로 정의한다. 성인지성은 정책의 입안 및 집행과 관련하여서는 '성인지력', '성인지적 감수성', '젠더감수성' 등으로 번역되어 성인지적 관점(gender-sensitive perspective)과 유사한 개념으로 사용된다. 성인지성(gender-sensitivity)은 1990년대 말에 등장한 새로운 개념이면서도 우리나라의 특수한 문화적 상황으로 인해서 도입되어 영역에 따라서 상이하게 활용되나 성별의 관계를 변화시키고자 한다는 점에서 다양한 페미니즘 이론과 그 맥락을 함께 한다.

(12) 성별영향평가(Gender based analysis)

성별영향평가란 제도나 정책 수립에서 나타나는 성차별적 영향을 제거하고 모든 정책이 성평등 방향으로 기획, 수행되도록 하기 위해 사전에 그 정책이 여성과 남성에게 가져올 결과를 검토, 분석하는 것을 말한다. 비슷한 의미로 사용되는 용어로는 성분석이 있다.

(13) 성 주류화(Gender main streaming)

성 주류화는 여성과 남성이 사회자본과 자원 그리고 모든 영역에서의 개발수혜와 결정권에 동등한 접근과 통제가 보장될 수 있게 하는 과정을 의미한다. 성 주류화는 1995년 중국의 북경 세계여성대회 이후 성평등을 달성하기 위한 정책전략으로 채택되었다. 성 주류화 과정은 대체적으로 다음 세 단계로 나뉘진다.

첫째, 여성의 주류화로 사회의 모든 분야에서 여성이 동등하게 참여하고 의사결정권을 가진다.

둘째, 성인지적 관점의 주류화로 정책이나 프로그램이 여성과 남성에게 어떻게 차별적인 영향을 미치는가를 검토하고, 정책의 내용, 과정, 결과를 성이 평등하게 이루어지도록 하는 것이다.

셋째, 주류화의 전환으로 조직의 성별 구성이 변화되고, 성인지적 관점이 통합되는 것으로 조직구조의 문화, 지도의 근본적인 전환이 이루어지도록 한다.

2) 양성평등의 개념

양성평등을 이해하기 위해서 여기서는 성불평등의 개념을 통해 평등의 개념을 유추하고자 한다.

(1) 성불평등의 개념

성불평등이란 정당한 이유 없이 남자이거나 여자라는 이유만으로 차별을 당하는 것을 말한다. 즉, 성불평등은 성별 구분을 통하여 규정되는 차이가 계급화되어 불평등이라는 결과를 낳고 성별 구분 이전의 인도주의적 평등의 개념을 훼손시켜 특정한 성이 부와 권력과 위세를 누리지 못하는 현상이다. 사회학에서는 성불평등이 발생하는 이유에 대해 여러 가지 견해가 제시되었다. 대표적인 두 가지 관점은 기능적 관점과 갈등적 관점으로 분류할 수 있다.

첫째, 기능적 관점에서 불평등이란 사회의 존속유지를 위한 필수적인 현상으로 설명된다. 즉, 사회 발전을 위해서 사람들은 제반 영역의 역할 수행을 위한 전문적 능력이 필요하다. 전문적 능력은 교육 및 다양한 경로를 통해 개별 사람들을 훈련하고 그들에게 투자하여 길러진다. 이러한 훈련과 투자는 모든 이들에게 제공되지는 못하며 결국 사회 내에서 중요한 역할을 할 수 있는 전문적 자질을 가진 이들에게 집중되게 된다. 역으로 사회에 기여하는 전문인은 자신의 역할에 맞는 많은 보상을 받게 되고 그렇지 못한 자는 보상을 받지 못한다. 이러한 과정에서 결국 불평등이 나타나게 된다. 그러므로 기능적 관점에서 불평등은 사회를 유지하기 위해 나타나는 필수 불가결한 현상이며 오히려 더 나은 보상을 받기 위해 사람들이 자신의 자질을 훈련하도록 만드는 순기능을 하게 된다는 것이다. 이러한 관점에서 성불평등 역시 남성과 여성의 자질에서 비롯된 것으로 해석된다. 즉, 남성은 여성보다 전문적 자질 혹은 능력을 더 가졌기 때문에 여성보다 많은 보수를 받고 더 높은 위치에 오르게 된다는 것이다. 불평등의 구조는 시대를 거쳐 사회화되면서 무의식적으로 다음 세대로 전달되어 강화된다.

둘째, 갈등적 관점에서 불평등은 강제적으로 조정된 권위에 따라 부족한 사회적 배분이 불평등하게 이루어지기 때문에 발생하는 것이다. 이 관점에서 불평등 구조의 원인은 기득권 계층이 새로운 사람이나 집단의 참여를 구조적으로 막기 때문에 개인의 자질과 능력과는 무관한 것으로 본다. 성불평등 역시 오랜 시대를 거쳐 기득권을 점령한 남성집단이 여성의 사회적 참여를 구조적으로 어렵게 만들고 그들이 기득권에 속하는 데 지속적으로 불리하게 만들기 때문에 발생하는 것으로 해석할 수 있다. 그러므로 갈등적 관점에서는 불평등의 해결을 위해 사회의 법칙이 공정하게 지켜지고, 불평등으로 발생한 갈등을 민주적으로 해결하려는 제도가 마련되는 데 앞장선다. 이러한 관점에서 성불평등의 극복 역시 차별을 조장하는 사회적 구조에 저항하고 불합리한 제한을 밝혀내는 적극적이고 투쟁적인 행동으로 가능하다고 본다.

이들의 관점을 종합하면 불평등이란 희소가치의 재분배가 구조화된 사회적 보상체제의 차이로 인하여 누적된 결과이며, 사회구성원들의 갈등처리능력에 따라 심화되거나 해소될 수도 있는 것이다.

(2) 양성평등의 개념

"양성평등"이란 성별에 따른 차별, 편견, 비하 및 폭력 없이 인권을 동등하게 보장받고 모든 영역에 동등하게 참여하고 대우받는 것을 말한다(양성평등기본법 제 3조(정의), 2021. 4. 20 개정). 양성평등의 개념을 오만록(2011)은 기회의 평등, 조건의 평등, 결과의 평등으로 나누어 설명하고 있다.

① 양성평등으로서 기회의 평등

초기 남녀평등의 개념은 기회의 평등을 의미했다. 기회 평등의 주장은 모든 남녀에게 동등한 기회가 주어져야 한다는 것이다. 이러한 관점은 주어진 기회를 누릴 수 있느냐의 여부는 개인의 역량과 형편에 달린 것이고, 중요한 것은 법이나 제도상 특정 집단에게 이익이나 불이익이 있어서는 안 된다는 점을 강조한다.

양성평등으로서 기회 평등의 관점은 여성에게 남성과 동일한 기회를 허용할 경우 여성은 남성과 동등하게 자신의 능력을 발현시킬 수 있으며, 따라서 기회의 평등은 남녀평등을 위한 필요충분조건이 갖추어 졌다고 인정하였다. 하지만 오랜 시간 동안 가부장제의 역사가 지속 되면서 다양한 형태의 성 차별이 축적되어 있기 때문에 기회의 평등은 분명한 한계를 갖게 되었다.

② 양성평등으로서 조건의 평등

기회의 평등에 대한 현실적 한계를 인식하면서, 새롭게 대두되는 평등개념이 바로 조건의 평등이다. 조건의 평등은 남녀평등을 기계적 평등이 아닌 상대적 평등의 관점에서 접근한다. 모든 사람이 평등하다는 원칙은 비교 대상인 존재들이 동등할 때만 타당하며, 따라서 동등하지 않은 존재는 동등하지 않게 취급되어야 한다는 것으로까지 평등의 개념이 확장되어야 한다는 것이다.

사회구조가 여성을 가사노동과 자녀 양육의 전담자로 인식하는 한 여성은 평등하게 보장된 법적인 기회조차도 제대로 활용할 수 없다. 따라서 조건의 평등은 여성이 남성과 동등하게 권리를 누릴 수 있도록 선결 조건을 제공할 것을 요구한다. 예를 들면, 여성고용에 있어서 직장어린이집 제공이나 출퇴근시간조절 등 여성이 자녀양육을 전담하기 때문에 필요한 조건이 전제될 때 비로소 평등이 실현되었다고 볼 수 있다. 하지만 단지 조건이 평등하다 해도 사회적 이데올로기나 사회구성원의 가치체계가 가부장적 차원에 머물러 있는 이상 여성이 가사노동과 자녀 양육의 부담과 책임으로부터 결코 벗어날 수 없다.

③ 양성평등으로서 결과의 평등

남녀 간 조건의 평등을 보장한다는 점에도 불구하고 진정한 양성평등이 실현되지 못하고, 여전히 불평등의 문제가 존재하게 되므로, 이를 극복하기 위해 대두된 개념이 바로 결과의 평등이다. 결과의 평등을 보장하기 위해서는 기존의 차별 관행을 개선하고, 성별 분업적 가치체계를 포함한 사회 이데올로기를 불식시켜야 하는데, 이는 제도적 차원에서 강제성을 띤 적극적 조치가 필요하다. 즉, 법률적 평등뿐만 아니라 실질적 평등이라는 목표를 분명히 하고, 그러한 목표를 성취하기 위해 잠정적 특별조치를 취해야 한다.

하지만 이러한 결과의 평등은 영구적인 조치가 아니라, 실질적인 의미의 남녀 평등이 달성될 때까지의 잠정적인 조치라고 볼 수 있다. 인류가 궁극적으로 지향해야 할 평등사회는 많은 사람이 평등한 삶을 누릴 수 있는 세상이 되어야 한다는 것을 내포한다. 따라서 능력 위주의 경쟁 사회가 요구하는 조건들을 갖지 못한 사람들의 자연적 불평등이 지배와 착취의 구실이 되기보다는 그 차이를 적절히 배려하는 것이 새로운 사회정의와 평등의 개념이 되어야 한다. 이러한 관점에서 본다면 약자인 여성들에게 더 나은 혜택과 조건을 제공해야 하는데, 이는 적극적 평등 또는 보상적 평등이라는 용어로 표현할 수 있다. 하지만 이러한 결과의 평등은 자유시장적 경쟁의 개념으로 볼 때 남성집단에 대한 일종의 역차별이 될 수 있으며, 헌법이 보장하는 평등의 개념에 모순이 될 수 있다는 비판을 받을 수 있다.

2. 양성평등운동: "페미니즘" 운동

페미니즘(feminism: 여성주의, 여권신장주의, 여성해방)은 남녀가 평등하므로 본질적으로 가치가 동등하다는 이념 아래 생물학적 성(sex)으로 인한 모든 차별을 부정하며 남녀평등을 지지하는 믿음에 근거를 두고, 불평등하게 부여된 여성의 지위와 역할에 있어 변화를 일으키는 여성 운동으로, 여성들의 권리회복을 위한 활동을 가리키는 용어를 뜻한다(오만록, 2011). 서구 유럽 사회에서 의회 민주주의가 등장한 지는 상당히 오래 되었으나 여성이 참정권을 가지게 된 시기는 그리 오랜 일이 아니다. 현대 민주주의가 가장 발달한 미국을 비롯한 서구 대부분의 나라들은 20세기에 들어와서야 여성에게 남성과 동등한 정치적 권리를 부여하였다. 또한 우리나라의 경우에도 1948년 헌법이 제정되면서 최초로 여성에게 정치, 교육, 노동 등 각 분야에서 남성과 동등한 권리가 인정되었다. 그렇다면 이러한 시기 이전에는 여성의 지위는 어떠하였을까?

여성의 지위를 살펴보기 위해서는 기원전부터 살펴볼 필요성이 있다. 신석기시대 초기까지 사회는 모계 중심의 촌락으로 발전했고, 인구가 계속해서 증가함에 따라 사람들에게는 더 많은 가축과 더 넓은 토지가 필요했다. 이런 이유로 인해 서로 다른 종족들끼리 더 많은 전쟁을 벌이게 되었고, 전쟁에서 이기면 토지는 토지대로 약탈하고 여자는 노동력의 원천이 되는 아이를 낳기 위해, 남자는 당장 노동력으로 활용하기 위해 노예로 삼았다. 농업과 전쟁에서 남성이 담당하는 역할이 커지게 되자, 이전까지 여성의 소유물로 생각되던 토지와 가구, 생산물은 남성의 소유로 바뀌었다. 물론 이러한 변화는 갑자기 일어난 것이 아니라 수천 년 간에 걸친 변화이다. 이러한 이유로 생산물(토지, 농작물 등)을 소유하게 된 남자들은 차츰 재산을 자신의 자식에게 상속시키고자 하는 욕구가 생겨났다.

한편 생산 노동에서 여성이 부차적인 위치에 놓이게 되고 이로 인해 재산 소유에 관한 권한이 없어진 여성들은 가족 내에서도 남성에게 종속되었다. 특히 남성은 사유 재산에 기초해서 여성보다 우월한 위치를 차지했을 뿐만 아니라 이를 자기 자식에게 상속시키기 위해 기존의 모계사회를 뒤집고 부계사회를 확립했다. 이러한 결과로 여성은 자식을 낳는 도구로, 또 하인 겸 생산자의 역할로 규정되었다. 동시에 종교에 있어서도 여성의 우위가 소멸되었다. 그 이유는 수천 년 간 어머니를 여신으로 숭배하여 왔는데 이러한 숭배사상이 사라지고 남성을 표현하는 상이 나타나기 시작했다. 뒤이어 신석기시대 중엽 제2차 기술 혁명으로 인해 남성 위주인 부계사회로의 전환이 이루어졌고, 이로 인해 여성은 생물학적 성(sex)에 대한 차이를 넘어 그 사회의 경제·문화적 부분까지 지배당하게 된 것이다. 이러한 성차별은 봉건제도가 성행하던 중세까지 이어지게 된다. 하지만 중세의 봉건적 질서가 해체되고 자본주의가 발생하면서 여성의 권리를 보장하는 새로운 가치관이 등장하게 된다.

이같이 여성의 권리를 보장하게 된 배경은 자본주의 발생도 있지만 계몽주의와 자유민주주의 사상, 마르크스주의의 보급과 이에 영향을 받아 일어난 시민혁명과 미국의 독립운동, 19세기 후반의 노예해방운동과 유럽의 사회주의 운동 등이 있다. 이러한 인권운동은 대부분이 성차별에 대한 진보적인 인식을 가진 일부 남성들에 의해 이루어졌으며 여성들은 이들을 보조하는 역할을 담당했다고 할 수 있다.

초창기 여성운동은 노르웨이의 극작가인 헨릭 입센의 '인형의 집'에 등장하는 노라의 이야기와 같이 사회적으로 인정받지 못하는 가정 내 역할을 버리고 여성의 사회참여를 강력히 주장하는 것으로 나타났다. 하지만 이러한 운동으로는 기존의 성불평등을 해소할 수 없음을 인식하고, 미국에서는 1968년 '여성학(woman's studies: 여성 연구)'이라는 이름으로 이론화 작업이 시도되었다(오만록, 2011). 이러한 여성운동은 과거 모계사회에서 부계사회로 전환되면서 잃어버렸던 여성의 권리와 지위를 다시 인정받고자 하는 움직임으로 해석될 수 있으며, 또한 인간으로서 평등한 권리를 누리고자 하는 시도라 할 수 있다.

페미니즘 사상의 이름이 femini(즉 여성의)를 포함하기 때문에 '성 평등'보다도 '여성만을 대변 한다'는 인상을 준다는 사실은 페미니즘 운동권 내외부에서 제기된 문제로 명칭에 대한 논쟁은 계속되고 있다. 다시 말해 굳어진 명칭을 계속 쓸 것인가 아니면 새로운 대체어를 만들어 낼 것인가에 대한 의견의 차이는 지속되고 있다. 페미니즘이라는 명칭을 그대로 사용하자는 의견에서는 femini를 제외하려는 시도가 여성에 대한 문제를 감추고 근본적 해결을 막으려는 의도라고 말한다. 또 과거에 비한다면 여성의 권리가 향상된 것은 맞지만, 아직 그 의의를 완전하게 달성했다고 볼 수는 없으므로 명칭을 바꾸는 것은 이르다. 반면 페미니즘 명칭의 대체를 주장하는 의견은, 시대가 변함에 따라 남성 혹은 여성만이 아닌 시스젠더(Cisgender)[4] 등 성을 구분 짓는 의미가 모호해지고 있어 그 외의 성 또한 차별받는 것이 현실이기 때문에 femini의 뉘앙스로 인해 '여성우월주의' 혹은 '남성 배척' 등으로 이해가 변질될 수도 있다는 입장을 취한다. 물론 페미니즘이 성

4) 시스젠더(영어: Cisgender)란 자신이 타고난 '지정성별'과 본인이 정체화하고 있는 성별 정체성(gender identity)이 '동일하다.' 혹은 '일치한다.' 고 느끼는 사람을 뜻한다.(출처: 위키백과 https://ko.wikipedia.org/wiki/%EC%8B%9C%EC%8A%A4%EC%A0%A0%EB%8D%94)

평등을 지향하는 요소가 있기는 하지만 본질적으로는 여성의 사회적 역할과 경험에서 여성이라는 이유로 받는 불평등을 이해하는 것에 목적을 두고 있기 때문에 여성주의로 번역되기도 한다. 이와 같이 페미니즘은 여성의 사회적 지위가 불평등하다는 문제에서 그 출발점을 두고 있기는 하지만 관점에 따라 다양한 입장을 취하고 있음을 알 수 있다. 이에 다음에서는 페미니즘 관련 이론을 자유주의 페미니즘, 사회주의 페미니즘, 급진주의 페미니즘, 사회주의 페미니즘 이론으로 정리한 오만록(2011)의 내용을 중심으로 살펴보고자 한다.

1) 자유주의 페미니즘(liberal feminism)

자유주의 페미니즘은 인간은 누구든지 각자의 개성을 자유롭게 추구할 수 있고, 창조할 수 있으며, 소유할 수 있고, 표현할 수 있는 사회 속에서 삶을 영위할 수 있어야 한다는 19세기 영국에서 시작된 자유주의 사조를 기반으로 하고 있다(서울대학교 교육연구소, 2011). 특히 자유주의 페미니즘은 자유주의의 원칙을 남성과 여성에게 똑같이 적용하고자 하는데 그 목적을 두고 있다. 이에 여성과 남성, 즉 모든 사람의 능력 차이라는 것은 문화적 학습의 결과인 것이기 때문에 이 이론에서는 어떤 이유에서든지 사회는 개인의 자유를 막아서는 안 된다고 주장한다. 또 자유주의 페미니즘은 사회에서 일어나는 여성차별은 어린 시절부터 남녀 차별을 지양하는 교육과 정치적 개혁을 통해 가능하다고 보고 있다. 즉, 기존의 불평등한 성을 중심으로 한 정치 및 경제 제도를 개혁을 통해 여성 개인의 사회적 능력을 배양할 수 있는 환경을 만들 때 양성평등을 실현할 수 있다(오만록, 2011).

하지만 이러한 자유주의 페미니즘은 몇 가지 제한점을 내포하고 있다. 첫째, 양성평등의 정의실현을 방해하는 사회적 메커니즘에 대해 강력하게 주목하거나 설명하지 못하고 있다. 따라서 남녀평등이라는 진리에 도달하지 못하는 사회구조적 원인에 관한 고찰을 염두에 두지 못했다는 제한점이 있다. 둘째, 정신과 육체를 이분법적으로 구분하면서, 정신적 가치를 과도하게 중시하는 한편 여성은 자연과

육체에 더 관련이 된다는 관념을 갖게 할 가능성이 높다. 셋째, 자유주의 페미니즘은 부르주아 백인 여성에 국한하여 논의하였다는 점과 성적 차이를 전적으로 사회문화적 환경조건으로 돌렸다는 점 및 남성적인 가치에 대한 우월성을 여전히 인정하고 있다는 점 등이 제한점으로 남는다(오만록, 2011).

자유주의 페미니즘은 이러한 제한점에도 불구하고 여성에 대한 기존의 불평등한 사회제도를 개선하기 위한 다양한 노력을 시도하였을 뿐만 아니라 이로 인해 여성의 사회적 지위를 신장하는데도 많은 기여를 하였음은 분명한 사실이다.

2) 사회주의 페미니즘(Marxist feminism)

이 이론은 마르크스(Marx)의 이데올로기 이념에 근거하고 있기 때문에 마르크스주의 페미니즘이라고도 불린다. 이데올로기(ideology)란 정치, 법률, 도덕, 예술, 철학, 과학 등의 사회적 의식형태를 가리키는 말을 의미하는데, 이러한 의식형태는 자연스럽게 만들어지는 것이 아니란 힘과 권력을 가진 집단(부르주아)에 의해 만들어진다는 것이다. 특히 이렇게 만들어진 이데올로기는 우리의 일상생활 속에 자연스럽게 스며들게 되고, 부르주아들은 권력의 유지를 위해 정부, 교회, 학교, 언론과 같은 제도들을 자연스럽게 이용한다는 것이다. 이러한 마르크스 사상에 입각한 페미니즘은 여성문제는 자본주의 경제체제에서 발생한다고 보고 있다. 즉, 자본주의의 핵심인 사유재산제도를 여성의 성적 착취와 억압으로 보는 것이다. 이에 사회주의 페미니즘에서는 다음과 같은 사항에 주목한다(정미자, 2013).

첫째, 사회문화적 성이 권력관계와 연결되어 학교교육을 통해 어떻게 재생산 되는가?

둘째, 성별화된 계급집단(gendered class group)이 학교교육 과정 안에서 어떻게 형성되고 재생산 되는가?

셋째, 이러한 지배계급과 지배적인 성(gender)의 유지와 재생산을 학교에서 뿐만 아니라 학교, 가정, 노동시장과 어떠한 연계성을 갖는가?

3) 급진주의 페미니즘(radical feminism)

급진주의 페미니즘의 주장은 성별 불평등을 두 가지 관점으로 분류하여 불평등에 저항한다. 첫째, 남자가 학교지식과 문화를 전유하는데서 파생되는 성별 불평등이고, 둘째, 학교 내의 일상생활에서 벌어지는 성 정치학(Sexualpolitics)에 대한 것이다. 급진적 페미니즘은 남성과 여성 사이의 권력관계를 뜻하는 성 정치학과 남성 중심으로 이루어져 있는 지식의 내용을 통해 학교 내에서 이루어지는 남성의 여성에 대한 지배를 비판한다. 따라서 이러한 성불평등을 제거하기 위해서는 '성에 민감한(gender-sensitive)' 교육이 실시되어야 한다고 주장한다.

급진주의 페미니즘도 마르크스/사회주의 페미니즘과 마찬가지로 '재생산'에 주목한다. 마르크스/사회주의 페미니스트들은 학교가 사회의 하나의 구조물로서 '성별 분업'을 재생산하는 기제로 작용하는 것에 초점을 둔다. 반면 급진주의 페미니스트들은 학교가 남성중심의 지식과 문화가 가득 찬 교육과정과 불평등한 남녀 권력관계를 통해 여성에 대한 남성의 지배 이데올로기를 재생산하는 역할에 관심을 둔다. 그러므로 급진주의 페미니즘은 남성과 여성 간의 지배와 종속이 (재)생산되는 교육문화를 문제 삼았고,이러한 해결방안의 하나로 여성 중심의 교육환경(예: 남녀 분리 학교, single-sex schooling)의 건설을 주장한다(송현주, 2002).

이 외에도 최근 정신분석학 페미니즘과 생태주의 페미니즘 등도 존재하며 사회주의 페미니즘에 마르크스주의 페미니즘과 급진주의 페미니즘을 포함시켜 이해하기도 한다. 정신분석학 페미니즘은 자유주의 페미니즘과 같이 개인의 심리적 발달과 해방에 중점을 둔다. 정신분석학 페미니즘은 여성과 남성의 차이(difference)를 인정하며 이러한 차이를 근거로 여성의 사고와 삶을 설명하고자 한다. 그리하여 정신분석적 페미니즘의 교육적 관심은 여성이 개인 학습자로서 남성과 다른 학습방법을 발견하고 이것을 통해 가부장적 사회에 길들여진 여성심리의 건강한 발달과 여성의 억눌린 심리의 해방에 초점을 둔다. 또한 생태주의 페미니즘은 여성과 자연을 분리하는 가부장적 세계관과 사회구조가 자연 착취와 여성 억압을 낳는 근본 원인으로 파악한다.

페미니즘 각각의 입장은 다양한 관점들을 정리하기 위해 설정된 도구이지 절대적인 기준은 아니다. 그런 까닭에 이러한 분류는 페미니즘의 이론과 역사를 설명하기 위해 편의상 설정된 모델로 간주해야 할 것이다. 페미니즘은 여러 모습을 지니고 있어서 몇 가지로 구분되는 복합적 성격을 갖는 것으로 보아야 할 것이다.

3. 우리나라의 양성평등 현황

1) 양성평등 의식 현황

2021년 3월 말 발표된 '세계 성 격차 2021[5]'에 따르면 한국의 성 평등지수는 0.687(1에 가까울수록 평등)로 156개국 중 102위였다. 이러한 결과는 2020년 조사된 108위보다 상승했지만, 2006년에 조사를 시작한 결과보다는 낮은 수준으로, 한국이 여전히 성 격차가 큰 국가에 속한다는 것을 보여준다.

2) 양성평등을 위한 노력

우리나라에서는 양성평등에 대한 낮은 인식으로 인해 "양성평등문화 정착 및 의식 확산을 위한 다양한 방식의 평등문화 확산 활동을 전개"하고 "국민 모두가 생활문화 속에서 양성평등을 체감할 수 있는 양성평등 문화조성"하기 위해 노력하고 있다. 이에 양성평등기본법으로 제정하고 여성부 산하에 한국양성평등교육진흥원을 설립하였다.

5) 성격차지수(Gender Gap Index)는 세계경제포럼(WEF)에서 매년 발표하는 성별간의 차이를 나타내는 지표로, 경제, 교육, 보건, 정치 분야 참여 및 수혜의 남녀간 격차를 지수화하여 이를 각국별로 종합 비교, 정리한 보고서이다.

(1) 양성평등기본법의 제정

우리나라에서는 2015년에 이르러 양성평등과 관련된 기본법을 제정하여 성 평등한 사회적 분위기 조성을 위하여 노력하고 있다. 양성평등기본법의 제 1조는 "「대한민국헌법」 의 양성평등 이념을 실현하기 위한 국가와 지방자치단체의 책무 등에 관한 기본적인 사항을 규정함으로써 정치 · 경제 · 사회 · 문화의 모든 영역에서 양성평등을 실현하는 것을 목적으로 한다."는 점을 밝히고 있다.

(2) 한국양성평등교육진흥원의 설립

우리나라는 양성평등 교육을 체계적으로 수행하고 지원하여 우리사회의 남녀 차별적 의식과 관행을 개선하고 개개인의 능력과 소질을 개발할 수 있는 건강한 사회를 조성하기 위해 2003년 한국양성평등교육진흥원을 설립했다. 이곳에서는 양성평등기본법 제36조(양성평등 교육), 제37조(양성평등 문화조성), 제46조(한국양성평등교육진흥원의 설립 등)에 근거하여 양성평등학교의 운영을 지원하고 성인지정책교육, 전문강사양성과정, 폭력예방교육사업, 양성평등진흥사업, 여성역량강화사업, 네트워크사업 등을 진행하고 있으며 온/오프라인 교육 채널을 통해 대중 및 단체 교육을 실시할 뿐만 아니라 모바일교육 콘텐츠를 제작 배포하고 있다.

4. 양성평등과 교육

1) 양성평등교육의 개념

평등한 교육이 교육에서 성차별적 요소를 평가하고 제거하는 것이라면, 성평등을 가르치는 교육은 성평등한 사회를 실현하기 위한 의식교육을 의미한다. 이러한 개념적 구분에 따르면 교육과 성평등을 함께 보는 1980년대와 1990년대의 관점을 살펴볼 수 있다. 1980년대는 교육 분야에서 성평등이나 성불평등에 대한 논의가 시작되었고, 1990년 후반에 들어오면서 성에 대한 평등이 아닌 '양성평등교육'이라는 용어가 등장하게 되었다.

1990년대는 한국 교육정책에 양성평등교육정책이 본격적으로 도입된 시기이기도 하다. 제1차 여성정책기본계획(1998-2002)에 따르면 성차별적 교육내용의 제거 및 남녀평등의식 내용강화를 정책과제로 삼고 그 과제 중 하나로 제6차 교육과정(1992-1997)의 교과서 내용에 대한 분석이 이루어지면서 양성평등이 본격적으로 다루어지기 시작하였다. 현재 양성평등교육을 유치원에서부터 대학에 이르기까지 모든 학제에서 가르치고 있다.

교육부는 남녀평등교육 증진을 위한 교육정책 전반을 심의하는 교육부 장관 자문기구(남녀평등교육심의회)를 두고 있으며 2021년 기준 제6기 심의회가 활동하고 있다. 6기 심의회부터 '양성평등 교육정책'과 '교육분야 성희롱 · 성폭력 근절 · 예방' 등 2개 분과로 나눠 운영되며 교육분야 양성평등정책 및 성희롱 · 성폭력 근절 대책을 위한 노력을 하게 된다[6].

양성평등교육의 개념은 관점에 따라 다르게 나타나는데, 양성평등교육을 의식교육이나 폭력예방교육, 성교육 등을 포함하는 넓은 관점으로 보는 입장도 있으며, 이와 달리 양성평등교육을 단순히 성평등을 가르치는 교육으로서 성평등교육의 하위개념으로 보는 관점도 있다. 따라서 양성평등교육의 개념을 제대로 이해하기 위해서는 〈표 8－1〉에 제시되는 다양한 관점을 살펴볼 필요성이 있다.

6) 교육부 남녀평등교육심의회 6기 출범…2개 분과 신설(한겨레 기사 2019년12월6일, hani.co.kr/arti/society/schooling/919892.html)

〈표 8-1〉 양성평등교육 개념의 정의와 범위

김재춘 · 왕석순 (1999)	양성평등교육은 남녀를 동등하게 대우하는 것, 남성의 여성에 대한 지배를 종식시키는 것, 여성은 남성과 동일하게 대우받아야 할 뿐만 아니라 남성과 다른 특별한 대우를 한시적으로 받아야 함을 의미한다.
교육인적자원부 (2006)	양성평등교육은 양성 중 어느 특정성에 대하여 부정적인 감정이나 고정관념, 차별적인 태도를 가지지 않으며 생물학적 차이를 사회문화적 차이로 직결시키지 않고, 남녀 모두에게 잠재되어 있는 특성을 충분히 발현하여 자신의 자유의지로 살아가도록 촉진하는 교육이다.
이갑숙 · 정미미 (2007)	양성평등교육이란 우리 사회가 성별 고정관념과 성별 분업의 문제를 인식하고, 타고난 성별에 관계없이 자신의 소질과 능력을 충분히 개발할 수 있도록 도와줌으로써 교육에의 접근기회뿐 아니라 학업성취 등 교육의 과정이나 결과에 있어서 성별 격차가 없도록 하는 것을 의미하며, 교육의 범위는 양성평등의식교육, 성희롱예방교육, 성교육, 성폭력, 가정폭력, 성매매 전문상담원 교육을 포함한다.
김선희 외 (2010)	성평등교육이란 성평등의식함양과 성평등 실현을 위한 모든 교육으로서 성인지력 향상, 성희롱 · 성매매 · 성폭력 · 가족폭력예방교육, 양성평등교육을 포함한다.
한국양성평등교육진흥원 (2012)	양성평등교육이란 여성과 남성 등 특정성에 대하여 부정적인 감정이나 고정관념, 차별적인 태도를 가지지 않고, 남성과 여성의 생물학적 차이를 사회 · 문화적 차별로 직결시키지 않으며, 남녀 모두에게 잠재되어 있는 특성을 충분히 발현하여 자신의 자유의지로 삶을 계획하고 세상을 볼 수 있도록 하는 교육이다.
홍선영 외 (2012)	성평등교육은 여성과 남성이 더불어 살아가는 동반자 관계임을 인식하게 하여 양성의 조화로운 공존을 추구하는 것에 초점을 두며, 차별 폭력, 소외, 편견을 해소하고 평등을 도모하는 것으로 내용에 있어 양성평등교육, 성희롱예방교육, 성폭력예방교육, 성교육 등을 포함한다.
정해숙 외 (2013)	양성평등교육이란 이성관계, 가족, 직장, 일상생활 등 사회제도와 삶의 다양한 영역에서의 성별 고정관념과 성역할 분업을 해소하고 양성평등을 지향하는 교육이다.

출처: 배유경(2015). 여성주의 관점에서 본 한국 양성평등교육에 관한 연구. 서울대학교 대학원 박사학위논문. pp.9-10.

이와 같이 양성평등교육은 하나의 개념으로 정의하기 어려우나 남성과 여성이라는 생물학적인 성 차이를 사회문화적으로 형성된 고정관념과 결부시키지 않고 누구나 인간으로서 평등하게 대우받을 수 있도록 해야 한다는 일종의 의식화 교육이라 할 수 있다.

최근에는 양성이라는 용어를 확장하기 위해 '성평등'이라는 용어로 전환하려는 움직임이 있다[7]. 1995년 제정된 '여성발전기본법'이 2015년 '양성평등기본법'으로 바뀐 후 정책용어는 여성에서 양성으로 전환되어왔다. 예를 들면, '여성주간'은 '양성평등주간'으로 '여성정책'은 '양성평등정책'으로 쓴 것이다. 그러나 '양성'이라는 표현 때문에 현장의 혼란을 키우고 성별이분법을 재생산한다는 비판이 줄곧 있었다. 2017년 여성가족부는 새 정부 출범 후 양성평등 관련 용어를 모두 '성 평등'으로 바꾸어 제시하고 "그동안 양성평등과 성평등을 혼용해 사용해왔으나 새 정부 기조에 맞춰 양성평등주간처럼 법명에 정해진 용어 외에는 대부분 성평등을 사용하고 있다"고 설명했다. 19대 국회에서는 여성발전기본법 개정 과정에서 '성평등'이 제3의 성 등의 성소수자를 포함한다며 치열한 논의가 있었다. 이에 양성평등이라는 용어가 최종 법명이 되었다. 하지만 이후 여성단체는 지속해서 법명 개정을 요구하고 있는 상황이다.

2) 양성평등의 교육내용

양성평등교육을 위해서는 다방면의 내용이 제시될 필요성이 있다. 여기서는 2014년에 법무부와 한국여성정책연구원에서 제시한 〈한국사회의 성평등한 사회, 문화 환경조성 기반구축을 위한 교육안〉을 기반으로 양성평등교육의 구체적인 내용을 살펴보고자 한다.

(1) 양성평등교육의 이론적 내용

한국사회의 성평등은 양성평등의 필요성에 대한 이해에서 시작하여 생활 속 실천으로 이어져야 한다. 이에 한국사회 성평등/성차별의 역사적 배경을 이해하고 성평등에 대한 철학을 배우며 성역할 규범을 통해 한국사회의 성평등 방향을 깨달아야 할 것이다. 이를 구체적으로 살펴보면 다음과 같다.

7) "정부, 양성평등 대신 성평등 쓴다" 여성신문. 2017년 7월 11일자https://www.womennews.co.kr/news/articleView.html?idxno=115608

① 한국 사회 성평등/성차별의 역사적 배경

한국사회에서 성평등과 성차별의 역사는 조선시대 이래로 남녀 관계와 여성의 위치에 대한 생각의 변화를 통해 알 수 있다. 이러한 내용은 서양사회와 비교했을 때 어떤 차이를 보이는지 제시하여 우리나라의 성평등에 대한 이론적 기초를 제시하는 것으로 나타난다. 또한 개화기를 거쳐 근대사회와 현대사회에서 여성상 및 여성의 위치 및 역할의 변화를 제시하여 시대적인 특징을 알 수 있게 한다.

② 성평등 철학

성평등 철학은 성평등 담론이 어떠한 철학적 기반에 근거하는지 평등론으로부터 시작하여 성평등과의 연관성을 보여주는 것이다. 그리고 평등을 실천하는 방법으로 분배의 철학과 인정의 철학을 제시하여 성평등에 적용할 수 있는 부분을 찾도록 한다.

③ 성 역할 규범

사회에서 양성에 기대하는 성 역할과 시대와 문화에 따른 이념으로서 성 역할 고정관념을 설명하는 내용이 포함된다. 현재 우리나라에서 통용되는 성 역할을 구체적으로 제시하는 내용이다.

④ 한국사회의 성평등 현실

한국사회의 성평등 현실은 한국의 성평등성 정도가 객관적으로 어떤 위치에 있는지 다른 나라와의 비교를 통해 제시할 수 있다. 성평등성이 높은 부분과 낮은 부분에 대해 구체적으로 안내한다. 또한 성평등사회는 어떠한 사회인지 비전을 제시하는 내용으로 구성된다.

(2) 양성평등교육의 실제적 내용

① 건강하고 평등한 가정

건강하고 평등한 가정은 성평등이 추구하는 중요한 가치 중의 하나이다. 가정이 건강하고 평등하기 위해서는 결혼제도 자체의 건강성과 안정성이 보장되어야 한다. 이에 결혼의 건강성과 안정성을 저해하는 문제들이 사회의 성차별과 관련이 있음을 밝히고 성평등을 통한 해결책을 제시하는 내용이 포함되어야 한다. 이와 관련하여 혼수, 이혼, 만혼과 같은 결혼제도와 가정폭력 등을 다룰 수 있다.

② 여성의 동등한 사회참여

여성이 남성과 동등하게 사회에 참여하기 위해서는 남성과 동등한 시민권을 가져야 하며 정치, 사회, 경제 등의 공적 영역에 대등하게 참여해야 한다. 우리 사회에서 여성의 낮은 정치대표성에 대한 내용과 이에 대한 역사를 보여주는 내용을 포함한다. 예를 들어 호주제가 폐지되고 가족관계등록부제도로 바뀐 과정을 소개할 수 있다. 또한 여성의 사회참여는 미디어에서의 '여성대표성'의 특성을 살펴보는 내용을 포함하여 여성의 사회참여에 영향을 주는 사회적 분위기에 대해서 제시할 수 있다.

③ 일가정양립

일, 가정 양립은 현대사회에 가장 적절한 생활양식이며 또한 성평등의 원칙에도 잘 부합하는 것이다. 이에 일가정양립에 대한 개념과 성평등과의 연관성, 일가정양립에 장애가 되는 사회현실, 가사노동의 성별 분담, 일가정양립을 위한 방안을 제시할 수 있다.

④ 여성의 적극적 경제활동

여성의 적극적 경제활동 참여는 성평등을 실현하기 위한 필수조건이다. 그러므로 여성의 경제활동에 장애가 되는 여성경력단절과 남녀임금차별 구조에 대한 내용을 양성평등교육에 포함시킬 수 있다.

⑤ 여성 인권

여성 인권 증진은 실상 성평등의 모든 원칙들이 주장하는 바이다. 그 중에서도 몸과 성에 대한 자기 결정권, 존중받을 권리 등은 최근 여성 인권과 관련된 중요한 내용에 포함된다. 여성의 성적 자기 결정권을 침해받는 사례로는 성폭력을 들 수 있으며 몸에 대한 결정권 침해에는 피임과 낙태제도를 들 수 있다. 또한 미디어의 여성 성적대상화 역시 여성 인권을 침해하는 데 일조하므로 이에 대한 내용 역시 양성평등교육에 포함되어야 할 것이다.

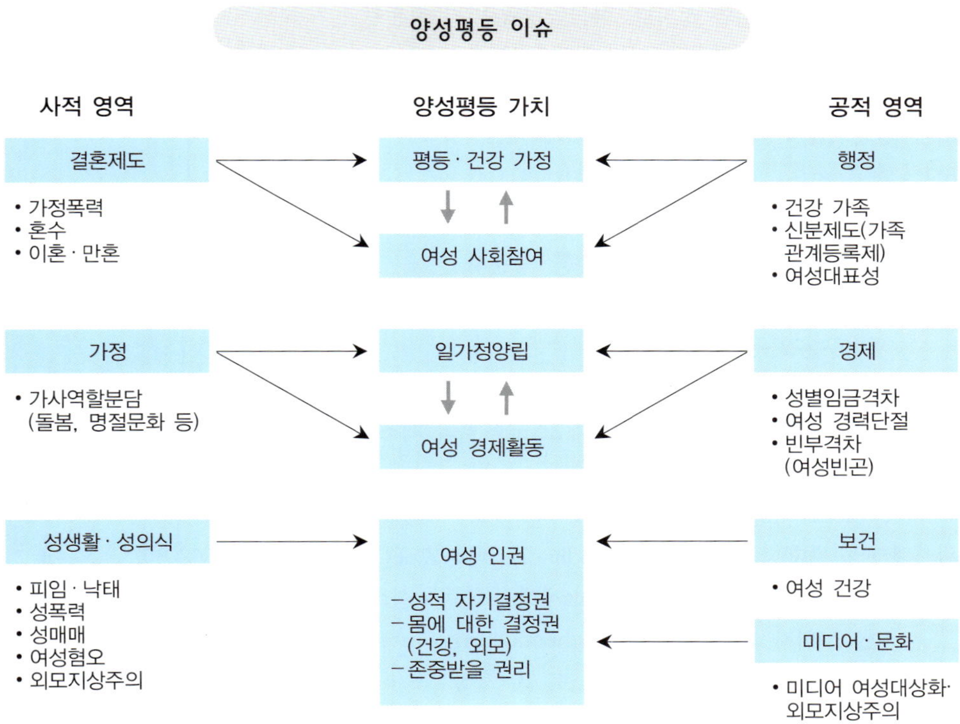

[그림 8-1] 양성평등교육의 실제적 내용(법무부, 한국여성정책연구원, 2014)

참고문헌

김난도(2012). 트렌드 코리아 2013. 미래의 창.

김영화 외(1993). 한국인의 교육열 연구. 한국교육개발원 연구보고 RR-93-21. p.18

배유경(2015). 여성주의 관점에서 본 한국 양성평등교육에 관한 연구. 서울대학교 대학원 박사학위논문.

법무부, 한국여성정책연구원(2014). 한국사회의 성평등한 사회 · 문화 환경조성 기반구축을 위한 교육안.

서울대학교 교육연구소(2011). 교육학용어사전. 도서출판 하우.

송인자 · 강남식 · 송현주 · 한정원(2006). 성별영향평가 교육프로그램 개발. 여성가족부.

송현주(2002). 대안적 패러다임으로서 페미니스트 페다고지. Andragogy Today: International Journal of Adult & Continuing Education, 5(3). 1-28.

송현주(2008). 성차이와 성차별. 한국양성평등교육진흥원.

양다진(2012). 성인지성의 조절효과를 통해 본 결혼이주여성의 결혼만족연구. 성균관대학교 박사학위논문.

여성가족부(2015). 양성평등기본법 시행규칙.

여성가족부(2016). 양성평등기본법 시행령.

여성가족부(2016). 양성평등기본법.

이종각(2011). 새로운 교육사회학 총론. 동문사.

정미자(2013). 페미니즘에 기초한 여성 성인교육 발전에 관한 연구. 전북대 대학원 박사학위청구논문.

조은(2003). 사회이동에 대한 참을 수 없는 욕망: 세계화, 교육열 그리고 학부모. 제20차 KEDI 교육정책포럼. 한국 학부모 교육열의 재조명. 연구자료 RM 2003-22. 32-46.

UNESCO (2018). International technical guidance on sexuality education: an evidence-informed approach. Fontenoy: UNESCO.

위키백과 "Z세대" https://ko.wikipedia.org/wiki/Z%EC%84%B8%EB%8C%80

각종 지표에 드러나는 남녀갈등…MZ세대 불평등 · 성희롱 가장 민감" 헤럴드경제 2021년 5월 20일자 기사 http://news.heraldcorp.com/view.php?ud=20210520000150

양성평등기본법 제 3조(정의), 2021. 4. 20 개정

세계 성 격차 보고서 2020 나무위키
https://namu.wiki/jump/jr46rvjnbnNIT2QhdVR8U111H07Tk96ZGr9diGVLTriHbufAH36wZwQQTJ1S6wp8Q8LG7EHr1rHM4zuY5Rw6zQ%3D%3D

교육부 남녀평등교육심의회 6기 출범…2개 분과 신설(한겨레 기사 2019년12월6일, hani.co.kr/arti/society/schooling/919892.html)

"정부, 양성평등 대신 성평등 쓴다" 여성신문, 2017년 7월 11일자 https://www.womennews.co.kr/news/articleView.html?idxno=115608

제 9 장

사회문제와 교육

사회문제라고 하면 떠오르는 것으로 어떤 것이 있는가? 매일 뉴스에 나오는 사건, 사고, 이슈가 되는 것에는 어떤 것이 있는가? 고령화와 저출산, 부정시험과 입시비리, 복지 사각지대, 청소년비행이나 범죄, 실업과 취업난, 빈부격차와 소득차이, 이런 것들이 생각난다. 이러한 문제는 어떻게 이해해야 하며 어떻게 해결할 수 있을까? 이 장에서는 여러 가지 사회문제를 알아보고, 이러한 사회문제를 어떻게 해결할 수 있는지, 그리고 교육을 통해 할 수 있는 일은 무엇인지 생각해 보도록 한다.

1. 사회문제의 이해

1) 사회문제의 정의

사회문제의 정의는 여러 가지가 있는데, 표현의 차이는 있지만 그 내용이 매우 유사하다. Mooney, K. & Schacht(2002: 3)는 "사회구성원의 일부가 사회에 해가 된다고 판단하여 치료가 필요하다고 생각하는 조건"이라고 정의하고, Curran & Renzetti(1993: 4)는 "사회적으로 중요한 위치에 있는 대중이 사회에 해롭거나 바람직하지 않다고 생각하는 조건"이라고 정의했다. Miller & Holstein(1993)과 Sullivan(2000: 5)은 "사회적으로 영향력 있는 집단이 자신들의 가치를 위협하고 많은 사람들에게 영향을 미치며, 또 집단행동을 통해 해결 가능하다고 생각하는 조건"을 말한다. 또한 Zastrow(2000: 2)는 사회문제를 "영향력 있는 집단이 어떤 조건이 많은 사람들에게 영향을 미친다고 확신하여 문제로 규정하고 또 집단행동에 의해 해결될 수 있다고 생각하는 것"이라고 정의했다. Beeghley(1999: 4)는 사회문제를 "상당히 많은 사람들이 해로운 것이라고 간주하고, 또 정치적으로 개선이 필요한 것으로 인식하는 조건"이라고 정의했다. 이러한 정의를 종합하면, 사회문제는 ① 사회 또는 개인에게 해로운 조건을, ② 영향력 있는 집단이 사회문제라고 규정하고, ③

집단행동을 통해 해결되어야 한다고 생각하는 것이다(원석조, 2013: 16).

먼저, 사회문제는 개인 또는 사회에 피해를 주는 유해조건이다. 유해조건에는 신체적 상해, 재산의 손실, 권한의 침해, 환경의 오염, 인종차별과 성차별, 사회적 가치의 손상 등이 있다. 그리고 이러한 것들이 사회문제가 되기 위해서는 해로움의 정도가 객관적으로 드러나야 한다. 예를 들면, 약물중독이 사회문제가 되기 위해서는 약물중독자의 수나 약물복용으로 인한 사망자의 수가 제시되어야 한다. 그런데 사람에게 해를 준다고 해서 모두 사회문제가 되는 것은 아니다. 미국에서 약물과 자동차로 인한 피해를 비교해 보면, 자동차 사고로 인한 사망자의 수는 마약으로 인한 사망자 수의 세 배에 달하며 자동차 사고로 인한 재산상의 손실액도 마약의 경우보다 훨씬 많다. 더욱이 자동차는 공기를 오염시키고, 여러 질병을 유발하며, 지구 온난화의 주범이다. 그럼에도 불구하고 자동차 사고를 사회문제로 보는 사람은 별로 없고, 마약이 사회문제가 아니라고 보는 사람도 거의 없다. 왜냐하면 사회문제는 이러한 객관적인 요소뿐만 아니라 주관적인 요소가 있기 때문이다(Beeghley, 1999: 4).

두 번째, 사회문제는 영향력 있는 집단이 사회문제라고 규정해야만 사회문제가 된다. 우선 생각해 볼 수 있는 것은 사회문제에 관련된 사람들의 숫자인데, 유해조건이라 하더라도 관련된 사람의 수가 적으면 사회문제가 되기 어렵다. 극소수에게만 해당되는 문제라면 사회문제가 아니라 개인적 문제일 뿐이며, 많은 사람들이 관련되어야만 대중의 관심을 끌게 되고 그 해결방안을 놓고 논쟁이 벌어진다. 예를 들면, 실업의 경우 실업자 수가 극히 적을 경우 실업은 사회문제가 되기 어렵다. 반대로, 사회적 다수가 사회문제라고 하면 사회문제가 되는 것도 아니다. 예를 들면, 전문가가 가장 중요한 사회문제라고 생각한 범죄와 비행이 여론조사에는 그리 중요하지 않는 것으로 나타났고, 전쟁과 평화가 여론에서는 가장 중요한 사회문제로 인식된 반면에 전문가는 가장 낮은 비중으로 취급했다(Curran & Renzetti, 1993: 5). 또한, 사회적 다수의 생각이 잘못될 수도 있다. 예를 들면, 노예제도는 미국 남부에서는 오랫동안 사회문제로 인식되지 않았는데, 그 이유는 대중의 편견과 여론 때문이었다. 그러므로 우리는 어떤 조건을 다수가 사회문제라고 여긴다고 이를 무비판적으로 수용할 게 아니라 그 타당성을 의심해 보아야 한다.

그러면 어떤 집단이 영향력 있는 집단인가? Sullivan(2000: 5)은 대중적 논쟁이나 국가정책에 상당한 영향력을 행사하는 집단이라고 했다. 예를 들면, 동물학대에 반대하는 집단이 대중들의 무관심(대부분의 사람들은 동물학대를 사회문제로 여기지 않는다)으로 자신들의 주장을 공론화하는데 실패했다면 이들은 영향력 있는 집단이 아니다. 사회적 영향력이 큰 집단을 흔히 여론지도층이라고 하는데, 대통령, 도지사, 국회의원 등과 같은 정치인, 종교계 지도자, 교수, 신문기자, 전문가 등이 여기에 포함된다. 이들은 경우에 따라선 여론을 만들기도 하는데, 특히 강력한 힘을 가진 정부와 기업계는 여론을 조작하여 특정 상황을 사회문제로 만들 수 있는 능력을 가지고 있다. 어떤 조건이 사람들로부터 사회문제로 인정되어야 사회문제가 된다는 사실은 같은 조건이라도 어떤 시점에서는 사회문제로 인식되지 않았다가 시간이 지나면서 사회문제로 새로이 부각될 수 있다는 것을 시사한다. 예를 들면, 성차별은 과거에는 사회문제가 아니었다가 여권신장과 함께 여성운동단체와 진보적인 사람들이 성차별의 부당성을 주장한 이후 사회문제의 하나로 인식되었다.

영향력 있는 집단이 사회문제로 규정해야 사회문제가 된다면 사회적으로 힘 있는 집단의 가치와 기준을 침해했을 때 사회문제로 규정되기 쉽다. 사회문제를 규정하는 영향력은 ① 관심을 나타내는 사람의 수, ② 관심 표출의 강도, ③ 관심을 나타내는 사람들의 권력 등 세 가지 측면에서 측정된다. 사회문제는 사회적 다수건 사회적으로 영향력 있는 집단이건 힘 있는 집단이건 누군가에 의해 사회문제로 규정되어야만 사회문제가 된다.

세 번째, 사람들은 사회문제가 집단행동을 통해 해결되기를 원하는 동시에 해결될 수 있다고 믿는다. 여러 가지 사회조건에 대해 사람들은 개선을 바란다. 교육, 복지가 개선되었으면 좋겠고 교통, 출산과 육아, 주거문제, 취업, 환경 등도 개선되기를 바란다. 개선에의 열망은 인간의 진보에 대한 믿음과 개인의 존엄성에 대한 확신에 기인한다. 이러한 믿음과 열망이 사회문제의 개선을 원하게 만든다(Beeghley, 1999: 7). 이를 사람들로 하여금 해로운 조건이 개선될 수 있을 것이라고 믿게 만드는 낙관적 측면, 즉 사회문제의 해결 가능성 측면이라고 한다. 바로 이 집단의 열망에 의한 집단행동, 능력에 의해서 문제를 푼다는 생각이 사회문제를 해결하게 된다. 다른 말로 하면, 유해조건과 영향력 있는 집단에 의한 사회문제 규정이라는 두 가지 요건을 충족시킨다 하더라도 인간의 집단행동에 의해 해결될 수 없다면 사회문제가 될 수 없다. 죽음은 모든 사람들이 겪는 문제이지만 죽음은 사회문제가 되지 않는다. 왜냐하면 죽음은 인간의 능력으로 해결되지 않기 때문이다. 또한 자연재해가 아무리 많은 사람들에게 해를 준다고 해도 사회문제가 될 수 없다. 인간의 노력, 집단행동에 의해 해결될 수 없기 때문이다. 우리나라에서는 1950년대와 1960년대에 빈곤이 사회적 문제로 인식되지 않았다. 당시 빈곤은 사회문제라기보다는 대다수 사람들의 생활 그 자체였기 때문이다. 사회가 빈곤을 해결할 능력이 없을 경우 그것은 사회문제가 되지 못한다.

이처럼 사회문제는, 개인 또는 사회의 유해조건에 대해, 영향력 있는 집단이 사회문제라고 규정하고, 집단행동을 통해 해결되어야 한다고 생각하는 것이다. 이러한 사회문제는 가장 적절한 해결방법을 통해 빨리 해결되기를 원하지만, 상당기간 지속되며, 사람들이 내놓는 사회문제의 해결책은 매우 다양하며 종종 서로 갈등관계에 있는 해결책이 제시되기도 한다.

성매매나 빈곤과 같은 사회문제는 아주 오랫동안 지속되는데 그 원인은 다음과 같다(Parrillo, Stimson, & Stimson, 1999: 6-8). 첫째, 사회제도들은 상호 연관성을 갖고 있기 때문에 사회문제가 지속된다. 서로 보완하는 사회제도들 간에는 아주 높은 상관성이 있는데(결혼과 성매매), 이 때문에 사회문제(성매매)는 좀처럼 사라지지 않는다. 둘째, 이익이 되는 것을 포기하지 않기 때문에 사회문제는 지속된다. 예를 들면, 국가가 환경오염방지정책을 시행하게 되면 기업은 오염정화설비 비용을 지출해야 하므로 그만큼 이윤이 줄어든다. 그래서 기업은 환경오염방지정책에 대해 저항한다. 이들의 주장이 관철되면 환경오염문제는 해결되지 않은 채 지속된다. 셋째, 역설적이게도 사회문제를 신속히 해결하고자 하는 것이 사회문제를 지속시킨다. 사회문제가 심각하다 하여 단기간에 많은 비용을 투입하여 해결하려고 하지만 실제로 짧은 시간 안에 사회문제가 해결되지 않는다. 많은 노력을 했음에도 불구하고 사회문제가 해결되지 않으면 대중들은 그 해결을 포기하는 경향이 있다. 그래서 사회문제는 해결되지 않은 채 남게 되는 것이다.

사회문제는 이와 같은 이유로 단기간에 해결되기도 어렵지만, 내놓는 해결책도 다양하고 갈등하게 된다. 왜냐하면 해결책에 대한 평가가 사람들의 사회경제적 지위에 따라 다르기 때문이다. 예를 들면, 빈곤문제에 대해 근로 인센티브 제고, 빈민의 최저생활 보장 등 수많은 해결책이 제시되는 것은, 객관적 사실에 입각해서가 아니라, 편견, 추론, 서로 다른 문화적 지향성에 입각하기 때문이다. 문화적 다양성이 해결책을 다양하게 만들고, 일반인들은 확실한 근거나 증거 없이 자기 주장을 하며, 전통적이고 종교적인 해석을 따르는 경향 등 사회문제의 해결책은 다양하며, 이 수많은 해결책 중에서 어느 것을 통해 사회문제를 해결할지 결정해야 한다.

2) 사회문제의 두 가지 시각

사회문제의 접근방법에는 두 가지가 있다. 하나는 개인적 시각으로서 사회문제의 원인을 개인적 특성에서 찾는다. 다른 하나는 사회문제의 원인을 사회구조에서 찾는다. 먼저, 개인적 시각을 보면, 뉴스에 종종 등장하는 것처럼 한국의 유명 가수의 마약복용은 새앨범 발표를 앞두고 느끼게 되는 심리적 부담이나 불안 등의 스트레스에서 찾을 수 있다. 그러나 이러한 개인적 시각은 몇몇 개인이 아니라 수많은 사람들이 마약을 복용하는지에 대한 설명을 해줄 수 없다. 개인적 시각의 약점을 보완하는 것이 구조적 시각이다. 구조적 시각은 사회문제의 원인을 사회구조에서 찾는다. 예를 들면, 풍족한 사회일수록 마약중독자 수가 많다는 점에 착안하여, 풍요한 사회구조가 많은 사람들로 하여금 마약을 복용하게 만든다고 본다(Beeghley, 1999: 3).

이와 유사한 것이 개인비난론과 체제비난론이다(원석조, 2013: 26). 개인비난론이란, 예를 들면 미국 슬럼지역 소재 학교에 다니는 학생의 학업 실패 원인을 공부에 대한 무관심, 가족의 영어 구사능력 부족, 부모의 낮은 교육수준 등 문제의 원인을 학생이나 부모 개인의 결함에서 찾는다. 이런 입장을 취하게 되면, 정부, 경제계, 계층구조, 사법제도, 교육제도 등이 비난의 대상에서 제외되고, 문제해결방법도 제도의 변화가 아닌 잘못을 저지른 개인의 변화에서 찾고자 한다. 사회적 진보를 유기체의 정화과정 혹은 사회적 약자의 도태과정으로 파악한 스펜서주의가 대표적이다. 반면, 체제비난론에서는 학업실패의 원인을 과밀학급, 비능률적인 교과과정, 학교자원의 지역 간 불균형, 교사 자질 부족 등 교육환경에서 찾는다. 체제비난의 입장에서는 개인의 무능력이나 과실과는 무관한 사회체제의 결함에서 사회문제를 설명할 수 있다. 그러나 체제비난론에 편향되면 개인의 태만이나 노력 부족 등 개인이 야기한 사회문제에 대해서는 외면하는 위험이 있다. 이것은 사회학의 거시이론에 의해 접근하는 것으로 개인을 개성을 가진 개체로서가 아니라 환경의 산물이라고 여기게 된다(Eitzen & Zinn, 2000: 14–15).

3) 사회문제의 유형과 범주

그러면 어떤 문제가 사회문제가 될까? 개인이 느끼는 문제의식과 불편함이 그대로 사회문제가 될 수 있을까? 그리고 이러한 사회문제를 어떻게 범주화할 수 있을까? 사회문제를 병렬식으로 나열할 수도 있지만 유형화할 수도 있다. 사회문제는 주관적인 측면이 있어서 어떤 현상을 사회문제로 볼지 아닐지는 전문가의 판단이나 여론에 좌우되는 경우가 많기 때문에 사회문제의 유형과 범주에 관한 통일된 의견은 나오기가 어렵다.[1] 그래서 여기에서는 원석조의 입장을 따라 사회

1) 사회문제의 유형에 관한 전통적인 입장은 한때 미국에서 가장 많이 읽혔던 사회문제론 교재인 『현대사회문제론』에 나오는 견해인데(Merton, R. & Nisbet, R., 1976), 사회문제를 일탈행위와 사회해체의 두 가지로 유형화했다.

- 일탈행위 : 범죄, 비행, 정신질환, 약물중독, 알코올중독, 성매매 · 동성애
- 사회해체 : 인구문제, 불평등, 고령화, 성역할, 인종문제, 가족해체, 지역사회 해체 · 도시문제, 노동문제, 빈곤

문제를 제시하고 범주화하고자 한다(원석조, 2013: 27-38). 전문가들이 사회문제로 간주하는 빈곤, 범죄와 비행, 성차별이 사회문제라는 데에는 이견이 없다. 그 다음으로 대부분의 사회문제 학자들이 사회문제로 간주한 부와 권력의 문제(경제문제와 정치문제), 고령화, 가족문제 등도 사회문제가 되는 데 무리가 없다. 그리고 환경문제, 인구문제, 도시문제, 교육문제, 보건의료문제, 약물과 알코올문제 등 다수의 학자들이 사회문제로 간주한 것들도 마찬가지이다. 노동문제 중 실업이나 저임금문제 등 노동의 부정적 결과를 고려한다면 사회문제가 될 수 있다는 점에서 노동문제를 사회문제에 포함시켜도 된다. 사회문제의 범주를 정리해 보면, 대체로 빈곤, 범죄와 비행, 성차별, 부와 권력의 문제(경제문제와 정치문제), 고령화, 인종문제, 가족문제가 사회문제로 간주된다. 또한 환경문제, 인구문제, 도시문제, 교육문제, 보건의료문제, 약물과 알코올문제도 사회문제에 포함된다(원석조, 2013: 32- 33).

다음으로 이러한 다양한 사회문제를 어떻게 유형화시키는가 하는 것이다. 본서에서는 원석조의 사회문제 유형과 범주를 따라 논의하고자 한다. 원석조는 Parrillo, Stimson, J. & Stimson, A.(1999)의 견해가 우리나라의 사회문제 유형에 적합하다고 보고 있다. 이들은 사회문제를 개인의 복지를 위협하는 문제, 사회적 평등을 위협하는 문제, 사회제도를 위협하는 문제, 삶의 질을 위협하는 문제의 네 영역으로 나누고 있다. 그리고 다음 표에 나오는 것처럼 각각의 사회문제를 이 영역에 포함시키고 있다(표 참고). 여기에서는 인구문제의 경우 삶의 질을 위협하는 문제에 포함되는데, 인구문제의 핵심은 인구증가와 과잉인구에 있다. 한국의 경우 1960년대 급격한 인구증가에 따른 인구문제는 중요한 사회문제였다. 하지만 현재 한국은 인구절벽 등 인구감소를 우려하는 처지에 이르렀다.[2] 2020년 대한

과 프롤레타리아트, 집단폭력

그런데 1970년대만 해도 사회문제가 되었던(불법) 동성애는 2015년 미국 전 주에서 동성애 결혼이 합법화되었고, 아일랜드는 2017년 5월 29일 선거에서 카톨릭 국가에서 사상 첫 동성애자 총리 수상이 탄생했다. 유교적 전통이 강한 아시아의 경우, 2017년 5월에 아시아 최초로 대만이 동성혼 합법화 국가가 되었다. 이를 보면 동성애 등 어떤 문제는 사회문제라고 여겨졌다가 사회의 변화나 시간의 변화에 따라 사회문제가 아닌 것으로 여겨진다. 오늘날 사회문제의 유형은 전통적인 입장과는 차이가 있다.

민국의 인구(5,182만 9,023명)가 사상 처음으로 전 해인 2019년(5,184만 9,861명)보다 줄어든 것으로 나타났다. 그래서 한국에서는 인구증가와 과잉인구에 의한 인구문제는 없다고 할 수 있다. 반대로 우리나라에서는 인구의 고령화로 인한 의존인구의 급격한 증가가 문제가 된다.

원석조가 제시한 사회문제를 보면 다음과 같다(원석조, 2013: 37-38). 다음 장에서는 네 가지 유형에 해당하는 각각의 사회문제를 살펴볼 것이다. 여기에 제기된 사회문제를 모두 다 자세히 살펴보고 논의할 수는 없지만, 사회를 살아가는 인간으로서 우리는 어떤 사회문제가 있으며 그것이 어떤 것인지 이해하고, 이를 해결할 수 있는 해결방안과 교육을 통해 우리가 할 수 있는 일을 모색해 보고자 한다. 사회문제에서 각 문제의 정의를 정확하게 파악하는 것이 사회문제를 이해하고 적절한 문제해결방안을 찾거나 교육을 하는 데에 중요하다.

〈표 9-1〉 **사회문제의 유형과 범주**

유 형	형 태
개인의 복지를 위협하는 문제	범죄, 청소년비행, 성매매, 약물남용, 정신질환, 가정폭력·성폭력
사회적 평등을 위협하는 문제	소득의 불평등, 빈곤, 성차별
사회제도를 위협하는 문제	가족문제, 교육문제, 노동문제, 보건의료문제
삶의 질을 위협하는 문제	인구문제, 도시문제, 환경문제

2) 인구절벽이란, 미국의 경제학자인 해리 덴트가 2014년 처음 제기한 개념으로 생산가능인구(15~64세)의 비율이 전체 인구에서 급속도로 줄어드는 현상을 말한다. 또한 인구절벽은 소비를 가장 많이 하는 40대 중후반 인구가 줄어드는 현상으로 사회경제적으로는 소비위축 현상을 의미하기도 한다. 통계청에 따르면 한국은 2016년에 생산가능인구가 3,704만 명으로 정점을 찍은 후 급속히 감소할 예정이다.
한국의 고령화, 인구절벽의 주원인은 출산율 저하이다. 더욱 심각한 것은 정부가 지난 2006년부터 10년 동안 총 102조원의 어머어마한 예산을 지출하였음에도 불구하고 출산율이 계속 줄어들고 있다는 점이다. 출산율의 계속적 저하와 인구절벽, 고령화 사회의 진입은 대한민국 성장 잠재력이 더욱 약해져가고 있을 뿐 아니라 노동시장 안정화와 복지 등의 사회 직간접 비용의 부담을 더욱 증가시키고 있다(2017년 6월 1일자 충북일보).
지금 추세대로라면, 교육계는 2020년을 전후로 학령인구 절벽 현상이 일어날 것으로 예측했다. 한편, 인구절벽에 이어 결혼절벽이라는 개념도 나오는데 결혼 인구가 줄어들면서 결혼절벽이 현실화되고 있다. 이에 따라 결혼식장이 문을 닫는 등 웨딩 업체들도 줄줄이 폐업하고 있다고 한다. 해리 덴트는 2015년 10월 제16회 세계지식포럼에서 한국이 2018년경 인구절벽에 직면해 경제불황을 겪을 가능성이 높다며, 인구절벽의 해결방안으로 이민 촉진과 출산·육아 장려책을 제시한 바 있다.

2. 개인의 복지를 위협하는 문제 : 일탈행위

개인의 복지를 위협하는 문제는 일탈행위와 관련이 있다. 먼저 일탈행위를 규정한 뒤에, 개인의 복지를 위협하는 문제에 속하는 범죄, 청소년비행, 성매매, 약물남용, 정신질환, 가정폭력 및 성폭력을 살펴보고자 한다.

1) 일탈행위의 이해

일탈행위란, 사회구성원들이 그 사회가 정상적인 것으로 인정하는 규범의 허용한계를 벗어나서 하는 행위를 말한다. 비행이나 범죄 등의 일탈행동은 유전이나 성격의 편중이라는 생물학적, 심리학적인 관점이 아니라 사회학적, 사회심리학적 관점하에 학습된 사회행동을 가리킨다. 인간은 교육을 통해 그가 속한 사회의 중심적인 규범을 배우고 그것에 동조하는 방법을 몸에 익히지만 동시에 사회적인 규범에 의해 개인의 욕구나 행동이 다양하게 규제되고 그것이 개인 속에서 갈등을 낳아 도덕적 불안이나 준법의식, 문화기준 등과 서로 작용하여 일탈행동을 낳는다고 한다. 머튼은 사회적으로 용인된 목표의 추구가 강하게 요구되고 있지만 달성 수단이 박탈되어 있는 경우에 일탈행동이 일어난다고 한다. 또 코엔은 개인 속에 갈등이 있어도 그것을 행동화한 결과에 의한 도덕적 불안이 더욱 강하면 억지로 동조적 행동을 취하지만 사회규범에 대항하는 문화기준을 갖는 집단에 속하거나 준법의식이 박약한 경우 일탈행동으로 치닫게 된다고 주장한다.

일탈행위를 이해하기 위한 이론으로는 아노미론, 문화전달론, 하위문화론, 사회통제론, 중화론, 피해자학, 발전범죄론 등이 있다. 아노미론이란 급격한 사회변동으로 규범이 혼란한 상태에 빠지는 현상을 일탈행동의 원인으로 보는 이론으로, 뒤르껭은 규범이 약하거나 없을 때 생긴다고 본다. 머튼은 문화적 목표와 제도적 수단이 괴리에 있을 때 아노미가 발생한다고 주장한다. 차별적 교제론(상호작용이론)은 일탈행동을 하는 집단과 상호작용을 통해 일탈행동을 배우게 된다는 이론으로, '유유상종', '맹모삼천지교', '까마귀 노는 곳에 백노야 가지 마라' 등은 차별적 교제론의 입장에서 나온 말이다. 낙인이론은 사회집단이 어떤 행위를 일탈로 규정하거나 한 개인을 일탈 행위자로 낙인찍을 경우 일탈행동이 일어난다고 보는 이론이다.

2) 범죄

범죄란 법을 위반한 행위를 말한다. 법은 정부가 강제하는 형식적인 사회규칙이다. 범죄의 유형에는 절도, 살인과 폭행, 성범죄, 조직범죄, 스토킹 외에 특수한 범죄가 있다.

(1) 절도

절도는 사유재산 소유자의 동의 없이 그의 재산을 훔친 모든 행위를 포함한다. 슈퍼마켓에서 값싼 물건을 슬쩍 훔친 잡범에서부터 정교한 방법으로 은행에서 수억 원의 현금을 훔친 전문절도범에 이르기까지 절도의 범위는 매우 넓다. 전문적 절도범은 사기, 고액 화폐 · 미술품 위조, 금고털이, 조직적인 대형 마켓 상품 빼돌리기 등 정교하고도 비폭력적인 기술을 요하는 절도행위에 종사한다. 전문적 절도는 치밀한 계획 하에 이루어지며, 정규사업처럼 진행된다. 그리고 절도 기술이 뛰어나서 체포도 잘 되지 않으며, 이들에게 절도는 하나의 직업이다. 준전문절도범은 무장강도, 밤도둑, 노상강도, 경절도 등의 절도행각을 하지만, 전문절도범에 비해 범행계획이 그리 치밀하지 않다. 한편, 아마추어 절도범이 있는데, 슈퍼마켓 물품 절도, 자전거 도둑, 자동차 절도, 개인주택 침입 등이다. 전문절도범이나 준전문절도범과 달리 자신을 범죄자라고 생각하지 않으며, 십대가 많은 편이다. 절도행위의 수준도 조잡하다.

(2) 살인과 폭행

살인은 불법적으로 사람의 생명을 빼앗는 행위이다. 폭행은 불법적으로 타인에게 신체적 상해를 가하는 행위이다. 대부분의 살인은 폭행의 예상치 않은 결과이다. 물론, 대부분의 살인이 의도하지 않은 것이기는 해도, 신중하게 계획된 살인도 있다. 조직범죄 집단 간 살인, 유산상속을 둘러싼 살인, 고가의 절도 물품을 둘러싼 살인 등이 여기에 속한다. 또 친척, 친구, 동료 간 살인도 많다. 살인과 폭행으로 인한 신체적 상해 때문에 다른 범죄에 비해 살인과 폭행에 대한 일반인의 공포심이 가장 크다고 한다. 다른 범죄에 비해 살인범과 폭행범의 검거율이 가장 높다.

(3) 성범죄

성범죄는 강간, 미성년자 간음, 성매매, 간통, 수간, 동성애(이를 불법으로 규정하는 경우), 근친상간 등이 포함된다. 강간은 성폭행 피해자가 신고하기를 주저하기 때문에 잘 드러나지 않는 범죄의 대표적 예이다. 미성년자 간음이란 성인 남성(18세 이상)과 미성년 여성과의 성관계를 말하는데, 우리나라도 청소년성보호법에 의해 남성을 처벌하고 있다. 최근에는 아동 성학대에 대한 관심이 높아지고 있다.

(4) 조직범죄

조직범죄는 조직적으로 대규모 불법행위를 저지르는 것을 말하는데, 불법 도박, 마약 거래, 장물 거래, 성매매, 뇌물 강요(불법 거래의 안전보장을 위한) 등을 포함한다. 대규모 마약 거래처럼 규모가 큰 불법사업은 이익이 엄청나고 이 때문에 조직범죄에서 선호한다. 조직범죄의 특징은 절도범처럼 피해자로부터 재물을 직접 약취하는 것이 아니라 대중이 절실히 원하지만 합법적으로 구하기 어려운 마약, 성, 도박, 금전대출 등을 취급하여 막대한 이익을 올린다. 조직범죄는 대중에게 불법적 서비스를 제공하는 조직이 저지르는 범죄이다.

(5) 스토킹

최근 들어 새로운 범죄의 하나로 등장한 것이 스토킹이다. 스토킹은 자신이 점찍은 상대에게 일방적이고 병적으로 집착해 따라다니는 행위이다. 스토킹은 성적 공격과 비교해서 신체적 피해 면에서는 그 정도가 약하지만, 정신적인 면에서는 피해자에게 깊은 상처를 주고, 방치하는 경우 성적 공격으로까지 나아갈 수 있다는 점에서 결코 무시할 수 없다. 우리나라는 아직 스토킹을 법적으로 명확하게 규정하고 있지는 않다. 사이버 스토킹은, 인터넷에 스토킹 상대방에 관한 정보를 올려놓음으로써 다수로부터 괴로움을 당하도록 하는 행위로, 최근 인터넷의 확대와 더불어 발생하고 있다.

3) 청소년비행

청소년비행은 범죄와 함께 대표적 일탈행위이다. 청소년비행의 예로는 무단결석, 성관계, 가출, 난폭한 행동, 통행금지 위반, 부모 불복종 등이 있다. 우리나라에서는 청소년비행을 법적으로 세 범주로 분류하고 있다. 첫째, 범죄소년은 14~19세 미만의 소년으로서 형벌법령에 위배되는 행위를 한 자로 형사책임이 있다. 둘째, 촉법소년으로 10~14세 미만의 소년으로서 형벌법령에 위배되는 행위를 한 자로서 형사책임은 없다. 셋째, 우범소년으로 10~19세 미만의 소년으로 본인의 성격 또는 환경에 비추어 장래의 형벌법령을 범할 우려가 있는 자를 말한다. 우범소년, 불량행위소년, 청소년비행은 유사한 개념으로, 음주, 흡연, 성인시설이나 미성년자 출입제한시설 출입, 성도덕 문란, 흉기 소지, 가출, 부모 불복종 등 청소년으로서는 해서는 안 되는 행위를 하여 부모나 사회의 보호를 받아야만 하는 비행청소년을 총칭한다.

청소년비행의 실태를 보면, 우리나라 소년범죄는 전체 범죄의 5% 정도를 차지하고 있다. 소년범죄의 유형을 보면 재산범(절도, 장물, 사기, 횡령 등)이 가장 많고, 다음은 폭력범(폭행, 상해, 공갈 등), 강력범(살인, 강도, 방화, 강간)이다. 전과자 비율이 많다. 청소년비행의 경우, "부모의 이혼·가출·폭력으로 가출, 배고프고 돈 없어 물건 훔쳐, 경찰서 제집처럼 들락날락, 학교선 '문제아' 낙인찍혀" 그리고 연이어 "청소년 재범률 늘어, 촉법소년 선도대책 시급"이라는 내용의 기사가 있다(한겨레신문, 2011. 11. 1). 이 기사를 보면 한국의 비행청소년이 비행청소년이 되는 이유는 그 청소년 개인의 문제라기보다는 가정의 결손 등이 원인이고, 이를 개선, 보완할 수 있는 학교, 사회적 제도가 미흡하기 때문이다. 또 다른 기사는 "아이들은 범죄가 되풀이될 수밖에 없는 구조의 한가운데 놓여 있었다. 아이들이 선택한 것이 결코 아니다"고 하면서, 여기서 임종재 영화감독은 "아이들 대부분이 결손가정에 속했고 거리를 떠도는 또래의 아이들만이 유일한 교감 상대였으며 범죄는 너무 손쉬운 거리에 있었다. 학교 역시 그들을 방치하고 있었고 그들은 출소한다고 해도 다시 그곳으로 돌아올 수밖에 없는 악순환의 구조에 놓여 있었다. 돌아갈 곳이 그들에겐 없어 보였다"고 한다(한겨레신문, 2012. 1. 9). 범죄를 저지른 개인에 대해서는 그 책임을 물어야 하지만, 이러한 범죄를 단순히 개인의 탓으로 돌리기에는 안타까움이 있다. 소중한 한 사람을 살리고 품기 위해서는 사회구조적 측면(부모와 가정의 역할, 학교, 출소자를 위한 교육과 복지 등)에서 개선되고 보완되어야 할 것이 있을 것이다.

4) 성매매

성매매는 법적·사회적으로 정의되어 있다. 법적으로는 성적 서비스에 대한 대가로 '금전'을 받았는가의 여부에 초점이 맞추어져 있다. 성매매의 사회학적 정의는, 성이 상품화되어 거래된다는 점 이외에 사회적으로 인정된 배우자 이외의 상대와 성행위를 한다는 점과 아무런 정서적 교감 없이 무차별적으로 갖는 성행위라는 점이 강조된다. 최근에는 인터넷의 확산과 함께 성매매가 사이버 공간으로 진출했다. 인터넷에 윤락을 암시하는 글을 올리고 이를 보고 온 남성들에게 성매매를 알선한다.

새로운 성매매로서 원조교제가 있다. 원조교제란 용어의 발생지는 일본으로, 미성년 여성이 성인 남성의 '원조'(용돈이나 선물의 형태)를 받는 대신 '교제'(술좌석이나 놀이에 동행, 신체 접촉, 성관계 등)를 해주는 것을 말한다. 우리나라나 일본에서 원조교제가 문제가 되고 있는 이유는 여중고생들이 생활고뿐 아니라 순전히 용돈이나 유흥비 마련을 위해 거리낌없이 성인 남자들과 성적 거래를 맺고 있기 때문이다. 학생의 신분으로 자신의 쾌락(또는 쾌락에 필요한 금전의 획득)을 위해 성적 서비스를 제공하는 아르바이트적·자발적 행위란 점에서 원조교제는 새로운 성매매 현상이다. 그리고 원조교제가 이전의 성매매와 다른 점은 주로 채팅 등 사이버 공간에서 이루어진다는 것이다. 원조교제의 가장 큰 원인은 소비풍조의 만연이라고 본다.

성매매가 생활고, 부모의 이혼이나 부모의 학대 등 가정의 역기능으로 인한 가출 등 생활의 어려움이라면 개인의 문제로 치부하기 이전에 복지, 부모와 가정의 역할 등 사회구조적 문제에서 접근해야 할 것이다. 만약 성매매가 개인의 과도한 소비에 필요한 비용을 마련하기 위한 것이라면, 성매매의 불법과 성매매의 결과 등을 교육해야 할 것이다.

5) 약물남용

약물남용은 약물사용에 대한 사회적 기준을 위반(예컨대, 의사의 처방 없이 정신적 쾌락을 위해 약물을 사용하는 것)하여 향정신성약물을 지속적으로 사용하는 것을 말한다. 약물남용은 약물사용자에게 신체적·심리적·사회적 악영향을 주어 입원, 체포, 이혼 등을 야기한다. 약물의존은 약물에 대한 정신적·신체적 갈망상태에 빠진 것을 말한다. 약물의존이 생긴 경우 약물투여가 중단되면 금단증상이 발생한다.

금단증상이란 약물이 부족해지면서 생기는 신체적·심리적 증상을 말하는데, 알코올의 경우 신체적 증상으로는 경련, 환청, 불면증 등, 심리적 증상으로는 불안, 초조, 자기경멸 등이 있다. 다시 약물을 복용하면 이런 증상이 사라진다. 약물의존은 내성을 동반한다. 내성이란 자신이 원하는 상태(환각상태)가 되기 위해 점점 더 많은 양의 약물이 필요하게 되는 상태를 말한다. 보통 같은 약물을 지속적으로 사용하면 내성이 생긴다. 약물중독은 중독성 물질에 대한 신체적 의존상태 또는 화학적 의존상태로서 약물에 대한 의존성 때문에 약물의 사용을 중단할 수 없는 상태를 말한다. 약물중독은 약물로 인해 자신의 행위에 대한 통제력을 상실한 상태를 지칭하기도 한다. 약물남용의 원인은 실업, 가정불화, 학교 성적, 친구, 지역사회, 신념집단과 관련이 깊다고 한다(Beeghley, 1999: 129-130).[3)]

약물의 종류에는 가장 흔하게 남용되는 알코올(음주), 담배가 있다. 마리화나는 대마초라고 하는데 담배보다 훨씬 많은 자극제와 두 배나 많은 타르를 함유한다. 대마초는 환각 목적의 흡연물질로, 피우면 기분이 좋아지고 긴장이 풀리며 식욕이 증가되는 등의 증상이 나타난다. 현재 우리나라의 대표적 환각제가 되었다. 아편은 마취제, 진통제로서의 역할이 있다. 아편 중에서 가장 많이 사용되는 것이 헤로인인데 기본적으로 모르핀과 효능이 동일하다. 하지만 뇌에 접근하는 것은 헤로인이 더 쉽다. 헤로인은 모든 약 중의 영웅이라는 뜻이다. 강한 진통효과 때문에 만성통증환자에게 남용되기 쉬우며 강한 내성과 의존성을 가진 약물이다. 이 약을 투여하면 매우 포근한 느낌과 쾌락에 빠지게 된다. 몸을 움직이지 않아도 끝없는 도취감에 빠지며 하늘을 나는 기분이라고 한다. 흡연 또는 주사의 형태로 흡수한다. 코카인은 피로회복력 증대, 우울증과 만성 피로를 치료하기 위해 사용한다. 비교적 저렴하면서 각성효과가 매우 큰 아주 위험한 약물로 현재 미국에서 가장 많이 거래되는 마약의 하나이다. 필로폰은 히로뽕으로도 알려져 있는데, 뇌에 도파민이 일반인에 비해 12배 정도 증가해서 활력이 생기고 민첩해지고

3) 다시 말해 실업자일수록, 가정불화를 겪는 사람일수록, 학교성적이 낮을수록, 약물남용 친구가 있을수록, 이웃에 약물을 거래하는 사람이 있거나 약물남용을 하는 사람이 있을수록, 약물에 덜 엄격한 신념을 가진 집단에 속할수록 약물남용을 할 가능성이 크다는 것이다.

졸음과 피로감을 없앤다. 중독성이 가장 심한 마약이라 상용하면 습관성에 빠지게 된다. 엑스터시는 한국사회에서 급속도로 확산되고 있는 신종 마약으로 환각작용을 한다.

약물남용이 성인은 물론 청소년층에까지 널리 퍼진 서구 선진국의 경우 약물남용은 매우 심각한 사회문제이다. 이와 달리 우리나라에서 약물남용은 아직까지는 심각한 사회문제로 부상해 있지는 않다(원석조, 2013: 167). 언론에 마약밀매 조직이나 마약중독자(연예인, 사회지도층, 유흥업 종사자 등)에 관한 사건이 보도되기는 하지만 아직 마약이 정상적인 가정이나 중·고교 학생층에까지 만연되어 있지는 않다.[4] 그러나 서구 선진국의 예에서 보듯이 산업화의 심화와 함께 황금만능주의와 쾌락주의가 확산되면 우리나라도 일반 가정과 학교에까지 마약이 침투할 가능성은 충분하다.[5]

6) 가정폭력·성폭력

(1) 가정폭력

가정폭력은 넓게 보면 가정 내에서 발생하는 폭력으로서 배우자에 대한 폭력과 자녀와 부모에 대한 폭력을 모두 포함하지만, 좁게 보면 배우자에 대한 폭력을, 더 좁게 보면 남편의 아내에 대한 폭력, 즉 아내폭력을 말한다(자녀에 대한 폭력은 아

4) 일반인들의 마약 투여도 뉴스에 심심치 않게 보도되지만, 연예인 마약 사건은 대중들에게 비교적 잘 알려져 있다. 연예계는 (지인의 권유 등으로) 마약에 노출되기가 쉽고, 호기심, 스트레스 등의 원인으로 마약에 대한 유혹도 크다. 공인이자 유명인이라는 사회적 관심과 신분 때문에 마약을 투여한 연예인은 대중의 사회적 지탄과 공분을 받게 되고, 명성과 인기를 하루 아침에 날려버리고 설 자리를 잃음으로써 연예계에 복귀가 쉽지 않다. 2016년에는 '홈쇼핑계의 황제'라고 불리던 유명 쇼호스트가 마약을 투여한 것으로 드러났다. 또한, 2017년 6월 초에 터진 유명 한류 뮤지션 그룹 멤버의 대마초 사건은 그 그룹의 국내외 활동에 악재가 되었다. 2019에도 유명 뮤지션 그룹의 멤버이자 배우로 활동한 연예인이 지인과 마약을 한 것이 밝혀졌다. 그는 기자회견을 통해 자신의 결백을 주장했지만 10여일 뒤에 마약 반응검사 결과 양성반응이 나오면서 대중에게 큰 충격을 주었다.

5) 우리나라의 성인남자 흡연율은 세계 1위, 청소년 흡연율도 세계 1위라고 세계 보건기구(2007년)에서 조사되었다. 2016년 고등학교 3학년 학생들 중 60%가 담배를 피운다고 할 정도로 청소년 흡연은 보편화되어 있다. 흡연의 원인 중 하나가 스트레스 해소 때문이라고 한다. 한국은 OECD 학생 행복도 2013년 조사에서 64개국 중 64위를 차지했다. 이 상태에서 스트레스 해소를 위해 마약이 사용될 소지는 충분히 있다.

동학대에, 부모에 대한 폭력은 노인학대에 포함된다. 이 부분은 가족문제 참조). 가정폭력의 핵심인 아내폭력의 원인으로는 빈곤, 알코올, 성장기 가정폭력의 경험 등이 지적되고 있다. 남편의 아내폭력은 피해자인 아내뿐만 아니라 자녀와 가해자인 남편에까지 신체적 · 심리적 · 사회적 상처를 준다. 자녀의 경우 상해, 살인 등 신체적 피해, 불안, 아버지에 대한 증오심, 집중력 저하로 인한 학습 저하, 공격적 성격, 의기소침 등의 심리적 피해, 가출, 미혼모, 비행집단에 가입, 범죄, 폭력의 세대전이 등 사회적 피해를 입는다. 가해자인 남편도 상해, 보복 피살과 같은 신체적 피해, 가족으로부터의 고립과 같은 심리적 피해, 방황, 음주, 성적 일탈, 가족 상실 등과 같은 사회적 피해를 입는다. 또한 가족 전체가 가족해체와 같은 커다란 피해를 입는 경우도 있다(조흥식 외, 2000: 244-245).

(2) 성폭력

성폭력은 강간과 강간미수 및 성추행을 포함한다. 성폭력의 핵심은 강간이다. 강간이란 강압에 의한 성관계이다. 강간은 공격성을 성적으로 표출시킨 폭력행위이다. 강간미수는 강제로 성관계를 시도하다가 실패한 경우, 성추행은 성관계를 제외한 성적 행동으로 가슴, 성기 등 몸을 만지는 행위와 키스를 말한다(김영모, 2000: 252-254). 그 밖에 성기노출(피해자 또는 가해자의 성기를 노출시킴), 성적 가혹행위(가해자의 성적 만족을 위해 상대방에게 신체적 상해를 입힘), 음란물 보이기 및 음란물 제작에 이용, 음란전화 등을 포함한다. 성폭력에 성희롱을 포함시킬 수 있다. 성희롱은 조직사회에서 원치 않는 이성으로부터의 성적 관심이나 성적 행동으로서, 신체적 · 언어적 폭력을 수반하므로 성폭력의 한 형태로 볼 수 있다. 그러나 성희롱은 성폭력보다는 성차별에 더 가깝다고 보기도 한다.[6)]

성폭력이 피해자에게 미치는 부정적인 영향은 매우 크다. 정서적 피해로 공포,

6) 실제로 우리나라에서는 성희롱을 「성폭력범죄의 처벌 및 피해자보호 등에 관한 법률」에서 다루지 않고, 「남녀고용평등법」과 「남녀차별금지법」에서 취급하고 있으며, 여성부 『여성백서』에서도 성희롱을 남녀차별 부분에 포함시키고 있다.

수치심, 당황, 걱정, 혼란, 정신적 충격, 분노, 보복감, 증오심, 자존감 훼손, 자기 비난, 우울, 기억장애, 무감각, 남성 불신, 배신감, 또 다른 성폭력에 대한 두려움, 후 외상성 장애 등이 있고, 신체적 피해로 두통, 구토, 소화기 장애, 수면장애, 악몽, 성병 감염, 임신 등을, 행동적 피해로 성행위 회피, 성적 문제의 야기, 성폭력을 상기시키는 남성과 상황에 대한 회피, 거주지와 전화번호의 변경, 자살, 약물중독 등을 꼽을 수 있다(조흥식 외, 2000: 259-260).

성폭력에 대처하기 위해 1994년 1월 「성폭력범죄의 처벌 및 피해자보호 등에 관한 법률」이 제정되고, 가정폭력에 대처하기 위해 1997년 12월 「가정폭력범죄의 처벌 등에 관한 특례법」과 「가정폭력방지 및 피해자보호 등에 관한 법률」이 제정되어 여성폭력을 방지하기 위한 법적 토대가 마련되었다. 그동안 보건복지부에서 여성복지시책의 일부분으로 다루어지던 가정폭력 · 성폭력 관련 업무는 2001년 1월 29일 신설된 여성부로 이관되었다. 과거 보건복지부는 가정폭력과 성폭력의 피해자를 보호하는 데 중점을 둔 시책을 펼쳤으나, 여성부는 가정폭력 · 성폭력을 여성에 대한 중대한 인권침해 행위이자 사회적 범죄로 규정하고, 피해자 보호 강화뿐만 아니라 사전예방을 위한 정책을 개발 · 추진하고 있다(원석조, 2013: 190).

3. 사회적 평등을 위협하는 문제

사회적 평등을 위협하는 문제로는 소득의 불평등, 빈곤, 성차별을 들 수 있다.

1) 소득의 불평등

사회적 불평등을 나타내는 사회학적 개념으로 가장 대표적인 것이 계급과 사회계층이다.[7] 사회구조를 사회계층으로 파악하는 입장에서는 사회를 다양하게 성층화된 직업적 이해집단의 구성체로 간주하며, 그 속에 존재하는 사람들의 위치와 지위가 기능적으로 연관되어 있는 체계로 파악한다. 이런 입장에서 불평등이란 사회의 정상적 유지를 위해 불가피하고 또 필요한 것이다. 유기체와 같은 사회를 유지·발전시키기 위해서는 선택된 소수에게 그 사회의 주요 기능을 맡겨야 하며, 사회적 불평등은 이런 유능한 사람들을 주요한 위치에 배치시키기 위한 효율적 장치, 즉 사회적 동기부여 체계이다. 개개인이 계층구조 내에서 차지하는 위치를 사회구성원들이 서열별로 평가한 것을 사회경제적 지위라고 한다. 사회경제적 지위는 단순히 직업으로만 평가되는 경우가 있고, 직업과 교육의 두 변수, 직업, 소득, 주거형태, 주거지역 등 네 변수로 측정될 수도 있다. 유교적 전통이 잔존해 있는 우리나라의 경우 여기에 가문을 추가시킬 수 있다(원석조, 2013: 193).

한편, 계급론적 입장에서는 사회를 이해가 대립하는 계급들로 구성되어 있으며, 사회적 불평등이란 한 계급의 다른 계급에 대한 착취관계에 기반을 둔 것으로 본다. 계급은 ① 생산수단의 소유 여부에 따른 유산자와 무산자의 구분, ② 노동조직 내에서의 역할 구분에 따른 감독자와 피감독자의 구분, ③ 소득의 획득방식에 따른 잉여가치의 점유자와 임금 수급자의 구분 등 세 가지 차원에서 파악할 수 있다. 이 중 생산수단의 소유자, 노동 감독자, 잉여가치의 점유자가 부르주아이고, 무산자, 피감독자, 임금 수급자가 프롤레타리아이다. 자영업자와 장인 등 프티부르주아 외에 다른 새로운 프티부르주아, 즉 기술자, 감독자, 화이트칼라, 서비스업 종사자 등 신프티부르주아가 수적으로 증대하고 있다. 신프티부르주아는 프롤레타리아와 마찬가지로 부르주아로부터 착취당하고 있지만, 생산과정에서 노동자들에게 상당한 감독권을 행사하고, 전문적 기술을 보유하고 있다는 점에서 부르주아와 정치적·이데올로기적으로 친화력을 갖고 있다. 이들은 또 스스로 잉여가치를 창출하지 않고 프롤레타리아가 생산한 잉여가치로부터 보수를 받는다는 점(비생산적 계급이라는 점)에서도 부르주아적 특질을 공유하고 있다.

불평등에는 세 가지 유형, 즉 결과의 불평등(부의 불평등), 소득의 불평등, 생활양

7) 사회계층에 대한 보다 자세한 설명은 "제5장 사회계층과 교육"을 참고할 것.

식의 불평등(문화적 불평등)이 있다. 자본주의 사회에서 발생하는 불평등은 자본주의의 신성한 원리이다. 자본주의 사회가 중시하는 개개인의 에너지와 창조성과 지식의 차이가 낳은 결과가 불평등이기 때문이다. 자본주의 사회에서 발생하는 불평등은 기회의 평등을 통해 어느 정도 완화시킬 수 있다. 예컨대, 정부가 공립 중・고등학교를 재정적으로 지원하고, 대학입학 지망자의 사회적 지위가 아니라 학업성취도에 따라 신입생을 선발함으로써 교육기회의 폭을 넓힐 수 있다.[8] 그리고 조세정책과 사회보장제도를 통해 결과의 불평등과 소득의 불평등도 어느 정도 완화시킬 수 있다. 하지만 부유층은 돈만 있으면 자녀들이 교육과 직업의 기회를 누리는 특권을 살 수 있다고 여겨진다. 실제로 결과의 불평등은 기회의 불평등을 낳는다(휴턴, 1999: 185). 그럼에도 불구하고 대부분의 사회는 평등한 사회를 지향한다. 평등한 사회가 더 건강한 이유는 사람들이 보다 양질의 사회적 관계를 향유한다는 점 때문이다. 상대적으로 평등한 사회는 시민들의 의식이 공동체적이다. 상호 간 신뢰의 정도, 살인 및 폭력 범죄율은 모두 소득 불평등의 정도와 연관성이 크다(윌킨스, 1999: 205).

소득분배를 나타내는 방법은 두 가지이다. 하나는 소득의 기능적 분배로서 일정한 기간 중에 재화와 서비스의 생산과정에서 발생하는 이득이 각각 생산과정에서 기능을 달리하는 생산요소들에게 대가로서 분배되는 것을 말한다. 고전적 생산요소는 토지, 노동, 자본이며, 이에 대해 각각 지대, 임금, 이윤이 배분된다. 또 하나 소득의 계층별 분배는, 기능적 분배와 달리 어떤 개인 또는 가계의 소득이 어떠한 요소소득으로 획득되었는가에 관계없이, 그것들을 모두 합친 개인단위 또는 가계단위의 소득의 크기와 분배상태를 말한다.[9] 이렇게 하면 소득의 계층별 불평등 정도를 측정할 수 있는데, 그 비율이 낮을수록 불평등하다. 소득의 불평등

8) 제5장 사회계층과 교육에서 보면, 교육기회를 통해 불평등과 격차를 줄이고자 하는 노력은 그렇게 긍정적이거나 낙관적이지 않다. 교육을 통해 사회계층을 변화시킬 수 있는 것이 아니라 오히려 사회계층에 의해 교육수준이나 결과가 결정, 유지된다.

9) 원석조의 설명에 따르면, 10분위 분배율이란 상위에서 하위까지의 모든 소득계층을 소득의 크기 순서로 배열하여 10%씩 구분한 다음, 하위소득계층 80%의 점유율을 상위소득계층 20%의 점유율로 나누거나, 하위소득계층 40%의 점유율을 상위소득계층 20%의 점유율로 나눈 것을 말한다(원석조, 2013: 197).

을 계량적으로 나타내는 데는 로렌츠 커브와 지니계수도 많이 사용된다.[10)]

우리나라의 경우 2020년 12월 17일 통계청이 발표한 결과에 따르면, 2019년 가처분 소득 기준 지니계수는 0.339로 전년 대비 0.006 개선됐다. 지니계수가 1에 가까울수록 소득불평등 정도가 악화된다는 뜻인데, 2019년 한국의 분배 지표가 개선되기는 했지만 선진국 수준에는 아직 미치지 않는다는 분석도 나온다. OECD 36개(콜롬비아 제외) 회원국 중 한국의 가처분소득 기준 지니계수는 26위, 소득 5분위 배율은 28위다.[11)]

10) 로렌츠 커브는, 사회구성원 개개인의 소득을 소득이 적은 사람부터 많은 사람쪽을 차례로 늘어 놓는다. 그림 가로축에 저소득자부터 차례로 누적인원비율을 잡고, 세로축에 대응하는 소득액의 누적비율을 잡아 양자의 대응점을 차례로 연결하여 가면 누적도가 커짐에 따라 곡선 A와 같은 활 모양의 곡선이 그려진다. 이것이 바로 로렌츠 곡선이다. 사회구성원의 소득이 모두 같다고 가정하고, 동일한 방법으로 소득을 누적시키면 직선 B가 만들어진다. 반대로 한 사람만 소득이 있고 나머지는 소득이 하나도 없을 경우, 즉 소득이 완전히 불평등하면 ⌟ 형태가 된다. 따라서 현실의 소득분포는 곡선 A와 ⌟ 사이에 존재한다.

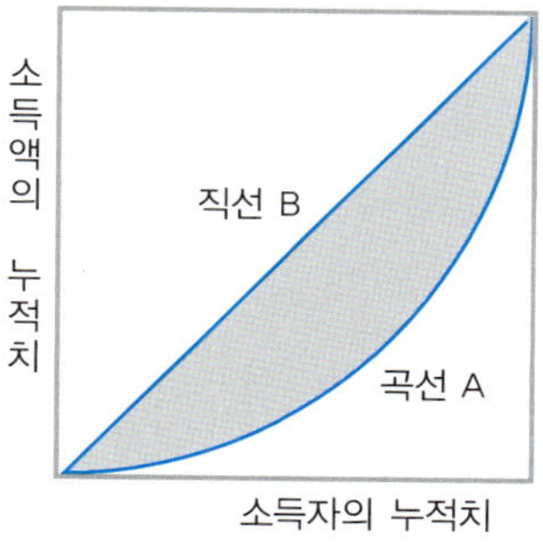

[그림] 로렌츠 커브

지니계수는 로렌츠 커브의 반달꼴 넓이를 말한다. 삼각형의 전체 넓이를 1로 간주하는데, 이 경우 소득은 완전한 평등을 이룬다. 이는 관념적으로만 존재하는 것이고, 지니계수가 0에 가까울수록(반달꼴 넓이가 적음) 평등한 것이고 1에 가까우면(직선 B를 포함하는 삼각형 전체 넓이에 가까우니까) 불평등한 것이다.

11) OECD 자료에 따르면, 2013년 OECD 국가 가처분소득 지니계수를 보면 OECD(35개 회원국) 평균은 0.317이다. 1위는 아이슬란드(0.244), 2위 노르웨이(0.252), 3위 덴마크, 4위 슬로베니아, 체코, 핀란드, 벨기에, 슬로바키아, 오스트리아, 네덜란드, 스웨덴 등이고, 한국은 2013년 기존 지니계수로 18위(0.302), 새지니계수로는 27위(0.347)를 차지했다. 일본은 0.33, 영국은 0.358, 미국 0.396, 멕시코 0.457, 칠레 0.465 등이다.

2) 빈곤

TV 프로그램 "어쩌다 어른"에서 대한민국의 중산층 기준 다섯 가지를 말한 적이 있다. 사회·문화적 수준이 중간은 된다는 뜻의 중산층일텐데, 대한민국에서 중산층의 조건은, "부채없는 아파트 30평 이상 소유, 월급여 500만원 이상(우리나라 중산층 평균 월소득 366만원), 자동차는 2,000cc 보유, 예금액 잔고 1억원 이상 보유, 해외여행 1년에 한 차례 이상 다닐 것"이다.[12] 정말 "억"소리가 나는 조건이다. 그래서인지 자신이 중산층에 속한다고 생각하는 사람들이 별로 없고, 자신은 가난하다고 생각한다. 앞에서 말한 우스갯소리 같은 중산층 조건과 상관 없이, 전체 10명 중 3명(29.9%)만이 자신을 '중산층'이라고 생각하고, 43%가 "나는 하류층에 속한다"고 했다.

빈곤을 이해하는 데 가장 많이 언급되는 것이 절대빈곤과 상대빈곤 개념이다. 앞에서도 말했듯이 우리나라 1950년대와 1960년대는 빈곤이 사회문제로 인식되지 않았다. 그 이유는 빈곤은 생활 그 자체로 사람의 힘으로 극복할 수 있는 사회문제가 아니라고 생각했다. 대다수 국민이 가난하게 살고 있고, 또 사회가 빈곤이라는 문제를 해결할 능력이 없을 경우 그것은 사회문제가 되지 않는다. 그러나 미국에서 1935년－1975년 갤럽 여론조사와 사회문제론 교재에 나타난 사회문제를 보면 빈곤은 사회문제에 속해 있다(원석조, 2013: 18).

(1) 절대빈곤

절대빈곤은 최저생활을 유지할 수 없는 수준, 즉 최소한의 신체적 효율성을 유지하는 데 필요한 식·열·주·의를 가지지 못한 수준을 말한다. 보통 최소한의 일일 칼로리 섭취량, 식품비가 가계지출에서 차지하는 비율(엥겔지수), 최소한의 생

12) 선진국인 미국의 중산층 기준(공립학교에서 가르치는 중산층의 기준)을 보면 "1. 자신의 주장이 떳떳하고 2. 사회적 약자를 도와야 하며 3. 부정과 불법에 저항하는 것 4. 그 외 테이블 위에 자신이 정기적으로 받아보는 비평지가 놓여있을 것"이다.

필품을 구입하는 데 필요한 소득 등으로 정해진다(Dixon & Macarov ed., 1998: 4).[13] 절대빈곤 개념은 빈곤에 대하여 세계 최초로 대규모의 과학적인 사회조사를 한 Charles Booth(1889년)로부터 시작되었다. 그는 가난한 사람을 빈민과 극빈층으로 구분했는데, 빈민이란 규칙적인 수입은 있지만 그 수준이 겨우 먹고 살만한 정도에 그치는 경우이다. 극빈층은 불규칙한 노동, 질병, 많은 부양자녀 등으로 인해 빈민보다 더 가난한 경우를 말한다. Booth에 뒤이어 빈곤조사를 실시한 Seebhom Rowntree(1901년)는 빈곤을 1차 빈곤과 2차 빈곤으로 구분했다. 1차 빈곤이란 가족의 소득이 생물학적 효율성을 유지하기에도 부족한 수준, 즉 네 가지 기초생필품(음식, 연료, 거처, 피복 등)을 구입할 능력도 안 되는 수준을 뜻한다. 2차 빈곤이란 네 가지 기초생필품을 구입할 능력은 있지만, 소득의 일부를 잘못 사용(도박이나 음주 포함, 주거 이전, 노조 조합비, 통근비, 경조비 등 불가피한 경우)하는 경우를 말한다.

(2) 상대빈곤

상대빈곤이란 한 사회의 평균적인 생활수준에 비교하여 빈곤을 규정하는 것이다. 따라서 중요한 것은 사회의 평균적인 생활수준을 정확히 파악하는 일이다. Townsend는 상대빈곤을 "일상식품을 획득하고 사회활동에 참여하며, 그들이 속한 사회에서는 관례적인 생활조건과 편의시설을 갖는 데 필요한 자원을 결여하고 있는 사람"이라고 정의했다(김영모 편, 1992: 37). 절대빈곤은 소득과 소비(또는 영양)에 기준을 두고 있으나, 상대빈곤은 소득 대신 자원, 소비 대신 생활양식에 준거하고 있다. 상대빈곤을 주장하는 학자들은 빈곤의 기준이 식품과 영양 등 절대적인 것이 아니라 상대적인 것이어야 한다고 주장한다. 그 이유는 빈민의 욕구가 시기별 · 지역별 · 가족 크기별 · 계층별로 다양하고 빈곤의 영양기준이라는 것이 빈곤현상을 충분히 반영하지 못한다는 데 있다. 따라서 빈곤을 아예 불평등이나 맥락

13) 독일 통계학자 엥겔이 19세기 중엽 벨기에 노동자의 가계조사를 분석한 결과, 소득수준이 높은 가계일수록 소비지출 중 식품비 비중이 낮아지는 경향이 있다는 것을 발견했다. 이를 엥겔지수라 한다. 그 후 엥겔지수는 생활수준을 나타내는 유력한 지표로 사용되었다.

에서 고찰하여 다양한 기준에 입각한 상대적 박탈의 개념으로 파악하고자 한다.[14)]

빈곤을 가려내기 위한 기준을 빈곤선이라고 하는데, 각국은 빈민을 대상으로 하는 사회보장제도의 운용을 위해 빈곤을 측정하는 방법을 개발해 왔다. 대표적인 것이 오샨스키 척도, 예산기준방식, 여론·합의방식, 가계지출방식 등이 있다 (Dixon & Macarov Ed., 1998: 8-16).

(3) 빈곤의 원인

자본주의의 진전과 함께 신분제가 붕괴되면서 빈곤은 무능력, 무책임, 무절제, 낮은 열망 등 개인이 지닌 열등한 자질의 결과로 인식되었다. 신흥 부르주아들은 근면, 검약, 절제, 자기책임, 높은 열망, 지조 등 개인적인 능력과 노력으로 성공하였고, 이렇게 성공하지 못하고 빈곤한 것은 순전히 개인의 책임이라고 생각했다. 하지만 빈곤이 개인의 책임이라는 관념을 뒤집은 사람이 Booth와 Rowntree였다. 이들은 과학적인 사회조사를 통해 빈곤의 주된 원인이 개인의 성격 결함에 있는 것이 아니라 너무 많은 노동자들이 서로 경쟁해야 하는 불리한 조건에 있다는 사실을 증명했다. 이들은 빈곤의 원인이 계절적이거나 비정규적인 노동과 같은 경제적인 조건과 빈약한 보건서비스, 열악한 주택, 교육의 결여 등과 같은 사회적 조건에 있다는 사실을 경험적인 자료로 제시하였다. 즉, 빈곤의 책임은 사회에 있으며, 빈곤의 퇴치를 위해서는 빈민의 의식을 바꾸는 것만으로는 불충분하며 국가가 개입해야만 한다는 것을 의미한다.

---

14) Townsend는 12가지 박탈조건을 제시했다. ① 지난 1년 동안 일주일간의 휴가가 있었는가, ② 지난 4주 동안 친구를 집에 초대한 적이 있었는가(성인), ③ 지난 4주 동안 친구를 외식에 초대한 적이 있었는가(성인), ④ 지난 4주 동안 같이 논 친구가 있었는가(15세 미만 아동), ⑤ 생일파티를 했는가(아동), ⑥ 지난 2주 동안 예술을 관람한 적이 있는가, ⑦ 일주일에 4일간 신선한 고기를 섭취했는가, ⑧ 지난 2주 동안 하루 이상 요리된 음식을 섭취했는가, ⑨ 일주일 동안 요리된 아침식사를 했는가, ⑩ 냉장고가 있는가, ⑪ 가족과의 일요 모임을 가졌는가, ⑫ 가정 내 표준 편의시설(전술한 대로 부엌, 온수, 화장실, 욕실, 가스 또는 전기 조리기 등을 의미)이 설치되어 있는가의 유무이다. 그가 제시한 박탈지표들이 얼마만큼 빈곤을 과학적으로 측정할 수 있는지, 그리고 박탈의 시점(빈민이 되는 시점)이 언제인지를 검증하는 문제는 남아있다(원석조, 2013: 204).

오늘날 빈곤의 원인을 개인의 잘못에서 찾는 학자들은 거의 없다. Rejda는 빈곤의 원인을 설명하는 이론으로 무작위적 사고이론, 사회적 장벽이론, 개인차이 이론을 제시했다(Rejda, 1999: 343-344). 무작위적 사고이론은 개인과 가족이 자신의 통제범위 밖에 있는 어떤 사건 때문에 가난해진다는 이론이다. 가장의 장애나 사망, 이혼으로 자녀부양능력을 상실한 이혼녀, 경기후퇴로 사업이 부도난 경우, 미혼모의 아이, 아버지로부터 버림받은 아이와 그의 아내, 정리 해고당한 노동자, 노동능력을 상실한 노인, 장애인, 편모가정, 나이든 과부 등이 여기에 속한다. 사회적 장벽이론은 사회가 빈곤을 야기하고 빈곤으로부터 빠져나오기 힘들게 만드는 공식적·비공식적 정책을 펴고 있다는 것이다. 인종차별, 주택차별, 노조에 의한 인위적인 고용 장벽, 취업 전 임시고용제, 고학력 요구 등이 이에 속한다. 개인차이 이론은 사회적 다수가 개인적 자질을 결여하고 있기 때문에 가난하다는 이론이다. 빈약한 학력, 낮은 기술수준, 낮은 생산성, 낮은 근로동기, 빈약한 근로습관, 신체적 장애, 알코올 중독, 약물중독, 도박 습관이 이에 속한다. 한편, 마르크스학파들은 빈곤을 자본주의 시장구조와 계급구조의 모순에 의해 필연적으로 발생하는 것으로 간주한다. 소득분배, 생활조건, 교육, 보건, 빈곤문화는 자본주의 경제구조의 모순, 즉 착취의 반영에 불과하다고 본다.

4. 사회제도를 위협하는 문제

사회제도를 위협하는 문제에는 가족문제, 교육문제, 노동문제, 보건의료문제 등이 있다.

1) 가족문제

(1) 가족의 개념

가족은 사회구성원을 재생산하고 양육하는 기능을 가진 혈연공동체이다. 가족의 형태로는 핵가족, 확대가족, 수정 확대가족 등이 있다. 핵가족은 결혼한 부부와 그 자녀로 구성된 소규모 가족을 말하는데, 산업사회의 지배적인 가족형태이다. 확대가족은 3세대 이상의 사람들이 강한 유대감을 가지고 함께 사는 대규모 가족으로, 산업사회 이전의 지배적인 가족형태이다. 수정 확대가족이란 확대가족도 핵가족도 아닌 형태로 핵가족들끼리 교류와 지원의 네트워크를 이루고 사는 것을 말하는데, 현실의 가족 중에는 이런 수정 확대가족이 많다(Sullivan, 2000: 74). 기본적으로 가족은 부부와 자녀로 구성된다. 그러나 최근에는 편부모가족, 동거부부, 동성애가족이 늘어나 '부부와 그 자녀' 또는 '혼인에 의한 자녀'만으로 가족을 정의하기가 곤란해졌다. 이를 고려하여 UN에서는 가족을 "어린이를 돌보는 사람들", 또는 "국가의 법률과 관행 하에 가족으로 간주되는 일군의 사람들"이라고 정의하고 있고, 미국의 인구 센서스에서는 "두 명 이상의 동거하고 있는 사람들이 혈연, 결혼 또는 입양의 관계를 가진 경우"라고 규정하고 있다(원석조, 2013: 229). 우리나라 민법에서는 가족을 "호주의 배우자, 혈족과 그 배우자, 기타 본 법에 의하여 그 가(家)에 입적한 자"로 규정하고 있다.

오늘날 산업화와 함께 가족의 기능은 많이 축소된 것이 사실이다.[15] 한편 현재와 같은 핵가족제도를 유지해야 할 것인가 아니면 편부모가족, 동거부부 및 동성애부부와 같은 비전형 가족들을 대안가족으로 인정할 것인가를 놓고 보수적인 관점과 진보적인 관점으로 나뉜다(변화순 외, 2000: 30-32). 보수적 관점은 편부모가족, 동거부부 및 동성애부부와 같은 비전형적 가족을 가족해체로 간주한다. 가족해체

15) 그러나 가족은 여전히 배우자간의 정서적 · 사회적 · 경제적 유대 및 생식과 성관계, 아동 · 노인 · 장애인의 부양, 아동의 사회화 교육, 가족성원의 보호, 가족구성원의 정서적 보호와 오락, 재화와 용역의 교환 등 주요한 기능을 수행하고 있다.

는 가족가치의 혼란을 야기하여 가족을 위기상황에 빠트린다. 가족해체는 여러 가지 사회문제를 초래하고(이혼 증가 → 편부모가족 증가 → 청소년문제 증가), 가족이 더 이상 제도로서 존재하지 않게 될지도 모른다고 우려한다. 이혼과 혼외 출산의 증가가 지표가 된다. 한편, 진보적 관점에서는 가족의 변화를 다원주의의 표현으로 이해한다. 진보주의자들은 개인의 선택과 자유의 폭이 넓어지고, 자아표현의 기회가 확대되며, 다양성에 대한 이해가 증가되는 것을 사회발전으로 간주한다. 편부모가족, 동거부부 및 동성애부부와 같은 비전형적 가족들은 문제가족이 아니라 대안가족으로 간주된다. 이혼과 재혼의 증가는 불만족한 결혼관계를 끝냄으로써 결혼생활의 질을 한 단계 높이고 결혼제도를 존속시키는 메커니즘이 된다.

(2) 가족해체와 이혼

대표적인 가족해체론자인 Elliott와 Merrill은 가족해체를 "핵가족을 포함하는 소집단의 약화 또는 붕괴, 광의로는 가족집단의 성원을 하나로 만드는 결속력의 해체 또는 부적응이며 … 일차 집단의 붕괴라는 점에서 가족해체는 사회해체"라고 정의했다. 우리나라 여성개발원에서는 다음과 같이 주로 구조적 결손을 가진 가족들을 가족해체에 포함시키고 있다(변화순 외, 2000: 15). ① 편부가구: 어머니가 없이 아버지와 18세 이하의 미성년 자녀가 사는 가구, ② 편모가구: 아버지가 없이 어머니와 18세 이하의 미성년 자녀가 사는 가구, ③ 소년·소녀가장가구: 18세 이하 소년소녀가 부모가 사망, 이혼, 질병, 심신장애, 가출, 복역 등으로 노동력이 없는 직계혈족과 동거하거나 생활능력이 없는 방계혈족과 더불어 생활하는 가구, ④ 노인 1인 가구: 65세 이상의 노인이 혼자 살고 있는 가구, ⑤ 청장년 1인 가구: 19세 이상이고 65세 미만인 1인 가구이다. 가족해체에서 구조적 해체란 가족구성원 중 일부가 존재치 않는 것을 말하고(사망, 이혼, 수감, 가출 등의 이유), 기능적 해체란 가족구성원이 다 존재하지만 그 일부가 자신에게 부여된 가족구성원으로서의 역할을 제대로 수행하지 않는 경우를 말한다.

이혼은 가족해체의 대표적인 예이다. 우리나라는 흔히 세계에서 이혼하기가 가장 어렵고 복잡한 나라라고 한다. 역으로 보면 그만큼 이혼을 반대하고 억제시키고 있다는 반증일 것이다. 그러면 한국의 이혼율은 어떨까? 2000년대 초반에 이혼건수는 17만으로 정점을 찍고, 그 뒤로 감소세를 보이고 있지만 근 20년 동안 11만 건을 유지하고 있다. 2020년 OECD국가 중 한국의 이혼순위는 27등, 실제 비율로 따지면 이혼율은 2.2%이다(OECD 평균 1.97). 노재기 세무사에 의하면, 10년 전인 2011년 이혼율이 2.3명(1,000명 당 이혼건수가 2.3명)이라면 2020년은 2.1명이다. 이혼율이 떨어진 것처럼 보이는데 이혼건수로 따지면, 2011년 11만 4천 건이던 이혼건수가 2020년에는 10만 7천 건으로 감소했다. 이는 이혼의 전체적인 비중이 줄어든 것이 아닌, 결혼율 저하에 따른 이혼건수가 줄어든 것이다. 즉 이혼할 부부가 점점 줄어들고 있다. 평균 이혼 연령은 남편의 경우 2000년 40세에서 2020년 49.4세, 아내의 경우 46세이다. 이혼의 원인으로는 성격 차이가 가장 많았고, 배우자의 외도 등도 이혼 원인이 되었다.

이혼이 가장 큰 문제가 되는 것은 자녀에게 피해가 갈 수 있다는 점 때문이다. 부부 사이에 성장기의 자녀가 있을 경우 그 피해가 아이들에게 미치게 된다. 부모의 이혼은 자녀들에게 커다란 마음의 상처를 줄 수 있다. 이혼 후 홀로 된 어머니는 자녀양육, 직장생활, 가정경제, 가사 등 여러 가지 짐을 지게 되며, 자연히 자녀에 대한 관심과 애정이 줄어든다. 그 결과 자녀들은 행동상의 문제, 학업성적의 하락, 기타 부적응문제 등을 겪는다(Eitzen & Zinn, 2000: 368). 가정의 붕괴는 아이들의 문제로 이어진다. 청소년들을 대상으로 하는 관계자들에 따르면 '청소년의 문제는 곧 가정의 문제'이다. 이것은 '문제아이는 없고 문제부모만 있다'는 것과 상통하는 것이다. 부모의 이혼과 별거 혹은 가정 내 폭력 등 비정상적 형태의 가정에서 청소년들이 적응하지 못하고 거리로 나오는 사례가 도식적으로 이어지게 된다.

(3) 가출

가출을 한번 생각해 보지 않은 사람이 있을까? '이 답답한 집을 떠나버린다면…', 가출한 나를 상상하다가도 울며 나를 찾을 부모님과 가족들 생각에 머리를 저으며 그만 계획을 포기하고 만다. 가출에 대한 충동은 대개 머리 속 상상으로만 그치고 말지만, 여러 가지 이유에서 '진짜로' 가출하는 청소년들이 있다. 부모의 부재나 무관심, 가족들 사이에서 사랑받고 인정받지 못하는 것, 가족의 폭행과 폭언, 말 못할 사연, 가출에 대한 호기심, 이런 것들이 청소년을 거리로 내몬다. 가출은 해방이자 탈출구로 여겨지며 어쩔 수 없이 내몰리는 경우도 있다. 어떤 이유에서든 가정에서 거리로 나온 아이들은 잠잘 곳과 돈이 없어서 비행과 범죄에 빠지게 될 가능성이 너무나 높다. 돈이 필요해서 절도 등의 범죄를 저지르거나 성매매를 하기도 한다. 가출의 동기나 원인이 어떠하든 그 결과는 참혹하고 혹독하다. 우리 사회에 가출한 미성년자 아이들이 설 곳은 없다. 따라서 사전에 가출과 같은 일이 발생하지 않도록 가정과 학교에서 아이들을 잘 키워야 한다. 그리고 가출한 아이들이 범죄를 저지르지 않고도 숙식을 해결하고 가정으로 돌아갈 수 있도록 시설의 확충이나 전문적인 보호기관의 설립이 필요하다. 또한 아이들이 가정으로 돌아가거나 삶의 문제를 해결하기 위해서 교육이나 훈련도 이루어져야 할 것이다.

(4) 아동학대, 노인학대

요즘 매스컴에 자주 등장하는 뉴스 중에 하나가 아동학대이다. 어린이집에서 교사가 아이들을 폭행하고, 부모가 아기가 운다고 부모가 때려서 아기를 죽게 하거나, 며칠 학교에 오지 않는 아이를 찾아봤더니 부모에게 맞아서 죽었다거나 하는 등 차마 입에도 담기 힘든 무시무시한 아동학대 사건이 많이 일어난다.[16] 아

16) 아동학대 사건은 너무 많아서 일일이 열거하기가 힘들 정도이다. 2017년에는 하루에 12시간 넘게 PC방에서 게임을 하던 30대 아버지가 칭얼대는 한 살배기 아들의 배를 때려 장 파열로 숨지게 한 사건이 발생했다. 그는

동학대란 "아동을 위험에 빠트리는 폭력적·비폭력적 행동과 작위적·부작위적 행동"이라고 폭넓게 정의할 수 있다(Eitzen & Zinn, 2000: 373). 최선화 등은 아동학대를 협의의 개념과 광의의 개념으로 나누고 있다. 협의의 아동학대는 아동에게 객관적으로 관찰 가능한 상처를 의도적으로 입힌 행위를 말한다. 광의의 아동학대는 아동발달 과정에서 나타나는 아동의 욕구를 제대로 충족시키지 못하는 환경으로서, 아동방치와 냉대까지도 포함시키고 있다(최선화, 1999: 300). 아동학대의 유형은 "보호자를 포함한 성인에 의하여 아동의 건강·복지를 해치거나 정상적 발달을 저해할 수 있는 신체적·정신적·성적 폭력, 가혹행위 및 아동의 보호자에 의하여 이루어지는 유기와 방임"을 말한다.

아동학대의 원인은 가해자 자신도 아동기에 학대를 경험했거나 부모의 상실, 가족의 붕괴 등 가족해체를 경험한 경우이다. 결손가정의 경우 부 또는 모가 자신의 역할을 제대로 수행할 수 없을 때 스트레스를 받아 아동을 학대하게 되는 경우도 있다. 또 가족의 낮은 사회경제적 지위, 직업 불만, 가정불화, 사회적 고립, 가족의 역기능 등에서 아동학대의 원인을 찾을 수 있다. 예를 들면, 가장의 실업으로 인한 스트레스나 부부갈등이 아동학대의 원인이 될 수 있다. 마지막으로 문화적 요인으로서 폭력이나 체벌에 대한 사회의 일반적 태도가 관대하다면 아동에 대한 학대를 용납하게 될 가능성이 높다(김영모 편, 2000: 76-77).

아동학대와 관련하여 강력한 범죄가 생기자 아동학대에 대한 관심이 커지고, 아동을 보호하기 위한 조치들이 강화되고 있다. 아동학대에 대한 처벌이 강화되고, 어린이집, 유치원, 학교 등에서 아동이 며칠 무단으로 결석하게 되면 교사는 부모와 연락을 취하고 아동학대조사를 위해 가정에 직접 찾아가 보게 되어 있다. 최근에 발생한 '정인이 사건'을 계기로, 2021년 1월 8일 아동학대범죄 처벌에 대

3살과 5살된 남매도 자주 때린 것으로 알려졌다. 2020년 천안에서는 계모가 당시 9살이던 의붓아들을 캐리어에 넣고 7시간 동안 가두어 죽음에 이르게 했다. 최근 아동학대 사건으로 가장 잘 알려진 것은 "정인이 사건"이다(2020년). 건강했던 정인이는 입양된 지 271일만에 사망했는데 사후 16개월이던 정인이는 사망 당시 복부가 손상되고 7군데가 골절되어 있었다. 사건이 점차 자세하게 알려지면서 전국민이 공분했고 이로 인해 아동학대에 대한 관심을 환기시켰다. 현재 양부모에 대한 재판이 진행 중으로 양부는 징역 5년, 양모는 무기징역이 선고된 상태이다(2021년 7월).

한 특례법의 일부 개정 법률안이 국회 본회의를 통과했다.

노인학대도 TV 뉴스에 심심치 않게 보도된다.[17] 노인학대란 노인에 대한 신체적·정신적 학대, 경제적 착취, 의료적 학대 또는 방임을 말하는데, 아동학대의 경우와 같이 사적인 공간인 가정 안에서 가족구성원에 의해 이루어지는 경우가 많고, 노인시설 안에서도 발생한다. 우리나라와 같이 장성한 자녀 특히 장남 가족이 노인 부모를 부양해야만 하는 전통적인 문화를 가진 경우 가정 내 노인학대의 발생가능성이 높다. 한편, 고령화가 진행되면서 우리나라는 현재 백세 시대를 넘은 인구가 많아지고 노인 요양원도 늘어나는 추세이다. 양로원이나 요양원 등 생활시설에서 발생하는 노인학대는 5.4%로 비중이 높지는 않지만 매년 늘어나고 있는 추세이다. 과거에는 부모를 하늘과 같이 섬겨야 했던 유교문화가 지배적이어서 노인학대란 있을 수가 없었지만, 효의 관념이 많이 약화된 지금은 상황이 다르다. 효 관념의 약화와 자녀의 부모부양문화의 공존은 우리나라에 노인학대의 가능성이 크다는 것을 말해준다(원석조, 2013: 244). 노인학대는 신체적 학대, 언어적 학대, 정신적 학대, 경제적 학대, 성적 학대, 방임, 유기 등으로 구분된다. 노인학대의 원인은 노인을 돌보는 부양자의 심한 스트레스나 정신적 결함, 부양자와 노인 간의 인간관계상의 문제, 노인에 대한 부정적 인식(문화), 노인부양의 가치관의 변화(핵가족화) 등이 있다.

이러한 노인학대는 여러 가지 원인이 있지만 최근 우리 사회에서 급속히 진행되는 고령화와 연관돼 있다. 고령의 부모를 오랜 기간 봉양하다 보니 경제적 부담이 가중되고 여기에 각종 병 시중으로 심신이 지치면서 폭력으로 비화한다는

17) "연금 넘겨라. 10년간 노모 폭행", 사망한 아버지의 연금을 노리던 친딸이 연금을 달라고 자신의 어머니를 폭행했는데, 참다못한 어머니가 파출소로 가서 울먹이면서 신고한 사례이다. 2017년 1월에는 80대 할머니가 집에서 폭행을 당했다는 신고에 경찰이 출동했다. 가해자는 50대 아들로 어머니가 신세를 한탄한다는 이유로 술에 취에 때렸다는 것이다. 또 다른 사건은 40대 아들이 70대 부친을 때리고 괴롭힌 것인데, 이유는 용돈을 둘러싼 갈등 때문이었다(KBS, 2017. 4. 17). 2016년 2월에는 말기 신부전증으로 잠을 이루지 못하는 어머니를 아들이 살해했다. 약 10년 전부터 부모를 모시고 산 그는 어머니의 고통을 줄여주는 방법으로 어머니를 숨지게 했다는 것이다. 2014년 1월에는 한 대중 가수의 아버지가 그의 노부모를 살해하고 스스로 목숨을 끊어 사회에 큰 충격을 주었다. 그는 치매에 걸린 부모를 부양하다 사업이 기울면서 경제적 어려움을 겪다가 우울증까지 겹치면서 극단적인 선택을 한 것으로 알려졌다. 2016년 5월에는 치매에 걸린 80대 어머니를 마구 폭행한 사람이 징역 1년을 선고받았다(충청매일, 2016. 6. 1).

것이다. 60대 자녀가 80~90대 노부모를 공격하는 '노노(老老) 학대'가 급격히 느는 것이 그 예다. 특히 중장년층은 자녀 교육에 큰 비용이 들거나 직장에서 퇴직해 경제력이 떨어지기 때문에 부모 부양책임이 유독 무겁게 느껴질 수밖에 없다. 실제 국제통화기금 사태 이후 실업자가 급증하면서 가정 내 노인 학대사건이 급격히 증가하는 경향을 보이기도 했다. 그런데도 이들 세대는 부모 부양이 자식의 도리라고 생각하는 유교적 가치관이 강해 쉽게 다른 대안을 찾지 못하고 있다. 신영화 교수는 "도식적인 유교적 가치관에서 벗어나 필요하면 사회와 국가에 도움을 요청하는 것이 자신과 부모 모두를 위한 길"이라고 말했다(충청매일, 2016. 6. 1). 궁극적으로는 노인복지 분야의 사회보장제도를 확충해 노부모 부양 부담을 사회와 국가가 짊어질 필요가 있다. 급속히 진행되는 고령화에 맞춰 정부가 체계적인 노인보호정책을 내놓아야 한다.

(5) 소년 · 소녀가장

소년 · 소녀가장이란 부모의 사망, 질병 등 가정의 결함으로 생활이 어려워 18세 미만의 소년 · 소녀가 가족의 생계를 꾸려 나가는 세대를 말한다. 서구 선진국에는 소년 · 소녀가장이라는 개념이 없다. 미성년 아동은 입양, 위탁가정 또는 아동복지시설에서 보호받아야 하는 것이 서구의 문화로서, 미성년 아동끼리 독립된 가정을 구성하여 그들 스스로 생계를 꾸려가게 놔둔다는 것은 있을 수 없는 일이기 때문이다. 이렇게 볼 때 소년 · 소녀가장 문제는 한국적인 가족문제, 더 나아가 사회문제임을 알 수 있다. 현재 정부에서는 이들을 국민기초생활보장수급자로 우선 책정하여 생계 · 의료보호 및 교육보호를 지원하고 있다. 이 외에도 피복비, 영양급식비 및 학용품비 · 교통비 등을 지원하고 있다.

2) 교육문제

집단따돌림을 포함한 학교폭력은 최근 들어 부상한 우리나라의 대표적인 교육문제이다.[18] 집단따돌림이란 이른바 '왕따'라 하여 한 사람을 그를 잘 아는 주변 사람들이 집단적으로 괴롭히는 행위를 말한다. Rigby(1996)에 의하면, "보다 많은 힘을 가진 개인 혹은 집단이 보다 적은 힘을 가진 개인을 심리적으로 혹은 신체적으로 반복해서 억압하는 것"이다. 여기서 중요한 것은 '힘의 불균형'과 '반복적인 억압'이다. 다시 말해서 힘의 우위에 있는 개인 또는 집단이 약자인 개인을 지속적으로 괴롭히는 행위라는 것이다. 왕따는 주로 학교에서 발생하고 있는데, 심한 경우 자살로까지 몰고 간다.[19] 학교폭력 피해 학생 10명 중 4명은 자살을 생각한다고 한다. 집단따돌림은 형태가 다양한 만큼 그 피해의 양상도 다양하다. 학업 부진, 등교 거부, 심리 장애, 아무하고도 말을 하려 들지 않음, 무기력, 회피로 인한 자신감의 결여 등이다. 여기에 그치지 않고 대인관계가 악화되면 신경쇠약이나 우울증으로 시달리다가 심하면 자살로까지 이어지기도 한다.

3) 노동문제

(1) 실업

실업이란 적극적으로 일자리를 원하고 또 일하는 데 필요한 능력을 갖추었지만 일을 하지 않고 있는 경우를 말한다. 실업의 유형에는 주기적 실업, 기술적 실업,

18) 기타 교육문제는 관련된 각 장에서 논의하고 있다.
19) 경기도 의정부의 한 초등학교에서 한 학생을 친구들이 오랜 기간 집단으로 따돌린 것도 모자라, 급기야 집단폭행까지 한 것으로 드러났다. 충격을 입은 학생은 현재 등교 거부를 하고 있지만, 학교 측은 별다른 조치를 취하지 않고 있다(MBN, 2017. 2. 9). 평소 여성스러운 행동을 하는 고등학생 모 군에게 같은 반 학생들이 '뚱녀', '걸레녀'라고 놀리고 때로는 욕설을 퍼부었다. 담임 선생님이 여러 차례 가해학생들을 꾸짖기도 했지만 상황은 나아지지 않았고, 모 군은 결국 극단적인 선택(자살)을 하고 말았다(KBS, 2016. 2. 26). 2018년에는 인천에서 한 중학생이 집단폭행을 당해 아파트 옥상에서 떨어져 사망하는 사건이 발생했다. 학교폭력과 관련하여 주목할 것은 2011년 대구 중학생 자살 사건이다. 2011년 대구에서 학교폭력(물고문, 구타, 금품 갈취 등)에 시달리던 중학생이 유서를 남기고 자살한 사건으로 인해 2012년에 학교폭력예방법이 큰 폭으로 개정되게 되었다.

구조적 실업, 마찰적 실업, 계절적 실업이 있다(Rejda, 1999: 283-285). 주기적 실업은 경기변동에 따라 주기적으로 발생하는 총수요 부족으로 인한 실업이다. 재화와 서비스의 총수요가 부족하여 완전고용에 필요한 충분한 일자리가 부족하기 때문에 발생하는 실업으로, 감세정책으로 총수요를 진작시켜 일자리를 추가로 창출할 수 있다. 기술적 실업은 노동을 절감시키는 기계와 새로운 생산기술 또는 경영기술의 개발에 따라 노동자가 대체되어 발생하는 실업이다. 하지만 새로운 기술이 새로운 일자리를 창출하기도 한다. 구조적 실업은, 해외로부터 자동차 수입이 증가하면 국내 자동차산업의 일자리가 크게 줄어드는 것처럼, 일자리가 요구하는 기술과 노동자가 보유한 기술의 격차 또는 일자리와 일을 원하는 사람 간의 지역적 격차에 의한 실업을 말한다. 특정 산업의 사양화, 노동자 개인이 보유한 노동력의 낮은 질 등도 구조적 실업이다. 마찰적 실업은 개별 노동자가 일자리를 바꾸고자 할 때 (짧은 기간이지만) 발생하는 실업이다. 계절적 실업은, 농업과 건설업이 계절적 실업의 가장 대표적 산업으로, 기업의 계절적 경기변동으로 인한 실업이다.

실업은 경제적 비용과 비경제적 비용을 야기한다(Rejad, 1999: 2289). 경제적 비용에서 보면, 실업은 GDP를 하락시킨다. 노동력은 소멸되는 상품으로 실업으로 인한 노동시간 상실은 영구적이다. 완전고용과 삶의 질 보장을 위해서는 경제성장이 필요한데, 실업은 경제성장을 하락시킨다. 비경제적 비용에서 보자면, 장기간 실업은 숙련도를 하락시키고 스트레스를 주어 사회에 부정적 태도를 형성시킨다. 또 자존심을 손상하고 가족 간의 불화를 조장하며, 알코올중독과 약물중독 그리고 이혼을 야기하고, 아동학대, 건강문제, 가정생활의 악화를 가져온다. 실제로 우리나라 IMF 구제금융사태 후 발생한 고실업이 가족문제를 야기한다는 보고가 있다. 가장의 실직이 생계비와 자녀양육비의 부족을 야기했고 이는 가족원들에게 상당한 스트레스를 주어 실직 부부간의 갈등은 물론 실직 부모와 자녀 간의 관계에도 부정적인 영향을 미쳤다.

우리나라의 경우 경제 성장률은 2016년부터 2019년까지 5년 단위 평균 2.7%이며, 실업률은 3.7%이다.[20] 앞으로 4차 산업혁명이 본격화되면 기존의 일자리마저 위협받게 돼 고용축소는 더욱 가속화할 것이라는 게 지배적인 분석이다. 해법은 어디서 찾을 수 있을까? 전문가들은 노동시간의 단축과 같은 근원적 대책이 필요하다고 지적한다. 노동시간 단축은 단순히 일자리를 나누는 차원을 넘어 효율성·생산성 증대 및 경제성장의 혜택을 사회에 고루 나누는 개혁의 차원에서 받아들여야 한다는 얘기다. 중·장기적 일자리 위기를 넘어서기 위해 당장의 경제적 고통을 감내하는 사회적 유대의 정신이 필요하다(헤럴드경제, 2017. 5. 6).

(2) 비정규직 근로자

비정규직 근로자란 상용직 근로자(근로기간이 정해져 있지 않은 근로자)에 대비되는 집단으로 임시직 근로자와 일용직 근로자를 합한 것이다(원석조, 2013: 258).[21] 임시직은 1년 미만 1개월 이상 고용되는 근로자이고, 일용직은 1개월 미만 고용된 근로자이다. 이렇게 볼 때 비정규직 근로자는 근로계약기간의 한시성을 기준으로 규정되는 근로자집단인 것이다. 비정규직 근로자가 우리나라에서 문제가 된 것은 그 비중이 갈수록 커지고 있기 때문이다. 2001년 전체 임금근로자의 26.8% 정도가 되었던 비정규직 근로자가 매년 증가하여 2006년에는 전체 임금근로자의 35.5%를 차지하였다. 기준마다 조금씩 다르겠지만, 2020년 우리나라 전체 노동인구 중 비정규직 비율은 전체의 약 36.3%라고 한다.

우리나라에서 비정규직 근로자가 크게 늘어난 직접적인 이유는 1997년 경제위기로 인한 대규모 구조조정 과정에서 상용직과 비정규직 모두 감소했다가 1999년 경제회복기에 전체 임금근로자 수가 증가할 때 상용직 근로자 수는 여전히 감

20) • 경제활동인구 = 15세 이상 취업자 + 실업자
• 비경제활동인구 = 15세 이상 인구 − 경제활동인구
• 실업률 = 실업자 ÷ 경제활동인구
• 경제활동참가율 = 경제활동인구 ÷ 15세 이상 인구

21) 2017년 5월 9일 대한민국 제19대 대통령에 당선된 문재인 대통령은 5월 12일 인천공항공사를 찾아 "임기 내에 공공부문 비정규직 제로 시대를 열겠다"고 선언했다. 그만큼 현재 우리 사회에서는 비정규직 근로자가 큰 문제가 되었다고 할 수 있다.

소한 것에 비해 비정규직 근로자의 수는 급격하게 증가했기 때문이다. 다시 말해서, 경제위기 때 실직했던 사람들이 경제회복 후 노동시장에 재진입하는 과정에서 비정규직으로 지위가 변했기 때문이다. 비정규직 근로자는 고용불안에 시달릴 뿐만 아니라 노동시간은 정규직과 비슷한데도 정규직에 비해 상대적으로 낮은 임금을 받고 있고, 근로복지와 사회보험에서 배제되는 등 상당한 불이익을 보고 있다. 정규직과 비정규직의 임금 격차를 간단하게 비교해보면, 정규직이 1만원 벌 때 비정규직은 6,630원을 버는 셈으로 적잖은 격차가 있다. 고용보험 가입률도 정규직이 95.7%일 때 비정규직은 72.1%이고, 건강보험 가입률은 정규직이 98.3%, 비정규직이 59.4%이고, 상여금 적용률은 정규직이 65.8%, 비정규직은 22.9%이다.

4) 보건의료문제

(1) 에이즈

현대사회의 가장 심각한 질병 중 하나가 에이즈이다. 에이즈는 후천성 면역결핍 증후군(AIDS) 바이러스에 감염된 상태로 인체의 면역력이 상당히 저하되고, 지금으로선 치료제가 있긴 하지만 완치가 불가능한 질환으로 인류에게 무서운 질환 중 하나이다. 에이즈는 HIV(에이즈 원인 바이러스)가 야기하는데, HIV 전파경로는 감염된 사람과의 성적 접촉, 감염된 혈액과 혈액체제, 감염된 산모의 신생아, 오염된 주사기나 주사바늘, 감염된 사람의 장기와 조직의 이식 등이며, 일상적인 접촉(악수나 가벼운 입맞춤 등), 음식이나 물, 공기 또는 대변, 곤충으로부터는 전염되지 않는다. 에이즈의 최초 증례는 1981년 6월 미국 LA의 한 동성애자에게서 나타났고, 처음에는 에이즈가 주로 동성애자에게서 발견되자 동성애자 간의 성관계에 의해서만 전염이 되는 줄 알았으나 이성간의 성관계는 물론 위에서 말한 여러 경로를 통해서도 전염이 된다는 사실이 밝혀졌다. 에이즈는 아시아・아프리카・중미・동유럽 등지에서 급속히 확산되어 2017년 전 세계 에이즈 바이러스 감염자는

3670만 명(매년 신규 감염인수는 210만명 가량)으로 집계되었다.

우리나라 에이즈 감염자 수는 2008년 말 6천 명이던 것이 2016년 1만 명을 넘어섰다. 이 중 남자가 92%, 여자가 8%로 대부분 남자이다. 감염 경로는 이성간 성접촉이 98.5%, 수혈・혈액체제가 1.4%이다. 일교차가 심한 환절기에는 호흡기 질환이나 감기 등에 걸리기 쉽다. 단순한 감기는 건강한 성인의 경우 일반적으로 7~10일이면 자연적으로 치유되지만, 그렇지 않을 경우 다른 질병에 감염된 것은 아닌지 의심해 볼 필요가 있다. 특히 HIV의 경우 감염상황에 노출된 일자로부터 4~12주 사이에 감기와 유사한 증상이 나타나기 때문에 더욱 주의해야 한다.[22] 대부분의 사람들은 자신이 HIV/에이즈와 상관이 없다고 생각하기 마련이지만, 국내 에이즈 신규 감염자 수는 계속 늘고 있다. 질병관리본부의 2019년 자료에 따르면, 1985년 2명에서 2019년 1,222명으로 35년 동안 약 611배 증가했다. 2011년 959명, 2013년부터는 현재까지 계속 천 명이 넘는 수준을 유지하고 있다. 여기에 더해 자신이 에이즈 환자인지 모르고 있는 수를 포함하면 그 수는 상당할 것으로 예상된다.[23] 에이즈 바이러스가 몸 속 안에 한번 침투하게 되면 면역세포는 오랜 기간에 걸쳐 파괴되고 면역력을 떨어뜨려 다양한 합병증을 유발하게 된다.

(2) 생명윤리 : 낙태와 안락사

낙태는 자궁에서 발육 중인 태아를 인공적인 처치를 통해 모체 안에서 살해하거나 밖으로 배출시키는 행위이다. 지금까지 낙태에 대한 논쟁은 끝없이 이어져

22) HIV 증상은, 첫째 38~40도의 발열상태가 10일 이상 계속되며 해열제를 먹어도 잘 듣지 않는 경우, 둘째, 땀이 많이 나지 않던 체질임에도 불구하고 식은땀을 흘리는 경우, 셋째, 1~2주 정도 설사가 계속되는 경우, 넷째, 목이 붓거나 통증이 생기고 마른 기침을 하는 경우 등이다. HIV 증상이라고 해서 특별한 것이 없기 때문에 자신이 에이즈에 걸렸는지조차 잘 알 수 없다. 하지만 에이즈는 조기에 진단해야 적절한 처방과 치료를 받을 수 있다. 에이즈에 대한 부정적 인식 때문에 사람들은 진단받기를 꺼리는데, 자가진단이 가능한 오라퀵은 집에서 쉽게 검사가가 가능하다. 오라퀵은 잇몸의 바깥쪽 윗부분과 아랫부분을 훑기만 하면 HIV 항체 여부를 20분만에 확인할 수 있는 제품으로 정확도는 99.8%이다. 가까운 약국이나 인터넷 쇼핑몰에서 구매할 수 있다.

23) HIV/에이즈 바이러스에 감염된 사람은 아예 무증상인 경우도 있고, 초기에 감기와 유사한 증세를 보이는 경우도 있다. 하지만 그 증상마저 얼마 지나지 않아 자연스럽게 사라지고 길게는 10년까지도 무증상기로 접어들며 특별한 증상이 나타나지 않게 된다.

오고 있다. 낙태를 살인행위로 보는 사람도 있고, 자신의 몸을 보호하려는 여성의 권리로 보는 사람도 있다. 아프리카의 몇 나라는 예외없이 낙태를 불법으로 규정하고 있고, 북미나 유럽 등지는 임신부의 요청시 낙태가 합법이다. 미국의 경우 1973년 대법원이 임신 초기의 낙태를 합법이라고 판결한 이후 낙태수술은 가장 흔한 수술의 하나가 되었다. 1980년 이후 매년 150만 건의 합법적인 낙태수술이 이루어지고 있다고 한다(Parrillo, Stimson, & Stimson, 1999: 371). 우리나라는 낙태를 원칙적으로 금지하고 있다. 다만, 성폭행, 임신부의 생명, 신체적 · 정신적 건강, 태아의 결함 이유일 때는 낙태를 허용한다. 임산부나 그 배우자가 일정한 우생학적 또는 유전학적 정신적 · 신체적 질환이 있거나 전염성 질환이 있는 경우, (준)강간에 의한 임신, 친 · 인척간에 이루어진 임신, 임산부의 건강이 심하게 위협을 받는 경우 임신 20주(우생학적 원인) 또는 24주(윤리적 동기) 이내에 낙태를 허용한다(모자보건법 제14조, 모자보건법 시행령 제15조 참조).

낙태를 공개하기 꺼리는 분위기와 합법적인 낙태 허용범위가 매우 제한된 상황에서 공식적인 통계수치를 산출하기가 어렵다. 지금까지 결과가 공개된 각종 낙태 관련 실태조차 한계가 뚜렷하다. 우리나라에서 한 해 동안 이루어지는 낙태는 공식적으로는 150만 건, 비공식적으로는 200만 건이 넘는다고 한다. 우리나라의 연간 낙태 건수는 미국에 이어 세계 2위를 달리고 있다. 우리나라에서 낙태가 성행하는 이유는 전통적인 남아선호사상, 낙태에 대한 도덕적 불감증, 원치 않는 임신(10대 성관계로 임신 등), 자녀 양육에 대한 경제적 어려움, 국가의 느슨한 법 등이 있다. 경제적 이유로 낙태를 하는 것이라면 정부에서 이를 해결해야 한다. 소중한 생명, 아이 하나가 귀한 우리나라에서 돈이 없어서 아이를 낳지 않겠다고 하는 것은 정부에 책임이 있다. 우리나라에서는 학업 중인 10대 청소년이 임신을 하는 경우 대부분 낙태를 권유받게 된다. 10대가 아이를 키우면서 학업을 계속한다는 것이 우리 사회에서는 양립이 불가능하다. 그러나 선진국에서는 가능한 일로, 국가가 제도를 마련하고 구제할 수 있는 방안이 얼마든지 있다. 어떤 경우이든 아이를 가지는 것이 재앙이 아니라 축복임을 알게 해주고 아이 양육을 부모나 한

가정의 일로 여기는 것이 아니라 국가가 동참함으로써, 아이를 낳고 키우는 것이 행복한 일이 되었으면 좋겠다.

안락사는 병자를 고통에서 해방시켜서 안락하게 죽게 하는 것으로, 안락사는 몇 가지 유형으로 나눌 수 있다. ① 순수한 안락사: 죽음의 고통 완화를 목적으로 모르핀 투여가 행해지며, 그것이 병자 생명의 단축을 수반하지 않는 경우, ② 간접적 안락사: 그와 같은 조치가 불가피하게 병자의 생명을 약간 단축하는 경우, ③ 부작위에 의한 안락사(소극적 안락사): 적극적인 의료조치를 강구해도 병자의 생명을 약간밖에 연장하지 못하고, 그럼으로써 오로지 그에게 고통을 주기만 하는 경우 그 조치를 행하지 않음, ④ 적극적 안락사: 병자의 생명을 적극적으로 끊음으로써 그를 죽음의 고통에서 해방시키는 경우이다. 보통 안락사 논쟁은 바로 이 적극적 안락사에 해당한다. 안락사에 대해서, 아무리 식물인간 상태의 환자라 하더라도 생명을 갖고 있기 때문에 안락사시키는 것은 살인이라고 보는 입장과 아무런 의미없이 식물인간으로 사는 것보다는 안락사시키는 것이 좋다고 보는 입장도 있다. 현재 안락사를 허용하는 국가나 종교는 거의 없는데, 2002년 네덜란드가 안락사를 세계 최초로 합법화했다. 네덜란드 안락사법은 환자가 치유될 수 없고, 환자가 건강한 정신을 잃지 않은 상태에서 안락사에 동의하며, 환자의 고통이 견딜 수 없을 정도로 클 경우 이 세 가지 기준에 부합될 경우 의사가 환자를 안락사시킬 수 있도록 허용하고 있다.

우리나라의 경우 2001년 의사협회가 '소극적 안락사(부작위 안락사)'를 인정하는 내용이 포함된 「의사윤리지침」을 확정·발표하였다. 여기에서는 "의학적으로 회생 가능성이 없는 환자의 자율적 결정이나 그에 준하는 가족 등 대리인의 판단에 따라 환자나 대리인이 생명유지치료 등 진료의 중단이나 퇴원을 문서로 요구할 경우 의사가 수용할 수 있다."고 했다. 이 조항은 필요한 치료를 제대로 하지 않아 환자가 자연적 사망시점보다 앞당겨 사망에 이르게 하는 '소극적 안락사(부작위 안락사)'를 부분적으로 인정한 것으로 해석된다. 의사협회 법제이사는 "의학적으로

회복이 불가능한 환자와 가족들의 고통을 덜어 주기 위해 무의미한 생명연장치료를 중단할 수 있다."고 했다. 이러한 의협의 의사윤리지침이 물질투여 등의 방법으로 자연적 사망시기보다 앞서 환자가 사망에 이르게 하는 '적극적 안락사'와 환자의 자살을 돕는 '의사조력 자살'을 엄격히 금지하고 있지만, 의료계 안팎에 상당한 혼란이 우려된다. 이에 대해 법조계는 생명경시풍조를 가속화할 가능성이 크다는 점을 우려했다. 소극적 안락사에 대한 논쟁은 계속 이어지고 있고, 이에 대해 보건복지부는 이에 대한 사회적 합의가 필요하고 그때까지 정부가 관여하지 않겠다는 신중한 입장을 취했다. "앞으로 의료계뿐만 아니라 종교계 및 시민단체 간의 공감대가 형성된 후 정부 차원의 본격적인 논의가 필요하다."고 주장했다.

5. 삶의 질을 위협하는 문제

삶의 질을 위협하는 문제에는 인구문제, 도시문제, 환경문제가 있다.

1) 인구문제

(1) 인구증가와 저출산

저출산과 그로 인한 문제를 우려해야 하는 우리로서는 인구증가를 얘기하는 것이 피부에 와닿지 않고 또한 사회문제로 인식되지 않는다. 하지만 인구는 계속해서 증가하고 있으며 이로 인해 하나의 지구 속에서 함께 살아가는 우리는 그 영향을 받게 된다. 인구증가는 삶의 질을 떨어뜨린다. 인구문제는 인구증가와 그로 인한 부작용 문제라고 할 수 있다. 기원전 8천년에 5백만 명에 불과하던 인구는 19세기 산업혁명과 함께 폭발적으로 증가해, 2020년에는 78억 명에 달한다.[24] 인구증가율은 지역에 따라 크게 차이가 난다. 선진국은 20세기 들어 인구증가 속도가 매우 완만해지기 시작해 인구 정체상태에 도달한 반면(향후 50년 안에 일본, 독일, 이탈리아, 헝가리, 러시아 등을 포함한 선진 39개국은 인구가 감소할 것으로 예상), 아프리카 빈곤국가의 인구성장은 지속되었다. 선진국과 후진국은 인구 2배 증가소요시간에서도 큰 차이가 있다. 2001년 선진국이 인구 2배에 도달하는 시기는 809년이 걸리지만, 후진국은 42년이 걸린다(원석조, 2013: 276).

〈표 9-2〉 세계 인구증가 추이

연 도	인구 수	인구 2배 도달기간
BC 8000	5백만 명	
AD 1650	5억 명	1,500년
1850	10억 명	200년
1930	20억 명	80년
1975	40억 명	45년
2015	80억 명	40년

출처: Zastrow(2000: 418).[25)]

인구증가로 인한 인구과잉은 식량 부족, 식수 부족, 경제문제, 인구과밀, 이민 등의 원인이 된다(Zastrow, 2000: 421-424). 식량 부족은 현재 전 세계적으로 약 10억 명의 인구가 영양 부족 상태에 있는 것으로 추정되고 있다. 영양 부족은 신체발육장애, 두뇌성장장애, 지능발달장애, 소인증의 원인이 된다. 또한 성장기에 굶주려 제대로 발육하지 못한 성인은 완전한 노동력을 갖추기 힘들고 질병에 대한 저항력이 낮아 각종 질병에 시달릴 확률이 높다. 더욱이 영양 부족은 다음 세대로 이어져 건강상태가 좋지 않은 2세가 태어날 가능성도 크다. 식수 부족은, 현재 전 세계에 있는 물의 단지 3%만이 음용 가능하다고 한다. 선진국일수록 더 많은 물을 소비한다. 경제문제로는, 인구과잉은 일자리 부족, 환경오염, 교통 혼잡, 주택 부족 등의 원인이 된다. 후진국일수록 인구증가로 인한 경제문제가 더 심각하다.

24) 코로나 19로 인해, 전세계인들은 인구 증가가 아닌 사망 소식에 더 익숙해졌다. 2021년 7월 기준, 코로나 19로 인한 전세계 사망자는 400만 명을 넘어섰다.

25) Zastrow가 2000년에 예상한 세계 인구 증가 추이인데, 실제 2015년 인구는 73억이었고, 2020년 78억이었으며, 2030년이 되어서야 80억이 넘는 85억 명으로 예상된다.

인구과밀은 범죄, 정서적 문제, 근친상간, 아동학대, 자살, 폭력, 환경오염의 원인이 된다. 마지막으로 인구증가는 이민을 증가시킨다. 인구증가율이 높은 후진국 시민들은 인구가 상대적으로 적은 선진국으로 이주를 원하며, 선진국으로의 이민은 인종문제, 불법이민, 불법거주와 같은 사회문제를 야기하기도 한다.

1960년대와 1970년대만 해도 우리나라는 인구증가로 인해 곤란을 겪었던 개발도상국 중 하나였다. 당시에는 인구 억제를 위한 가족계획, 즉 산아 제한 정책이 인구정책의 핵심이었다. 그러나 지금은 상황이 완전히 바뀌었다.[26] 1980년도에 1.42%였던 인구증가율은 1980년대 중반까지 정부 주도에 의해 강력히 추진되었던 가족계획사업으로 인해 1985년도에는 0.96%로 감소했고, 1995년 이후 지속적으로 둔화되고 있다. 이런 추세라면 우리나라도 앞으로 서유럽 국가들과 같이 인구정체를 우려해야 할 처지가 될 것이다. 우리나라 인구구조의 변화에서 가장 인상적인 현상 중 하나가 지속적인 출산율 저하이다. 저출산 문제는 고령화와 함께 심각한 사회문제로 야기되고 있다. 이와 함께 나타난 새로운 신조어들도 많다.[27] 여자 1명이 가임기간 동안 낳을 수 있는 자녀를 합한 숫자인 합계출산율이 1980

26) 이와 관련하여 시대별 인구정책 표어를 보면 다음과 같다.
- 1960년대: "많이 낳아 고생말고 적게 낳아 잘 키우자", "덮어놓고 낳다보면 거지꼴 못 면한다"
- 1970년대: "아들 하나 딸 하나면 만족합니다", "딸 · 아들 구별 말고 둘만 낳아 잘 기르자"
  (1960년대와 1970년대는 인구성장을 억제하기 위해 자녀를 적게 낳으라고 권장했다.)
- 1980년대: "하나씩만 낳아도 삼천리는 초만원", "둘도 많다. 외동딸 외아들 손들어 봐요"
- 1990년대: "잘 키운 딸 하나 열 아들 안 부럽다"
  (1990년대에는 남아 선호 사상으로 인한 성비 불균형 문제가 심각했다.)
- 2000년대: "아빠 · 엄마 혼자는 싫어", "한 자녀보다는 둘, 둘보단 셋이 더 행복합니다."
  (산아제한정책 대신, 오늘날에는 출산률 저하를 막기 위한 출산장려정책을 추진하고 있다.)

27) 저출산, 노령화와 함께 나타난 새로운 신조어들, 들어 보셨나요?
- DINK(Double Income No Kids): 의도적으로 자녀를 두지 않는 맞벌이 부부. 상대방의 자유와 자립을 중요시하여 돈과 출세를 인생의 목표로 삼음
- PINK(Poor Income No Kids): 경제적 어려움 때문에 자녀를 가지지 못하는 세대. 우리나라 경제 위기로 인해 핑크족이 많이 늘어남.
- TONK(Two Only No Kids): 자신들만의 오붓한 삶을 즐기려는 노년 세대. 경제적 능력을 갖춘 노년 세대들은 자녀에게 의지하지 않고 둘만의 생활을 즐기며 살아가기를 원함.
- NEET(Not in Education, Employment, Training): 취업 인구 가운데 교육도 받지 않고, 취업도 하지 않고 직업훈련도 받지 않는 사람들. 이들을 취업을 희망하지만 취업이 되지 않는 실업자와 달리 무업자로 부른다. 저출산으로 인해 외동으로 곱게 자란 세대들이 자립심이 부족하여 취업난을 극복하지 못하고 포기해 버리는 것으로 분석.

년에 2.83명에서 2020년 0.84명으로 크게 감소했다.

이처럼 출산율이 계속 낮아져 0~14세 인구도 계속 감소될 전망이고, 15~64세 인구는 2011년도에 72.7%까지 증가한 후, 2015년부터 감소할 것으로 예상된다. 15~64세 인구는 생산가능인구로, 이러한 비율이 줄어든다는 것은 생산이 줄어든다는 것을 의미한다. 소비를 가장 많이 하는 40대 중후반 인구가 줄면 소비 위축 현상이 발생한다. 이러한 생산과 소비의 경제활동이 위축되면 이에 따른 경제위기가 발생할 수 있다.[28] 통계청에 따르면 2016년에 생산가능인구가 3,704만 명으로 정점을 찍은 후 급속히 감소할 예정이다.[29]

50년 전 레이체 카슨이 쓴 『침묵의 봄』(1962)에 보면, 어느 날 아침 '새들의 노래소리가 사라지는' 것으로 시작된다. 살충제로 인해 생태계가 파괴되어 봄이 와도 새들의 노래소리가 들리지 않는 것을 말한다.[30] 가까운 미래의 어느 날, 더 이상 아기들의 울음소리가 들리지 않는 날이 올까? 놀이터에서 아이들이 뛰어노는 모습이 사라질까? 인구정체, 생산가능인구 감소에 대한 대책으로는 출산을 통한 인구증가를 얘기하지만, 결혼한 가정, 부부, 여성에 대한 출산 장려 운동이나 정책은 여성을 아이 낳는 기계로 본다는 우려가 있다. 하지만 저출산의 원인이 출산,

28) 이와 관련하여 미국의 저명한 경제학자 해리 덴트는 그의 저서 『인구절벽』에서 생산가능인구(15~64세)의 비율이 급속도로 줄어드는 현상을 지적하였다.

29) 통계청이 발표한 '2020년 한국의 자화상'을 보도록 하자. '2020 한국의 사회지표'에 따르면 국내 총인구는 5,178만 명, 대한민국의 총인구가 2028년 5,194만 명을 정점으로 점차 감소할 것으로 보인다. 합계 출산율(가임여성 1명이 평생 낳을 것으로 예상하는 평균 출생아 수)은 0.84명으로 역대 최저치를 경신했다. 2019년 가구당 평균 가구원 수는 2.39명, 2000년 대비 1인 가구 및 2인 가구의 비중이 커졌다. 고용률은 전년보다 0.8% 하락한 60.1%, 실업률은 0.2% 상승한 4.0%이다. 2019년 국민 기대수명은 83.3세이다.
2016년 한국의 자화상을 참고하면 다음과 같다. 인구성장률은 0.45%로 나타났다. 인구성장률은 2032년 0%를 기점으로 역성장, 2060년 -0.97% 수준이 될 것으로 전망된다. 첫째 아이를 낳는 엄마의 연령은 계속 높아져, 지난해 31.4세를 기록했다. 출산과 밀접한 결혼 지표도 하락세다. 혼인 건수는 28만2000건으로 1970년대 이후 처음으로 30만건 이하였다. 초혼 나이는 남성 32.8세, 여성 30.1세로 높아져 만혼 추세가 이어지고 있다. 아울러 '결혼을 해야 한다'는 인식도 낮아지고 있다. 지난 2010년 64.7%였던 결혼 의향 비율은 지난해 51.9%였다. 반면 65세 이상 고령 인구 비율은 급증할 것으로 보인다. 지난해 13.2%였던 고령인구 비율은 2030년 24.5%, 2040년 32.8%, 2060년 41.0%로 전망된다"(아시아투데이, 2017. 3. 23).

30) 레이첼 카슨은 『침묵의 봄』에서 시 한 구절을 읊었다.

> 호수의 풀들은 시들어가고 새의 울음소리는 들리지 않네.
> —키츠

직장 복귀, 육아, 교육, 복지 등 아이를 낳아 키우는 것이 어려운 우리나라의 사회구조적 문제에 있다면 정부는 이를 해결하기 위한 적극적인 정책을 마련하고 실시해야 할 것이다. 아이를 낳고 키우는 것이 힘들어 신음하고 있는 가정의 소리에 귀기울이고, 아이 낳는 것이 행복하다는 다른 선진국의 제도들을 도입하여 실행해야 한다.

(2) 고령화

평균수명이 꾸준히 증가하고, 65세 이상 노인인구의 구성비율이 빠른 속도로 늘어나고 있다. 우리나라의 고령화 속도는 세계 최고 수준이다. 고령화를 나타내는 데 가장 많이 사용되는 것이 고령화사회, 고령사회, 초고령사회 개념이다. 고령화사회는 전체인구 중 65세 이상 노인이 차지하는 비율이 7%를 넘어선 사회이다. 고령사회는 65세 이상 노인 인구의 비율이 14% 이상인 사회이다. 초고령사회는 65세 이상 노인 인구의 비율이 20% 이상에 도달한 사회이다. 우리나라의 고령화 속도는 세계 최고이다. 이미 2001년에 65세 이상의 노인 인구가 전체 인구의 7.6%로서 고령화 사회로 진입했으며, 통계청(2006)은 2019년에 고령사회에, 2026년에는 초고령사회에 도달할 것으로 전망하고 있다. 이는 고령화사회에서 고령사회로 가는데 19년, 고령사회에서 초고령사회로는 불과 7년밖에 소요되지 않는다. 우리나라 고령화 속도의 급진성은 선진국과 비교하면 확연히 드러난다. 고령화사회에서 고령사회로 넘어가는데 프랑스는 115년, 미국은 72년, 일본은 24년이 걸렸고, 고령사회에서 초고령사회로 이행하는데 프랑스는 40년, 미국은 16년, 일본은 12년이 걸렸다.

우리나라의 고령화는 출산율의 감소와 평균수명이 연장된 결과이다. 1960년에 52.4세에 불과하던 전 국민의 평균수명이 1980년에는 65.8세로 늘어났고, 1995년에는 73.5세, 2000년에는 74.9세로 증가했으며, 2020년에는 78.1세에 달할 것으로 추정되고 있다. 고령화는 세계 각국에서 나타나는 현상이지만, 저출산이 심각한 우리나라의 경우 고령화 인구의 증가는 부담으로 작용할 수밖에 없다. 일할 수 있는 노동력이 감소함으로써 나라 경제가 어려워지고, 재정 부족은 노인들에 대한 복지 부족으로 나타난다. 은퇴 후 가족과 사회로부터도 소외된다. 과거, 노인은 존경과 축복의 대상이었다. 다음 세대를 위해 기도해줄 수 있는 노인이 많고 노인이 된다는 것은 축복받을 일이었다. 그러나 이제 노인이 된다는 것은 위험이 되었다. 경제적 어려움, 각종 병, 노인복지와 정책의 부족 등이 노인의 삶을 어둡게 만든다. 노인 부양은 현재 대체로 그 가족, 특히 장남에게 맡겨져 있다. 하지만 개인에게 맡겨진 부담을 국가와 사회가 짊어져야 할 것이다. 노인인구의 증가, 고령사회에 대해서 정부는 노인복지를 위한 적극적인 정책을 마련해야 한다.

2) 환경문제

(1) 자연환경오염, 대기오염

우리나라의 자연환경 오염도는 매우 높은 편이다. 자연환경오염의 가장 큰 원인은 무분별한 개발이다. 고밀도 일변의 개발관행과 준농림지의 무분별한 개발로 대도시는 물론 농촌지역의 환경마저 악화되었고, 구릉지, 하천변, 연안지역도 훼손되었다. 그리고 경제개발과 함께 농경지와 산지도 잠식되었다. 농경지와 산지의 도시용지로의 전용과 무분별한 개발로 그 면적이 해마다 줄고 있으며, 녹지면적과 생물의 서식공간이 점점 줄어들고 있다. 이와 함께 백두대간, 갯벌 등 생태적 보전가치가 큰 지역도 훼손을 면치 못했다. 댐 · 하구언 건설, 간척 · 매립으로 갯벌 · 습지 등이 줄면서 철새도래지 등 생물 서식공간이 축소되거나 서식환경이 훼손되었고, 국립공원 등 백두대간 능선에서 이루어지는 도로 및 리조트 개발 등 무분별한 개발로 생물종이 매년 감소하고 있다.

대기오염을 유발하는 물질은 매연, 먼지, 가스 및 악취 등이다. 대기오염물질의 주요 발생원인 중 하나가 대기배출업체이다. 대기배출사업장은 주로 연료의 연소과정에서 대기오염물질을 많이 배출한다. 대기오염을 주로 발생시키는 것이 대기업이므로 대기업의 시정과 정부의 규제와 대책이 필요하다. 산업화와 자동차 보급의 확대로 대기오염도 날로 심각해지고 있다. 그리고 자동차 사용이 급증하면서 자동차에서 배출되는 오염물질도 무시할 수 없다.[31] 우리나라 자동차보유대수는 꾸준히 증가해 2020년 말 기준 2,430만대로 세계 9위, 아시아에서는 4번째이다.[32] 자동차 1대당 인구수는 2.13명으로 앞으로도 자동차가 지속적으로 늘어날 것으로 보인다. 하지만 미국, 호주, 캐나다, 영국, 일본 등 국토가 넓은 선진국과 달리 좁은 국토에서 자동차를 운행하는 것은 여러 가지 문제가 있다. 이에 따라 자동차 문화를 대신 하기 위해 대중교통 이용, 자전거 이용 등 여러 가지 정책이 나와 있지만, 자동차 운행으로 인한 불편보다는 자동차의 편리성이 더 크기 때문에 앞으로도 계속해서 자동차 보급이 확산될 전망이다.

자동차에 대한 대안으로 자전거를 이용하고자 할 때 살펴볼 나라는 덴마크인데, 덴마크는 실제로도 왕이 있는 왕국이지만, 요즘은 '자전거 왕국'으로 잘 알려져 있다. 장관도 자전거로 출근한다. 부모도 출근길에 어린 자녀를 뒤에 태워서 탁아소나 유치원에 데려다준다. 대개 인도에 설치된 우리나라 자전거 도로와는 달리, 덴마크는 차도와 보도 사이에 자전거 전용도로가 설치되어 있고 어느 교통수단보다도 특권적인 지위를 누린다. 덴마크가 자전거 왕국, 자전거 천국이 된 데는 그들의 오랜 습관과 아울러 자전거가 안전하게 통행할 수 있도록 도로환경을 꾸준히 개선해온 노력 때문이다. 우리나라는 대중교통 이용이 불편해서 자동차를 이용하게 되고, 자동차가 있으니 대중교통 정책이 미비해지고 이러한 악순환이 반복되고 있다. 짧은 거리도 무조건 자동차로 가려는 우리에게 대안 교통수단, 대중교통의 편리성과 인식 전환, 제도 개선, 환경 마련 등이 절실하다.

31) 자동차에서 배출되는 오염물질은 연료에 따라 약간씩 다르다. 휘발유나 가스 연료를 사용할 경우 일산화탄소(CO), 탄화수소, 질소산화물 등이 주로 배출되고, 경유를 사용할 경우 미세먼지(매연), 질소산화물 등이 주로 배출된다.

32) 자동차등록대수가 2천만대를 넘어선 아시아 국가는 일본, 중국, 인도로 모두 인구가 많은 대국이다.

(2) 지구온난화 문제

매년 4월 22일은 '지구의 날'이다. 지구의 날은 지구환경오염의 심각성을 알리기 위해 자연보호자들이 제정한 지구환경보호의 날이다. 지구온난화문제는 한 나라의 문제를 넘어서 전 지구적인 이슈가 될 정도로 심각하다. 세계기상기구에 따르면, 지난 20세기 동안 지표면의 평균온도가 0.6°C 높아졌고, 해수면은 10~20cm 상승하여 현 추세대로 온실가스가 증가할 경우 2100년의 지수평균 기온은 1990년에 비해 1.4~5.8°C 상승하고, 해수면은 9~88cm 상승할 것으로 예상된다.[33] 지구온난화로 빙하가 녹으면서 해수면이 상승하게 되고 이로 인해 이미 잠기고 사라져 가는 섬들이나 나라가 생겨나고 있다. 투발루, 몰디브, 마셜제도 등이 이에 속한다. 그리고 앞으로도 사라지는 섬들이 늘어날 것이다.[34] 지구온난화는 급격한 기후변화와 함께 대재앙을 불러올 것으로 경고하였다.

지구온난화를 해결하기 위해서는 우선 국가적인 차원에서 이산화탄소, 온실가스를 대량 배출하는 산업구조를 저탄소 배출 권장 구조로 바꾸는 것이 필요하다. 그리고 개개인들이 할 수 있는 일로는 정말 사소하다고 할 수 있지만, 자가용보다 대중교통 이용, 콘센트 뽑기, 불필요한 전기 끄기, 일회용품 줄이기 등이 있다.[35]

33) 지구온난화를 단적으로 보여주는 예가 빙하이다. 지구온난화로 빙하가 점점 줄어들고 있다. 2008년 MBC에서 방영된 다큐 "북극의 눈물"은 큰 반향을 일으켰다. 또한 2016년 MBC 예능프로그램 "무한도전"에서도 북극곰과 관련된 편을 방송했는데, 북극곰의 수도로 알려진 캐나다의 처칠에서 바다길이 얼어서 북극으로 건너가려는 북극곰의 모습이 소개되었다. 바닷물이 얼어야 언 바다를 통해 북극으로 건너갈 수 있는데, 지구온난화의 영향으로 바다가 늦게 얼고 그 사이 북극곰은 굶주림을 견뎌야 하고, 무사히 북극으로 간다 해도 빙하가 점점 사라져 사냥할 곳이 적어지고, 돌아올 때에도 빙하가 깨지고 녹아서 목숨을 건 탈출을 해야 한다.

34) 지구온난화로 사라지는 대표적인 섬이 남태평양의 투발루이다. 투발루는 2001년 국토포기 선언을 하였다. 투발루는 9개의 산호초섬으로 이루어졌는데 이미 2개가 잠기고 수도인 푸나푸타도 물에 잠겨 수도를 옮겼다. 이런 식으로 지구온난화가 계속 된다면 2060년에는 투발로 전체가 바다에 잠겨 없어지게 된다. 주민들은 뉴질랜드로 이민을 가고 있으며 뉴질랜드 이외에는 받아들여 주지 않고 있다고 한다.

35) '용기맨'을 아시나요? 그가 등에 맨 가방에서 나온 것은 다름 아닌 용기(用器)! 일회용품 사용이 일상화되고 플라스틱이 산을 이루는 이 시대에, 용기를 들고 다니면서 물건(음식)을 거기에 담아오는 사람들을 용기맨이라고 부른다. 우리도 환경을 살리기 위해 불편을 감수하는 용기(勇氣)를 낸 용기맨들이 되어야겠다.

참고문헌

김영모(1992). 빈곤이론 빈곤정책. 한국복지정책연구소출판부.

김영모 편(2000). 현대사회문제론. 고헌출판부.

김영희(2010). 대한민국 엄마들이 꿈꾸는 덴마크식 교육법. 명진출판.

레이첼 카슨(1962). Silent Spring. 김은령(역)(2011). 침묵의 봄. 에코리브르.

변화순 외(2000). 최근 가족해체 실태 및 복지대책. 한국여성개발원.

원석조(2013). 사회문제론. 양서원.

윌킨스(1999). 불평등은 왜 나쁜가. 에릭 홉스봄 외 지음. 노대명(역). 제3의 길. 당대.

조흥식 외(2000). 여성복지학. 학지사.

최선화 외(1999). 사회문제와 사회복지. 양서원.

휴턴(1999). 우리가 건설해야 할 국가. 에릭 홉스봄 외 지음. 노대명(역). 제3의 길. 당대.

Beeghley, L.(1999). *Angels of Vision: How to Understand Social Problem*. Colorado: Westview Press.

Curran, D. J. & Renzetti, C. M.(1993). *Social Problem: Society in Crisis*(3rd ed.). Boston: Allyn and Bacon.

Dixon, J. & Macarov, D.(Ed.)(1998). *Poverty: A Persistent Global Reality*. London: Routledge.

Eitzen, D. S. & Zinn, M. B.(2000). *Social Problems*(8th ed.). Boston: Allyn and Bacon.

Harry S. Dent, Jr.(2014). *The Demographic Cliff*. 권성희(역)(2015). 2018 인구 절벽이 온다. 청림출판.

Merton, R. & Nisbet, R.(1976). *Contemporary Social Problem*(4th ed.). N.Y.: Harcourt Brace Jovanovich.

Miller, G. & Holstein. J. A.(Eds.)(1993). *Constructionist Controversies: Issues in Social Problem Theory*. N.Y.: Aldine de Gruyter.

Mooney, L. A., Knox, D. & Schacht, C.(2002). *Understanding Social Problems*(3rd ed.). Belmont: Wadsworth.

Parrillo, V. N. Stimson, J. & Stimson, A.(1999). *Contemporary Social Problem*(4th ed.). Boston: Allyn and Bacon.

Rejda, G. E.(1999). *Social Insurance and Economic Security*(6th ed.). N.J.: Rrentice-Hall.

Sullivan, T. J.(2000). *Introduction to Social Problems*(5th ed.). Boston: Allyn and Bacon.

Zastrow, C.(2000). *Social Problems: Issues and Solutions*(5th ed.). Belmont: Wadsworth.

제 10 장

평 생 교 육

1. 평생교육의 등장

교육은 특정 시기에 특정 기관에서 일어나는 활동으로 보지만 최근 급격한 사회변화와 학습에 대한 다양한 요구는 교육에 대한 개념의 틀을 확장시킨다. 교육을 학교가 아닌 장소에서 평생에 걸쳐서 일어날 수 있다고 보는 개념은 우리 사회의 정치, 경제, 사회문화 등의 전반적인 변화 속에서 점진적으로 요구되고 있다. 이 장에서는 평생교육이 등장했던 배경을 역사적, 사회적, 개인적 측면으로 나누어 소개하고자 한다.

1) 역사적 배경

인간은 태어나 죽기까지 다양한 대상과 경로에 의해 일상적인 습관에서부터 전문적인 기술을 습득하고 학습한다. 이러한 관점에서 평생교육은 현재 사용되는 개념이 정리되기 이전부터 존재했다고 볼 수 있다. 그러나 뚜렷한 목적에 의해서 평생교육을 정의한 것은 1960년대로 본다. 여기서는 국제기구인 유네스코(UNESCO)에서 제창된 평생교육의 방향에 대해 살펴보고 우리나라의 평생교육 역사를 짚어보고자 한다.

(1) 평생교육의 시작

1965년에 유네스코(UNESCO)는 "성인교육발전국제위원회(International Committee for the Advancement of Adult Education)"를 주최하여 최초로 "평생교육(life-long education)"을 건의하였다. 성인교육발전국제위원회에 랭그랑(Lengrand)은 "education permanente"를 제출하여 인간의 평생교육을 개념화했다. 이것은 이후 영문으로 'Life long Education'으로 번역 발표되어 국제적으로 알려지기 시작했다.

1972년에는 유네스코 세계교육연구위원회의 위원장 포레(Faure)[1)]는 『존재를 위한 학습(Learning To Be)』을 출간하여 새 시대 교육 방향에 많은 영향을 끼쳤다. 이 보고서는 세계 모든 나라의 교육개혁의 방향으로 "학습사회(learning society)의 건설"을 제시하였다. 포레의 보고서는 도래하는 새로운 시대의 교육제도는 평생학습사회를 지향할 것을 제안하면서 21개의 개혁 원칙을 제시하였다. 1973년에 데이브(Dave)는 포레의 원칙을 토대로 『평생교육과 학교 교육과정(Life- long Education and School Curriculum)』을 발표하여 평생교육의 개념과 특성을 이론적 토대로 마련하였다.

평생교육론자들이 주장한 교육은 기존의 학교 중심 교육제도를 넘어서는 것이었다. 학교와 가정, 지역사회, 기업 등에서 일어나는 모든 학습을 총망라하는 교육제도를 구성하려는 움직임이다. 하지만 아직 이러한 평생교육 제도를 명확하게 완성 시킨 나라는 없으며, 대다수의 나라에서는 학교 중심 제도로부터 평생교육 제도로 변화하는 과정 중에 처해 있다.

1965	• 성인교육발전국제위원회(랭그랑), "평생교육에 관하여" 제출
1970	• 1970 유네스코 세계교육연구위원회 창설
1972	• 일본 동경, 유네스코 3차 세계성인교육대회 개회
1973	• 포레 보고서 『존재하기 위해 배움』 출간
1975	• 데이브 보고서 『평생교육과 학교 교육과정』 출간
1992	• OECD 학습 도시 사업 시행(평생학습도시 선정)

[그림 10-1] **평생교육의 역사 1(국외)**

1) 1970년에 조직된 세계교육연구위원회의 공식 명칭은 "The International Commission on the Development of Education"이며 위원장 에드거 포레(Edgar Faure)는 프랑스 정부의 수상과 교육부 장관을 역임한 인물이다.

(2) 대한민국 평생교육의 역사

우리나라는 1945년 8월 15일 광복 이후 정부를 수립하고 새로운 민주적 교육 제도를 마련하는 과도기적 상태에서도 학교 중심의 교육을 하는 동시에 학교 이외의 기타 교육이 필요함을 강조하였다. 당시 학교나 학교 이외의 교육은 80%에 가까운 문맹률을 낮추는 기초교육, 즉 문해교육 중심이었다. 이후 1960년대에서 1970년대의 정치가 혼란한 시기에는 경제 제일주의를 표방하여 국가발전을 위한 교육체계가 강조되었다. 이에 재건 국민운동과 마을문고 설치 운영, 사설강습소 설치 및 학원 교육, 향토학교와 새마을 교육, 도서관의 법제화와 정비, 미취학 및 근로청소년 교육, 해외 교포의 교육 등이 실시되었다. 즉, 초창기 평생교육은 새마을 교육의 일부였다고 할 수 있다(교육부, 2006).

1980년대부터 현재까지 우리나라는 평생교육의 의미를 확장하고 구체적으로 적용하기 위해 제도화하는 시기였다. 1980년에 우리나라는 평생교육을 세계 최초로 법으로 명시했다. 그리고 1982년에는 사회교육법을 제정하여 학교 교육의 개념을 넘어서 '평생에 걸친 교육'의 방향을 제시했다. 또한 1995년에 제1차 교육개혁방안을 제시하여 평생교육 제도화를 위한 초석을 마련하고, 1999년에는 종전의 사회교육법을 평생교육법으로 전면 개정하여 현실적이고 구체적인 평생교육 제도를 구축하게 되었다. 2000년은 평생교육법이 시행되고 다양한 프로그램이 실제로 운영되었다는 점에서 우리나라 평생교육 역사에 중요한 시점으로 기록되고 있다. 그리고 2007년에는 평생교육법을 전부 개정하고 2008년에 평생교육진흥원을 개원하였다(2012년 국가평생교육진흥원으로 명칭 변경). 이후 국가평생교육진흥원은 세미나, 정기포럼, 학술지 창간 등을 통해 한국 평생학습의 질적 향상을 위해 노력할 뿐만 아니라 학점은행제, 독학학위제를 통해 학위를 수여하고 평생학습계좌제, 국가평생학습포털, 한국형 온라인 공개강좌(K-MOOC) 등을 통해 평생학습의 다양한 방법을 제시하고 있다.

[그림 10-2] **평생교육의 역사 1(국내)**

2) 사회적 배경

우리 사회는 현재 이전과 전혀 다른 삶의 모습으로 바뀌고 있다. 현재 주목받고 있는 제4차 산업혁명은 미래사회에 지속적인 교육의 필요성을 강조하고 있으며, 생물학적 연구 성과들은 인간의 수명을 확장시켰다. 여기서는 산업구조의 변화와 학교 기능의 상실, 인구구조의 변화를 바탕으로 평생교육의 필요성에 대해 살펴보고자 한다.

(1) 산업구조의 변화

인류는 1차 산업인 농경사회에서 2차 공장 자동화, 3차 정보화를 넘어 무서운 속도로 4차 산업혁명으로 달려가고 있다. 최근 논의되고 있는 제4차 산업혁명이란 3차 산업의 주된 도구인 디지털기기와 디지털 속 정보를 물질적으로 가시화하는 융합기술의 발전을 말한다. 여러 나라와 학자들은 4차 산업혁명을 조금씩 다르게 정의하고 있다. 미국과 독일 등에서는 4차 산업혁명을 IT 기술과 제조기술의 융합으로 보고, 두 가지 기술의 유연한 결합을 국가 산업 변화의 주요 목표로 둔다(미래창조과학부 미래준비위원회, 2017). 즉, 정보를 처리하는 기술을 실제 사물에 적용하여 생활과 산업에 편의를 제공하는 식이다. 예를 들어 인공지능이 탑재된 자동차가 빅데이터에 접속하여 과거부터 지금까지 저장된 데이터를 분석한 뒤, 목적지까지 가장 빠르고 안전한 길을 안내하는 방식을 생각해볼 수 있다. 또한 세계경제포럼(World Economic Forum, 다보스포럼)의 클라우스 슈밥(Klaus Schwab)은 4차 산업의 주요 기술로 물리학(Physical)과 디지털(Digital), 생물학(Biological)을 제시하고 있다(Schwab, 2016). 그는 이러한 새로운 학문적 발견이 서로 결합하여 사물인터넷, 빅데이터, 인공지능, 웨어러블 등과 같은 기술들 및 기기들이 현재 사회의 모습을 바꿀 것으로 예측했다.

〈표 10-1〉 산업혁명의 주요 특징

산업혁명 시기	형태	재료	도구
1차 산업혁명	농업화	토지 및 자연	농기구
2차 산업혁명	공업화	자본, 노동	공장 대량생산
3차 산업혁명	정보화	정보	디지털기기, 인터넷
4차 산업혁명	융합화	정보+사물	인공지능, 사물인터넷

이러한 분석에 근거하면 다가오는 사회에서 우리는 온라인(online)과 오프라인(offline), 비물질(cyber)과 물질(physical)이 융합한 형태의 기기들을 사용하면서 지금

보다 더 편리하고 안전한 일상생활을 하게 된다(이민화, 2016). 또한 사회구조의 변화는 경제와 기업, 국가, 사회, 개인 등이 다양한 영역에서 직면하게 될 변화를 의미하기도 한다. 이 중 교육체계 역시 과거와는 다른 접근이 필요하다.

아날로그와 디지털이 융합되는 미래사회에서는 새로운 교육체계가 필요하다. 〈세계미래보고서 2055〉에 의하면 4차 산업혁명의 과도기적 시기에 위치한 우리에게는 지식을 수용하고 처리하는 새로운 방식과 문제해결능력이 요구된다(박영숙 & Jerome Glenn, 2017). 특히 교육 현장에서는 비판적 사고능력과 창의력, 의사소통능력, 협업능력이 필요하다. 하지만 현재 우리나라 학교 교육 제도는 1차 산업혁명 시기에 적합한 구조로, 미래사회의 변화에 대처하기에는 매우 취약하다고 할 수 있다(국가평생교육진흥원, 2016). 그런 측면에서 현재 산업구조의 변화는 우리나라 기존 학교 교육의 위기를 예고하는 동시에 교육에 대한 다면적인 개념 전환을 요구한다.

미래사회에서 평생교육은 두 가지 측면에서 중요하다. 첫째, 빠르게 변화하는 사회에 적응하기 위해서 새로운 정보와 기술을 익힐 필요가 있기 때문이다. 가상과 물질이 융합된 사회에서는 정보 획득과 처리에 있어 인터넷 사용이 필수적이다. 또한 사물인터넷(IoT) 등과 같은 새로운 유형의 생활기기를 사용하기 위해서는 간단한 교육이 필요하다. 미래사회에 적합한 직업능력을 기르기 위해서도 융합된 기술을 다루는 능력이 요청된다. 이전에는 문과 혹은 이과로 나누어진 학교체계 혹은 기술방식도 향후에는 협업이 필요하게 되므로 최소한의 교육이 평생에 걸쳐 이루어져야 한다. 변화되는 사회에 도태되지 않기 위해서는 정규 학교제도 졸업 이후에도 다양한 영역에서의 배움이 필요하게 된다는 점에서 평생교육 제도는 필요하다고 할 수 있다.

둘째, 미래사회에서 평생교육이 중요한 이유는 사람들이 많은 여유시간을 확보하게 되기 때문이다. 기술의 발전은 과거에 사람이 직접 참여하고 오랜 시간 판단하고 분석하는 과정을 생략 혹은 축소하고 있다. 특히 빅데이터의 활용은 사람의 수고를 줄이는 데 많은 공헌을 하고 있다. 지금까지 얻어진 수많은 정보를 하나로 통합하여 몇 가지 기준에 따라 분류 혹은 분석하게 되면 다양한 통계 결과를 쉽게 얻게 된다. 예를 들어, 자동차의 네비게이션을 생각해보자. 네비게이션은 지금까지 인공지능에 저장된 수많은 도로 관련 정보를 통합하여 우리가 목적지까지 가는 거리의 위험 요소, 빠른 길, 정체 등을 실시간으로 분석하여 가장 최적의 길로 안내한다. 인공지능이 빅데이터에 저장된 도로 관련 정보를 스스로 분석하여 최상의 결과를 제시해주기 때문에 우리는 2시간 걸릴 거리를 1시간 만에 갈 수 있다. 당연히 남는 1시간은 우리의 여가 시간으로 활용된다. 생활이 편리해짐에 따라 여가시간이 더욱 증대될 것이므로 이러한 시간을 좀 더 의미 있게 보내고자 평생교육에 대한 관심 역시 높아질 것으로 전망된다.

(2) 학교의 기능 약화

지난 세기 동안 평생교육이 강조된 이유는 무엇보다 학교 교육의 기능이 약화되었기 때문이다. 중세 기독교 교육부터 시작된 학교 제도는 사회구조가 다원화되면서 획일성과 경직성으로 인해 꾸준히 비판을 받아왔다. 학교 제도를 비판하는 학자들은 현재까지의 학교 교육에 대해 폐쇄적인 공간과 제한된 시기, 협소한 내용, 획일적 방법 등을 문제 삼았다. 다시 말해 학교에서 일어나는 교육은 시공간의 제약으로 인해 사회적으로는 활용되기에 효과가 낮으며 지속적으로 불평등을 야기한다는 것이다. 예를 들어, 특정한 연령에 학교에 다니지 않으면 배울 수 있는 기회가 거의 없으며 다양한 요인으로 인해 학교에 가지 못하면 사회적으로 많은 기회를 박탈당할 뿐만 아니라 학교를 졸업하고도 실질적인 능력을 갖추기에는 부족하다는 것이다.

1970년대에 프레이리(Freire), 실버맨(Silberman), 일리치(Illich), 라이머(Reimer)와 같은 학자들은 다양한 관점에서 학교 제도의 허상을 지적하고 확장된 교육 개념을 주장하였다. 프레이리는 학교가 교육을 독점하고 있다며 학교 외의 장소에서 문화적 해방을 위해 교육이 사용되어야 할 것을 주장했으며, 실버맨은 현재 학교제도는 통제와 억압 그리고 불신으로 가득 차 학생들을 정신적인 불구화로 만든다고 지적했다(Freire, 2009; Silberman, 1977). 또한 라이머는 학교의 규범을 문제시하면서 학교구조 자체를 비판했다. 즉, 학교는 승자와 패자를 구분하는 곳으로 학생을 사회에 길들이기 위해 대부분의 시간을 사용한다고 보았다(Reimer, 1981). 그리고 일리치는 학교를 벗어나는 탈학교론을 주장하면서 학교와 교육의 개념을 분리시킬 것을 주장하며 학교 외의 대안적 학습 연결망을 제안했다(Illich, 2009). 이것은 오늘날 평생교육의 한 유형을 제시한 것이라고 볼 수 있다.

이러한 비판은 우리나라에서도 꾸준히 제기되고 있다. 최근 우리나라 서울시에서 조사된 바를 참고하면 대다수 사람들이 현재 학교 교육에 긍정적인 기대가 없다는 것을 알 수 있다. 서울에 거주하는 10대에서 60대까지의 인구 중 27.5%가 학교에 희망하는 교육과정이 없다고 답했다. 이는 학교 교육과정 자체를 신뢰하지 않는다는 사실뿐만 아니라 학교 자체에 대한 불신을 여과 없이 보여준다. 또한 학교에 희망하는 교육과정 중 많은 비율을 차지한 것이 전통적으로 학교가 제공해 왔던 것과 다른 취미, 문화, 교양, 컴퓨터 등의 실용적이고 일상적인 것이었다.

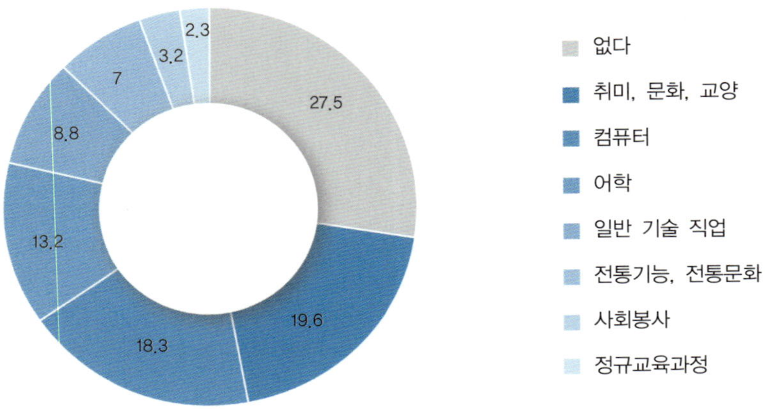

[그림 10-3] 서울시, 희망하는 교육과정(통계청, 2014)

이처럼 현재 학교에서 일어나는 교육을 바라보는 시각은 부정적인 측면이 크다. 학교 교육의 목적이 상실되고 그로 인한 다양한 역기능으로 인해서 오히려 다양한 유형과 종류의 교육이 필요하게 된 것이다. 따라서 평생교육은 이러한 시대적 분위기와 교육적 위기를 해결하는 자연스러운 결과라고 할 수 있다.

(3) 인구구조의 변화

오늘날 우리나라는 출산율 저하와 수명 연장으로 인해 인구구조가 과거와 많이 달라졌다. 2016년 우리나라 출산율은 1.170명으로 2000년 이후 지속적으로 낮은 출산율을 보인다. 한편 향후 10년 안에 65세 이상 노인인구는 전체 인구의 20%를 넘어설 것으로 예상된다. 이는 UN에서 65세 이상 인구가 전체 인구의 7% 이상일 경우 고령화 사회로, 14%이상은 고령사회로, 20%이상일 경우 후기고령사회로 분류한 것을 참고할 때 이미 후기고령사회로의 진입을 예고하고 있다 해도 과언이 아니다. 심지어 2060년부터는 65세 이상 노인인구가 40% 이상 육박할 것으로 예상되어 노인인구 부양 문제, 노인의 경제활동, 노인의 건강 유지 및 여가생활 등 많은 사회적 개입이 필요해 보인다.

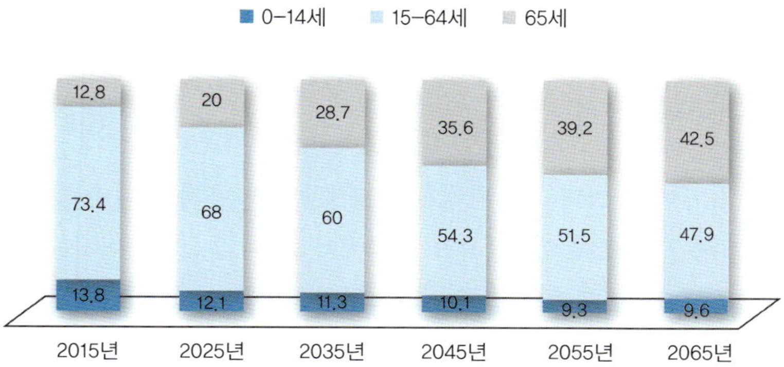

[그림 10-4] 향후 인구비율 추이(통계청, 2017)

인구구조의 변화는 학령인구의 감소와 노인인구의 감소로 인해 학교 체제 축소 또는 전환을 요구하고 있다. 출산율 저하는 특정 연령의 교육에 소비되는 인프라와 시설 등의 감축 및 축소를 가져올 것이다. 또한 학생이 줄어드니 학교나 교사의 수는 비례하여 줄어들게 된다. 반면에 증가되는 노인인구를 위한 새로운 교육 체제가 필요해지게 된다. 그러한 점에서 평생교육은 이러한 인구구조의 변화에 맞는 교육 형태라고 할 수 있다. 노인인구의 증가는 노인들을 위한 일자리 창출 요구와도 맞물려 평생교육을 통해 노년에 새로운 기술을 습득하는 데도 도움이 될 것이다.

평생교육은 노인인구뿐만 아니라 모든 개인의 자아 성취 욕구를 실현하기 위해서도 다양한 유형의 내용과 방법으로 운영되어야 한다. 사회가 고도로 발전할수록 인간은 개인 내면의 문제와 인간관계의 소통에 더욱 관심을 가지게 되므로 비가시적인 개개인의 성취 욕구에 부합한 교육이 필요하다. 또한 평생교육은 편리해진 사회에서 모든 사람에게 교육의 평등한 기회를 보장하여 복지사회로 옮겨가는 데도 반드시 요구되는 교육이라 할 수 있다.

2. 평생교육의 이해

1) 평생교육의 개념

평생교육의 개념을 정의하기 위해서는 평생교육과 유사한 다른 교육활동에 대한 이해가 선행될 필요가 있다. 여러 나라에서 혹은 우리나라에서도 평생교육과 다음과 같은 개념들은 곧잘 혼돈되고 있다. 여기서는 평생교육 범위에 속하면서 비슷하거나 다른 의미를 가진 개념들을 우선 살펴보고자 한다.

(1) 평생교육의 개념

평생교육이란 대상, 기간, 내용이 복합적으로 명시된 활동을 말한다. 다시 말해 '인생(life)'을 대상으로 '평생(long-life)'에 걸쳐 '배우는(education)' 것이다. 데이브(Dave, 1976)는 평생교육의 의미를 다음과 같이 풀이하고 있다. 인간이란 살아있는 생명체로 목표와 목표성취를 위해서 끊임없이 살아 움직이는 존재이다. 이렇게 목표를 위해 움직이는 것은 성장의 과정이며 성장은 태어나 죽을 때까지 이루어진다. 동물과 달리 인간의 목표는 질적으로 다르며 고상하다. 따라서 인간이 사회-문화적 환경 속에서 목표를 이루기 위해서 질적으로 다른 활동을 하는 것은 인간으로 존재하는 이유 그 자체이며 삶 그 자체이다. 이처럼 평생교육은 인간이 살아있는 존재 자체를 전제하는 의미론적인 활동이라고 볼 수 있다.

평생교육에 대해 처음으로 공식화한 랭그랑(Lengrand)은 평생교육을 다음과 같이 개념화했다. 평생교육은 인간의 통합적 성장에 주안점을 두고 각 단계에서 훈련과 학습을 통하여 융화시키고 잘 조화되게 하여 인간의 갈등을 해소하도록 돕는 활동이다. 그러므로 모든 상황에서 개인의 필요를 학습과 연결시키는 교육조건을 마련하여 자기완성을 성취하도록 해야 한다.

유네스코 한국위원회(1973)에서는 "평생교육이란 문자 그대로 평생을 통한 계속적인 교육을 의미하며 급변하는 현대사회에 있어 한편으로는 일정 연령층을 대상으로 하는 한정된 교육으로서의 학교교육과 다른 조직화되지 못하고 비효율적 상태로 방치되어 있는 사회교육의 기능을 다 같이 개편 강화하고, 한 사회가 가지고 있는 교육자원을 효율화함으로써 교육역량의 극대화를 지향하는 노력을 의미한다"고 명시하였다.

데이브(Dave, 1976)는 포레(Faure)의 "존재를 위한 배움"을 바탕으로 평생교육을 다음과 같이 정의했다. "평생교육은 개인과 집단의 생활을 향상시키기 위해 인간 전 생애를 통해 인격적, 사회적, 직업적 발달을 성취하는 과정이다. 평생교육은 가장 완전한 발달을 이루게 하는 모든 형태의 형식적, 비형식적 학습활동을 포함하는 복합적이고 종합적 개념이다."

김종서(1983)에 의하면 평생교육은 인간 삶의 질 향상이라는 이념추구를 위하여 태교에서부터 유아, 아동, 청년, 성인초기/후기, 노인교육을 수직적으로 통합한 교육이며 가정, 학교, 사회교육을 수평적으로 총칭한 것이다.

최운실(2007)은 평생교육을 교육개념의 광역성과 통합성, 교육시기의 계속성과 향상성, 교육대상의 평등성과 전체성, 교육접근방식의 다양성과 상대성, 교육체제의 개방성과 탈정형성으로 정의내리며 교육 양태는 형식, 비형, 무형식 교육을, 영역은 가정, 사회, 학교교육을 포괄하는 총체적인 이념으로 설명했다.

이상을 정리하면 평생교육이란 지금까지 생각해왔던 교육의 대상과 기간, 방법, 내용의 틀을 깨뜨리고 확장하는 교육이다. 즉, 모든 연령이 전 생애동안 다양한 형식의 방법으로 전문지식에서 사소한 지식까지 학습하는 것을 평생교육이라고 할 수 있다.

(2) 유사개념

평생교육은 때때로 계속교육, 사회교육 혹은 생애교육, 순환교육, 진로교육 등으로 이해되기도 한다. 첫째, 계속교육(continuing education)이란 영국과 미국 사회에서 사용되는 개념으로 사회교육의 한 형태이다. 미국에서 계속교육은 학교제도 속에서 정규교육과정을 마친 졸업생에게 계속해서 교육의 기회를 제공하는 방식이다. 이는 대학에서 실시되는 사회교육의 한 종류라고 볼 수 있다. 영국에서 계속교육이란 법에 의해서 제도화된 개념으로 학교를 마친 사람들을 대상으로 전일제나 정시제의 형태로 교육을 받을 수 있는 기회를 제공하는 것을 말한다. 정리하면, 미국과 영국에서 사용되는 계속교육이란 대학의 부설기관에서 학생 이외의 외부인에게 사회교육을 실시하는 형태라고 할 수 있다.

둘째, 사회교육(social education)이란 인도나 일본 등의 아시아 지역에서 자주 사용되는 용어이다. 원래 사회교육이란, 서구사회에서 성인을 대상으로 직업, 여가,

오락, 교양 등과 관련된 내용을 교육하는 것이었다. 이에 성인교육(adult)이라고 불리기도 한다. 그러나 평생교육은 성인뿐만 아니라 모든 연령을 대상으로 하는 교육이라는 점에서 사회교육을 포함하지만 동일한 개념은 아니라고 할 수 있다. 1982년 우리나라에서 제정된 사회교육법도 이러한 관점을 반영한 것으로 “학교교육을 제외하고 국민의 평생교육을 위한 모든 형태의 조직적인 교육활동”을 의미한다. 그런 면에서 사회교육이란 학교교육 이외로 실시되는 교육으로 평생교육이 수행한 역할 중 한 부분으로 볼 수 있다.

셋째, 생애교육(career education)이란 직업적 능력을 계발하는 교육을 말한다. 이는 평생교육과 가장 유사한 의미로 볼 수 있으나 진로교육에 강조점을 두었다는 점에서 형식적 교육과 유사성이 높다. 다시 말해 진로교육은 학교에 실시되는 진로 및 직업교육이라는 측면이 강하다. 형식과 비형식, 무형식을 모두 포괄하는 평생교육의 의미와 비교했을 때 생애교육은 형식적 교육에 주로 포함된다는 점에서 평생교육과 동일한 개념으로 보기에는 무리가 있다.

넷째, 순환교육(recurrent education)이란 OECD(경제협력개발기구)에서 제안된 개혁적 교육 프로그램이다. 이것은 사회에 진출한 사람들을 대학이나 직업훈련기관 등과 같은 정규 교육기관에 연결시켜 재학습의 기회를 주는 방식을 의미한다. 재교육을 통해 직업적 혹은 기술적으로 사람들의 자질을 향상시키게 된다. 순환교육 역시 교육을 학교 이외의 장소와 학교 교육과정 이외의 것으로 전제한다는 점에서 평생교육과 유사하나 교육대상의 범위가 한정적이라는 점에서 평생교육과는 별도로 이해해야 할 것이다.

2) 평생교육의 특성

평생교육론자들은 평생교육의 특성에 대해 다음과 같이 포괄적이고 광범위한 견해를 보이고 있다. 이를 학자별로 제시하면 다음과 같다.

(1) 랭그랑(1972)

- 일생이 모두 교육하는 기간이다.
- 교육목적으로 인간교육과 인간의 삶의 질적이고 전인적인 향상을 추구한다.
- 교육체계로 개방성과 통합성 추구한다.
- 지식의 전수가 아니라 탐구를 추구한다.
- 교육방식은 자율성과 다양성 추구한다.
- 교육은 문화의 전달보다 개인의 성장과 자기개발에 관심을 둔다.
- 교육행위의 결과에서 개인적인 우열보다 개개인의 잠재능력의 개발을 추구한다.
- 교사만 교육을 하는 것이 아니라 누구든지 교육을 할 가능성을 가진다.

(2) 데이브(1973)

- 평생교육이라는 개념은 삶, 평생, 교육의 세 가지 기본용어에 기초한다. 각 용어의 의미와 해석에 따라 평생교육의 범위와 의미가 결정된다. 삶과 교육은 매우 포괄적이며 다면적인 의미를 지녔으므로 나라와 시기 등에 따라 다르게 쓰이며 그 양상이 달라진다.
- 교육이란 학교교육이 끝남으로 종결되지 않으며 평생에 걸쳐 계속된다. 따라서 교육을 형식적 학교교육이라고 보는 것을 잘못된 관점이며 평생교육은 한 개인의 생존기간 전체를 다룬다.
- 평생교육은 성인교육에 한정되는 것이 아니라 취학전교육, 초등교육, 중등교육 및 그 이후의 모든 단계의 교육을 망라하고 종합한다. 즉, 평생교육은 전체성(totality)을 가진다.
- 평생교육은 형식과 비형식, 계획성과 우발성 교육 모두를 포함한다. 평생교육은 기관화되거나 제도화된 학습의 범위를 넘어서며 학교 밖에서 이루어지

는 학습도 포괄한다.

– 가정은 최초의 가장 결정적인 평생학습의 장이다. 평생학습은 가정학습을 통해 개인의 전 생애에 걸쳐 지속된다. 그러므로 가족구성원의 상호관계, 가정관리, 가족의 생활 모습 및 교육적 환경을 구성하는 모든 요소는 평생교육에서 매우 중요하다.
– 지역사회도 평생교육체제에 있어서 중요한 역할을 한다. 이웃, 또래, 혈연, 사회와 정치 그리고 문화적으로 구성된 집단, 직업 등이 지역사회에 포함된다.
– 학교와 대학 및 훈련센터 등의 교육기관 역시 중요하다. 그러나 이들 기관은 평생교육의 한 부분기관으로 중요하다. 이 기관들이 교육을 독점할 수는 없으며 교육적 기능을 가진 다른 사회기관 및 단체로부터 격리되어 존재할 수 없다.
– 평생교육은 수직적 또는 종적 차원의 계속성과 연계성을 추구한다. 즉, 인생의 각 단계마다 성취감을 위해 학습이 필요하며 교육을 통해 개인적, 사회적, 직업적 삶의 질을 높이기 위해 애쓰는 것이 평생교육이다.
– 평생교육은 인생의 모든 단계에서 수평적 차원과 수직적 차원의 통합성을 추구한다.
– 평생교육은 엘리트 중심 교육이 아니라 보편적이며 교육적 민주화를 추구한다.
– 평생교육은 내용, 기기와 기술, 시간 등에 융통성과 다양성을 가진다.
– 평생교육은 새로운 교육자료와 매체를 즉시 활용할 수 있는 역동적인 교육방식이다.
– 평생교육은 교육을 받는 형태와 형식에서 자유로운 선택을 허용한다.
– 평생교육은 일반교육과 전문교육으로 나눠지지만 서로 완전히 다른 것이 아니라 상호관련이 있으며 상호작용 한다.
– 평생교육은 개인과 사회의 적응 및 혁신을 위하여 실현될 수 있다.
– 평생교육은 현재 교육체제의 결함을 교정하는 기능을 한다.
– 평생교육의 궁극적 목표는 생활의 질적 향상과 유지에 있다.

– 평생교육을 실현하기 위해서는 기회, 동기화, 교육가능성(준비)이 전제되어야 한다.
– 평생교육은 모든 교육활동의 조직원리가 된다.
– 평생교육은 실제 운영의 수준에서 모든 교육활동의 전체적 체계를 제공한다.

데이브는 이상의 20개 개념 가운데 가장 핵심적인 특성을 총체성(totality), 통합성(integration), 유연성(flexibility), 민주성(democratization) 네 가지로 요약하여 제시했다.

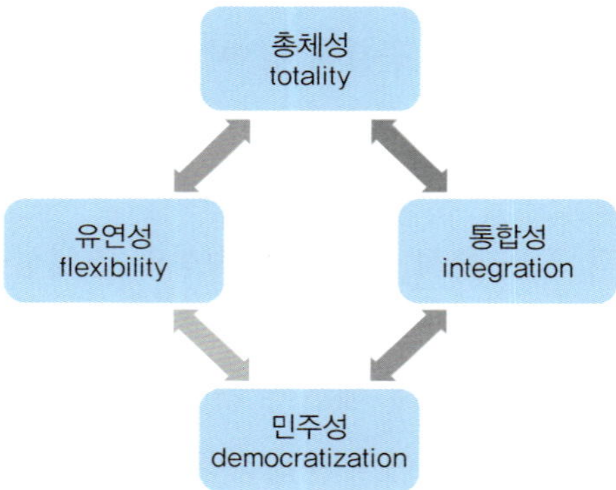

[그림 10-5] **평생교육의 주요 특성**(Dave, 1976)

(3) OECD(2001)(대통령자문 교육인적자원정책위원회 역, 2002)

– 형식적 과정뿐만 아니라 모든 학습이 인정되어야 한다.
– 평생학습은 청소년과 성인 모두에게 탄탄한 기초기술을 요구하며 이는 특히 정규교육이 미흡한 사람에게 필요하다. 내용을 숙달하고 학습의욕을 고취시키는 교육과정과 교수방법이 필요하다.
– 학습에 대한 접근의 형평성은 생애주기적 시각을 필요로 하며, 취학 전 아동 및 성인과 같이 학습이 제대로 제공되지 못하는 집단에 우선순위를 두어야 한다.

– 국가는 생애주기적 필요에 따라 재원을 산정하고 이를 효과적으로 배정해야 한다.
– 평생학습의 영역은 단일 부처를 넘어서는 것이며 정책조정에는 많은 관련 집단이 참여해야 한다.

이상의 내용은 데이브가 제시한 4가지 주요 특성을 중심으로 다음과 같이 요약될 수 있다. 즉, 학자들마다 다양한 관점을 가지고 있음에도 불구하고, 평생교육은 모든 대상에게 모든 시기 동안 모든 방법으로 개인의 성장을 위해서 국가가 복지적 책무 차원에서 제공하는 활동이 되어야 한다는 것이다. 여기에서 모든 대상이란 남녀노소나 장애 및 비장애, 문화적 차이 등의 구분이나 차별 없이 모두에게 공평하게 제공되는 교육을 뜻한다. 그리고 모든 시기란 성인뿐만 아니라 영유아에서부터 아동기, 청소년기 그리고 노인기에 속한 모든 사람을 의미한다. 모든 방법에는 형식 및 비형식, 무형식의 교육이 포함될 수 있다.[2] 또한 개인의 성장을 위한 평생교육은 평생교육을 통하여 한 개인이 인간답게 살 수 있도록 지식을 탐구하여 성장하고 성숙하는 협의적 차원의 목적을 가진다. 끝으로 평생교육은 국가적 차원에서 계획되고 운영되는 복지적 특징을 가지고 있다. 그러므로 국가는 국민 개인의 성장 및 성숙을 위하여 국가 재원을 확보하고 각 기관과 부처와의 협력을 도모해야 한다.

---

2) 세 가지 용어를 명확하게 정의하기는 어려우나 국제교육표준분류에 근거하여 다음과 같이 분류할 수 있다. 형식교육이란 일반적으로 아동과 청소년에게 실시되는 전일제 교육기관인 학교, 대학 등과 같은 교육기관을 의미한다. 무형식 교육은 형식교육에 포함되지 않으나 조직적이며 지속적으로 운영되는 교육활동이다. 비형식 교육은 형식 또는 무형식 교육에 분류되지 못했으나 의도된 학습활동을 포함한다. 비형식 교육은 상대적으로 조직화 정도가 낮고 주로 개인이나 직장, 가족 내에서 이루어진다(UNESCO, 1997).

〈표 10-2〉 **평생교육 특성 비교**

Lengrand	Dave	OECD	특징 요약
전생애적	총체성	생애주기별	1. 모든 대상에게 2. 모든 시기 동안 3. 모든 방법으로 4. 개인성장을 위해 5. 국가적 책무 (각 부처의 협력 국가 재정 지원)
개방성	유연성	모든 유형의 학습	
통합성 전문가 및 비전문가	통합성	모든 대상	
인간교육(지식탐구) 개인의 성장 지식탐구	민주성	형평성 국가적 차원 부처별 협력	

3. 우리나라 평생교육 현황

1) 평생교육법의 제·개정과 평생학습 지원체제 구축

평생교육법은 평생교육의 진흥을 국가의 의무로 규정하고 있는 헌법 및 교육기본법의 규정에 따라 종전의 사회교육법을 전면 개정하여 평생교육법으로 1999년 8월 31일 공포하였다. 평생교육법은 교육기본법 아래 초·중등교육법, 고등교육법, 평생교육법으로 그 체제를 유지하고 있으며, 근본적으로 '열린교육사회·평생학습사회'의 구현을 기본 방향으로 하고 있다. 그리고 2000년 3월에 평생교육법 시행령이 시행됨으로써 평생교육법상의 각종 제도와 지원체제가 도입·구축되기 시작했다. 그런 맥락에서 2000년도는 평생교육법의 시행으로 평생학습체제가 구축된 원년으로 인식된다. 지금까지 교육인적자원부 평생학습정책과 중심으로 평생학습정책을 입안·추진하던 정부 독점 체제에서 평생교육센터와의 파트너십 체제라는 발전된 모습으로 나아가게 되었으며, 평생교육법의 시행으로 인하여 많은 새로운 체제와 제도가 도입된 해로 기록된다. 평생교육법에서는 국가의 평생교육을 전담·지원하는 기관으로서 국가수준의 평생교육센터와 시·도 수준의 지역평생교육정보센터, 그리고 시·군·구 지역에 평생학습관을 설치·운영하도록 규정되었다. 이에 따라 2000년 3월 29일 평생교육센터가 한국교육개발원 내에 설치되어 국가수준의 평생교육전담·지원기구로서 기능을 수행하여 오늘날과 같은 평생학습체제 구축에 일익을 담당하게 되었다.

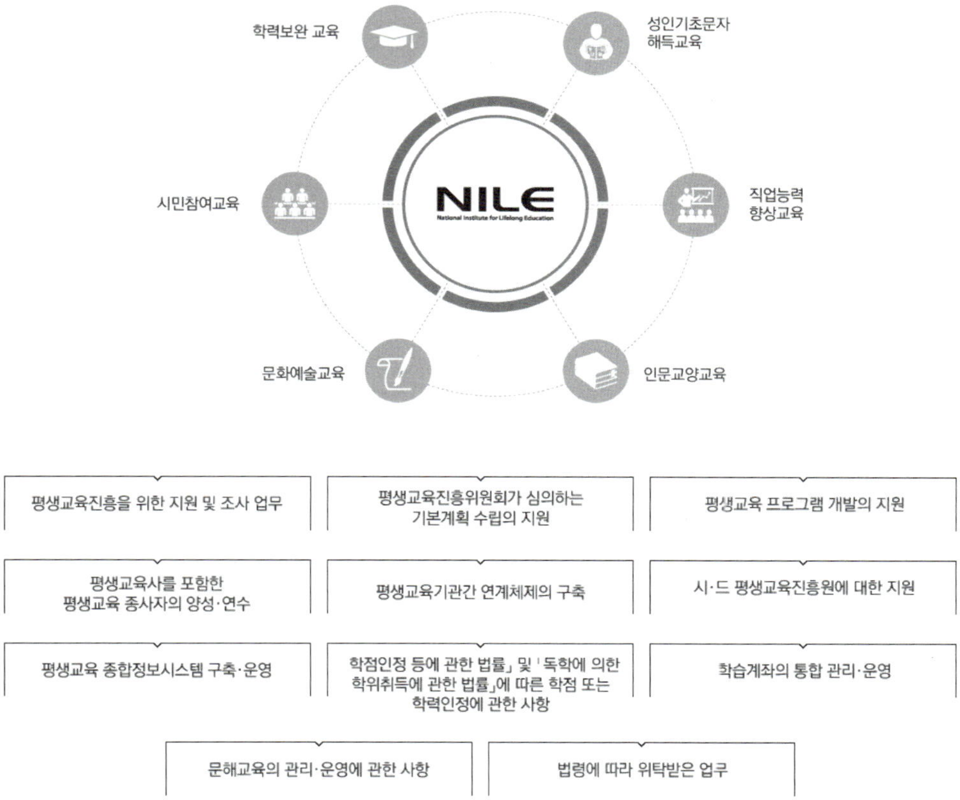

[그림 10-6] 우리나라 국가평생교육진흥원의 6대 영역과 11대 기능
(국가평생교육진흥원, 2021, http://www.nile.or.kr/index.jsp)

2007년에는 평생교육법 전부 개정을 통하여 평생교육 정책 강화 및 국민의 평생학습 활성화의 기반을 마련하면서 국가와 광역·기초 자치단체 단위의 추진체제를 정비했다. 그리고 평생교육의 총괄적인 집행기구로서 한국교육개발원의 평생교육센터, 학점은행센터, 한국방송통신대학교의 독학학위검정원 등 3개의 기관을 통합하여 "국가평생교육진흥원(NILE)"을 설립하게 된다. 현재 국가평생교육진흥원이 수행하는 6대 영역의 업무와 11대 기능은 앞의 [그림 10-6]과 같다. 2021년까지의 국가평생교육진흥원의 주요 사업은 성인문해교육 지원(센터출범, 2016년), 검정고시 프로그램 운영지원, 학점은행제 및 독학학위제뿐만 아니라 평생교육 활성화를 위한 지역 평생학습도시 및 행복학습센터 구축, 매치업(Match業) 프로그램, 평생교육 바우처 지원(2018년), 대학의 평생교육체제 지원(2017년), 평생교육사 자격제도 운영, 국가평생학습포털 '늘배움' 운영(2014년), 평생학습계좌제(2010년), 한국형 온라인 공개강좌(K-MOOC)(2015년), 학부모 자녀교육 역량 강화(2011년), 다문화교육 활성화 지원(2012년), 장애대학생 교육활동 지원(2018년), 학교협동조합 중앙지원센터(2019년) 운영 등 다방면의 교육 프로그램을 운영하고 지원하고 있다.

2) 평생학습진흥기본계획의 수립과 추진

2001년 상반기에 교육인적자원부는 평생교육법의 시행에 따라 종합적이고 체계적인 평생학습진흥계획이 필요하다고 보고 한국교육개발원 평생교육센터와 공동으로 효율적인 국가 인적자원 개발을 촉진할 수 있는 제1차 평생학습진흥종합계획(2002~2007)을 수립했다. '배우는 즐거움, 나누는 기쁨, 인정받는 학습사회 실현'을 비전으로 삼고 평생학습 기회확대, 지역평생학습 문화진흥, 취약계층 평생학습 강화, 평생학습 기반 강화, 일터의 학습조직화를 방향 삼아 정보화, 지역화, 파터너십, 학습자중심의 전략을 구상하였다(교육인적자원부, 2001). 1차 계획의 성과는 첫째, 정부 수립 이후 최초의 평생학습에 관한 체계적·종합적 계획을 마련했다는 점과 둘째, 지역평생교육정보센터, 평생학습관 설치 등 제도적 기반 확충과 평생학습도시 지정, 성인문해교육 지원, 소외계층 평생교육 프로그램 재정 지원 등 새로운 정책수요에 부응했다는 점으로 주민의 평생교육 참여율 증가와 사회통합에 기여했다. 그러나 한계점으로 첫째, 국가 차원의 평생교육 추진 체제 및 기구 부재로 관련 사업의 상호 연계적 추진이 아닌 개별 사업 프로그램이 분리되어 추진된 점, 둘째, 전 생애단계에 걸친 계속 순환학습 모형 제시가 부족한 점, 셋째, OECD 등 선진국과 비교하여 평생교육에 대한 국민의 인식 수준 제고 및 참여 확대에 한계가 있었다.

이에 제2차 평생교육진흥기본계획(2008~2012)은 2007년에 전면 개정된 평생교육법과 인적자원개발기본법, 자격기본법 등 평생교육 유관 법령상의 기본계획 등과 연계되어 수립되었다. 제2차 계획은 '배우는 즐거움, 일구어 가는 내일, 함께 살아가는 평생학습사회구현(Learning together, Working together, Living together)'을 비전으로 두고 생애단계별 창조적 학습자를 육성하고 사회통합을 위한 평생학습 관련기관의 참여와 연계, 평생학습 인프라 구축과 네트워크 활성화를 과제로 삼았다. 이로 인해 국민 평생학습 참여율이 증가하고 다양한 세대와 취약계층을 위한 평생학습지원 사업 추진, 평생교육 프로그램의 양적 확대 등의 성과가 있었다(교육부, 2008). 하지만 여전히 OECD 평균(40.4%)보다는 낮은 35.6%의 참여율을 보인다는 점과 소득 및 학력에 따른 참여율 역시 큰 차이가 있었으며 참여수준이 인문교양이나 문화예술, 스포츠 등에 치우쳐 시민참여 등 통합을 위한 학습에는 관심이 부족한 것으로 나타났다.

1, 2차의 성과와 한계를 토대로 국정과제와의 연계성을 높인 제3차 국가평생교육기본계획(2013~2017)은 '100세 시대 국가평생학습체제 구축'을 목표로 대학 중심 평생교육체제의 실현, 온-오프라인 평생학습종합지원체제 구축, 사회통합을 위한 맞춤형 평생학습 지원, 지역사회의 학습 역량 강화 등의 4대 영역에서 추진과제를 제시하게 된다(교육부, 2013). 제3차 계획은 평생학습 참여율을 40% 이상 높이고 저학력 성인의 평생교육 참여율을 36%까지 높이며 대학생 중 25세 이상의 성인학습자 비율을 20%까지 확대한다는 목표를 삼았다. 또한 직업 관련 비형식 교

육의 참여와 실업 및 비경제활동 인구의 참여율을 20%까지 높일 뿐만 아니라 소득 계측 간 평생학습 격차를 현재 14%에서 9%로 낮추고자 했다. 그리고 평생학습도시를 90여개에서 150개로 확대하고자 목표하여 2012년에 90개였던 평생학습도시는 2017년에 153개로 증가했다(국가평생교육진흥원 홈페이지, 2021).

2018년 수립된 제4차 평생교육진흥 기본계획(2018~2022)은 산업 변화로 인한 일자리 변화 준비, 신기술 활용과 문제해결 및 창의적 능력의 요구, 고령화와 기대수명 증가로 인한 평생학습의 수요 증가, 소득 양극화로 인한 공정한 사회에 대한 기대 확산, IT 활용 교수학습 및 학습 형태 변화, 평생교육 참여 격차 확대 등의 시대적 변화를 반영하고 있다. 이에 "개인과 사회가 함께 성장하는 지속 가능한 평생학습사회 실현"을 비전으로 4P 전략 즉 학습자(사람) 중심으로의 패러다임 전환(People), 지속적이고 자발적인 참여 확대(Participation), 개인과 사회의 동반 번영 지원(Prosperity), 기관 및 제도 간 연계 · 협력 강화(Partnership)를 제시했다(교육부, 2018).

3) 한국의 평생교육 실태

2020년에 성인 9,700여명과 평생교육기관 4,500여개를 대상으로 실시된 국가평생교육통계에 따른 평생교육 실태는 다음과 같다(교육부, 한국교육개발원, 2020).

2020년 평생학습 참여율은 40.0%로 우리나라 성인 10명 중 4명이 평생학습에 참여하고 있는 것으로 나타났으며, 이는 전년(41.7%, 2019년 기준) 대비 1.7%p 감소한 결과이다. 여성(40.3%)이 남성(39.7%)보다 평생학습에 많이 참여하는 것으로 나타났으며, 연도별 성별 격차는 점점 감소하는 추세이다. 연령별로는 청년층(25~34세, 50.2%)이 노년층(65~79세, 29.5%)보다 참여율이 높았고, 소득수준별로는 고소득층(월평균가구소득 500만 원 이상) 참여율(45.4%)이 저소득층(월평균가구소득 150만 원 미만) 참여율(29.7%) 보다 높았다. 취약계층의 평생학습 참여율은 27.4%로, 전체 평생학습 참여율 40.0% 대비 12.6%가 낮은 것으로 나타났다. 우리나라 성인 30.2%가 평생학습에 참여하고 싶었지만 참여하지 못하였다고 응답하였고, 불참요인으로는 '직장업무로 인한 시간 부족'이 54.2%로 가장 많았다. 평생학습 참여자의 현재 생활 만족도는 71.4점, 평생학습 비참여자의 현재 생활 만족도는 68.6점으로 나타났다. 우리나라 성인은 평생학습 참여를 통해 행복감 증대, 자기계발, 필요한 기능 습득 순으로 참여성과를 거두었다고 응답했다.

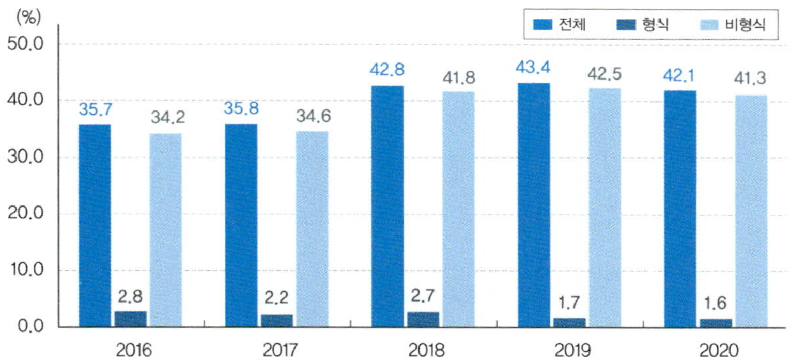

[그림 10-7] **연도별 평생학습참여율**

평생교육기관 수는 2020년 4,541개로 전년(4,295개) 대비 246개(5.7%↑) 증가하였다. 1개월 이상 운영된 프로그램 수는 194,772개로, 전년(184,214개) 대비 10,558개 증가하였으며, 이 중 온라인 프로그램은 91,850개이다. 강의방식별 학습자는 82.6%가 오프라인 학습자로 온라인(16.8%), 온/오프(0.6%)에 비해 많은 비율을 차지했다. 주제별 프로그램 수는 [그림 10-8]과 같이 직업능력향상 프로그램이 36.9%, 문화예술 프로그램 30.1%, 인문교양 프로그램 21.2%, 학력보완 프로그램 11.3%였다. 학습자 수는 24,397,282명으로, 전년(16,348,842명) 대비 49.2% 증가하였다. 특히, 온라인 학습자 수는 20,152,690명으로, 전년(12,162,130명) 대비 65.7% 증가하였다.

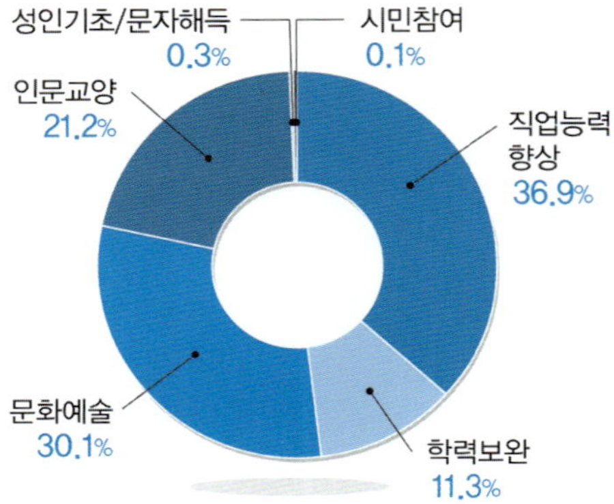

[그림 10-8] **주제별 프로그램 분포 현황**

4. 평생교육의 과제

모든 국민의 전 생애적 교육을 위해서 평생교육이 개념화 및 제도화되는 현실에도 불구하고 여전히 국민의 과반수 이상은 평생교육에 대한 경험이 부족하다. 2020년 발표된 〈평생교육백서〉를 참고하면 최근 5년[3] 연도별 평생교육의 비율은 40% 정도다. 그러므로 다양한 내용과 방법, 형식을 통해 평생교육의 기회를 확대해야 할 것이다.

특히 2020년 발생한 코로나19 대유행으로 인해 평생교육의 운영이 위축되었을 뿐만 아니라 온라인을 통한 평생교육 시스템이 필요하게 되었다. 포스트 코로나(post corona)[4] 시대는 평생교육의 방법적 논의 및 지원체계의 확대 필요성이 대두

3) 최근 5년 평생학습 참여율은 2016년 35.7%, 2017년 35.8%, 2018년 42.8%, 2019년 43.4%, 2020년 42.1%이며 5년 평균 약 40%정도이다.

4) 포스트(Post, 이후)와 코로나19의 합성어로, 코로나19 극복 이후 다가올 새로운 시대 · 상황을 이르는 말이다. 2019년 12월 중국 후베이(湖北)성 우한(武漢)에서 처음 발생해 전 세계로 확산된 코로나19는 사람들 간 대면접촉을 기피하는 언택트 문화의 확산, 원격교육 및 재택근무 급증 등 사회 전반에 큰 변화를 일으켰다. 포스트 코로나는 코로나19로 인해 일어난 이러한 변화들이 향후 우리 사회를 주도한다는 것이다. [네이버 지식백과] 포스트 코로나 (시사상식사전, pmg 지식엔진연구소)

되고 있다. 일부 지자체는 방역으로 인해 평생교육 예산 축소로 평생교육운영에 타격을 받게 되었고, 거리두기와 경제위기로 인해 성인 및 저소득층의 평생교육 접근이 어려워졌으며 평생교육의 온라인 전환 비율이 높아짐에 따라 노인층의 디지털 리터러시(digital literacy)[5] 문제 역시 나타나게 되었다.

(1) 디지털 시대의 열린 평생교육 · 훈련 방안(교육부, 2020년 9월)

교육부는 코로나19 이후 시대 준비의 일환으로 2020년 「디지털 시대의 열린 평생교육 · 훈련 방안」을 발표하였다. 이 방안은 4차산업혁명 등의 사회변화로 인한 평생교육 · 훈련의 중요성 증대와 코로나19 이후를 준비하는 평생교육 · 훈련의 체계전환 필요에 따라 제시되었으며 구체적인 내용은 다음과 같다.

가. 추진 배경

첫째, 비대면시대에 대응하는 온라인 평생교육 · 훈련 체계 구축

① 학습자 친화적인 평생교육 · 훈련 통합지원시스템 구축

② K-MOOC를 고품격의 전문화된 글로벌 플랫폼으로 고도화

③ 다양한 교육 · 훈련 콘텐츠 확보, 분류 · 탐색 기준 마련

둘째, 평생교육 · 훈련기관으로서의 역할 강화를 위한 규제 완화 및 제도 개선

① 원격대학을 활성화할 수 있도록 규제 완화 추진

② 원하는 시기에 단기간에 걸쳐 고등교육 수준의 교육을 효과적으로 이수할 수 있도록 교육과정 모듈화를 통한 '역량 이수제' 도입

③ 평생교육 기능을 수행하는 기존 교육훈련기관이 성인학습자의 다양한 교육 · 훈련 수요를 충족시킬 수 있도록 제도 개선

5) 디지털 리터러시(digital literacy) 또는 디지털 문해력은 디지털 플랫폼의 다양한 미디어를 접하면서 명확한 정보를 찾고, 평가하고, 조합하는 개인의 능력을 뜻한다.(위키백과)

셋째, 평생교육·훈련 참여를 위한 지원체계 내실화

① 학습비·학습시간 확보 등 학습여건 조성과 디지털 격차 해소를 통해 사각지대 없는 전 국민의 평생교육·훈련 제공 기회 보장

② 학습자의 학습·훈련경로 지원을 위한 이수체계도 구축

③ 학습-훈련-자격 등 상호 연계 가능한 KQF 기반 산업계 적용 기준 마련

넷째, 국가차원의 평생교육·훈련 연계를 위한 협업 및 지원체계 구축

① 중앙부처 간, 중앙부처-지자체 간 협력체계를 구축

② 미래 평생교육을 이끌어 나갈 국가평생교육진흥원의 기능, 인력보완 등 역량 강화

나. 비전 및 목표

"누구나 언제 어디서나 학습할 수 있고 학습결과를 적극 활용할 수 있는 보편적 평생교육 사회 구현"

첫째, 비대면 평생교육 활성화

① 평생교육포털 평생배움터: '늘배움(http://www.lifelongedu.go.kr/main.do)'구축

② 비대면 교육 활성화를 위한 K-MOOC 2.0 추진과 평생교육·훈련 콘텐츠 개발 확보 및 메타데이터 기준 마련: '직업훈련과정', '디지털집현전'

둘째, 보편적 평생학습 구현을 위한 제도 개선

① 다양한 평생교육·훈련 공급 여건 마련, 평생교육·훈련 학습자 지원 확대, 다양한 활동을 학습으로 인정을 제시하였다.

셋째, 거버넌스 정비

① 중앙정부 차원의 추진체계 개선

② 중앙부처-지자체-교육청 간 상호 협력체계 구축

③ 국가평생교육진흥원 역할 재정립

(2) 평생학습 전망 및 과제(교육부, 한국교육개발원, 2020)

첫째, 교육에서의 디지털화와 교육의 변화 속도를 높여야 한다. 인류의 번영은 교육과 기술 간의 경주에 달려 있다고 한다(교육부, 한국교육개발원, 2020, p. 24). 교육과 기술을 능가할 때 번영하게 되고 교육이 기술을 따라가지 못하면 고통이 온다는 것이다. 현재 세계는 디지털로 바뀌고 있는데 우리는 19세기 교실에서 20세기의 교사가 교육을 하고 있다. 따라서 변화의 속도를 높혀 디지털 전환이 이루어져야 한다.

둘째, 그린 뉴딜과 지속 가능 발전목표 4(SDG4)인 양질의 평생교육과 관련하여 생태주의 교육을 강화해야 한다. 평생교육 역시 인간의 지배와 정복이 아니라 자연의 일부로 생각하고 행동하는 교육이 포함되어 한다.

셋째, 디지털 교육 전환으로 인해 나타나는 사회적 양극화를 평생교육을 통해 줄여야 한다. 사회에는 디지털만으로 살아갈 수 없는 계층, 원격 근무가 불가능하거나 필수부분 종사자 등이 있다. 이들에게 디지털은 접근이 어려울 뿐만 아니라 그로 인한 격차는 더 커지게 된다. 따라서 평생교육은 이러한 양극화를 줄이는 대안이 되어야 한다.

참고문헌

교육개혁위원회(1996). 신교육 체제 수립을 위한 교육개혁방안.

교육과학기술부(2008). 2008 평생교육법, 시행령, 시행규칙 해설자료. 선명인쇄(주).

교육과학기술부(2008). 평생교육진흥기본계획(2008~2012).

교육부(2017). 교육부 통계자료.

교육부(2018). 제4차 평생교육진흥 기본계획(안) (2018~2022).

교육부(평생직업교육국)(2013). 100세 시대 국가평생학습체제 구축을 위한 제3차 평생교육진흥기본계획(안) (2013~2017).

교육부, 국가평생교육진흥원(2014). 평생교육백서 2013(제16호). 국가평생교육진흥원.

교육부, 국가평생교육진흥원(2015). 행복학습센터 우선지원 등 농어촌 평생교육 기회 확대: 평생학습도시 7개 및 행복학습센터 32개 시·군·구, 공모 통해 선정 등 2015년 지역 평생교육 활성화 지원계획 발표. 교육부.

교육부, 국가평생교육진흥원(2021). 2020평생교육백서.

교육부, 한국교육개발원(2021) 2020년 국가평생교육통계.

교육인적자원부(2001). 국가인적자원개발기본계획의 실행을 위한 평생학습진흥종합계획.

김병성(2017). 교육사회학(학교 사회-문화 분석). 학지사.

김신일(1981). 평생교육의 사회적 측면. 한국지역사회학교후원회 편. 평생교육의 사회적 측면(pp. 7-13). 정민사.

김종서(1983). 평생교육의 교육과정 탐구. 교육관리기술. 149, 166-184.

대통령자문 교육인적자원정책위원회(2002). OECD 교육정책 분석: 평생학습 정책을 중심으로. 서울: 대통령자문 교육인적자원정책위원회.

미래창조과학부 미래준비위원회, KISTEP, KAIST(2017). 10년 후 대한민국 4차 산업혁명시대의 생산과 소비. 지식공감.

박영숙, Glenn, J.(2017). 세계미래보고서 2055 (이영래 역). 비즈니스북스.

유의정, 정수정(2014). 제3차 평생교육진흥기본계획의 주요 내용 및 개선 과제. 국회입법조사처.

이내은(1996). 평생교육 체제를 지향하는 학교교육과정. 이화여대 교육대학원 석사학위청구논문.

이민화(2016). 4차 산업혁명으로 가는 길. 창조경제연구.

이병호, 최은수(2009). 한국의 평생교육 정책과정 추이(推移) 분석에 관한 연구: 지역사회발전 평생교육정책 사례들을 중심으로. 평생교육·HRD연구, 5(3). 221-246.

최운실(2009) 지식 기반 사회 속의 학교 평생교육의 의미와 특성. 경기교육, 184. 17-24.

최운실, 변종임, 조순옥, 이희수, 윤창국, 현영섭, 허준, 백평구(2012). (제3차)국가평생교육진흥종합계획(2013~2017) 수립 연구. 교육과학기술부.

Dave, R. H. (1976). *Foundation of life-long education*. Oxford: Pergamon Press.

Freire, P. (2009). 페다고지(남경태 역). 그린비.

Illich, I. (2009). 학교 없는 사회 (박홍규 역). 생각의나무.

Lengrand, P. (1972). *Introduction to lifelong education*. Paris: UNESCO.

OECD (1996). *Lifelong learning for all: meeting of the education committee at ministerial level 16-17*. Paris: UNESCO.

Reimer, E. W. (1981). 인간 없는 학교 (김석원 역). 한마당.

Schwab, K. (2016). 클라우스 슈밥(Klaus Schwab)의 제4차 산업혁명 (송경진 역). 새로운현재.

Silberman, E. C. (1977). 교실의 위기 (배영사 편집실 역). 배영사.

UNESCO (1973). *Forward a conceptual of lifelong education*. Paris: UNESCO.

제 11 장

대안교육

1. 대안교육의 등장

> 학생들은 반드시 학교 교실에서만 배워야 하는가? 학교의 교육은 언제나 최선의 방법인가? 학생들은 반드시 교사로부터만 배워야 하는가? 아침에 학교에 가고 저녁에 집에 오는 방식이 학교 교육의 당연한 방식인가? 학생들은 모두 똑같은 입학식과 졸업식을 해야 하는가? 성인들이 조직한 교육과정은 정말 모두 필요한 것인가?(이종태, 2000)

이 질문은 학교 교육의 경험이 있는 사람이라면 누구나 생각해 보았을 법한 의문이지만 간단하게 답하기는 너무 어렵다. 대안교육은 위와 같은 의문 속에서 시작된 교육 실천의 한 형태로 누구나 생각했으나 아무도 쉽게 걸어가지 못한 교육을 의미하는 것이다. 여기서는 국내외에서 시작되었던 대안교육의 배경을 살펴보고자 한다.

1) 대안교육의 등장 배경

대안교육은 근본적으로 교육의 한계에 부딪힌 인류가 이를 극복하기 위해 시도한 교육이다. 20세기 말에서 21세기 초까지 교육이 마주한 한계는 다음 세 가지로 볼 수 있다(교육부, 2007; 이종태, 2000).

첫째, 정보화 사회로의 이행으로 인해 기존 산업구조에서 시행되는 학교 제도의 부적합성이다. 현재의 학교 체제는 기계와 및 자동화로 일컬어지는 산업 발달에 적합한 노동자를 양성하는 기관이었다. 이를테면, 대량생산을 위해서 분업화된 노동시장에서는 한 가지 일을 빠르게 수행하는 노동자가 필요하다. 이때 학교는 컨베이어벨트에 서서 주어진 임무만을 수행하는 수동적이며 순종적인 학생을 양산하는 역할을 할 수 있다. 학교는 획일적이고 개인의 개성이 드러나지 않는 방식의 교육을 통해 수동적인 노동자를 만들게 되는 것이다. 그러나 정보를 기반으로 하는 지식기반 사회에서는 이러한 형태의 인간은 사회적 요구를 충족시킬 수 없게 된다. 지식기반 사회에서 인간은 다양한 정보를 스스로 선택하여 재조직하고 비판적으로 분석하여 표현해야 하기 때문이다. 이러한 시대적 변화로 인해 현재 학교 체제의 존립을 의문시하는 분위기가 커지고 있다.

둘째, 물질적 풍요와 편리함을 추구하는 가치체계가 전(全) 지구적 생태 위기를 초래하면서 이러한 가치를 교육하는 학교가 정당성을 잃어가고 있다. 이성에 근거한 자연과학의 업적은 물질적으로 유익을 주었지만 이면에는 생태계 파괴를 초래했다. 근대적 합리성을 추구하는 학교 체계는 진보와 발전을 강조했지만 자연과 동물과의 공동체적 관계를 무시하고 인간중심의 이기적인 태도를 기르는 데 일조했다고 지적받고 있다.

셋째, 근대정신의 최종 산물인 개인주의가 일으킨 문제이다. 인류는 무한히 진보할 것이라는 신념 아래 지구의 모든 자원을 무한한 것으로 활용했다. 이는 개인이 누릴 수 있는 무한한 자유가 자본주의라는 관점 안에서만 긍정적으로 기능한 것으로 볼 수 있다. 무한할 것이라는 자원을 두고 벌인 경쟁은 빈부격차와 소외의 문제를 불러일으켰고 무한한 자원이 고갈되고 있다는 사실을 직시하게 만들었다. 이에 사람들은 경쟁에서 공유로, 개인에서 공동체 중심의 공생적 가치에 주목하게 되었다. 이것은 경쟁을 통해 순서대로 자원을 차지하도록 만든 학교체제 구조의 붕괴를 의미한다. 즉, 학교교육은 공생과 협력, 상생을 위한 장이 되어야 한다는 것이 미래사회의 방향임을 고려할 때, 현재 교육체제는 변화가 필요함을 시사해 준다.

2) 대안교육의 시작

세계적으로 감지하기 시작한 기존 교육의 한계는 각 나라의 사회 및 교육개혁 운동을 통해 대안적 교육을 제안하기에 이른다. 미국에서는 1960년대 후반에 사회개혁 운동의 하나로 인종 차별적인 공립학교에 반대하는 시민운동에서 비롯되었다. 당시 미국 사회는 흑백으로 나뉜 인종차별과 그에 파생되는 빈부격차, 문화적 소실 등으로 사회적 문제를 겪고 있었다. 이것은 학교에서도 그대로 나타났으며 일부에서는 학교가 이러한 불균형적인 사회구조를 재생산한다고 보았다. 이에 기존 학교에 대한 비판적 시각이 등장하고 학생들의 다양한 요구에 부응하기 위해 실험학교들이 등장했다. 이러한 학교들을 자유 학교, 대안학교라고 일컬으면서 대안교육이 시작되게 되었다. 미국의 대안학교는 학부모와 교사에 의해 설립되어 대규모 학교 체제로부터 완전히 분리되어 자율성을 보장받게 되었다(최준기, 2002).

독일은 제2차 세계대전 이후 냉전 시대의 영향으로 과거의 형식을 답습한 교육을 유지해왔다. 1960년대 말 '라인강의 기적'의 경제 부흥이 있었으나 교육제도는 이에 미치지 못한 채 권위주의적이고 획일적인 방식을 취하고 있었다. 1970년대에 이르러 이러한 교육에 대한 대대적인 반성으로 교육개혁이 시도됐다. 다양한 측면에서 시도된 교육개혁 운동 중 하나가 자유 대안학교 운동이라고 할 수 있다. 대안학교 운동에서 가장 두드러진 결과는 20세기 초 세워진 '발도르프 학교'이다. 학년의 구분을 두지 않는 통합적 형태의 발도르프 학교는 루돌프 슈타이너에 의해 설립된 대안학교로 교육에서 지적 성취나 평가가 아닌 영적 측면과 통합을 강조하는 대표적인 대안학교라고 할 수 있다(정유성, 1997).

영국에서의 대안교육은 1980년대에 교육이 본래의 목적과 방향을 상실했다는 비판 아래 공식적으로 제기됐다. 이전부터 서머 힐(Summer hill)과 같은 대안학교와 대안교육 운동은 존재했었으나 기존 학교 교육에 대한 한계를 인식하면서 대안적 방향을 적극적으로 모색한 것은 여타의 나라보다는 조금 늦은 80년대였다(이준기, 2002). 이 중 영국 대안학교인 서머 힐은 영국의 산업화 과정에서 인간성을 말살시키는 교육에 대한 비판 속에서 설립된 대표적인 대안학교이다. 서머 힐의 설립자 닐(Niel)은 학교 교육이 학생의 개별적 특성보다는 획일적 목표에 따라 산업사회를 유지하는 기계를 생산하는 방식으로 이루어진다는 점을 비판하며 대안적 교육을 제안하고 실천했다(Neil, 2003). 그는 기존 영국 학교가 교사를 중심으로 한 제도로 학생을 억압하는 구조로 되어 있다는 것을 지적하고 학생을 중심으로 하는 비형식적인 교육을 표방했다.

이처럼 대안교육은 전 세계적으로 20세기 들어 기존 교육에 대한 반성에서 출발한 것이다. 이에 대안교육은 기존 교육과는 다른 방식으로 교육의 궁극적 가치를 실현하고자 노력하는 고유한 철학을 기반으로 한다.

서머 힐(Summer Hill)

니일은 1914년 스코틀랜드에 있는 그레트나그린 학교의 교장이 되었지만 철저한 자유교육을 실시하다가 면직되었다. 니일은 삶의 궁극적인 목적은 행복의 발견과 그 준비에 있다고 생각하고 행복과 자비, 용기를 갖춘 인물을 기르는 것이 교육의 목적이 되어야 한다고 주장했다. 또 현대의 가정과 학교에서 행해지는 교육은 인간의 내적 행복을 무시하고 억압하기 때문에 현대 사회의 여러 문제점을 낳는다고 지적하고 아이들이 학교에 맞추는 대신, 아이들에게 맞추는 학교, 즉 아이들이 그들 자신의 생활을 할 수 있도록 자유를 허용하는 학교를 꿈꿨다. 그래서 1921년 서머 힐을 설립했다. 서머 힐은 학업 성적을 올리기보다 행복, 성실, 조화, 사회성 등에 중점을 두고 놀이와 공부를 일체 아이들의 자유에 맡기며 아이들 자신에 의한 자치와 도덕적 틀을 마련하도록 했다. 또 학생들이 제도의 틀에 맞추거나 선동되는 것이 아니라 스스로 균형 잡힌 인물이 되기를 바랐다. 이에 영어, 프랑스어, 독일어, 사회생태학, 과학, 생물학, 수학, 목공과 금속공예, 도자기 제조, 미술과 소공계, 음악 등을 가르치며 수업은 주로 오전에 하고 오후에는 자유시간으로 각자 자기가 하고 싶은 일을 하면서 보내도록 했다.

출처: Neil(2003). 서머 힐에서 요약 발췌

3) 우리나라 대안교육의 역사

전 세계적으로 교육개혁의 움직임이 있던 20세기는 우리나라에서도 기존 교육에 대한 폐단을 뼈저리게 경험했던 시기였다. 심각한 수준에 다다른 입시지옥과 사교육 시장, 전인교육의 상실로 인한 학교폭력, 청소년 비행 및 일탈행위는 갈수록 그 수위와 범위가 높아졌다. 특히 우리 사회에서 입시 위주로 편성된 학교 교

육으로 인해 학생들의 행복 지수는 낮은 것으로 조사됐다.[1)]

학생들의 학교생활, 적응, 진로 등의 문제가 두드러지는 1990년에는 차츰 제도 이외의 새로운 교육에 눈을 뜨기 시작했다(이종태, 2001). 이는 1980년대 말부터 시작된 교원노조운동의 진보적 교육 운동과 맥을 같이 한다. 실질적으로 대안학교가 설립되기 이전까지 철학적 가치와 대안학교 설립에 대한 현실성 문제로 토론의 장이 마련되고 논의들이 지속됐다. 이러한 노력은 1995년 대전에서 이들 간의 연대모임인 '새로운 학교를 만드는 사람들의 모임'이 형성되면서 점차 현실화되었다. 많은 사람이 이 모임에 참여해 새로운 비전을 제시했고 이는 현재 다양한 대안학교의 모태가 되었다. 이를테면, 생태주의, 공동체적인 삶, 자유와 자율 중심 등의 특성 역시 이곳에서 논의된 것들이다. 그리고 마침내 1997년에는 최초의 전일제 대안학교가 설립되게 된다.

한국 최초의 대안학교는 1997년 경남 산청 지리산 자락에 설립된 간디 청소년 학교이다. 간디학교 전에도 방과 후나 주말, 계절학교 형식의 실험학교가 존재했지만, 간디학교는 우리나라에서는 최초로 전일제 대안학교로 의미가 있다. 1998년에는 대안학교 6개가 특성화 고등학교가 되면서 교육부에 대안학교가 법제화되게 된다. 대안학교가 그간 비인가 방식으로 학력 인정을 받을 수 없었다면, 대안학교 형태를 취하는 특성화 고등학교는 학력을 인정받을 수 있게 됐다.

1) 이러한 결과는 현재에도 여전히 유효하다. 2015년 국제학업성취도평가(PISA)의 일환으로 경제협력개발기구(OECD)가 회원국을 포함한 72개국 15세 학생 54만 명을 대상으로 평균 삶 만족도를 조사한 결과, 한국은 10점 만점에 6.36을 기록하여 전체 중 71위를 차지했다. 한국의 지수는 OECD 회원국 평균(7.31)을 크게 밑돌 뿐 아니라 우리보다 낮은 점수를 기록한 회원국은 터키(6.12)가 유일했다(인터넷 연합뉴스, 2017년 4월 20일자, http://www.yonhapnews.co.kr/bulletin/2017/04/20/0200000000AKR20170420074300009.HTML?input=1195m).

최초의 대안학교, 간디학교의 성과

1. 새로운 교육의 실천이라는 점에서 '대안교육 운동의 개척자' 역할을 했다.
2. 인격적 만남과 존중을 기초로 하는 '사랑의 교육'의 토대를 마련했다.
3. 억압과 강제의 학교문화를 바꾸어 '자유교육'을 추구했다.
4. 간디학교는 도시화 서울화 되는 흐름 속에서 '농촌에서의 교육운동'을 해 시대의 흐름에 저항했다.
5. 동일한 철학 위해서 '다양한 모델과 특성의 교육'을 했다.
6. 교사 연수원과 교사대학원을 설립하고 운영하여 '교사양성과 교사 교육' 깊은 관심을 두었다.
7. 교사와 학부모, 학생의 긴밀한 협력관계를 발전시켜, 예결산과 교육과정, 학교시설 등의 모든 의사결정을 함께 했다.

출처: 교육부(2007). 대안교육백서. p. 40 재구성.

우리나라 대안학교에 특이한 점은 도시형 대안학교가 탄생한 것이다. 그 시초는 1999년 '서울시청소년직업체험센터'라 할 수 있다. 이는 '하자센터'로 더 유명하다. 이 센터는 원래 학교 밖에 있는 청소년들에게 진로 찾기를 돕는 학습공간이었다. 여기에는 정해진 교육과정이 없었기 때문에 자유로운 관계가 정립됐다. 하자센터를 찾는 학교 밖 청소년이 점차 증가하면서 2001년에는 '하자작업장학교'가 탄생했다. 규모가 커져 합리적인 제도적 장치를 마련해 정규 교육과정은 없으나 학교 밖의 청소년들에게 학교와 유사한 기능을 하는 대안적 장소로 지금까지 활용되고 있다. 또한 이는 '서울시 학교 밖 청소년 지원센터(전, 서울시대안교육센터)[2]'가 조직되는 데 영향을 미치기도 했다. 이후 센터는 다양한 대안교육 학교들이 서로 네트워크를 맺고 교류하는 중심점 역할을 하게 됐다(교육부, 2007).

초기 대안교육 형태였던 방과후학교, 주말학교 등의 프로그램은 주로 초등학생을 대상으로 한 것이었다. 전일제 초등 대안학교가 등장한 것은 2001년이 되어서이다. 초등 대안학교는 중고등 대안학교에 비해 입시의 중압감이나 폭력에 자유로웠을 뿐만 아니라 초등교육이 의무교육이었기 때문에 늦게 생겨난 것으로 이해할 수 있다. 2001년에 설립된 산어린이학교와 광명의 볍씨학교는 우리나라 최초

2) 서울시학교밖청소년지원센터 http://seoulallnet.org/

의 전일제 초등 대안학교이다. 초등 대안학교 설립으로 인해 대안교육을 선택하는 사람들은 의무교육에 대한 애매한 입장을 해결해야 했다. 의무교육이란 기본적으로 공교육을 전제하며 모든 초등 연령의 학생이 반드시 국가가 관리하는 초등학교에 가는 것을 말한다. 그러나 초등 대안학교가 설립되면서 많은 학부모들은 의무취학을 유예하거나 장기결석자로 행정 처리되어 검정고시를 보는 편을 선택한다. 이런 불편을 감수하면서도 초등 대안학교 이용이 늘어가는 것은 대안교육을 통해 공교육의 공적 의무조차도 국가가 아닌 국민에게 주도권이 있다는 것을 보여주는 것이라 할 수 있다.

2001년에는 시도교육청에서 운영하는 위탁형 대안학교가 생겨나게 된다. 위탁형 대안학교는 학교에 부적응하여 중도탈락할 가능성이 많은 학생들에게 정규 학교가 아닌 위탁 교육기관에서 학습해도 출석을 인정해주는 제도이다. 즉, 소속은 원래의 학교이나 교육과정은 위탁형 대안학교에 따르며 졸업은 소속 학교에서의 졸업장을 받는 것이다. 운영은 시도교육청에서 이루어지지만, 대부분 위탁형 대안학교로 지정받은 기관은 대안교육의 철학과 유형을 기본으로 하는 곳이므로 대안적 교육이라는 취지대로 운영할 수 있게 됐다.

이상과 같은 활발한 대안교육 운동과 실천은 마침내 2005년 초중등교육법 내에 대안학교 조항이 신설되는 데 영향을 주었다(초중등교육법, 2005). 교육부는 2003년에 '대안교육 확대, 내실화 방안'을 발표해 대안학교 시설 기준 완화, 시설 임대, 교육과정과 교원임용 특례 등을 제공하며 학력 인정 대안학교 설립을 장려했다. 이에 2005년 3월 대안학교법이 국회에서 통과되기 이르렀다. 이와 연관해서는 "학교 밖 청소년 지원에 관한 법률(2015)"과 시행령(2017 일부개정), 시행규칙(2015)을 제정하여 대안학교 내 학생을 보고하고 지원하는 법이 마련됐다. 대안학교법의 제정은 전통적인 학교 형태에 유연성을 부여해 다양한 학교 탄생을 예고하게 된다. 또한 대안학교법의 제정은 사회적으로 반(反)교육운동처럼 인식됐던 대안교육이 공식적으로 승인을 받았다는 의미를 가진다. 그러나 일각에서는 대안교육은 그 자체로 자유롭고 대안적인 가변적인 교육방식인데, 법으로 제정하여 또 다른 기준과 지표로 획일화되는 것을 우려하기도 한다.

초중등교육법 제 60조의 3(대안학교)

① 학업을 중단하거나 개인적 특성에 맞는 교육을 받으려는 학생을 대상으로 현장 실습 등 체험 위주의 교육, 인성 위주의 교육 또는 개인의 소질·적성 개발 위주의 교육 등 다양한 교육을 하는 학교로서 각종학교에 해당하는 학교(이하 "대안학교"라 한다)에 대하여는 제21조 제1항, 제23조 제2항·제3항, 제24조부터 제26조까지, 제29조 및 제30조의4부터 제30조의7까지를 적용하지 아니한다.
② 대안학교는 초등학교·중학교·고등학교의 과정을 통합하여 운영할 수 있다.
③ 대안학교의 설립기준, 교육과정, 수업연한, 학력인정, 그 밖에 설립·운영에 필요한 사항은 대통령령으로 정한다.

2013년에는 교육부·여성가족부를 중심으로 〈학업중단 예방 및 학교 밖 청소년 지원 방안〉을 통해 대안교육을 학교 밖의 교육이 아니라 학교와의 협력적 차원에서 포괄하려는 계획을 수립했다. 또 같은 해에는 한국청소년정책연구원 부설기관으로 학업중단예방 및 대안교육지원센터("꿈지락", https://www.gotoschool.re.kr/)를 통해 청소년의 학업중단 현황 및 실태, 대안교육을 위한 기초자료 축적, 지역실정에 맞는 학업 중단 예방 및 대안교육 지원 정책을 위한 시·도 교육청 지원, 학교현장에서의 학업 중단 예방을 위한 적절한 프로그램 지원, 학교 및 대안 학교의 대안교육 역량 제고 및 다양한 교육 기회 제공을 위해 노력하고 있다. 이 센터에서는 대안교육 위탁교육기관이나 미인가 대안교육시설 실태조사, 대안교육 지원을 위한 법령 정비와 대안교육 위탁교육 가이드북, 학교 내 대안교실 운영 매뉴얼 등을 배포하여 대안교육을 지원하고 있다.

또 우리나라의 대안교육은 외국의 대안교육 철학과 대안학교와 활발히 교류하고 있다. 이를 테면, 독일 발도르프 교육이나 일본 키노쿠니 어린이마을, 프랑스 프레네 학교, 일본 도쿄 슈레 등과 같은 공동체 및 생태 중심의 대안교육이 우리나라 현장에 소개되었다. 이러한 분위기는 대안교육에 대한 과거와 현재의 인식의 변화를 보여준다. 과거 한때 대안학교는 학교에 부적응하는 청소년을 위한 학교라는 생각이 강했다. 그러나 지금은 대다수 사람들이 공교육에 대한 실망과 한계를 느끼고 있어 대안교육은 학부모와 학생이 선택하는 교육 유형의 한 종류로 인식이 바뀌고 있다.

2. 대안교육의 개념

1) 대안교육의 의미

대안교육과 대안학교는 동일한 개념이 아니다. 이것은 교육이 학교에서만 일어나는 것이 아니라는 시각을 반영한다. 교육이 가정에서도, 학교에서도, 가상공간에서도 일어날 수 있다는 점을 고려하면 대안교육이라는 것은 대안적 형태의 모든 배움이라고 할 수 있으며 대안학교는 그 중 '학교'라는 형태로 일어나는 것이라 할 수 있다. 여기서는 먼저 대안교육의 의미를 살펴보고 다음으로 협의적 차원에서 대안학교의 의미를 소개하고자 한다.

(1) 대안교육이란?

대안교육을 정의 내리기 위해서는 먼저 '대안(代案)'이라는 용어의 의미 분석이 선행되어야 한다. '대안'은 사전적으로 '어떤 제안을 대신하는 제안'이라고 할 수 있다(네이버 백과사전). 즉, 무엇을 대체한다는 의미이다. 이를 다시 교육과 연결하여 살펴본다면 대안교육이란 기존의 교육을 다른 유형의 교육으로 대체 혹은 대신한다는 뜻으로 이해될 수 있다. 교육학 용어사전(1999)에 의하던 "대안이란 정해진 목적이나 목표 달성을 위해서 창출되는 다양한 방안"이다. 교육부(1998)에서는 대안교육을 "첫째, 어느 시대나 사회에서 기존의 교육을 불만족스러워하면서 새로운 교육을 추구하려는 교육적 노력, 둘째, 특정한 시대나 사회의 문제의식을 반영하는 교육으로 20세기 말 근대 공교육의 문제들에 주목하여 그것을 극복하기 위해 대두된 일련의 노력(pp.424-425)"으로 보았다. 이상을 정리하면, 대안적 교육이란 기존의 교육인 공교육으로 대표되는 학교 교육 이외에 다른 방식의 교육을 일컫는 용어를 가리킨다.

이와같이 대안교육은 근본적으로 오랜 시간 학교를 중심으로 이루어진 교육 자체에 대한 회의와 본질에 대한 물음에서 출발한다(이종태, 2000; 정유성, 1997). 대안교육의 개념에는 교육을 통해 이루고자 하는 목표를 합리적이고 효과적으로 달성하기 위해서 기존의 교육방식만이 아니라 다른 방식으로 목표를 달성할 수 있다는 의미가 내포된다. 즉, 대안교육은 기존 교육제도 혹은 방식에 문제를 제기하고 그에 대한 반성과 반발로 인해 생겨난 새로운 방식의 교육이라고 볼 수 있다. 새로운 교육방식은 기존 교육과는 다른 형태를 의미하며 기존 교육에 존재하는 문제를 해결한다는 가능성을 의미한다.

(2) 대안학교란?

대안교육의 의미를 근거하면 대안학교란 대안교육을 이루는 한 가지 유형으로 설명될 수 있다. 우리나라 초·중등교육법에서는 대안학교를 "학업을 중단하거나 개인적 특성에 맞는 교육을 받고자 하는 학생을 대상으로 현장실습 등 체험 위주의 교육, 인정 위주의 교육 또는 개인이 소질 적성 개발 위주의 교육 등 다양한 교육을 실시하는 학교"(제60조 제3항)로 정의했다. 또한 이선숙(2001)은 대안학교란 공교육 실시 이후 꾸준히 지적되어 온 획일적이고 지식 위주의 편중된 교육체제에 대한 대안으로 학교가 가진 대안적 목적을 분명히 하고, 학교의 교육목적을 효율적으로 학생들에게 전달할 수 있는 대안적인 사고를 가진 교사가 대안적인 교육내용을 통해 학생들의 경험과 자유, 욕구를 최대한 수용하며 운영하는 작은 규모의 학교라고 설명했다. 이를 정리하면, 대안학교란 대안적 교육을 위한 철학과 가치를 토대로 학생들의 개인적 특성을 최대한 고려하여 유연한 교육내용과 방법을 활용하는 학교라고 할 수 있다.

2) 대안교육의 이념

대안교육의 실천 양상이 다양함에도 불구하고 그들이 지향하는 이념은 어느 정도 공통점을 보여준다. 이를 구체적으로 살펴보면 다음과 같다(이종태, 2000).

① 아동을 자율적이고 독립된 존재로 본다.

대안교육의 두드러진 특징은 학생중심이라는 것이다. 이것은 학생들이 교사와의 수직적 관계 아래에 존재할 수밖에 없는 미성숙한 존재라는 관점과 달리, 그들도 주체적으로 자신의 삶을 선택하고 개척할 수 있다는 점을 전제한다. 그렇기 때문에 학생의 지위를 끌어 올려 그들 스스로 생각하고 판단하는 등 그들에게 의사결정권을 부여하는 학생 중심의 교육을 한다. 이것은 루소가 『에밀』에서 아동을 독립된 인격체로 보는 것과 유사하다. 기존의 교육체제에서 학생은 교사중심으로 편성된 학교에 적응해야 한다. 교사가 결정하고 제시한 지식과 가치를 수동적으로 받아드리고 평가받는 방식이다. 그러나 대안교육에서 아이들은 주체적이고 자율적인 존재이다. 누군가에게 종속된 존재가 아니라 독립된 개체이다. 그러므로 그들은 자신이 무엇을 배울 것인지, 어떻게 배울 것인지 스스로 선택할 수 있으며 학교 운영에도 참여할 수 있다. 이러한 방식의 교육은 민주적인 삶의 방식을 온 몸으로 체험하는 것으로 민주사회의 시민을 형성하는 데 더욱 바람직하다.

② 개별성과 공동체성을 동시에 추구한다.

학생의 개별적 특성을 존중하는 것과 집단 공동의 가치를 함께 공유하는 것은 상반된 것처럼 보인다. 대안교육은 정해진 교육체계에서 벗어나 학생의 선택과 자유를 중시하기 때문에 개인에게는 맞춤교육, 그들의 흥미와 요구를 최우선으로 하는 개별교육으로 인식되기 싶다. 그러나 대다수의 대안교육은 공동체 중심으로 학교를 운영하고 수업을 진행한다. 이것은 경쟁을 기본으로 하는 개인주의적 사회가 현재 학교체제와 미래사회에도 적합하지 않다고 보기 때문이다. 그러므로 대안교육은 사람들 사이의 협력과 존중 그리고 평등을 강조한다. 많은 대안학교들이 공동체 생활을 강조하는 것은 그 때문이다. 그들은 서로 다른 생각을 가진 사람을 이해하기 위해 노력하며 갈등이 생기더라도 타협을 통해 실질적으로 분쟁을 해결하는 경험을 하게 된다.

③ 학생이 학습내용과 방법을 자발적으로 정한다.

대안교육은 학습에서 주어진 교육내용이나 방법만 따라야 한다고 보지 않는다. 전통적인 교육에서 학습내용과 방법에 대한 결정권은 모두 성인이나 교사에게 주어진다. 그러나 대안교육에서 학생들은 스스로 무엇이 알고 싶은지 진단을 해야 하며, 알고 싶은 것에 어떻게 접근할지 스스로 판단한다. 이때 교사는 주도적이 아니라 안내자 역할만을 한다. 때로는 효과적인 교육방법이 있더라도 학생이 시행착오를 겪으며 능동적으로 발견하도록 한다. 이러한 방식들은 학생들에 대한 절대적 신뢰가 바탕이 되어야 가능한 것이다.

④ 생명존중과 생태주의를 기반으로 한다.

대안교육은 기본적으로 인간의 이기심에서 출발한 경쟁적이고 소비적 교육형태를 지양하고 있다. 그러므로 인간과 자연을 적대적 관계로 보지 않고 공존적 관계로 회복되는 교육이념을 따른다. 생명존중과 생태주의는 자연을 파괴와 착취의 대상이 아니라 유지하고 순환시키는 대상으로 본다. 이것은 환경오염이나 생태계 위기 극복 강조를 넘어서서 생명에 대해 존중하는 가치를 가지고 자연과 공존하는 방법을 통해 인간 사이의 평화적 관계를 맺는 방법에도 관심을 갖도록 한다. 많은 대안학교들이 시골에 위치하면서 불편함을 감수하고 노동을 중요하게 여기는 것은 이러한 이념에 근거한다.

⑤ **대안교육은 노동 혹은 노작을 중시한다.**

기존 학교에서 공부시간과 쉬는 시간이 엄격하게 구분되어 있는 것과 달리, 대안학교에서는 일과 놀이가 구분되지 않는다. 놀이형태로 이루어지는 일이 더욱 효과적이며 생산성이 높다는 것에 착안한 것이다. 많은 대안학교는 일상생활에 필요한 물건을 자체 노동으로 조달하며 그러한 활동 자체를 교육과정으로 삼는다. 즉, 교실에 부족한 의자를 만들기 위해 재료를 탐색하고 재단하고 균형을 잡아 조립해 보는 활동을 하면서 수학, 과학적 원리와 예술적 감각을 익히게 되는 것이다. 따라서 생활 그 자체가 놀이가 되기도 하며 때로 협동을 요구하는 일이 되기도 한다.

⑥ **대안교육은 작은 규모의 학교를 지향한다.**

영국의 '인간 규모 교육 운동'에 근거하면 작은 학교는 교사와 학생, 학생과 학생 간의 긴밀한 관계를 교육의 바탕으로 삼는다. 교육이란 공공적 활동이며 그 속에서 개인의 인격이 존중을 받고 함께 살아가는 법을 배우게 되는 활동 자체이기 때문이다. 또한 소규모 학교는 작은 집단의 동질성을 바탕으로 개별 학교가 추구하는 이념을 실현하는 것이 용이하다. 반면, 공교육은 많은 학생의 개별적 요구를 모두 수용할 수 없기 때문에 다양성을 억압하여 거대한 집단을 유지한다. 그러한 측면에서 대안교육이 작은 규모를 지향하는 것은 학생 한 명 한 명의 개별적 특성을 고려할 수 있다는 장점을 가지는 것이다.

⑦ **대안교육은 지역사회와 긴밀한 관계를 맺는다.**

대안학교들은 교육이 삶의 과정과 유리되지 않고 학생의 폭넓은 교육을 지원하기 위해 지역사회의 다양한 인프라와 시설을 활용한다. 학교는 다른 맥락으로부터 떨어져 있는 교육적 진공공간이 아니라 지역사회와 사회적 책임, 문화로부터 영향을 주고받고 문화를 만들어내는 생산적 공간이라는 것이다. 그러므로 대안교육은 지역사회의 다양한 인사들과 시설을 풍부한 학습의 자원으로 활용하면서 교육의 범위를 확장시키는 방식을 취한다.

3. 대안학교의 특성

1) 대안학교의 유형

대안학교의 수만큼이나 많은 대안학교의 교육형태나 교육내용, 가치로 인해서 대안학교의 유형을 명확하게 구분하기는 어렵다. 그러나 여기서는 핵심적인 특성에 따라 대안학교를 분류한 이종태(2000)의 제안을 따라 네 가지로 소개한다.

① 자유학교형 대안학교

종래의 학교교육에 내재된 통제와 억압, 성인중심 교육을 비판하고 학생들의 긍정적 본성과 무한한 가능성을 바탕으로 교육을 실시하는 유형이다. 대표적으로는 영국의 '서머 힐'과 독일의 '자유대안학교', 일본의 '키노쿠니 어린이 마을' 같은 학교를 들 수 있다. 학교를 아이들에게 맞추어 모든 운영과 결정에 학생을 참여시켜 '자유'를 최우선으로 하는 학교이다.

② 생태학교형 대안학교

이 유형은 지식뿐만 아니라 의식주에 관련된 기본활동 전체를 교육내용으로 삼고 마을 전체가 교사가 되어 도제식 교육을 실시하는 유형이다. 이러한 유형은 생태적 관계와 노작, 지역사회와의 연결을 추구한다. 이를 테면, 영국 하트랜드의 '작은 학교(Small school)'를 들 수 있다. 평화운동가인 생태주의자 사티쉬 쿠마르에 의해 설립된 작은 학교는 마을의 다양한 생산자들이 교사로 봉사하면서 자연스럽게 아이들에게 전문기술을 알려주며 그 과정에서 생활과 학습의 연관성을 깨닫게 된다. 또한 생태주의적 학교로 우리나라의 간디 청소년학교와 푸른꿈고등학교, 실상사 작은학교, 변산공동체학교 등의 교육이념이나 방식이 이러한 유형에 속한다고 할 수 있다.

③ 재적응학교형 대안학교

이 유형은 일반학교에 적응하지 못하는 학생을 대상으로 설립된 유형이다. 이러한 유형에서는 일반 학교에서 퇴학을 당하거나 학교생활을 하기 힘든 학생들이 헌신적인 밀착형 교사들과 함께 어울리며 학교생활을 해 나간다. 가능하면 기존 학교의 문제점을 극복할 수 있는 프로그램이나 인간관계를 제공하고 최대한 학생의 개성과 자율을 허용하는 방식으로 운영되고 있다. 우리나라에서는 성지, 화랑, 원경, 양업, 동명, 두레자연 고등학교가 이 유형에 가깝다.

④ 고유 이념 추구형 대안학교

다른 유형에 비해 독특한 교육이념과 방식으로 대안교육을 실천하는 유형이다. 대표적으로 발도르프 학교를 들 수 있다. 발도르프 학교는 인지학이라는 철학을 체계화한 슈타이너의 사상을 기반으로 하며 유치원에서부터 중등교육까지 일관된 교육과정을 실시하며 한 명의 교사가 오랫동안 담임을 맡는 방식, 에포크(epoch) 수업방식(한 과목이나 주제를 몇 주 혹은 몇 달에 걸쳐 집중적으로 학습한 뒤 다른 것으로 넘어가는 방식) 등을 추구한다. 우리나라에서는 기독교 신앙을 기초로 한 풀무농업고등기술학교가 여기에 속할 수 있다.

2) 우리나라 대안학교 종류와 현황

대안학교란 자립과 성장, 돌봄, 창의적 배움이 있는 다양한 학습공간이자 청소년 개개인의 특성에 맞는 맞춤형 학습이 가능한 대안적 교육공간이다. 우리나라 대안학교의 종류는 최초의 대안학교가 설립된 후 인가 대안학교와 비인가 대안학교, 위탁 대안학교로 구분되어 왔다. 인가 대안학교는 특성화 학교가 대표적이며, 비인가 대안학교는 전원형 대안학교와 도시형 대안학교로 구분해볼 수 있다(교육부, 2007; 서울시학교밖청소년지원센터, 2014). 최근에는 이러한 대안학교가 다양한 교육의 방식의 하나로 인정되면서 공식적으로 각종학교와 대안교육 특성화 학교로 구분되어 설립되고 있다.

(1) 인가형 대안학교

초·중등교육법 제60조의 제3항에 의거 교육과정, 수업 등 자율성이 인정되며, 학력이 인정되는 학교로서, 신입생(편입생) 모집 시기는 학교마다 다르다. 인가 대안학교 중 대표적인 것이 특성화학교이다. 특성화학교는 1990년대 후반 학교 부적응 중도 탈락생의 급증을 해결하기 위해, 시민사회의 대안교육 운동과 정부의 교육개혁 흐름이 결합하여 생긴 학교 형태이다. 특성화학교는 정부가 최초로 대안학교를 법제화한 획기적인 학교이며, 교육의 다양성 확대에 기여하고, 새로운 교과를 창조하였다는 점에서 큰 의의가 있다. 그러나 학교설립기준, 교육과정 운영 및 재정지원의 규제로부터 완전한 자율성을 보장받지 못하는 한계도 있다.

(2) 비인가형 대안학교

다양한 대안교육과정 운영 등 자율적인 교육과정을 운영하며, 졸업과 동시에 학력이 인정되지는 않기 때문에 검정고시를 통하여 학력을 인정받을 수 있다.

① 전원형 대안학교

1990년대 후반부터 학업중단 청소년이 사회적 이슈로 대두되기 시작하면서, 시민사회 영역에서는 일반학교를 나왔지만, 배움을 지속할 수 있도록 대안학교를 설립하였다. 1997년 간디 청소년학교가 시초라고 할 수 있으며, 이후 비인가 대안학교의 설립이 확산되기 시작했다. 전원형 대안학교는 획일화되고 정형화된 교육의 제약에서 벗어나, 자유롭고 창의적인 프로젝트 중심의 교육과정을 운영한다. 전원형 대안학교의 공통 교육목표는 학습과 삶을 일치시키는 것이다. 자활, 자존, 공생능력을 기르며, 다양한 물적 · 인적 자원을 활용한다. 학교 밖에서의 다양한 경험을 쌓을 수 있는 기회를 마련하고, 의식주를 위한 노작교육 및 실제적인 진로와 연계된 직업체험, 인턴십 프로젝트를 진행한다.

② 도시형 대안학교

비인가 도시형 대안학교는 삶터를 떠나거나 전원형 대안학교를 선택할 만한 여유나 여건이 되지 않는 탈학교 학생들을 위한 대안학교 유형이다. 도시형 대안학교는 민간 영역의 대안교육 운동에 대한 지속적 노력과 공공 영역에서의 대안교육과 학교 밖 청소년에 대한 정책적 지원, 이에 대한 사회적 인식의 향상 등이 종합적으로 작용하여 성장하게 되었다. 각 학교들은 다양한 학교 밖 성장 프로그램을 개발해 왔고, 가정의 문제를 안고 있는 청소년들에게는 돌봄 공간이 되기도 한다. 서울의 도시형 대안학교는 2000년대 초반 용산 도시 속 작은 학교를 비롯하여 비기숙형 비인가 대안학교들이 본격적으로 설립되기 시작했다.

(3) 위탁형 대안학교[3)]

위탁 대안학교는 학업 중단 위기 학생의 중도탈락 예방을 위하여 일반 학교와 다른 교육과정을 운영하는 기관에서 위탁교육을 시행하는 학교 유형이다. 위탁대상자는 초 · 중 · 고등학교 재학생 중 학교생활을 하기 어려운 학생 및 학업을 중단하고자 하는 학생 또는 퇴학처분의 징계를 받은 학생이다. 교육과정은 2/3 정도를 인성, 소질 · 적성, 진로 교육 등 대안교과로 편성 · 운영하고 보통교과는 최

3) 공식적 명칭으로 위탁형 대안학교로 사용하지만 대안학교의 종류에 일관성을 부여하기 위해 위탁 대안학교로 표기했다.

소화하여 운영한다. 서울의 경우, 서울시교육청 대안교육지원센터에서 위탁 대안학교 지원 업무를 맡고 있다. 주요 역할은 대안교육 위탁교육 희망자 상담 및 위탁 대안학교 안내, 대안교육 관련 중등교원 직무연수 실시, 위탁 대안학교 연합활동 지원 및 네트워크 구축, 새로운 도시형대안학교 창출 등이다(서울시교육청 대안교육지원센터 www.daeancenter.or.kr).

(4) 대안학교와 대안교육(2013년 이후)

대안학교는 각종학교와 대안교육 특성과 중고등학교로 구분되며 그 설립목적과 교육과정은 다음과 같다.

〈표 11-1〉 대안학교(각종학교) [50교 : 공립21교/사립29교] (2021년 3월)

구분	대안학교(각종학교)	대안교육 특성화 중고등학교
설립 목적	학교 적응에 곤란을 겪어 학업을 중단하거나 개인적 특성에 맞는 교육을 받고자 하는 학생을 대상으로 현장 실습 등 체험 위주, 인성 위주 교육 등 다양한 교육 기회 제공	체험 위주 교육 등 다양하고 독특한 교육과정을 운영하는 정규 고등학교로 1998년부터 설립 추진
설립 지정	국립 : 교육부 장관 공립 : 교육감 사립 : 교육감	일반 특성화 중·고등학교와 마찬가지로, 설립 인가 후, 교육감이 특성화 중·고등학교로 지정 운영
교육 과정	교육부 장관이 정한 교육과정과 관계없이 학칙으로 자율 편성(단, 국어 및 사회 교과는 국가교육과정 상, 수업 시수의 50% 이상 구성)	교육부 장관이 정한 교육과정 범위 내에서 일반 특성화 중·고등학교 필수이수단위 단위보다 완화된 단위 이상 편성 운영

출처: 공지원, 박소연, 박윤경, 박은아 (2014). 대안교육 실시학교 교육과정 연구. 입학전형연구, 300, 169-201

〈표 11-2〉 대안학교(각종학교) [50교 : 공립21교/사립29교] (2021년 3월)

시도	학교명(과정)	설립 구분	인가 연도
서울	서울실용음악고등학교(고)	사립	’08
	여명학교(고)	사립	’10
	지구촌학교(초)	사립	’12
	서울다솜관광고등학교(고)	공립	’12
부산	송정중학교(중)	공립	’19
대구	대구해올중고등학교 (중 · 고 통합)	공립	’18
인천	인천청담고등학교(고)	사립	’11
	인천해밀학교(중 · 고 통합)	공립	’12
	인천한누리학교 (초 · 중 · 고 통합)	공립	’12
광주	월광기독학교(초)	사립	’14
대전	새소리음악고등학교(고)	사립	’11
	새소리음악중학교(중)	사립	’16
울산	울산고운중학교	공립	’21
경기	티엘비유글로벌학교 (초 · 중 통합)	사립	’08
	화요일아침예술학교(고)	사립	’11
	쉐마기독학교 (초 · 중 · 고 통합)	사립	’11
	새나래학교(중 · 고 통합)	사립	’11
	경기새울학교(중)	공립	’13
	광성드림학교 (초 · 중 · 고 통합)	사립	’14
	하늘꿈중고등학교 (중 · 고 통합)	사립	’15
	중앙예닮학교(중 · 고 통합)	사립	’18
	노비따스음악중고등학교 (중 · 고 통합)	사립	’19
	군서미래국제학교	공립	’21
강원	해밀학교(중)	사립	’18
	노천초등학교(초)	공립	’19
충북	글로벌선진학교(중 · 고 통합)	사립	’10
	한국폴리텍다솜고등학교(고)	사립	’12
	다다예술학교(초 · 중 통합)	사립	’17
	은여울중학교	공립	’17
	은여울고등학교	공립	’21
충남	여해학교(중)	공립	’13
	드림학교(고)	사립	’18
	충남다사랑학교(고)	공립	’19
전남	월광기독학교(중 · 고)	사립	’18
	성요셉상호문화고등학교(고)	사립	’18
	이음학교	공립	’20
	송강고등학교	공립	’21
경북	한동글로벌학교 (초 · 중 · 고 통합)	사립	’11
	글로벌선진학교문경 (중 · 고 통합)	사립	’12
	산자연중학교(중)	사립	’13
	나무와중학교(중)	사립	’13
	링컨중고등학교(중 · 고 통합)	사립	’17
	대경문화예술고등학교(고)	사립	’17
경남	경남꿈키움중학교(중)	공립	’14
	지리산중학교(중)	사립	’14
	경남고성음악고등학교(고)	공립	’17
	밀양영화고등학교(고)	공립	’17
	금곡무지개고등학교(고)	공립	’20
	거창연극고등학교(고)	공립	’20
	남해보물섬고등학교	공립	’21

〈표 11-3〉 대안교육 특성화중학교 [18교 : 공립5교/사립13교] (2021년 3월)

시도	학교명(과정)	설립 구분	지정 연도	시도	학교명(과정)	설립 구분	지정 연도
대구	한울안중학교	사립	‘18	강원	팔렬중학교	사립	'11
	가창중학교	사립	‘18		가정중학교	공립	‘17
광주	평동중학교	공립	'14	전북	전북동화중학교	공립	'09
경기	두레자연중학교	사립	'03		지평선중학교	사립	'02
	이우중학교	사립	'03	전남	용정중학교	사립	'03
	헌산중학교	사립	'03		성지송학중학교	사립	'02
	중앙기독중학교	사립	'06		청람중학교	공립	'13
	한겨레중학교	사립	'06		나산실용예술중학교	공립	‘18
-	-	-	-	경남	상주중학교	사립	‘15
					대병중학교	사립	’21

〈표 11-4〉 대안교육 특성화고등학교 [25교 : 공립5교/사립20교] (2021년 3월)

시도	학교명(과정)	설립 구분	지정 연도	시도	학교명(과정)	설립 구분	지정 연도
대구	달구벌고등학교	사립	'04	충남	공동체비전고등학교	사립	'03
인천	산마을고등학교	사립	'00	전북	세인고등학교	사립	'99
광주	동명고등학교	사립	'99		푸른꿈고등학교	사립	'99
경기	두레자연고등학교	사립	'99		지평선고등학교	사립	'09
	경기대명고등학교	공립	'02		고산고등학교	공립	‘18
	이우고등학교	사립	'03	전남	영산성지고등학교	사립	'98
	한겨레고등학교	사립	'06		한빛고등학교	사립	'98
강원	전인고등학교	사립	'05		한울고등학교	공립	‘12
	팔렬고등학교	사립	'06	경북	경주화랑고등학교	사립	'98
	현천고등학교	공립	‘14	경남	간디고등학교	사립	'98
충북	양업고등학교	사립	'98		합천평화고등학교	사립	'98
충남	한마음고등학교	사립	'03		지리산고등학교	사립	'04
					태봉고등학교	공립	'10

출처: 교육부(2021). '21.3월 기준 대안학교 및 대안교육 특성화 중고등학교 현황.
https://www.moe.go.kr/에서 발췌

4. 대안교육의 역할과 과제

여전히 대안교육을 현실 도피적이며 일부 특권층을 위한 귀족교육으로 변질될 수 있다는 회의적 시각이 존재한다. 대안교육이 학교교육을 완전히 대체할 수 있을 정도로 확대되는 데는 정치, 경제, 사회적 어려움이 크며 현실적으로도 공교육을 전면 대신하는 대안이 되기에는 부족한 것이 현실이다. 그럼에도 불구하고 대안교육이 존재해야 하며, 이를 통해 우리가 얻을 수 있는 이득은 무엇인가? 이에 대해 이종태(2007)는 다음 세 가지 측면을 제시하고 있다.

(1) '새로운' 교육적 가능성 제시

대안교육은 그 자체만으로도 의미를 주는 교육공간이며 교육적 실천으로 볼 수 있다. 대안교육을 위한 많은 이들의 노력에도 불구하고 여전히 대안교육은 사회에 주도적으로 드러나는 교육방식이 아니다. 그러나 대안교육이 어딘가에서 시행되고 있다는 사실은 대다수가 공교육 체제 속에 있다는 점에서 항상 새로움을 담보해준다. 즉, 획일적이고 평가중심의 기존 학교교육은 계속적으로 실험하고 시도하는 대안교육의 '새로움'에 도전을 받게 되는 것이다. 또한 대안교육은 교육체제에 대한 다채롭고 풍부한 상상력을 자극하는 기폭제로 작용할 수 있다. 다시 말해 대안교육의 시도 그 자체가 기존 교육에 활력소를 자극하고 또 다른 교육으로의 방향 전환을 고취시킨다는 점에서 의미가 있다.

그렇기 때문에 대안교육은 더욱 다양하게 시도되어야 하며 끊임없이 논의의 장이 열려야 한다. 지금까지 이루어놓은 배경 속에서 법제화의 장단점, 미래사회 구조 변화에 따른 대안교육의 방향 등을 지속적으로 고민해야 할 것이다. 대안교육 초기의 이념을 유지하면서 변화하는 사회구조와 학생들의 요구를 반영하는 더욱 다양한 방식의 교육이 대안학교에서 실험되어야 한다.

(2) 기존 학교교육의 변화를 촉진

대안교육이 확산되면 기존 학교체제에도 상당한 영향을 미치게 된다. 틀에 매이지 않아 자유롭게 실천되는 학교는 공교육 내의 학교 구성원들에게 현재의 문제를 해결하는 돌파구가 되거나 단서를 제시해줄 수 있다. 즉, 대안교육 존재 자체가 학교교육이 한 형태로 머무르지 않도록 하는 압력으로 작용하는 것이다. 교육부는 공교육 정상화를 위해서 많은 학자들과 논의하고 새로운 정책과 제도를 제시하고 있다. 그럼에도 불구하고 계속되는 공교육에 대한 비판적 시각은 변화될 수밖에 없는 현실을 보여준다. 이때 실험학교로 다양한 시도를 하고 그에 대한 성과를 일궈낸 대안학교의 모습은 공교육 체제의 학교에게 좋은 귀감이 될 수 있다. 간디 청소년학교의 설립이 당시에는 무모해보였지만 얼마 지나지 않아 대안학교를 학력이 인정되는 특성화 학교로 지정한 사례는 이를 잘 보여준다.

(3) 고질적 사회문제 해결의 비전 제시

멀리 보면 대안교육의 지향하는 기본 이념은 교육으로 사회까지 변화시킬 수 있다는 기대감을 갖게 한다. 많은 대안교육의 이념이 공동체 주의, 생태주의, 생명존중 등을 중시하고 있다. 이것은 기존 사회에서 개인의 이익을 위해 경쟁과 선발, 기계적 합리성, 물질만능주의를 중시했던 기존의 교육과는 차별화된다. 대안교육은 개발보다는 지속가능한 생태주의적 사회, 평화로운 세계를 지향하는 교육이다. 그러므로 대안교육의 확산은 교육적 이념 전환을 통해서 새로운 가치관을 가진 세대를 양산하고 나아가 사회문제를 해결하게 되는 장기적인 효과까지 기대할 수 있다.

참고문헌

공지원, 박소연, 박윤경, 박은아 (2014). 대안교육 실시학교 교육과정 연구. 입학전형연구, 300, 169-201.

교육부(2007). 대안교육백서: 대안교육 10년을 돌아보며. 1997-2007. 교육인적자원부.

교육부(2017). 교육부 통계자료.

교육부(2021). '21.3월 기준 대안학교 및 대안교육 특성화 중고등학교 현황. https://www.moe.go.kr/에서 발췌.

서울시학교밖청소년지원센터(2014). 2014 학교 밖 청소년 백서.

신민경, 이숙명(2015). 자퇴할까, 학교에 남을까. 써네스트.

이선숙(2001). 우리나라 대안학교의 성격과 발전방안에 관한 연구. 대구가톨릭대 대학원 박사학위청구논문.

이종태(2000). 대안교육과 대안학교. 민들레.

이종태(2007). 대안교육 이해하기: 스스로 서서 서로를 살리는 교육학. 민들레.

이종태, 정유성, 이기범(2006). 미래사회의 변화와 대안적 교과 개념의 탐색. 한국교육과정평가원.

이지은(2016). John Dewey 실용주의 철학의 교육 담론에 근거한 대안학교의 교육체제 분석. 경성대 대학교 박사학위청구논문.

정유성(1997). 대안교육이란 무엇인가: 다름과 새로움, 그리고 교육다움. 교육개발, 106. 18-21.

최준기(2002). 대안학교의 실태분석 연구. 홍익대 교육대학원 석사학의청구논문.

학업중단예방 및 대안교육지원센터("꿈지락", https://www.gotoschool.re.kr/)

Freire, P. (2009). 페다고지 (남경태 역). 그린비.

Illich, I. (2009). 학교 없는 사회 (박홍규 역). 생각의나무.

Neil, A. S. (2003). 서머힐 (손정수 역). 산수야.

Reimer, E. W. (1981). 인간 없는 학교 (김석원 역). 한마당.

Silberman, E. C. (1977). 교실의 위기 (배영사 편집실 역). 배영사.

제 12 장

다문화사회와 교육

1. 다문화사회로의 전환

한 사회나 국가 내에 다양한 문화와 인종이 공존하면서 발생하는 여러 가지 현상이나 문제를 해결하기 위해 등장한 개념을 '다문화주의'라고 한다. 다문화라는 개념은 사회, 문화의 내재적 변화를 의미하는데, 여러 나라로부터 유입된 외국인에 대한 포용이나 존중, 제안되는 정책과 제도 등의 변화를 총칭한다. 전 세계는 대륙 간 용이한 이동이나 산업구조의 변화, 정치경제적 이유 등으로 다문화사회로 바뀌고 있다.

우리나라 역시 최근 다양한 문화권을 배경으로 하는 이주민들이 증가하여 단일민족이라는 문화적 특성에 대한 심각한 인식 전환을 요구받고 있다. 1990년대 약 25만 명이었던 우리나라 체류 외국인의 수는 2007년에 100만 명을 돌파하고 2015년에는 114만 명, 2020년에는 약 133만 명에 이르렀다(통계청, 법무부, 2020). 문화적 차이를 가지고 있는 사람들이 국내에 증가한 것은 우리 사회가 다문화사회로 변화하고 있으며 이에 대한 적절한 사회통합 노력과 교육이 필요함을 시사한다. 여기서는 먼저 다문화사회로 진입한 이유를 살펴보고 파생되는 문제와 국가 차원의 노력을 살펴볼 것이다.

1) 우리나라 다문화사회 전환 배경

우리나라는 그동안 단일 민족으로 하나의 언어와 문화 그리고 전통을 유지해왔지만 더 이상 이를 지속하기 어렵게 되었다. 이주노동자와 결혼이민자, 북한이탈주민 등과 같이 다양한 배경을 가진 이민자들과의 공존이 다양한 문화와 인종의 시대로의 전환을 요구하기 때문이다(여성가족부, 2016). 이를 구체적으로 살펴보면 다음과 같다.

첫째, 우리나라 경제구조의 변화로 인해 외국인 근로자가 증가했다. 1990년대 국내 노동시장에서 기피되었던 소위 3D업종에 해외 노동자들이 채용되었다. 고된 노동에 비해 임금이 낮았던 제조업과 생산업에 중국 및 중앙아시아 지역의 동포들이 국내로 들어오기 시작했으며 다양한 국적의 해외노동자들도 입국하게 되었다.

2020년 5월 기준 외국인 취업자는 84만 8천 명으로 이 중 28만 9천 명은 임시 및 일용 근로자에 해당한다. 국내 상주 외국인이 133만 2천 명인 것을 고려하면 외국인근로자의 고용률은 63.7%이다. 이러한 결과는 전년대비(86만 3천 명)보다 1만 5천 명(−1.8%) 감소하였으며 이는 2020년 초 전세계적으로 확산된 코로나19 대유행으로 인한 것으로 보인다(통계청, 법무부, 2020).

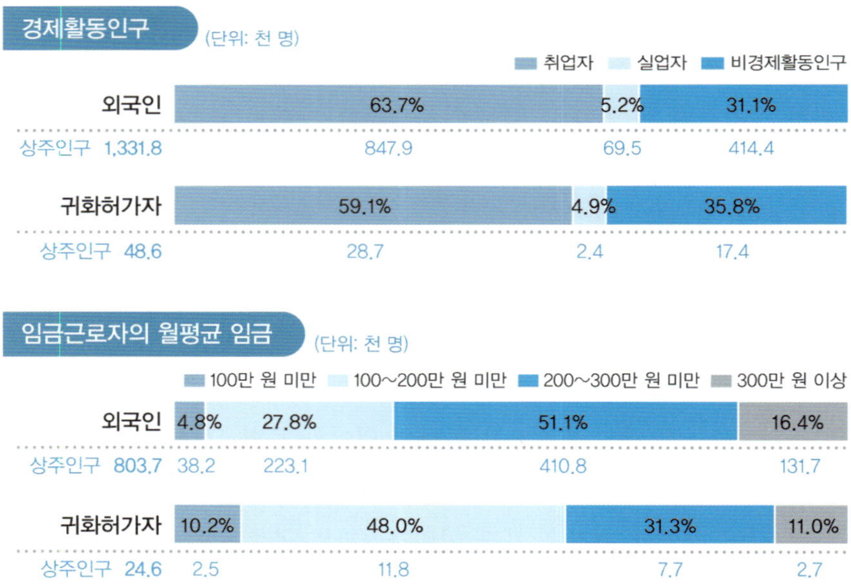

[그림 12-1] 외국인 취업자 현황(통계청, 법무부, 2020)

둘째, 결혼이민자가 증가했기 때문이다. 사회가 도시화되면서 젊은 여성들은 도시와 떨어진 농어촌에서의 삶을 기피하게 되었다. 이에 결혼 적령기의 농어촌 남성들은 상대적으로 농어촌에 대해 덜 부정적인 외국인 여성과 혼인하려는 경향이 증가했다. 또한 국제결혼에 대한 부정적 인식이 완화되어 외국인과의 결혼이 과거에 비해 높아진 것도 결혼이민자 증가의 원인이 된다.

국내 결혼이민자 체류현황(법무부, 2021)

연도	2017년	2018년	2019년	'20년 1월	'21년 1월
인 원(명)	155,457	159,206	166,025	182,679	168,735

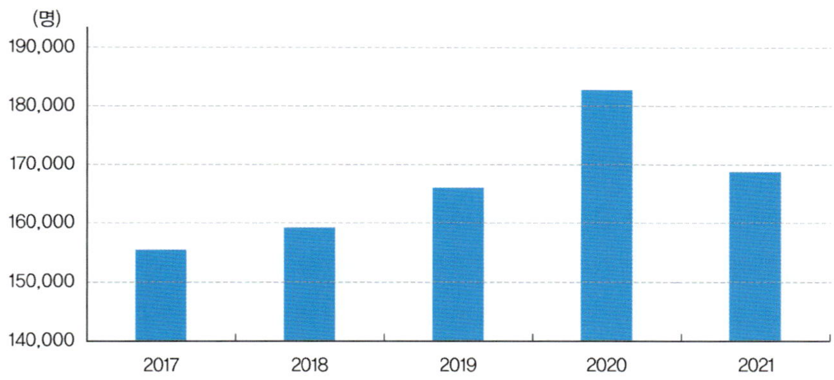

셋째, 외국인 유학생으로 인해 다문화사회로의 전환이 빨라지고 있다. 전세계적인 한류(韓流, Korean Wave)[1]의 영향으로 한국 유학 및 한국어 학습에 대한 관심이 증가했기 때문이다. 2021년 기준 외국인 유학생은 베트남이 5만 8천 명으로

1) 한류란 대한민국의 대중문화를 포함한 한국과 관련된 것들이 대한민국 이외의 나라에서 인기를 얻는 현상이다. 1990년대에 대한민국 문화의 영향력이 타국에서 급성장함에 따라 등장하여 아시아 지역을 중심으로 주로 드라마를 통해 발현되었으며 이후 K-POP으로 분야가 확장되고 영미권 전역으로 확산되고 있다(위키백과, https://ko.wikipedia.org/wiki/%ED%95%9C%EB%A5%98_(%EB%AC%B8%ED%99%94).

가장 많으며, 그 뒤를 중국이 차지하고 있다. 그 외에도 우즈베키스탄, 몽골 등에서도 5천여 명 이상의 유학생이 거주하고 있으며 천 명 이상 3천 명 미만 거주하는 나라로 네팔, 일본, 파키스탄, 인도네시아 등이 있다.

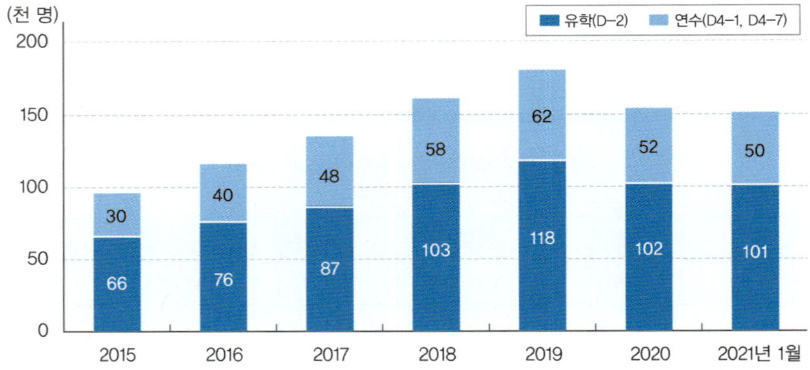

[그림 12-2] **외국인 유학생 체류 현황**(법무부, 2021)

이처럼 우리나라는 다문화사회로 빠르게 변화하고 있으나 이에 대한 장기적인 대비가 거의 없어 매우 혼란한 상황에 처해 있다. 특히 다른 민족과 문화에 대한 유입을 경험하면서도 그들을 이해하고 수용하는 데 폐쇄적인 국민성을 가지고 있어서 어려움은 더욱 커진다. 우리나라 국민 정서에는 단일민족국가에 대한 자긍심이 있기 때문에 우리나라보다 열악한 사회경제적 나라의 국민과 문화에 대한 편견과 차별적 시각을 보인다(여성가족부, 2016). 이러한 배타적인 풍토는 외국인들에 대한 심각한 인권침해로 이어지고 있다. 외국인들이 당하는 차별은 우리 사회 많은 곳에 잠재되어 있다. 외국인 노동자 중에 존재하는 상당수의 불법체류자들은 임금체불, 산업재해 및 폭력을 당해도 스스로 보호하거나 보상받을 수 있는 방법을 찾기 힘든 것이 현실이다. 저개발국가에서 결혼으로 이주한 외국인들은 불법 중계나 가정 폭력, 자녀에 대한 차별을 경험하기도 한다. 이러한 사례는 사회경제적으로 지위가 낮은 국가에서 온 이주자들의 적응에도 걸림돌로 작용한다.

외국인들은 언어, 문화적 차이로 인해 문제가 발생하면 상호적응이 아니라 일방적인 동화를 요구받는다. 이로 인해 다문화사회로의 전환은 국가적인 정책 및 제도 개선을 요구하게 되었다.

2) 우리나라 다문화 정책 및 성과

다문화 및 다종족 사회로의 전환이라는 문제의식이 공식화된 것은 2005년경이다. 외국인 유입에 따른 문제가 '대통령 지시과제'로 하달되면서 2006년에는 국정회의를 통해 "다인종, 다문화 사회로의 진전은 거스를 수 없는 대세"가 되었다. 이후부터 정부의 각 부처 역시 이주자를 통합하려는 다문화주의 정책 개발과 입안에 적극적으로 나서기 시작했다. 구체적으로 〈혼혈인 및 이주자 사회통합 지원방안〉과 〈결혼이민자 사회 통합안〉이 부처 회의에서 채택되었다. 당시 보건복지부와 법무부, 여성가족부, 교육인적자원부 등에서는 다문화가족을 위한 다양한 지원정책을 추진했다. 2008년에는 「다문화가족지원법」이 제정되어 다문화가족 지원정책의 근거 법이 마련됐고, 2012년 보건복지부에 다문화가족과가 신설되어 결혼이주여성을 위한 단계별 지원정책과 서비스를 시행했다. 2012년에는 다문화가족지원정책 기본계획(2010~2012)을 마련하고 2016년에는 제2차 다문화가족정책 기본계획(2013~2017)을 마련하여 시행계획을 수립하였다. 또한 2006년부터는 다문화가족지원센터(당시 결혼이민자가족지원센터)가 설립되어 2016년까지 전국에 217개의 다문화가족지원센터가 확대 설치됐다.

5년마다 수립되는 다문화가족정책은 2018년에 제3차 다문화가족정책 기본계획을 마련하게 된다. 1차 기본계획 수립 후 우리나라는 다문화가족 지원을 위한 정책 추진기반을 구축했으며 국제결혼 피해 예방을 위한 법과 제도 마련, 다문화가족 정착지원을 위한 맞춤형 서비스 확대, 다문화를 수용하는 극민의 인식 및 공감대 형성 등의 성과를 이루었다. 그러나 사회 변화에 따른 다문화사회 장기정착화를 위한 중장기적 정책이 마련될 필요가 있었다. 이에 '참여와 공존의 열린 다문화 사회'를 비전으로 모두가 존중받는 차별 없는 다문화 사회를 구현하고, 다문화가족의 사회·경제적 참여를 확대하며 다문화가족 자녀의 건강한 성장을 도모하려는 목표 하에 법무부 및 교육부를 포함한 17개 중앙행정기관이 참여한 5개 대과제, 17개 중과제 및 70개 소과제를 계획하게 된다. 구체적인 과제의 내용은 다음과 같다(여성가족부, 2018).

정책 과제	대과제	세부 과제
정책 과제	다문화가족 장기정착 지원	① 결혼이주여성 인권보호 강화(가정폭력예방 및 대체 구축) ② 국제결혼 피해예방 지원 ③ 안정된 가족생활 지원 ④ 서비스 연계 활성화
	결혼이민자 다양한 사회참여 확대	① 자립역량 강화 ② 취·창업 지원 서비스 내실화 ③ 사회참여 기회 확대
	다문화가족 자녀의 안정적 성장지원과 역량 강화	① 안정적 성장을 위한 환경조성 ② 학업 및 글로벌 역량 강화 ③ 진로준비 및 사회진출 지원 ④ 중도입국자녀 맞춤형 지원
	상호존중에 기반한 다문화 수용성 제고	① 정책환경에 대한 주기적 모니터링 실시 ② 다문화 이해교육 활성화 ③ 다문화수용성 제고를 위한 미디어 환경 조성 ④ 지역 환경 조성 및 참여·교류 프로그램 활성화
	협력적 다문화가족 정책 운영을 위한 추진체계강화	① 정책추진체계 간 협력 강화 ② 다문화가족 지원체계 내실화

[그림 12-3] 제3차 다문화가족정책 기본계획 개요(여성가족부, 2018)

2. 다문화 이론

다문화교육은 관점의 차이에 따라서 교육방향을 달리하는 특성을 보인다. 이는 다문화주의를 동화의 관점이나 융합의 관점으로 볼 것인지 등 다문화주의의 지향점을 어디에 둘 것인지와 연결된다. 여기에서는 먼저 다문화교육의 바탕이 되는 동화주의와 융합주의, 다문화주의 등을 살펴보고자 한다(서종남, 2009; 최현, 2007; Banks, 2008).

1) 동화주의

동화주의는 한 사회나 국가에 존재하는 소수집단이 그들만의 민족성을 포기하고 주류 사회로 적응하도록 만드는 관점이다. 이러한 관점은 다양한 인종과 문화 등을 하나로 흡수하여 주류 집단의 문화로 편입시킨다는 점에서 용광로 이론(theory of metaling pot)이라고도 불린다. 미국 건국 당시 영국계 미국인들이 원주민의 문화와 가치를 폄하하고 거부했던 사례를 예로 들 수 있다. 오랫동안 미국사회는 주류 사회를 장악했던 백인들의 문화와 가치를 중심으로 민주적이고 합리적인 '미국 문화'에 소수 민족이 적극 참여하기를 요구해왔다. 동화주의 관점을 강조하는 사회에서는 지배집단이 모든 사회, 정치, 경제 제도를 주도하기 때문에 소수집단은 이러한 특권층에 이르기 위해서는 자연스럽게 자신들의 개별적 민족성을 포기하고 주류문화에 동화될 수밖에 없었다. 그러나 실제로 그런 노력으로 소수집단이 주류집단에 포함되기는 어려웠으며, 오히려 자신의 문화와 주류 문화와 사이에서 혼란을 겪고 소외되는 희생자로 전락했다고 분석되고 있다(서종남, 2009; Banks, 2008). 초기 우리나라 정부의 다문화정책 역시 동화주의적 관점이 강했다. 이상과 같은 관점은 주류 집단의 문화를 용광로로 보고 다양한 비주류 문화의 사람들을 동화시켜 주류 집단화시키는 형태를 취한다.

2) 융합주의

융합주의란 같은 사회 및 국가에 사는 사람들이 자신의 생물학적 또는 문화적 차이점을 유지한 채 새로운 사회에서 새로운 통일된 문화를 형성한다는 관점이다. 즉, 다양한 문화적 사람들이 모여서 주류도 비주류도 아닌 전혀 다른 문화를 구성한다는 것이다. 모자이크 이론(theory of mosaic)은 1970년대 캐나다에서 제시된 것으로 다양한 조각과 여러 색상의 조각들이 모이면 새로운 거대한 그림이 된다는 점에서 융합주의 관점을 내포한다(최현, 2007). 하지만 다양한 문화를 인정하는 것으로 보이는 융합주의도 서구에서는 결국 주류 문화의 유산을 강조하고 실제적으로 동화주의로 귀결된다는 지적도 있다(Banks, 2008). 이에 일부 학자들은 융합주의 역시 동화주의에 가깝다고 분석한다.

3) 다문화주의

동화주의나 융합주의로는 진정한 다문화사회 실현에 한계가 있다는 반성은 다문화주의, 곧 샐러드 볼 이론(theory of salad bowl)으로 이어졌다. 샐러드 볼 이론이란 샐러드가 재료 각각의 형태와 맛을 살려 그 자체로 즐길 수 있는 음식이라는 것에 착안하여 다문화교육의 방향 역시 개별적 문화를 유지하면서 시행되어야 한다고 보는 것이다. 즉, 다문화주의는 개별 집단이 자신의 언어와 제도, 문화를 그대로 가지고 국가라는 공동체에서 상대적 평등을 추구하며 상호작용하는 것이다. 이를 위해서는 국가 정책 및 교육 역시 다문화적으로 다양하게 운영되어야 하며 모든 시민이 다문화적 역량을 갖추어야 한다. 보통 샐러드 재료 위에 드레싱을 곁들인다는 것을 생각하면, 샐러드 볼 이론은 각각의 정체성을 살리는 동시에 드레싱이라는 더 큰 공통분모를 강조하는 것으로 볼 수 있다.

4) 문화생태주의

문화생태주의는 인간의 존엄성을 전제하며 모든 자연적 환경과 있는 그대로 더불어 살아가는 공생관계를 지향하는 다문화적 관점이다(서종남, 2009). 여기에서 문화생태란 특정 지역 내의 모든 자원이 통합적으로 제어되는 복합체계를 말하는데, 식물과 동물, 인간, 물리적 환경 등의 모든 요소들이 서로 얽긴 관계를 전제한 개념이다. 요약하면, 문화생태주의란 서로 다른 문화적 배경을 가진 인간사회 역시 이를 둘러싼 모든 환경을 적절히 조절하여 균형을 유지하는 관점으로 거시적 관점에서 다문화교육을 바라보는 입장으로 분류할 수 있다.

3. 다문화교육의 이해

1) 다문화교육의 필요성

교통수단의 발달이나 국가 간 경계의 소실, 전자기술의 발달, 국가관의 약화 등으로 전 세계는 점점 다문화사회로 바뀌고 있다. 이에 따라 자국민들 및 이주민들을 대상으로 한 다문화교육이 매우 절실한 상황이다. 다문화사회에서 다문화교육이 필요한 이유는 다음 세 가지로 요약된다(Banks, 2008; Bennett, 2007). 첫째, 평등과 민주주의적 가치를 실현하기 위해서 다문화교육이 필요하다. 인간의 기본권을 보장하고 민주사회에서 사회정의를 유지하며 다양한 삶에 대해 존중하는 등의 노력은 다양한 차이로부터 발생하는 차별을 극복하는 방안이 되기 때문이다. 둘째, 교육적 평등에 대한 요구로 인해 다문화교육이 필요하다. 미래교육은 개별적인 맞춤형 교육으로 개편될 것으로 전망된다. 그에 따라 다문화교육 역시 다문화가정 학생의 개별적 특성을 고려한 맞춤형으로 지원될 필요가 있다. 이를 위해 세부적이고 실질적인 다문화교육이 필요하다. 셋째, 인종과 민족, 문화, 종교적 다양성의 증가로 다양한 문제가 발생하기 때문이다. 자국민의 시각에서 이주민들은 타 문화나 인종에 대해 적대적 감정을 가지기 쉽다. 이로 인해서 사회가 분열되고 비인간적 차별이 발생할 수 있으므로 자국민을 대상으로 다양한 인종과 문화를 이해하고 인식을 제고시키는 노력이 필요하다. 셋째, 세계는 더욱 글로벌화되고 있다. 세계는 지금 빠른 속도로 상호 연결되고 있는 지구적 문제해결에 협력을 요구받고 있다. 전(全)지구적 문제는 한 국가만의 노력이 아니라 모든 나라와 민족, 인종의 참여로 연계되어 해결되어야 한다. 그러므로 문화 간 일정 수준의 이해가 필요하다.

2) 다문화교육의 개념

다문화교육은 기본적으로 두 가지 측면에서 수행되어야 한다. 국민들의 다문화 이해 교육과 다문화권 사람들을 대상으로 한 교육이다. 이러한 측면에서 다문화 교육이란 매우 포괄적인 용어임에 틀림없다. 여기서는 다문화교육의 개념을 정의하고 그 특성 및 방향을 소개하고자 한다.

(1) 주요 개념

관점에 따라 다문화교육의 의미는 다양하지만 기본적으로 평등한 교육기회를 보장하는 것을 중점으로 한다. 평등한 교육기회를 제공하기 위해서는 단일 사회에 적합한 학교의 구조를 개편하고 새로운 가치관을 수립하는 것이 필요하다. 다문화교육은 개인의 인종적, 민족적, 사회적 배경과 관계없이 사회구성원으로서 효율적으로 기능하는 데 필요한 지식과 태도 그리고 기능을 습득하도록 평등한 교육의 기회를 모든 사람에게 보장하는 것이다(Banks, 2008). 이를 풀이하면, 다문화교육은 평등, 세계시민교육, 상호 문화적 역량, 자국의 민족적·문화적 특성에 대한 이해 등을 포괄하는 용어라고 할 수 있다. 또한 다문화교육은 문화적 다양성의 인정과 수용, 인간의 존엄성과 인권에 대한 존중, 세계 공동체에 대한 책임, 전 인류에 대한 존중을 기본으로 하는 교육이다(Bennett, 2007).

(2) 유사개념

다문화교육은 초기에 명확하게 개념화되지 못한 채 오해되거나 잘못 인식되기도 했다(구정화, 박윤경, 설규주, 2009). 이를 테면, 사람들은 문화적 다양성에 대해서도 단일국가, 단일민족, 단일언어의 획일적 기준으로 이해했다. 즉, 한 국가에서는 같은 민족으로 이루어진 사람들이 모두 같은 언어를 사용할 것이라는 믿음이다. 이것은 한 국가 내에서도 다양한 민족이 다른 언어를 사용하는 것에 대해 충분히 이해되지 못한 것이다. 심지어 같은 문화권 내의 가족들이라도 같은 가치를 공유하지 않으며 문화적 정체성 역시 단일한 것이 아니라 복합적이고 다층적일 수 있다는 것을 수용하지 못한 채 다문화교육에 접근했다. 다문화교육 현장에서도 이에 대한 오해는 꽤 심각했다. 사람들은 기존의 교육과정 내에 문화적 편견이 존재할 수 있다는 것과 미처 파악하지 못했다. 또한 다문화교육을 한 종족적 이슈를 다루는 독립된 교과목 중 하나로 협소하게 이해했으며 다문화교육이 전통적 가치관과 기존의 가치관에 대립되며 충돌을 일으킬 것이라고 염려했다. 그러나 이러한 관점들은 다문화교육에 대해 명확하게 개념화되고 방향이 제시되면서 많은 변화를 겪게 된다. 현재 다음의 개념들은 다문화교육과 유사하면서도 몇 가지 차이점을 갖는 개념이다.

① 국제이해교육

국제이해교육이란 유네스코에서 세계평화와 인류 복지를 위해 도입한 개념이다. 시대 환경의 변화에 따라 국제이해교육은 인권교육, 환경교육, 평화교육, 다문화이해교육 등으로 다르게 발전되었다. 국제이해교육과 다문화교육은 모두 문화적 다양성을 인정하고 문화 다원주의를 전제로 한다는 점에서 유사하다. 그러나 교육목적에는 차이를 보인다. 국제이해교육은 '국경 밖에 있는 다른 문화에 대한 이해'를 증진시키기 위해서 서로 독립적인 국가들이 서로 교류하거나 관계를 개선하는 데 초점을 둔다. 반면 다문화교육은 '한 사회 및 국가 내부에 존재하는 다른 집단의 문화에 대한 이해와 공존'에 초점이 있다. 다문화교육은 한 사회나 국가 내에서 문화적 이질성을 인정하며 서로 간 화합과 형평성 증진을 목적으로 둔다는 점에서 국제이해교육과는 차이가 있다(Bennett, 2007).

② **반편견교육**

반편견교육은 학생들이 성이나 문화, 인종, 민족, 장애, 사회계층, 종교 등에 상관없이 모든 사람에 대해 편견을 갖지 않고 존중하며 편견에 적극적으로 대응하는 능력을 기르는 교육이다. 반편견교육은 문화나 인정, 민족적 차이만을 고려하는 다문화교육에 비해 광범위한 개념이라고 할 수 있다. 반편견교육을 지지하는 학자들은 기존의 다문화교육이 '관광식 교육'으로 비춰질 수 있음을 우려한다. 즉, 다문화교육이 학생에게 자신과 다른 문화의 일부만을 음식, 의상, 물건 등으로 소개받고 일상적으로는 주류 문화에 돌아가는 일회적인 교육이 될 수 있다는 것이다. 이에 반해 반편견교육에서는 인권 및 사회정의라는 거시적 입장에서 학생들의 비판적 사고를 증진시키고 사회적 참여를 요구한다. 그런 측면에서 반편견교육은 다문화교육을 사회 운동적 접근으로 해석하는 관점으로 볼 수 있을 것이다(Banks, 2008).

3) 다문화교육의 특성

(1) 교육방향

다문화교육은 위와 같은 이론을 근거로 네 가지 각도에서 수행될 수 있다(Banks, 2008). 첫째, 다문화교육을 다양성과 평등을 핵심 목표로 하는 활동으로 보는 것이다. 학습자들은 다문화교육을 통해 자신의 문화적 정체성을 발견하고 개인과 타인의 차이를 알게 된다. 동시에 자신과 타인의 차이가 대립적이고 이질적인 것이 아니라 공존할 수 있는 다양성의 일부라는 것을 배운다. 이를 통해 나와 타인은 수직적이고 위계적인 관계로 맺어지는 것이 아니라 모두가 동등한 존재라는 것을 학습한다. 이러한 다문화교육은 문화 및 가치의 차이 극복이 아니라 근본적인 모든 차별을 거부하는 교육방향이라고 할 수 있다. 둘째, 다문화교육을 하나의 '과정'으로 보는 것이다. 이러한 시각에서 다문화교육은 교육과정에서 의도 및 비의도적으로 제시되고 분석되며 실천되는 행위이다. 즉, 다문화교육은 우리가 살고 있는 집단의 평등과 다양성을 지속적으로 점검하며 편견이나 차별을 줄여나가는 과정적 성격을 가진다고 할 수 있다. 셋째, 다문화교육을 사회를 변화시키는 개혁운동의 일환으로 보는 것이다. 다문화교육을 행동적 지향으로 보는 시각에는 시민운동에서 비롯된 정치적 측면이 강조되고 있다. 즉, 교육개혁의 일환으로 정치사회적으로 일어났던 운동들이 다문화교육에 영향을 미쳐 사회 개혁으로 이어지는 교육방향이라고 할 수 있다. 넷째, 다문화교육을 하나의 교육과정으로 보는 것이다. 학생들이 학교에서 다양한 교육과목을 배우듯이 다문화교육은 정해진 시간과 내용을 통해 다른 문화를 계획적으로 접하고 이에 대한 자신의 관점을 기를 수 있도록 제공해야 한다는 교육방향이다.

(2) 교육목적

다문화교육의 목적은 다음 여섯 가지로 정리될 수 있다(Banks, 2008). 첫째, 다문화교육은 개인들에게 다른 문화에 대한 포용적 관점을 형성하여 궁극적으로 자신에 대한 이해를 증진시킨다. 둘째, 다문화교육은 학생들에게 문화적, 민족적, 언어적 다양화를 가르쳐 세계를 보는 관점을 확장시킨다. 셋째, 다문화교육은 학생에게 다양한 문화가 공존하는 사회에서 필요한 지식과 기능, 태도를 습득하도록 한다. 넷째, 다문화교육은 소수 인종이나 민족이 주류 사회에서 겪는 고통과 차별을 감소시키는 데 공헌한다. 소수집단에게 자신의 출신 문화에 대한 정체성을 유지하되 거주 문화에 대한 이질감과 스트레스가 없도록 완화시킨다. 다섯째, 다문화교육은 학생들이 공평한 교육적 역량을 기도록 돕는다. 즉, 세계 어디에서든 기본적으로 제공되는 기술을 다루고 활용하기 위해 필요한 3R(읽기, 쓰기, 셈하기)을 습득하도록 가르친다. 여섯째, 다문화교육은 다양한 배경을 가진 학생에게 자신이 속한 문화에서 적절한 역할을 하는 데 필요한 지식과 기능, 태도를 습득하도록 돕는다.

(3) 교육내용

다문화교육은 목적이나 대상에 따라 다양한 내용을 포함한다. 첫째, 다문화적 배경을 가진 사람들을 주류 사회에 빠르게 적응하도록 돕는 내용이 교육에 포함될 수 있다. 한국사회의 다문화교육은 소수 집단으로 분류되는 다문화가족을 위해 주로 한국어 및 사회적응교육, 한국 생활교육 등의 기본 정착 교육 위주로 시행되어 왔다. 적응교육은 다른 문화를 가진 사람들에게 한국어와 한국문화를 소개하고 이해하는 내용으로 구성된다. 다문화가정 자녀를 위한 지방자치단체의 노력 역시 한국문화교육과 전통예절교육에 초점을 두는 경우가 많다. 적응교육 중심의 다문화교육이 다른 문화권의 사람들이 한국을 이해하는 데 도움을 준다는 점은 긍정적인 효과로 보인다. 그러나 향후 더욱 복잡해진 다문화사회에서 본질적인 평등과 존중을 실현하기 위해서 적응을 위한 다문화교육은 보다 확장될 필요가 있을 것이다.

둘째, 다양한 문화권에서 이주한 사람들이 우리 사회에 기여하도록 국가적 자원으로 활용하는 직업능력 교육이 필요하다. 2008년 다문화가족지원법이 통과된 후 약 10여년이 흐름 지금, 결혼을 통해 우리 사회에 이주하게 된 여성들은 한국에서 결혼과 육아뿐만 아니라 직업의 필요성을 절감하고 있다. 이미 국내에 정착한 결혼 이민자들을 관공서에 배치하여 다른 결혼 이민자들을 돕는 자원으로 활용하거나 지역 관광지에서 관광 통역사로 고용하기도 한다. 특히 결혼 이민자들의 한국에서의 취업은 그들 자신에 대한 자긍심을 줄 뿐만 아니라 자녀들에게도 긍정적 영향을 준다.

양산시, 다문화가족 공무원 1호 탄생

양산시는 지난 1일 시장 집무실에서 양산시 첫 다문화가족 공무원의 임경장 수여식을 가졌다. 시는 영어도서관의 전문성 확보 및 양질의 영어교육서비스 제공을 위해 지난 3월 시간선택제임기제 공무원 채용공고를 시작으로 서류전형, 면접시험 등의 절차를 거쳐 필리핀 국적의 결혼이민자인 라유간 제닐린(28)씨를 최종 합격자로 결정했다.

라유간씨는 지난 2012년 필리핀 노스이스턴대학에서 정보기술학을 전공하고, 같은 해 한국인 남편과 결혼 후 대한민국으로 이주했으며, 초등학교 원어민 방과후 교사, 영어도서관 영어강좌 강사 등의 경력을 가지고 있다. 앞으로 라유간씨는 영어도서관을 방문하는 아이들을 대상으로 영어강좌, 독서동아리 및 동화구연체험관 운영 등의 업무를 맡을 예정이다.

김일권 시장은 "이번 다문화가족 공무원 채용으로 양산시의 다문화가족, 특히 결혼이민자들에게 한국에서도 자신의 꿈과 희망을 펼칠 수 있다는 자신감을 불어넣는 계기가 되기를 바란다"면서 "이들이 한국에서 겪고 있는 언어, 문화적 차이로 인한 갈등, 취업 문제 해결 등을 위해 적극 노력해 나가겠다"고 밝혔다.

출처: 뉴스경남, 2019.7.1에서 발췌

셋째, 다문화가족의 자녀들을 대상으로 한 정체성 확립 교육이다. 정체성은 개인이 자신이 가진 유전적, 환경적 자질과 조건에 자부심을 가지고 스스로에 대한 긍정적인 태도를 갖도록 한다. 다문화가정의 자녀들은 부모르부터 서로 다른 문화와 언어 그리고 외모를 물려받는다. 이는 주류 사회에 속하는 한국인의 자녀들과는 다른 종류의 것이다. 하지만 다른 문화적 배경을 가진 부모로부터 받은 자신의 다문화적 특성을 긍정적으로 수용하고 자부심을 갖는다면 겉으로 나타나는 차이는 별다른 문제가 되지 않는다. 하지만 그들이 분명한 정체성을 가지지 못한다면 그러한 차이가 주류 사회에 합류하지 못하는 이유로 생각되어 소외감과 스트레스로 나타날 수 있다. 결국 이는 다문화가정의 아이들이 정체성에 혼란을 겪을 가능성을 높게 만들며 이는 다른 사회적인 문제로 이어질 수 있으므로 다문화가정의 자녀들을 위한 정체성 증진 교육은 강조되어야 할 것이다(교육부, 2016; 교육부 2017; 정명희, 나항진, 박외병, 2012). 또한 공교육을 통한 다문화가정의 학생들에 대한 교육 역시 필요하다. 교육부에서는 다문화교육을 지원하기 위해서 2006년 다문화가정 자녀 교육 지원 대책을 최초로 수립하였고 이후 초중등법 시행령을 개정하여 다문화학생의 교육권을 보장하기 위해 노력해왔다. 최근 교육부(2020)에서는 다문화학생 교육기회를 보장하고 교육격차를 해소하며 다양한 문화가 공존하는 성숙한 교육환경을 구축하려는 목표를 두고 다문화학생 공교육 진입 제도를 안착시키며 학교교육 준비도 격차 해소, 맞춤형 한국어교육 제공, 기초학력 지원, 이주배경을 반영한 진로교육 지원, 정서지원 체계 강화, 전체 학교의 다문화교육 확대, 교원의 다문화 교육역량 제고, 가정 및 지역사회와의 연계, 현장의 교육수요에 따른 지원사업 운영, 중앙-지역 간 연계 강화 등의 과제를 추진하고 있다.

넷째, 주류 사회에 포함된 사람들에게 다른 문화와 가치, 언어 등에 대한 차이를 존중하고 인정해주는 교육이다. 사회통합을 위한 다수자 대상의 소수자 이해 교육은 오랜 시간 단일민족으로 살았던 한국사회에 특히 필요한 교육이다. 한국에서 외국인과 마주치는 일은 이제 아주 흔한 일이 되었으며 외국인과의 국제결혼에 대한 인식도 완화되었다. 그러나 여전히 한국보다 경제수준이 낮은 국가에서 온 외국인에게 이질감과 편견을 드러내는 일이 많다. 그러므로 다른 문화와 언어를 사용하는 사람들을 우리 사회의 일원으로 받아들이는 수용적인 자세와 인식으로 전환하는 교육이 필요하다. 이를 위해서는 다문화를 접하는 사람들만 다문화교육을 받는 것이 아니라 교육과정 내에서 의무적으로 다문화교육을 포함시키는 것도 좋을 것이다(교육부, 2016; 교육부 2017; Banks, 2008).

(4) 교육방법

다문화교육은 기본적으로 인간의 평등과 존엄성을 전제로 한다. 그러한 측면에서 다문화교육은 민주적 신념과 가치에 기초를 두고 인간 간의 상호의존성과 공존을 지지하는 교육으로 볼 수 있다. 이에 다음과 같은 교수방법이 필요하다(Bennett, 2007). 첫째, 평등교수 방법으로 이루어져야 한다. 교수-학습 과정에서 학생들의 인종, 경제적 조건, 문화적 특성 등의 개별 조건에 적합한 교육이 되어야 할 것이다. 둘째, 다문화주의 철학이 반영된 교육과정으로 개편되어야 한다. 다양한 방법에서 교육과정의 실효성이 재검토 될 필요가 있다. 셋째, 다문화 역량을 기르는 포괄적 교수방법이 요구된다. 문화 간 소통과 존중을 기초한 교육방법을 통해서 일회적인 교육내용을 이수하는 것이 아니라 태도나 시각에 변화를 줄 수 있는 교육이 되어야 한다. 넷째, 사회정의를 실현하는 교육이 필요하다. 모든 유형의 차별과 편견, 차별에 민감하게 반응하고 이에 적극적으로 행동하는 방식의 교육이 모색되어야 할 것이다.

다문화교육을 위한 다각적인 교육방법은 교수자의 태도에서 비롯된다. 교사는 문화적 감수성을 가지고 다음과 같은 역할을 수행해야 한다(장승심, 2013). 첫째, 교사는 부모와 가족에 대해 긍정적인 관점을 지녀야 한다. 둘째, 교사는 학습자에게 높은 기대를 가지고 의사소통해야 한다. 셋째, 교사는 문화적 맥락 내에서 학습을 진행해야 한다. 넷째, 교사는 학생이 중심이 되는 교수방법을 사용해야 한다. 다섯째, 교사는 다문화적 환경에서 문화적으로 중재되는 수업을 해야 한다. 여섯째, 교사는 교육과정을 분석하고 재구성하여 통합적으로 제시해야 한다. 일곱째, 교사는 학생의 조력자로서 학생들의 문화적 경험과 교실 학습을 연결시키는 방안을 강구해야 한다.

4. 다문화교육의 과제

1) 문제

다문화 학생 수는 현재 13만 7천여 명에 이르며, 2010년 이후로 꾸준히 증가하는 추세이다(교육부, 2020). 이들은 국제결혼 가정에서 국내에서 출생하였거나 외국에서 출생한 뒤 한국으로 입국한 자녀들, 외국인 가정의 자녀로 구성된다. 2020년 발표된 교육부의 다문화교육 지원계획에 따르면, 다문화 학생의 증가와 전체 학생 수 감소로 인한 전체 학생 대비 다문화학생 비율이 지속적으로 상승하고 있으므로 장기적인 계획이 필요하다. 중도입국·외국인학생의 증가에 따른 입국 초기 적응교육 강화와 다문화학생의 성장을 돕는 진로·정서지원의 확대, 지역사회 중심의 통합적인 다문화교육 지원체계 구축이 필요하다는 분석이 있었다.

〈2020년 다문화학생 현황(교육부, 2020)〉

□ 다문화학생 수

(단위: 명)

구분	2017년				2018년				2019년			
	초	중	고	계	초	중	고	계	초	중	고	계
국내출생	68,624	12,273	8,417	89,314	76,201	13,617	8,445	98,263	83,620	15,906	8,543	108,069
중도입국	4,865	1,740	1,187	7,792	5,046	1,933	1,341	8,320	5,163	2,153	1,381	8,697
외국인가정	9,317	1,970	994	12,281	11,869	2,577	1,183	15,629	15,175	3,688	1,596	20,459
계	82,806	15,983	10,598	109,387	93,116	18,127	10,969	122,212	103,958	21,747	11,520	137,225

□ 다문화학생 증가 추이(최근 6년)

(단위: 명)

연도 / 인원수	2013	2014	2015	2016	2017	2018	2019
다문화학생 수(A)	55,780	67,806	82,536	99,186	109,387	122,212	137,225
전체학생 수(B)	6,489,349	6,294,148	6,097,297	5,890,949	5,733,132	5,592,792	5,461,614
다문화학생 비율 (A/B×100)	0.86%	1.08%	1.35%	1.68%	1.91%	2.19%	2.51%

또한 학계에서는 다문화사회에 대한 대책을 마련하기 위해서 다양한 노력을 시도해 왔음에도 불구하고 현재까지 제안된 다문화교육에 대한 지적과 반성의 목소리 또한 여전히 높다. 이를 정리하면 다음과 같다(장승심, 2013).

첫째, 다문화가정 자녀를 발견하고 교육하는 과정에서 그들에게 일시적으로 관심과 지원을 제공할 뿐 지속되지 못하고 있다는 점이다. 둘째, 일회적인 관심으로 인해 얻게 된 다른 문화에 대한 이해를 가지고 집단적 일반화를 시도한다는 것이다. 즉, 문화적 배경이 베트남인 다문화가족의 자녀를 위해 베트남의 문화와 언어 등을 교육받은 뒤 이를 모든 베트남 사람들에게 일반화하는 것이다. 혹은 유사한 방식의 교육과정을 나라명만 바꾸어 다문화교육으로 제공하는 식이다. 셋째, 준비되지 않은 실천을 하는 문제가 제기되고 있다. 즉, 다문화교육을 구체적으로 실천하기 위해 제안된 많은 내용들이 현재 한국에서 감당하기에는 무리가 있다는 것이다. 이는 인식 전환이 부족한 상태이거나 실천과제들의 현실성이 떨어지는 등의 세부적인 측면을 포함하고 있다. 넷째, 다문화가정 학생에 대한 개별적 접근이 이루어지지 않는 것이다. 다문화정책이나 교육의 많은 부분은 다문화가정의 문제를 국가나 인종, 민족 등의 차원에서 접근하고 거시적인 제안을 한다. 이를테면, 우리 교실에 있는 필리핀 문화권 학생의 개인적 수준과 개별적 요구보다는 '필리핀 학생'이라는 점에 초점을 두고 다문화교육을 시도한다는 것이다. 넓은 의미에서 평등성을 강조하는 다문화교육은 단지 한 나라에 대한 이해나 일시적 배려가 아니라 한 존재에 대한 존중을 지향한다. 그런 의미에서 다문화교육은 문화교육보다는 한 사람에 대한 이해가 선행되어야 할 것이다. 넷째, 다문화교육이 대상자에 대한 단순한 호의 제공 식의 교육으로 전락하고 있다는 점이 지적되고 있다. 다시 말해 다른 문화권, 특히 개발도상국에 속하는 국가적 배경을 가진 학생들에게 일시적으로 관심을 두고 일방적인 호혜를 베푸는 식이다. 그러나 다문화교육은 자원봉사나 구제 등의 차원이 아니며 동등한 입장에서 서로 상호 소통되는 인간관계를 기본전제로 시작되어야 한다.

2) 우리나라 다문화교육 방향

2020년 교육부는 다문화교육에 대한 지원계획을 발표했다(교육부, 2020). 이에 따르면, 다문화 학생이 계속해서 증가할 뿐만 아니라 학생의 유형도 다양하기 때문에 이들의 배경과 관계없는 동등한 교육기회가 보장될 필요가 있다고 했다. 특히 국적, 연령, 특성이 다양해지며 중도입국, 외국인학생의 증가에 따라 학생별 맞춤형 교육이 요구된다고 보았다. 또한 다문화 유아 · 난민 · 미등록 아동 · 중도입국 청소년 · 다문화학생 밀집지역 등 정책 사각지대 지원을 통한 교육격차를 해소하려는 계획을 수립했다. 그리고 모든 학생이 문화적 차이를 수용하고 이해하며 학교에서 조화롭게 생활할 수 있는 다문화 친화적 교육환경 조성을 강조했다. 뿐만 아니라 다문화학생이 가진 다양성과 잠재력을 통해 우리 사회의 개방성과 통합성을 높일 수 있는 교육기반을 마련하고자 했다.

이를 위해 교육부에서는 '함께 배우며 성장하는 학생, 다양하고 조화로운 학교'라는 비전을 가지고 다문화학생 교육기회 보장 및 교육격차를 해소하며 다양한 문화가 공존하는 성숙한 교육환경을 구축하기 위한 목표를 세웠다. 세부 추진 계획은 다음과 같다.

첫째, 출발선 평등을 위해 교육기회를 보장하는 방안이다. 이를 위해 중도입국 다문화학생의 학교 배정 · 학력심의 등 공교육 진입 과정 개선을 위한 「초 · 중등교육법 시행령」 개정했다. 즉 중도입국 다문화학생의 중학교 입학 · 전학 및 편입학 시 학교장의 입학 허가에서 교육장의 학교 배정 방식으로 절차를 개선(시행령 제75조)한 것이다. 공교육 진입과 연계되는 학력심의위원회 관련 규정의 보완을 통해 제도 개선의 효과성을 제고할 수 있다. 그리고 지역 다문화교육지원센터를 통한 편입학 절차 안내 및 상담, 정책학교 안내, 학적생성 등 공교육 진입 전(全)과정을 지원하는 것이다. 구체적으로는 2015 개정 교육과정을 반영한 다국어 학력심의 진단도구 개발 · 배포('20.하)로 학력증빙 절차를 지원할 계획이다. 그리고 유관기관(법무부 등) 협업을 통한 국내학교 편입학 안내를 강화하고 관련 자료를 배포하는 방안을 마련했다.

둘째, 학교교육 준비도 격차를 해소하려는 방안이다. 다문화 유아에 대한 체계적인 지원을 위해 '다문화 유아'에 대한 기본 현황을 파악하고 개정된 누리과정

('20년 적용)과 초등학교의 한국어 교육과정(KSL)을 연계한 한국어 진단도구를 개발하고 보급하고자 한다. 그리고 멘토링 참여기관에 국·공립 유치원을 추가하여 다문화유아에 대한 한국어교육 등 맞춤형 교육지원을 제공한다. 또 초등학교는 징검다리과정을 통해 초등학교 입학·편입학 예정 다문화학생을 대상으로 학교생활 조기적응 지원을 위한 준비교육을 운영할 계획이다. 중학교는 신체적·정서적·환경적 변화를 겪는 중학교 입학·편입학 예정 다문화학생을 대상으로 징검다리과정을 시범운영할 예정이다.

셋째, 학교 적응을 위한 언어/학습 지원을 위해 맞춤형 한국어교육을 제공할 계획이다. 특별학급 형태의 한국어학급을 확대하여 입국 초기 중도입국·외국인 학생(유아) 등을 대상으로 한국어 집중교육을 지원하며 한국어학급이 운영되지 않는 학교에 중도입국·외국인학생이 편입학하는 경우 한국어교육을 지원하는 방안을 마련했다. 또 진단부터 보정·관리까지 맞춤형 한국어교육을 지원하는 '한국어능력 진단-보정 시스템'('19.9월 개통)을 적용 확대하고 개정된 한국어(KSL) 교육과정이 학교 현장에 적용('19년)됨에 따라 현장 안착을 지원할 계획이다.

한국어능력 진단-보정시스템 체계도

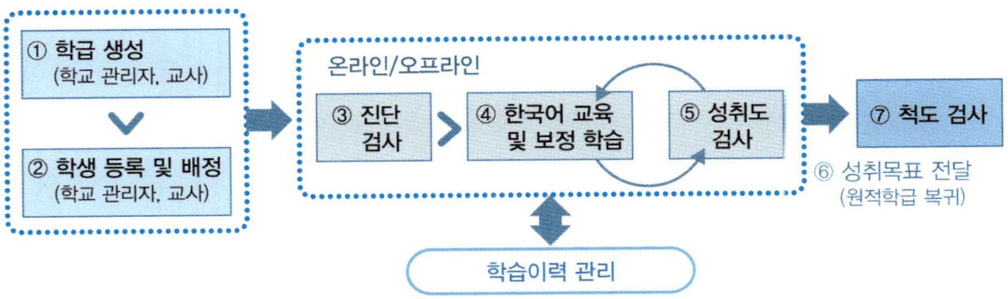

출처: 교육부(2020). 출발선 평등을 위한 2020년 다문화교육 지원계획. (p. 12)

넷째, 기초학력 지원을 위해 다문화학생과 멘토 대학생의 1:1 멘토링을 통해 학습·숙제지도·고민상담 등 체계적·개별적 학습지원을 제공하고 다문화학생이 어려워하는 교과 주요 개념 및 어휘를 알기 쉽게 설명한 중학교 수학·과학 교과 보조교재를 개발하고 보급할 것이다. 보조교재는 학습효과를 제고하기 위해 주요 개념어를 한국어 및 5개 언어[2]로 함께 제시하고 QR코드를 활용하여 교육영상 콘텐츠로 연결된다.

교과 보조교재(과학) 시안

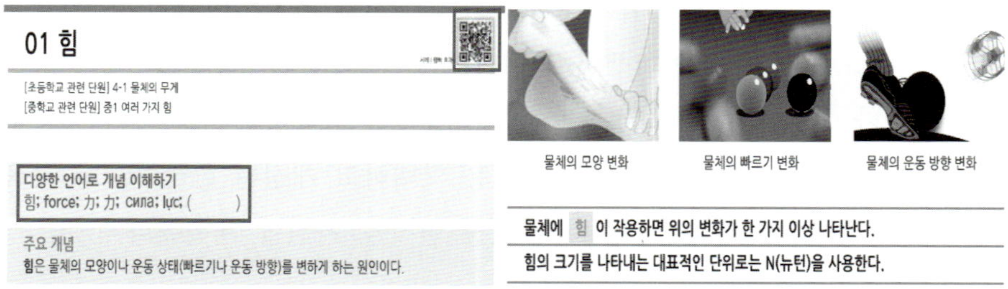
01 힘

[초등학교 관련 단원] 4-1 물체의 무게

[중학교 관련 단원] 중1 여러 가지 힘

다양한 언어로 개념 이해하기

힘; force; 力; 力; сила; lực; (　　　)

주요 개념

힘은 물체의 모양이나 운동 상태(빠르기나 운동 방향)를 변하게 하는 원인이다.

물체의 모양 변화 | 물체의 빠르기 변화 | 물체의 운동 방향 변화

물체에 힘 이 작용하면 위의 변화가 한 가지 이상 나타난다.

힘의 크기를 나타내는 대표적인 단위로는 N(뉴턴)을 사용한다.

출처: 교육부(2020). 출발선 평등을 위한 2020년 다문화교육 지원계획.

다섯째, 진로, 정서적 지원을 위해서는 이주배경을 반영한 진로교육을 지원하는 방안을 세웠다. 다문화학생의 이중언어 학습 장려를 위해 전자책 형태의 이중언어 교재를 개발하여 보급하고 다문화학생의 이중언어학습을 장려하고 자긍심을 고취하기 위해 민·관·학이 협업하여 '전국 이중언어말하기대회'를 개최할 예정이다. 또 이주배경 청소년의 특성을 고려한 진로교육 프로그램을 개발·운영하여 진로 역량을 강화하고 귀화 우수인재 등 이주배경 롤모델에게 멘토링을 받을 수 있는 '원격영상 진로멘토링'을 운영한다. 다문화 학부모의 자녀 진로지도를 위한 학교급별 진로 관련 내용을 담은 진로 소식지 '드림레터'를 보급하고 교원 대

2) 영어, 중국어, 베트남어, 일본어, 러시아어

상 진로교육 실천과제를 공모하고 지원한다.

여섯째, 정서지원을 위해서는 다국어 버전의 정서·행동특성 검사지를 제공하여 다문화학생 대상 정서·행동발달 지원 접근성을 제고하고 학교폭력 예방 및 지원을 강화하고자 한다. 학생에 대한 보호 장치를 강화하기 위해서 학교폭력 예방교육 프로그램(어울림 프로그램)에 다문화 관련 내용을 반영하여 개발 및 보급하고 피해학생 치유·상담 지원 시 다문화 전문가 참여를 강화하며, 다문화 관련 내용을 포함한 가해학생 특별교육 프로그램을 개발하고 보급한다(2020년 시행됨).

일곱째, 다양성이 공존하는 학교 환경 조성을 위해 학교 교육과정 전반에 걸친 다문화교육을 실시하고 다문화교육 선도모델을 개발하여 확산할 방안을 마련했다. 즉 2015 개정 교육과정을 통해 범교과 학습 주제로 다문화교육을 제시하고 모든 학생을 대상으로 학교 교육과정을 통한 다문화 이해교육을 실시할 계획이다.

여덟째, 교원의 다문화 교육역량 제고를 위해 지속적인 원격연수 콘텐츠를 개발하고 보급하며 역량 강화 컨설팅, 예비 교원의 다문화 역량 함량을 위해 노력할 계획이다. 특히 다문화교육 관련 내용을 교원양성 교육과정에 반영하는 개편안을 마련('20.하)하고 관련 규정 개정을 통해 다문화학생 이해교육을 위한 교육봉사 활성화 및 교원양성 교육과정 편성·운영을 권장할 것이다.

아홉째, 가정과 지역사회와의 연계성 높은 다문화 교육을 위해서 학부모의 다문화 관련 교육활동 참여 기회를 확대할 방안이다. 학부모가 참여하는 다문화 교육 프로그램을 운영하고 지역 여건에 맞는 학부모 대상 다문화 교육 프로그램을 개발한다. 그리고 지역사회와 연계하거나 대국민 홍보를 강화하여 다문화교육 성과를 확산하고 인식을 높이고자 한다.

열째, 학교 현장 중심 지원체계를 강화하기 위해서 현장 교육수요에 따른 지원사업을 운영할 방안이다. 특히 다문화학생 밀집지역인 서울, 경기를 중심으로 교육력 제고 및 교육격차 해소를 위한 지자체 연계사업을 운영한다. 또 기초학력 보장을 위해 다문화학생 밀집학교에 기초학력 지원을 우선 배정하고, 다문화학생 다수 재학 학교 학생 대상 진로탄력성 캠프를 개최할 예정이다. 학교의 다문화교육활동 지원을 위한 플랫폼 구축[3] 역시 여기에 해당한다.

열한번째, 중앙-지역 간 연계 강화를 위해 다문화교육지원단을 통한 선도인력 교류 및 협력을 강화하고 다문화교육센터를 통한 긴밀한 추진체계를 구축할 방안을 마련했다. 또 중앙 차원의 부처 간 협업 증진을 위한 지원을 제공하고 범부처 연계를 추진한다.

3) www.edu4mc.or.kr

참고문헌

교육부(2017). 다문화교육 지원 계획 발표: 다문화시대 인재 양성을 위해 다문화학생 맞춤형 교육 및 다문화 이해교육 강화. 교육부.

교육부(2020). 출발선 평등을 위한 2020년 다문화교육 지원계획.

구정화, 박윤경, 설규주(2009). 다문화교육 이해. 동문사.

국가통계포털 http://kosis.kr/

뉴스경남, 2019.7.1. 기사. 양산시, 다문화가족 공무원 1호 탄생(http://m.knnews.co.kr/mView.php?idxno=1293472&gubun=////////)

법무부(2021) 출입국 외국인정책 통계월보.

서종남(2009). 지역사회통합을 위한 다문화교육의 역할과 과제. 교육문화연구, 15(2). 75-104.

여성가족부(2016a). (2015년) 전국다문화가족실태조사 분석. 서울: 여성가족부 다문화가족정책과.

여성가족부(2016b). (2016년도) 시행계획: 제2차 다문화가족정책 기본계획(2013~2017). 여성가족부 다문화가족정책과.

여성가족부(2018). 제3차 다문화가족정책 기본계획(2018-2022).

여성가족부(2019). 2018년 전국다문화가족실태조사 연구.

이동영(2015). 지표로 보는 이슈. 제42호, 외국인근로자 현황과 시사점. 국회입법조사처.

장승심(2013). 문화반응교수를 적용한 초등 사회과 다문화교육. 제주대 대학원 박사학위청구논문.

정명희, 나항진, 박외병(2012). 다문화 정책정향성과 다문화 수용성간의 영향 연구. 국제지역연구, 16(3). 345-366.

최현(2007). 한국인의 다문화 시티즌십(multicultural citizenship): 다문화 의식을 중심으로. 시민사회와 NGO, 5(2). 147-173.

통계청, 법무부(2020). 2020년 이민자체류실태및고용조사 결과[고용·보건 및 정보화·한국생활·한국어 능력·체류사항·비전문취업·유학생].

한국다문화가족지원센터협회(2016). 다문화정책의 미래전망. 2016년도 한국다문화가족지원센터협회 포럼. 2016년 9월 1일. 국회도서관소회의실.

Banks, J. A. (2008). *An introduction to multicultural education*(4th ed.). 모경환 외 공역(2009). 다문화교육 입문(4판). 아카데미프레스

Bennett, C. I. (2007). *Comprehensive multicultural education: theory and practice*(6th ed.). 김옥순 외 공역(2009). 다문화교육 – 이론과 실제 – . 학지사.

제 13 장

미래사회와 교육

1. 미래사회의 도래

오늘날 우리 사회는 지금까지의 변화를 뛰어넘는 또 다른 변화를 맞이하고 있다. 사회는 컴퓨터와 인터넷을 기반으로 한 지식정보화 사회를 넘어 인공지능과 빅데이터가 사물에 연결되고 다양한 영역이 융합된 형태의 제4차 산업혁명 시대로 진입하고 있다. 4차 산업혁명이란 정보와 통신 그리고 기술의 융합으로 이뤄지는 차세대 산업혁명이다. 농경화로 이루어진 1차 산업과 전자화의 2차 산업시대 그리고 정보화의 3차 산업시대와 구분되는 또 다른 산업구조의 변화를 의미한다. 4차 산업혁명은 3차 산업의 인터넷과 컴퓨터 등의 지식정보를 기반으로 하므로 제2차 정보혁명이라고 불리기도 한다. 구체적으로 각 산업혁명의 특징을 간략하게 살펴보면 다음과 같다(이민화, 2016; Schwab, 2016).

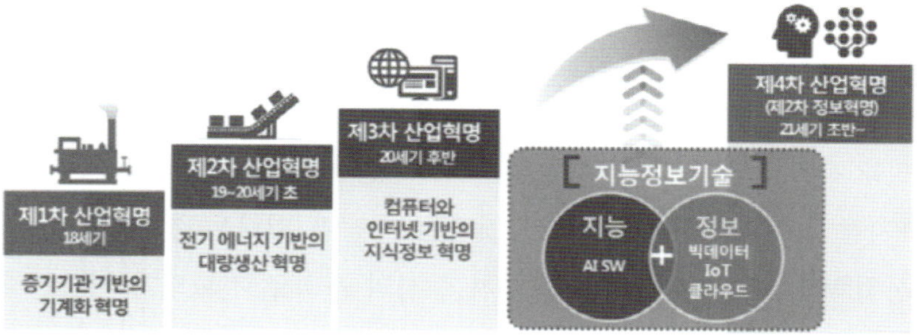

출처: 미래창조과학부 공식블로그 http://blog.naver.com/with_msip

[그림 13-1] 산업혁명의 특징

1) 제1차 산업혁명: 기계화

제1차 산업혁명이란 1784년경 사람의 손으로 이루어지는 농경사회가 기계의 도움을 받아 생산방식에 변화를 가져오게 된 것을 말한다. 이 시기는 먹고 사는 것을 해결하는 단계이다. 1차 산업혁명은 철도나 증기기관의 발명으로 노동이 중요했던 농경사회에서 기계화를 이뤄냈다는 점에서 과거 사회의 모습과 차별화된다.

2) 제2차 산업혁명: 전자화

제2차 산업혁명이란 1870년경 공장의 전자화로 대량생산을 위한 조립 라인이 형성될 수 있는 기반이 마련된 것을 특징으로 한다. 즉, 자동으로 움직이는 컨베이어 벨트에 기계와 인간이 분업화된 작업을 수행하여 빠른 속도로 많은 물건을 만들어 내게 된 것이다. 이러한 시스템의 변화는 대다수 농업에 치우쳐 있던 기존의 산업구조를 제조업으로 변화되는 데 큰 공헌을 하게 됐다. 또한 제조업 중심의 산업은 먹고 사는 것에만 집중했던 사회구조가 자신을 치장하고 꾸미는 것, 이른바 다양한 생활용품을 소비하는 사회구조로 변화시키는 데 일조했다.

일부 학자들은 이상과 같은 제1, 2차 산업혁명을 물질적 혁명의 단계라고 설명한다(이민화, 2016). 즉, 초기 산업혁명은 의식주를 해결해주는 데 집중되어 있으며 삶의 가치를 높이는 등 비물질적인 것과는 거리가 있다는 것이다. 그러나 이후 제3차 산업혁명부터는 비물질적인 가치 중심의 사회로 전환되기 시작한다. 즉, 3차 산업혁명 이후 산업구조의 변화는 인간의 내면을 가꾸고 자아를 실현하는 방식으로 이루어지게 되는 것이다.

3) 제3차 산업혁명: 자동화

제3차 산업혁명이란 1969년경을 시점으로 산업구조가 자동화된 변화를 가리킨다. 이 시기는 반도체와 컴퓨터, 인터넷 등과 같이 집약된 IT 기술의 산물들이 생활을 지배한다. 현재 우리가 매일 사용하는 휴대폰과 컴퓨터의 인터넷은 세계 각국으로 실시간으로 연결되어 있으며 언제 어디서든 정보에 접근이 용이하다. 가상공간은 이미 우리의 현실세계와 무관하지 않는 또 다른 세계로 언급되고 있으며 그로 인한 사회적 역기능 또한 무시하지 못할 수준이다. 정보화 사회인 현재의 시대는 인간이 자기를 표현하고 자아를 충족하는 단계라고 할 수 있다. 인간은 먹고 자고 외모를 치장하는 단계를 넘어서 인터넷 가상공간에서 개성을 표현하고 댓글로 의사를 표현하고 매일의 기분을 전달하고 있다. 더 놀라운 것은 이러한 세계에 익숙해진지 얼마 되지 않았지만 이러한 가상적 공간이 지배하는 세계를 넘어서는 다른 산업구조의 변화가 기다리고 있다는 것이다.

4) 제4차 산업혁명: 융합, 초연결

제4차 산업혁명이란 지금까지 나뉘어져 있던 이질적인 두 세계가 절묘하게 결합한 형태로 산업구조가 변화한 것이라고 볼 수 있다. 기본적으로 4차 산업혁명은 디지털 세상을 기반으로 하므로 3차 산업과의 연결선상에서 이해되고 있다. 즉, 디지털과 아날로그, 가상과 현실, 온라인과 오프라인 등과 같이 서로 대립되는 두 세계가 새로운 기술에 의해서 연결되는 것이다. 학자들은 제4차 산업혁명은 우리에게 엄청난 범위의 정보와 빠른 속도 등을 제공하여 생활에 편리를 줄 것으로 예상하는 동시에 엄청난 충격을 주게 될 것이라고 보고 있다.

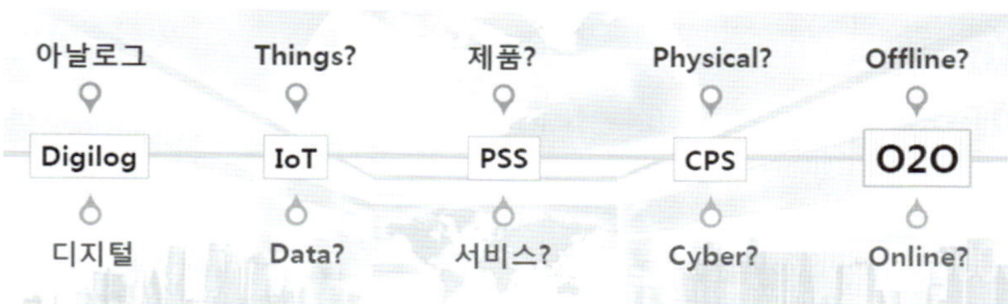

[그림 13-2] 제4차 산업혁명의 특징, 융합(이민화, 2016)

예를 들어 미래사회에서 우리는 인공지능이 연결된 자동차의 뒷좌석에 앉아 음악을 들으면서 자동차가 실시간으로 분석한 교통상황 데이터에 따라 가장 안전하고 빠른 길로 퇴근을 하게 된다. 그리고 우리는 집집마다 보급된 3D프린트를 사용하여 우리 가족의 치아 건강을 지켜주는 단 하나밖에 없는 치약을 만들 수 있다. 또한 인터넷이 연결된 냉장고는 냉장고 내의 음식물의 상태를 진단하여 알려주고, 병원의 우리 가족 진료기록 데이터에 접속하여 건강상태를 분석한 뒤 건강식단에 대한 정보와 조리법을 제시해 준다.

4차 산업혁명이 가져올 미래 사회 모습 4가지

최근 기술 발전과 트렌드 변화를 관찰하면 미래사회의 방향을 예측할 수 있다. 변화는 긍정적인 측면뿐만 아니라 부정적인 측면에서도 고려되어야 한다. 미래사회 모습과 긍부정적 측면을 살펴보자.

1. 미래사회에 가장 큰 변화가 일어날 '일자리, 산업, 경제 영역'
4차 산업혁명의 핵심 기술들로 인해 자동화, 지능화가 빨라지고 인공지능, 빅 데이터 등 4차 산업혁명 관련 일자리는 점점 늘어날 전망이다.
-긍정적인 면 : 교육 분야-에듀테크, 금융 분야-핀테크 등 기술 융합으로 인한 신산업 및 일자리 탄생
-부정적인 면 : 자동화, 산업구조 개편 등으로 인한 일자리 감소, 고용불안 등 사회문제 발생

2. 인공지능, 빅 데이터, ICT 기술의 발달로 인한 '초지능화'
제품 생산 공장들이 '스마트 팩토리(생산 전 과정에 4차 산업혁명 기술이 적용되는 공장)'가 되면서 생산력이 높아지고 행정, 교육 등 모든 분야가 지능화될 것이다.
-긍정적인 면 : 데이터, 정보, 지식의 축적과 발달 속도 상승으로 풍부한 지식과 정보 습득 가능
-부정적인 면 : 깊은 성찰을 필요로 하는 인문학적 지식 감소 우려, 인공지능 의존으로 인한 기억력, 인지능력 등 하락 우려

3. 모든 것이 서로 연결되는 '초연결사회'
최첨단 스마트 디바이스들이 연결되고 업무 또는 사람 간 소통이 더욱 편리해질 것으로 기대된다.

-긍정적인 면 : 원격교육, 재택근무, 원격진료 등의 일상화로 공간 제약 완화
-부정적인 면 : 해킹, 사생활 침해 등의 위험 상승

4, 접속과 공유를 기반으로 하는 '공유경제, 공유사회'
'소유'라는 개념이 중심이 되었던 기존 사회경제의 기본질서가 점차 '접속'과 '공유'라는 개념으로 대체되고 있다.
-긍정적인 면 : 렌탈, 카셰어링 등 굳이 물건을 소유하지 않아도 필요할 때 언제나 편리하게 빌려서 사용 가능
-부정적인 면 : 변화의 과정에서 이해당사자 간 사회적 갈등 발생 또는 가치관의 혼란 야기

[출처] 대한민국 정책브리핑(www,korea,kr) 2021년 4월 19일 기사 일부 발췌

많은 학자들이 4차 산업혁명에 대해서 언급하고 있으나 4차 산업혁명은 아직까지 명확하게 정의되지 않은 실정이다. 게다가 일부 학자들은 2017년을 4차 산업혁명의 기준 시점으로 보는 반면, 다른 학자들은 아직 4차 산업혁명은 도래하지 않았다고 보는 등 이에 대한 의견의 일치를 보이지 않고 있다. 그럼에도 불구하고 현재 드러나고 있고 때때로 우리가 소비하는 융합된 산물들은 우리 사회의 변화를 직감하게 한다. 이에 우리는 산업구조의 변화로 우리의 일상생활뿐만 아니라 경제, 사회, 교육 등의 영역에 미칠 변화를 예측하고 대비하는 자세가 필요하다. 특히 교육 영역에서 교육내용이나 교육방법, 교육목적이나 인간상 등이 미래사회에 적합하게 전면적으로 재구성될 필요가 요구된다 하겠다.

2. 미래교육의 이해

1) 미래교육의 시대의 특성

미래사회를 예측하고 분석하는 정부와 관련 부처, 여러 학자들은 미래사회의 특성을 바탕으로 우리가 직면한 교육적 과제를 제시하고 있다. 여기서는 다양한

관점을 종합하여 미래사회의 모습에 따른 미래교육의 시대적 특성을 분석했다. 이를 네 가지로 정리하면 다음과 같다(국가평생교육진흥원, 2016; 정지훈, 2013; 이민화, 2016; 박영숙, Glenn, 2017; Schwab, 2016).

(1) 명확한 인재상을 확립하는 것이 어려운 시대

지능정보사회를 기반으로 하는 미래사회는 명확한 것이 사라지고 애매하고 모호한 것이 공유되는 시대이다. 과거에는 확실했던 기반이나 지식들이 새로운 기기의 발견과 기술로 허상으로 입증되기 시작했기 때문이다. 눈앞에 사실이라고 믿었던 것도 '가상'이라는 공간에서는 거짓으로 밝혀지고, 사람들이 예측했던 미래는 상상 그 이상의 결과들을 보여준다. 또한 세계경제포럼(WEF)은 인공지능 등 제4차 산업혁명이 다가오면서 기존 직업 중 상당수가 사라지고 전 세계 7세 이하의 아동의 65%는 현재 존재하지 않는 새로운 직업을 가질 것으로 예상했다. 또한 자동화 기술의 발전으로 20년 이내 현재 존재하는 직업의 40% 이상이 사라질 것이다. 이처럼 다양한 이유에서 사회의 불확실성에 대한 인식은 지속되고 있고, 현실로 드러나고 있다. 미래사회를 특징짓는 '불확실성'에 의해 미래교육에서 명확하게 제시할 수 있는 인재상을 예측하는 것이 현실적으로 어렵게 되었다.

다만 미래사회에 적응하기 위해서는 몇 가지 요구되는 능력을 제시해볼 수 있다. 미래학자 제인스 캐턴(Canton, 2015)은 미래사회의 인재에게 필요한 10가지 능력을 제시했다. 즉, 외국어 능력, 문제해결 능력과 논리적 사고, 복잡한 정보, 지식, 데이터 관리, 효과적 커뮤니케이션 능력, 디지털 비즈니스 전력 수립, 세계화에 대한 이해, 최첨단 기술에 대한 해박한 지식, 다양한 문화에 대한 포용력, 코딩기술, 기업가가 되는 방법에 대한 이해 등이다. 또한 세계미래보고서(2017)에는 미래교육의 방향을 4C, 창의성(Creativity), 협동성(Cooperation), 비판적 사고(Critical Thinking), 협업능력(Collaboration)으로 제안했다. 이처럼 시대적 불확실성이 가중되고 있는 미래사회에서는 분명한 인재상 예측이 곤란하나, 불확실성에 적응할 수 있는 능력을 갖추는 것을 교육의 핵심적 과제로 삼는다면 미래사회를 대비한 미래교육의 방향을 설정할 수 있을 것이다.

(2) 실제적으로 도움이 되는 것을 학습하는 시대

과거에는 언젠가 쓸모가 있을 것이라는 판단 아래 힘들게 학습하였지만, 이제는 쓸모없게 된 것이 많다. 이에 다가올 미래에는 그때그때 필요로 하는 지식이나 경험을 학습(just in time learning)하는 방식으로 교육이 이루어질 것이다. 따라서 학습의 적시성과 실용성을 효과적으로 해내기 위해서는 문제해결 능력과 문제해결에 필요한 정보에 효과적으로 접근할 수 있는 능력이 필수적이다. 그러므로 자신에게 지금 당장 필요로 하는 정보가 무엇인지 파악하고 이를 체계화하며 수많은 정보를 탐색한 뒤 관련 정보를 재조직하는 과정은 문제해결을 위한 기본적인 능력이라고 할 수 있다.

한편, 『세계미래보고서 2055』를 출간한 박영숙 교수는 싱귤래리티 대학교에서 열린 기하급수적 유스캠프(Exponential Youth Camp: XYC)에 참여한 10대들이 바라는 교육에 대해 다음과 같이 정리했다(사단법인 세계미래회의 미래뉴스,[1] 2017).

첫째, '밀레니얼(millenials: ME) 세대'인 10대들은 교육의 개인화를 기대했다. 그들은 자기 자신에 대한 것을 배우기 원하고 자신이 선택하고 자신의 진도에 따른 교육을 바랐다. 다시 말해 '그들 자신'에게 맞춤화된 교육을 요구하고 있는 것이다. 이와 같이 개인화된 교육은 'ME 세대'에게 실질적으로 전문화된 경력을 가질 수 있도록 관심 분야에 우선순위를 부여하고 독자성을 추구하도록 도울 수 있다.

둘째, 그런 맥락에서 오늘날의 10대들은 타인과의 비교나 일괄적 평가를 거부했다. 아이들은 어제의 나보다 오늘의 내가 얼마나 더 발전했는지를 스스로 비교하는 것이, 지금 현재 누가 더 잘하느냐를 비교하는 것보다 더 의미가 있다고 보았다. 한때 사람들은 평생 직업을 가졌지만 밀레니얼 세대들은 20가지 정도의 직

1) http://www.korea2050.net/unfforum/?doc=bbs/gnuboard.php&bo_table=fn&wr_id=1806

업을 가지게 된다. 아이들은 새로운 기술과 아이디어들을 끊임없이 학습할 준비가 되어 있어야 한다. 그렇게 할 수 있는 자신감을 길러주는 것이 미래교육이 되어야 하는 것이다. 대다수 10대들은 지금까지 시험을 위해 기억했던 것은 곧바로 잊어버리며 소용없다고 생각했으며, 미국 대도시 공립학교의 평균적인 학생들이 유치원에서 고등학교를 졸업할 때까지 치르는 약 110여개의 의무 표준시험 중 많은 시험이 불필요하다고 생각했다.

셋째, 10대들은 맥락 없는 지식을 습득하고 이를 표준화된 방식으로 평가하는 것보다 실생활에 이용되는 지식을 요구했다. 미국 10대들의 70% 이상이 스마트폰을 가지고 있으며 이전보다 무조건 암기해야 한다는 생각은 크게 줄었다. 웹 검색을 통해서 47억 페이지의 정보를 이용할 수 있는 오늘날 학생들이 가진 가장 큰 도전과제는 "정보를 찾고 평가하며 합성하는 기술"이다. '프로젝트기반 학습은 팀을 구성해서, 복잡한 문제발견 능력의 양성에서부터 목표설정, 계획, 실행, 평가의 단계를 훈련시켜서 집단의 문제해결 능력을 향상시키는 방법'이다. 더군다나 10대 아이들은 자신과 무관한 문제를 해결하는 것이 아니라 현실세계의 문제를 해결하는 프로젝트를 원하고 있었다. 또한 10대들은 전통적인 과목들보다 실질적인 기술을 배울 수 있는 기회를 원했다. 이를 테면, 돈 관리에 대해 더 많은 것을 배우기 원하며, 팀워크, 문제해결, 갈등 해소와 같은 소프트 스킬의 개발을 원했다.

(3) 경험중심의 감성교육 시대

이전의 시대는 차가운 이성이 주류를 이루던 시대였다. 즉, 논리에 기반한 과학기술이 지식을 검증하여 새로운 것을 만들어내는 방식이었다. 그러나 미래사회는 개인의 경험에서 나오는 감(感)과 주관적 속성을 지닌 감성(感性)이 중심이 될 것이다. 문제는 이 둘의 속성이 표준화가 매우 어렵다는 점이다. 아무리 과학기술이 발전해도 인간의 마음에서 일어나는 감정과 느낌을 기계와 로봇이 가질 수는 없을 것이다. 이것은 인간이 환경 속에서 수많은 시행착오와 실패를 포함한 경험에서 형성되는 것이기 때문이다. 예를 들어, 피아노를 연주할 때, 같은 곡을 연주하면서도 연주자에 따라서 듣는 사람의 마음에는 다른 느낌이 전달될 수도 있다. 하지만, 연주 로봇은 음과 박자를 정확하게 연주할 수는 있을지 몰라도 감정을 이입한 연주를 하기는 어려울 것이다.

따라서 미래사회에서는 감성의 계발과 소통의 중요성이 다시금 부각될 것이다. 이것은 다양성에 대한 인식과 태도와 직결되고, 하나의 사물이나 현상을 두고서 옳고 그름을 따지기보다는 다양한 생각을 할 수 있는 역량이 필요함을 시사한다. 따라서 감성교육은 기존 학교 체제에서 일어났던 대규모 · 집합식 교육이 아니라 학습자가 주체적으로 판단하여 선택하고 그 과정과 결과에 책임을 지는 형태의 교육에서 가능해지게 될 것이다.

(4) 온라인 학습을 통해 교육과정이 세계화되는 시대

최근 컴퓨터와 스마트폰을 통한 인터넷의 사용은 교육 분야에 정보기술이 접목되는 현상으로 이어지고 있다. 특히 정보기술의 발달로 인해 고등교육 분야와 평생교육 분야에서는 온라인학습이, 초 · 중등 교육에서는 세계통합교육과정이 각각 미래교육의 메가트렌드(mega-trend)가 될 것으로 전망된다. 이러한 변화의 시대에서 사람들은 음성인식 기술로 언어의 장벽을 넘게 되고, 읽을 수 있는 컴퓨터의 등장으로 원하는 작업을 손쉽게 처리하며, 원거리에 있는 상대방과 실시간으로 소통할 수 있게 된다. 특히 학습과정에서 컴퓨터를 통한 언어와 시공간적 제약이 무너지게 되면 지금까지 우리가 생각했던 학습 콘텐츠에 대한 접근성과 활용의 범위가 커지게 된다. 이를 테면, 3D 학습 콘텐츠를 이용하여 쉽게 대체될 수 있는 속성을 지닌 수학과 이론과학, 세계사, 세계지리 등의 교육을 우선 적용하면 나아가 세계통합교육과정으로 이어질 수 있다는 것이다.

2) 미래사회에서 한국교육의 방향

불확실성, 감성 중심, 실생활 중심, 온라인 중심 등의 특징으로 하는 미래교육의 모습은 앞으로 우리 교육이 나아가야 할 방향을 제시해준다. 또 2019년 OECD에서는 개인과 사회의 웰빙(well-being)이라는 궁극적인 목표로 나아가기 위해서 필요한 역량과 과정을 개념적으로 제시하여 한국교육에 시사점을 주고 있다. OECD 교육 2030 학습 프레임워크(The OECD Learning Framework 2030 : Work-in-progress)에 의하면 교육은 하나의 지식을 물리적으로 습득하는 것이 아니라 특정 역량을 갖추는 것이다. 역량을 중심으로 하는 OECD의 교육프레임에 의하면 지식과 기술, 태도/가치관 교육을 통해 학습자는 궁극적으로 새로운 가치 창조하기(Creating New Value), 긴장과 딜레마에 대처하기(Reconciling Tensions & Dilemmas), 책임감 갖기(Taking Responsibility) 등의 역량을 갖추어야 한다. 이러한 역량은 예측/기대(Anticipation), 행동/실행(Action), 반추/숙고(Reflection)의 'A-A-R' 순환을 통해 가능

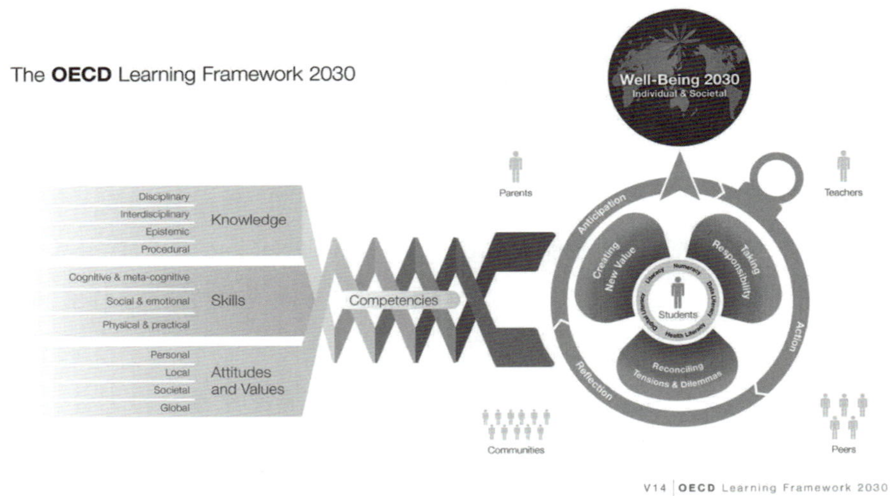

출처: OECD(2018). The Future We Want. The Future of Education and Skills: Education 2030(p. 4).

[그림 13-3] OECD의 교육 2030의 학습프레임워크

하며 학습자는 교사, 학부모, 사회의 협력을 통해 개인과 사회의 웰빙을 실현하게 되는 것이다.

미래사회 변화와 역량 중심의 교육을 고려하여 학자들이 공통적으로 제시하는 한국교육의 방향과 핵심 과제는 교육내용과 방법 두 가지 측면에서 생각해볼 수 있다(정지훈, 2013; 이민화, 2016; 박영숙, Glenn, 2017; 이병훈교육연구소, 2015). 첫째, 미래교육의 주요 내용은 코딩교육, 인성교육, 융합교육, 소통교육 등을 들 수 있다. 둘째, 미래교육의 주요 방법은 플립러닝과 같은 온라인 활용 교육, 놀이중심 교육 등이다.

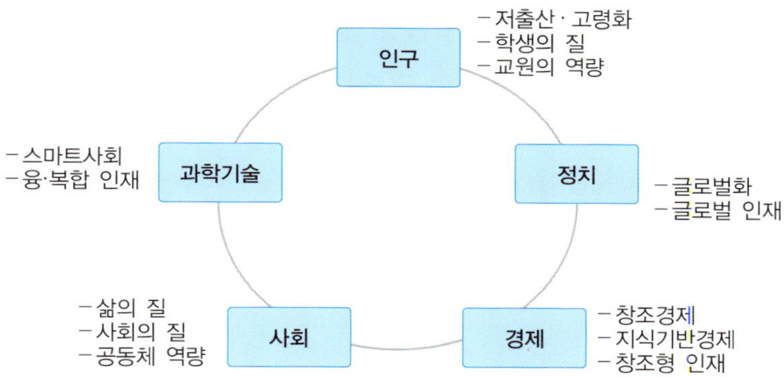

[그림 13-4] 미래사회의 변화와 교육적 이슈(한국교육과정평가원, 2014)

(1) 교육내용: 무엇을 가르칠 것인가?

① 코딩교육

미래사회에서는 수많은 직업이 사라지게 될 것이므로 이를 대비한 교육이 필요하다. 세계적으로 최근 기계를 움직이는 프로그램을 만드는 코딩(coding) 기술이 핵심 역량으로 떠오르고 있다. 코딩이란 컴퓨터의 언어를 사용해 프로그램을 만드는 것이다. 우리가 사용하는 컴퓨터나 스마트폰, TV, 냉장고 등에는 코딩이 적용되어 있어 생활의 편의를 제공해주고 있다. 예를 들어 무인 자동차는 스스로 움직이면서 컴퓨터와 무선 통신을 하면서 차량 운행 정보와 주변 상황을 인식하고 분석하여 주행이 가능하도록 코딩된 이동 수단이다. 놀라운 것은 이러한 무인자동차를 만드는 회사는 자동차 회사가 아니라 프로그램을 만드는 구글이나 애플과 같은 회사라는 것이다. 즉, 프로그램의 내용과 내용을 조직하는 방식을 아는 것이 변화하는 미래사회를 이끄는 힘이 되는 것이다.

우리나라는 하드웨어에 코딩을 통해 소프트웨어를 제작하는 융합형 인재를 육성하는 교육으로 방향을 전환하고 있다. 코딩능력은 단순히 컴퓨터 언어를 배워서 소프트웨어를 다루는 능력을 의미하는 것이 아니다. 이것은 하나의 문제를 놓고 논리적으로 생각하여 창의적으로 문제를 해결해 나가는 능력으로 변화된 미래사회에서 사물과 비사물이 연결되고 결합될 때 그에 적합한 새로운 산물을 만들어내는 능력과 맞물리는 것이다. 이처럼 코딩을 알아야 하는 것은 코딩으로 만들어진 소프트웨어－대표적으로 스마트폰－가 이미 생활 깊숙이 들어와 있기 때문이다. 또한, 성장하는 소프트웨어 산업에 비해 코딩을 잘 하는 인재가 여전히 부족하기 때문이다. 끝으로 코딩교육은 로봇으로 인해 수많은 직업이 사라지는 미래사회에서 로봇이 대체할 수 없는 영역이기 때문에 중요한 역량으로 언급되고 있다.

코딩교육, 왜 필요할까?

세계는 지금 공대생이 아닌, 어린 학생들에게 코딩교육을 시키고 있다. 정보통신 기술의 발전은 컴퓨터와 스마트폰에 담긴 소프트웨어를 통해 우리가 원하는 것을 구현할 수 있게 되었다. 우리가 굳이 프로그램을 개발하지 않는다 해도, 살아가는 동안 사용하게 될 수많은 소프트웨어들이 어떻게 만들어지는지 이해하는 것이 필수가 되었다.

코딩교육은 소프트웨어를 개발하는 인재를 길러내는 측면에서도 중요하지만 '컴퓨터적인 사고와 논리'를 키우기 위해서도 필요하다. 코딩교육을 통해 학생들은 문제를 분석하고 논리적으로 문제해결을 하고자 알고리즘을 작성하게 되는 데 이 과정에서 논리적 사고, 문제 분석, 창의적 문제해결 능력을 키우게 된다. 더군다나 미래에 우리 주변에서 발생하는 문제들은 대다수 소프트웨어에 기반하므로 컴퓨터적인 사고로 문제를 바라보는 것은 미래사회의 변화에 대처하는 역량을 키우는 것이라 할 수 있다.

그렇다면 코딩이란 무엇인가? 코딩은 프로그래밍 언어를 사용해서 프로그램을 만드는 것이다. 컴퓨터는 2진법의 수 0과 1로만 이루어진 기계어를 사용한다. 그러나 사람은 기계어를 읽는데 어렵고 직접적인 명령을 내리기 힘들기 때문에 프로그래밍 언어로 사람이 명령을 내리면 프로그래밍 툴이 이를 기계어로 변환하여 컴퓨터에 전달한다. 쉽게 말하면 프로그램 툴은 사람과 컴퓨터 사이의 통역기 역할을 하며, 그 통역기가 알아들을 수 있는 언어가 프로그래밍 언어인 것이다.

프로그래밍 언어는 일반적으로 C언어, 자바(JAVA), 파이썬, 루비, HTML, CSS 등이 있다. 그러나 이것은 컴퓨터공학도들이 사용하는 전문적인 언어로 일반인들이 짧은 시간에 습득하고 활용하기에는 어렵다. 그러나 요즘 코딩을 쉽게 할 수 있는 프로그램이 많이 등장했다. 대표적으로 마이크로소프트사는 KODU라는 게임 개발 프로그램을 출시하여 접근성을 높이고 있다. KODU는 게임 개발 도구로 특별한 언어를 배우지 않아도 컴퓨터적인 사고를 통해 게임을 만들 수 있다는 점에서 어린 학생들이 쉽고 재미있게 배울 수 있다. 또한 전문적인 교육 없이도 빠르게 배울 수 있어서 어린 학생을 위한 소프트웨어 교육에 많이 활용될 것으로 예상된다.

미래창조과학부는 현재 2018년 소프트웨어 의무교육을 목표로 소프트웨어 교육 활성화를 위해 다양한 측면에서 기반을 마련하고 있다. 그러나 교육정책과 세부 교육과정, 교과서, 교육 인프라 등이 부족한 실정으로 넘어야 할 산이 많은 것으로 보인다.

출처: 미래창조과학부 블로그 기자단 박성연.

② **인성교육**

우리나라는 세계 최초로 2015년에 「인성교육진흥법」을 발효시켰다. 인성교육이란 "자신의 내면을 바르고 건전하게 가꾸며 타인, 공동체, 자연과 더불어 사는데 필요한 인간다운 성품과 역량을 기르는 것을 목적으로 하는 교육(인성교육진흥법)"이다. 이는 인간의 기본적 성품과 역량에 대한 국가 차원의 인식이 선행되었기 때문이기도 하며 동시에 갈수록 심각해지는 학교폭력 문제 때문이기도 했다. 학교폭력으로 희생된 학생들이 해가 갈수록 많아지자, 국가에서 앞장서서 상담교사 배치, 학급토론 개회, 인성교육 강사 인력 수급 등의 방안을 마련한 것이다.

하지만 문서화된 법에 의해 학교폭력이 근본적으로 달라질 것으로 예상하기는 힘들 것이다. 또한 미래사회는 더욱 기계화, 무인화, 개인화될 것이므로 개개인의 인성 덕목이 중요해지는 것이 사실이므로 다양한 방식으로 인간다운 성품과 역량을 발휘할 수 있도록 하는 교육이 필요하다. 이것은 인성교육진흥법으로 학생을 짧은 시간에 교화시키는 방식이 아니라 미래사회에서 이기적이고 소통불가능한 사람이 되지 않기 위한 정서 및 사회적 감수성을 기르는 복합적 활동이 필요함을 시사한다. 이에 학생들의 인성 함양을 위해 단편적 강좌 개최나 정해진 봉사활동 시간 이수보다는 잠재적 교육과정 형식으로 시행될 수 있는 교육활동을 고민해야 할 것이다.

③ 융합교육

『아웃라이어』라는 책에서 한 영역에 1만 시간을 투자하면 그 일에 정통할 수 있다고 소개한 적이 있다. 한 우물만 파다보면 그 영역에서 두각을 나타낼 수 있다는 것이다. 이처럼 우리는 한 분야에서 이러한 전문가가 되는 일을 강조하는 교육을 수행해왔다. 하지만 미래사회의 변화는 우리에게 폭넓은 범위의 능력을 요구한다. 이러한 능력을 갖춘 사람을 "T자형 인재"라고 일컫는다(정지훈, 2013). T자형 인재란 최소한 하나의 전문성을 가지고 수직적으로 몰입하되 수평적으로도 다른 분야에 대한 기본적인 지식과 문제해결능력을 강조하는 인재이다. 한 분야에 정통하더라도 이를 다른 사람의 지식과 감성에 전달하고 포용할 수 없다면 협업능력이 강조되는 미래사회의 변화에 대처할 수 없기 때문이다.

그러한 측면에서 우리나라의 문과, 이과 선택 제도는 미래사회 직업을 대비하는 데 적절하지 않다는 의견이 지배적이다(정지훈, 2013). 우리나라는 대학 입시를 위해서 학과를 구분했기 때문에 자신의 점수를 올리는 데 문과와 이과의 구분은 입시에 유리한 방법을 마련해주었다. 하지만 많은 선진대학에서 문과와 구분을 폐지하거나 융합하는 방식을 수용하고 있다. 문제는 문과와 이과의 구분을 폐지하는 것이 아니라 문과와 이과의 차이와 공통점을 이해하여 미래사회에 적합한 개인의 역량을 골고루 준비하도록 하는 것이다. 일반적으로 인문학은 인간에 대한 학문으로 문학과 역사, 철학으로 대표되는 것으로 인간의 존재와 가치관을 결정하고 과거 역사를 통해 미래를 대비하고 예술을 통해 정서적 순화를 돕는 것이다. 반면에 자연과학은 합리적이고 비판적인 사고를 통해 자연법칙의 원리를 알아내고 인간에게 편리함을 제공하는 것으로, 자연의 법칙을 밝히는 것에 관심을 두는 기초과학과 기초과학을 생활에 유용하게 사용하도록 하는 응용과학으로 구분된다. 인간은 자연법칙 속에 살아가므로 과학적 이해를 통해 세상을 이해할 수 있으며 과학적으로 밝혀진 사실들을 생활에 적용하기 위해서는 윤리적 가치를 고려해야 한다. 따라서 인문학과 자연과학은 함께 존재해야 하는 것이다. 즉, 인문학과 자연과학이 완전히 분리되어 있는 학문이 아니라 서로 연결되어 있고 도움을 주며 생활 전반에 함께 작용되는 것이다. 그러므로 미래교육은 자연과학적 지식을 가진 인재나 인문학적 지식을 가진 편중된 인재가 아니라 두 가지가 융합된 교육이 되어야 한다.

④ 소통 및 협업 능력 신장 교육

대다수 학자들은 미래사회의 핵심 역량으로 창의성과 함께 의사소통 능력 및 협업능력을 꼽는다. 흥미롭게도 창의성은 혼자서 골똘히 생각해서 완전 새로운 것을 만들어내는 것이 아니라 타인과 사회적 관계를 맺어 표현될 때 더욱 의미를 갖는다(정지훈, 2013). 창의성이 외부로 나타나기 위해서는 새로운 것을 상상하는 능력뿐만 아니라 이것을 다양한 형태로 만들고 변형시키는 등 다양한 재능을 통해 표출되기 때문이다. 이처럼 창의성이란 개인이 가진 독특한 생각을 타인에게 이야기하고 조언을 얻어 그들에게 공감이 되고 그들을 만족시킬 때 의미가 있게 된다. 강력한 사회적 소통과 협업은 창의적 산물을 수용하고 발전시키는 기본 토양이 되는 것이다.

타인과의 소통은 인간 네트워크를 기반으로 하는 미래사회에서 반드시 필요한 역량이다. 현재 젊은 세대들은 인터넷과 블로그와 같은 소셜 웹의 환경 속에 자라고 있다. 이들은 규칙이나 명령에 얽매이기보다는 자체적인 네트워크를 연결하고 창의성과 개성을 표출하기를 갈망하는 세대들이다. 이러한 세대들에게 필요한 교육은 인터넷으로 실시간 만날 수 있는 세계 곳곳의 네트워크를 관리하는 능력과 네트워크 범위와 형태가 변화할 때마다 거기에 유연하게 적응할 수 있는 능력을 기르는 교육이다. 소통 및 협업 능력이 뛰어난 사람은 네트워크 내에서 다양한 방법으로 많은 사람을 연결시키고 공감시키고 이것을 새로운 비즈니스로 탄생시키기도 한다. 그러므로 미래교육은 학생들에게 서로 소통하고 협업하는 능력을 기르는 교육으로 나아가야 할 것이다.

(2) 교육방법: 어떻게 가르칠 것인가?

① 놀이중심 교육

호이징가(Huizinga)가 "놀이하는 인간"을 주장한 이후에 인간에게 놀이의 가치는 꾸준히 환기되어 왔다. 이것은 비단 어린 아이들의 놀이만을 의미하는 것이 아니다. 최근에는 놀이를 하듯 즐기면서 일하는 사람들의 일의 효율성과 성과에 주목하고 있다. 일반적으로 사람들은 일하지 않으면 노는 것이라고 생각한다. 그러나 놀이의 반대말은 일이 아니라 '우울'이다(정지훈, 2013). 여기에 놀이란 기본적으로 즐거움을 주는 활동이라는 전제가 깔려 있다. 즉, 사람들은 형식이 없고 평가가 없는 자유로운 활동을 놀이라고 생각하고 거기에서 즐거움을 느낀다. 그런 면에서 놀이와 일은 대립되지 않고 동일시될 수 있다. 더군다나 많은 연구에서 즐겁게 하는 놀이가 어느 새 일이 되어 놀라운 성과를 나타낸다고 보고한다. 즐겁게 무엇인가를 하면 자신도 모르게 몰입을 경험하게 되고 거기에서 창의적인 산물이 생산된다는 것이다.

우리의 미래교육은 자유롭고 즐거운 분위기 속에서 자발적으로 이루어지는 놀이형태로 전환될 필요가 있다. 수많은 미래학자들이 미래사회의 가장 핵심적인 역량으로 창의성을 꼽는다는 것을 고려하면, 놀이는 창의성을 높이는 가장 자연스럽고 효과적인 교육방법이 될 수 있다. 일반적으로 놀이중심 교육은 유아교육 분야에서 주로 사용되었다. 하지만 교육의 형식과 경계가 파괴되는 미래교육에서 놀이 형태로 이루어지는 교육은 아동 및 청소년과 성인들에게도 새로운 대안이 될 수 있을 것이다. 특히 과거 교육이 표준화된 평가와 줄 세우기 식으로 시행되었을 때 창의성이 제한되었다는 점을 생각하면, 평가에 대한 틀을 깨뜨려버리는 놀이형태의 교육은 창의성을 발휘하는 기회를 줄 수 있을 것이다.

일이 곧 행복이 되는 굿 컴퍼니(good company)가 늘고 있다!

자포스(Zappos)라는 온라인 신발 쇼핑몰의 CEO 토니 셰이(Tony Hsieh)는 회사 설립 10년 만에 매출 10억 달러의 기업으로 성장했을 뿐만 아니라 자포스를 미국에서 가장 일하기 좋은 100대 기업으로 만들었다. 자포스가 주목받는 이유는 즐거움과 열정이 넘치는 회사였기 때문이다. 토니 셰이는 직원들의 회사생활이 즐거울 수 있도록 다양한 파티와 음악, 놀이 등이 넘치는 분위기로 만들었다. 그는 모든 직원이 회사생활을 즐기도록 도와 그들이 가정에서의 쉼과 회사에서의 일을 분리시키지 않도록 했다. 회사의 분위기를 편안하게 조성하여 직원들의 삶이 곧 자포스의 브랜드가 되고 회사에서 일하는 시간이 곧 자신의 개인생활을 하는 것이 되며 개인생활이 곧 회사생활에 도움을 줄 수 있게 된다. 직원들이 회사에 오면 집에 있을 때처럼 편안하고 집에서도 편안하게 회사 일에 대해 생각하면 창의성이 발현되기 쉬운 환경이 되면 직원들도 행복해지기 때문에 결국 고객에게 만족스러운 서비스로 나타날 수 있게 된다는 것이다.

출처: 정지훈(2013). 내 아이가 만날 미래. p. 63

유사한 측면에서 학습을 게임 형식으로 제공하자는 움직임도 있다. 즉, 미래의 교과과목을 모두 게임으로 바꿔 가르치자는 것이다(박영숙, Jerome, 2017). 현재 많은 학생들이 많은 시간을 컴퓨터 게임에 소비하고 있다는 점을 고려하면 이것은 어려운 도전이 아니다. 게임을 만드는 회사는 게임의 형식을 '일단 쉽게 시작하지만 통달하기에는 어려운 방식'으로 만든다고 한다. 그래서 학생들은 쉽게 게임을 시작하고 빠져드는데 어느 단계부터는 아주 어려워지면서 조금씩 노력하면 결국 성취하도록 만들어진 게임세계에 몰입하게 된다. 이러한 방식은 미래의 교육에 주는 시사점이 크다. 교육 역시 쉽게 접근하고 시작하되 갈수록 자발적으로 더 많은 고민과 시간을 할애하여 지식을 얻도록 제시할 필요가 있기 때문이다.

미래교육이 학습자 중심의 평생교육으로 전환될 것을 고려하면 교육이 놀이나 게임처럼 즐겁고 재미있어야 한다는 것은 학습 동기 부여에 크게 기여한다. 학생과 교사, 학부모와 교육 관리자들에게 재미가 있어야 교육이 이루어지게 된다는 것이다. 이것은 일과 놀이를 양분했던 거대한 벽이 무너져야 한다는 점을 다시 한 번 깨닫게 한다. 따라서 교육방법적 측면에서 게임이 사람을 몰두하게 만드는 방식을 연구하여 교육에 적용해야 할 것이다.

② 온라인 교육-플립 러닝(flipped learning)

온라인 학습은 이미 현대사회 교육 분야에 많은 부분을 차지하고 있다. 특히 대학교육에서 온라인 강좌 수강이나 블렌디드 러닝, 플립 러닝 등은 적극적으로 활용되고 있는 실정이다. 이러한 형태의 학습방법은 점차 초·중·고등학교에까지 확대될 것으로 전망된다. 여기서는 이 중에서 대표적인 방식인 플립 러닝에 대해서 소개하고자 한다.

플립 러닝이란 기존 학교교육의 과정과 내용을 "뒤집는" 방식의 교육활동이다. 즉, 교실에서 이루어지는 강의는 가정에서 동영상 혹은 문서자료로 미리 학습하고, 교실에서는 학습한 활동을 기반으로 다양한 활동을 수행하는 것이다. 플립 러닝은 2007년 미국 콜로라도 주의 교사 두 명에 의해서 처음 사용되었다. 현재는 미국 초등학교에서 대학까지 다양한 교과에 적용되고 있으며 우리나라에서도 시도되고 있다.

플립 러닝이 시행되는 교실에서 교사와 학생은 상호작용 및 개별 접촉 시간이 증가하게 된다. 교사는 일방적 강의자가 아니라 학생과 소통하는 사람이 된다. 또한 학생은 자신이 배운 것에 대해 책임감을 가지고 적극적으로 수업에 참여하게 된다. 교실에서의 활동은 자신의 생각을 표현하고 타인의 생각을 분석하는 것을 위주로 하므로 자발적인 참여는 기본조건이 된다. 또한 플립 러닝은 학생이 가정에서 개별적으로 학습하고 개별적인 수준에서 학습에 참여하기 때문에 자연적으로 개인 맞춤형 수업이 된다. 학습내용은 온라인 공간을 통해서 계속해서 저장되어 연결되기 때문에 시공간적 제약 없이 배우고 익힐 수 있다.

플립 러닝 사례 1: 서울 신용산초등학교

서울 신용산초등학교에서는 플립 러닝 방식을 수업에 적극 활용하고 있다. 교사가 수업 전에 배포한 '1, 2, 3차 산업에 관한 디딤 영상'을 집에서 보고 온 학생들은 교실에게 질문을 던지기 시작했다. 한 학생이 "만약 4차 산업이 생긴다면 어떤 일을 하게 될까?"라고 질문을 던졌다. 그러나 "사람이 하는 서비스가 3차니까 4차는 기계가 서비스하는 게 아닐까?", "4차 산업은 지구에서 할 수 없는 우주에 관한 산업일 거야." 학생들을 교과서 밖의 내용으로 창의적인 질문을 쏟아내며 토론을 펼쳤다. 이때 교사는 칠판에 정답을 적어주기보다는 학생들이 다양한 질문을 통해 생각하는 기회를 갖게 한다. 플립 러닝에서는 무엇보다는 학생들 사이의 협업을 강조하기 때문이다. 교사는 학생들이 자유로운 협업에 집중할 수 있도록 환경을 제공할 뿐이다. 플립 러닝이 이루어지는 교실에서 교육의 주체는 더 이상 교사가 아니라 학생이다.

플립 러닝 사례 2: 카이스트

카이스트 응용공학동 2층 강의실에서는 '생명화학공학해석' 수업이 한창이다. 강의실은 학생들 목소리로 가득 찼다. 온 벽이 칠판으로 둘러싸인 교실에서 5명의 조교가 각각 자신의 조에 속한 7~8명의 학생과 함께 편미분방정식 응용 방법에 대해 토론하고 있다. 가르치는 사람과 배우는 사람을 구분하기 어려울 정도로 수강생들은 궁금한 점을 망설임 없이 조교나 교수에게 물었다. 학생들은 칠판 앞에 나가 자신만의 풀이방법을 제시하기도 했다. 졸거나 스마트폰을 보는 학생을 없었다. 이 수업 전에 학생들은 온라인상에 미리 올려놓은 개념 강의 동영상을 보고 온다. 예습하지 않으면 수업을 따라가기 어렵기 때문에 동영상을 보지 않은 학생은 거의 없다. 이 수업을 운용하는 이도창 교수는 "강의식 수업을 할 때는 학업내용이 어려워져 포기하는 학생이 많았지만 지금은 학습 효율이 좋아졌다."

출처: 이병훈교육연구소(2015), p. 95, p. 103에서 발췌.

③ 첨단기기 활용 교육

미래사회에서는 현실공간이 가상공간과 연결되고 과거와 미래가 연계되어 제4의 공간이 탄생하게 된다. 이것은 자연스럽게 사람과 사물, 공간 간의 네트워킹이 가능해져 지능적인 자율학습체계가 구축될 수 있다. 즉, 학습자는 과거나 미래를 가상공간에서 체험하면서 직접 학습할 수 있다. 누구나 위치, 시간, 장소의 변화에 따라 상황인식기반의 교육서비스를 제공받게 된다. 예를 들면, 가상공간에서 경주를 방문하여 천 년 전의 경주마을을 거닐거나 그 때의 인물과 이야기를 나누는 등의 방법으로 학습할 수 있다.

또한 집단 지능을 모으는 활동을 지원하는 인터페이스가 적극 활용되게 된다. 집단 지능이란 협업을 통해 학습하고 이를 통해 구성된 지식을 말한다. 이것은 단순한 소그룹 활동이 아니라 물리적으로 떨어져 있는 사람들이 함께 활동하는 형태로도 나타나는 학습 방법이다. 이뿐만 아니라 자료 검색용 로봇이 학생들이 자료를 찾는 것을 돕고 개별 학생에게 맞는 학습방식을 설계하여 제시해주기도 한다. 교사 역시 칠판 대신 터치스크린 형태의 스마트 디스플레이와 전자칠판을 사용하여 학습활동을 지원한다. 학교 역시 학생을 위한 맞춤 학습을 위해 포탈 서비스 체계를 구축해준다. 즉, 학생들은 교실에서 강의를 들으며 자료를 다운로드 받고 테블릿 PC와 휴대용단말기로 수업 내용을 정리한다. 그리고 시간에 따라 수업 스케줄과 개인 스케줄을 보여주는 스마트 시계를 활용하게 된다. 구체적인 미래학교의 모습은 한국교육학술정보원에 구축된 미래학교 체험관(http://future.keris. or. kr/)을 통해서 실제로 체험할 수 있다.

3. 미래교육의 과제

10년 전, 우리나라 교육부에서는 〈한국사회의 미래예측과 교육의 대응전략 모색에 관한 연구(교육인적자원부, 2007)〉를 통해서 미래교육의 메가트렌드를 제시한 바 있다. 여기에서 이미 온라인과 같은 학습공간의 다원화, 지식정보기기의 활용, 맞춤형 개별교육 방식, 없어지는 학과와 생겨나는 학과, 오픈 소스 교육 등과 같이 미래 교육의 새로운 모습이 예고되었다. 10여 년이 지난 지금, 미래는 현재가 되어 있다. 또한 앞으로 예측할 수 없는 변화와 교육적 요구에 다시 마주하고 있다. 그러므로 시대적 특성을 반영한 교육 분야의 재설계는 불가피할 것이며 이것은 향후 국가 경쟁력과 직결될 것이다.

현재 교육부에서는 미래 교육과정 개편을 위해 광범위한 논의를 본격화하고 있다. 2022년 개정 교육과정을 통해 2015년 도입된 역량중심 교육을 강화하고 미래 사회에 맞는 교육으로의 전환을 준비하는 것이다. 개정 교육과정의 주요 원칙 및 과제는 자기주도성 및 삶과 연계한 미래 역량 함양이 가능한 교육과정 구현, 고교학점제에 부합하는 학생 개별 성장 및 진로 설계 지원 교육과정 개발, 불확실성에 대응하여 지속가능한 미래를 위한 교육내용 강화, 지역 분권화 및 학교·교사 자율성을 중시하는 교육과정 운영 체제 구축, 디지털·인공지능(AI) 교육환경에 맞는 교수·학습 및 평가체제 구축, 국민과 함께하고 현장과 소통하는 교육과정 개발 체계 운영 등을 들 수 있다(교육부 보도자료, 2021).

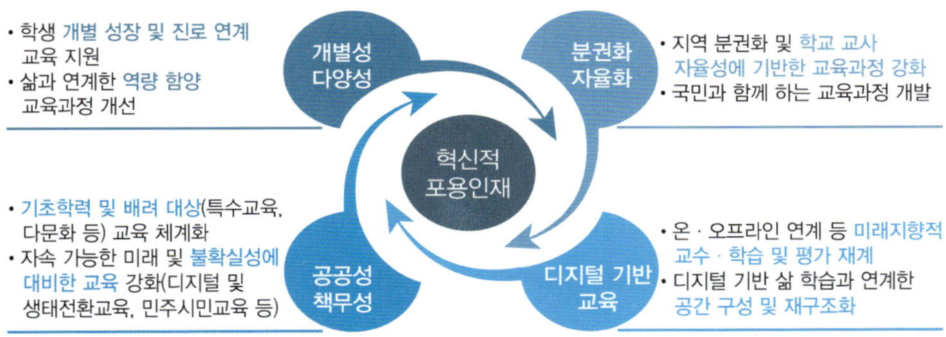

국민과 함께하는 미래 교육과정 논의 본격 착수
「2022 개정 교육과정 추진계획」 발표

교육부 2021년 4월 20일 보도자료

이와 같은 미래 교육에 대한 진단과 노력은 다음의 사항에서도 계속해서 논의하고 방향성을 제시해야 할 것이다.

첫째, 공교육 정상화와 사교육 문제 해결이다. 미래학교의 모습이 변모하는 가운데 공교육과 사교육의 경계가 소실될 것으로 보인다. 하지만 미래사회를 예측해볼 수 있는 선진국 교육 모습을 참고하더라도 공교육 시스템을 붕괴하거나 폐지하는 방식을 취하지는 않고 있다. 이에 미래사회 변화에 적합한 미래 공교육 시스템이 제안되어야 할 것이다. 이를 위해서는 공교육 시스템을 주도하는 교육부의 역할 설정이 필요하다. 또한 사회적 합의 기구가 설치되어 교육 관련 정책과 제도가 중앙에 집중되어 하달되는 방식이 개편되어야 한다. 이는 교육 자치를 강화하여 지역사회 내에서 교육이 각 지역적 환경에 맞게 제공될 수 있도록 도울 수 있다. 그뿐만 아니라 단위학교의 교육력을 강화하여 결국에는 학생 개개인에게 맞춤형 교육이 일어날 수 있어야 한다(노명순, 2016). 이와 같은 공교육 정상화를 위한 제도적 노력은 미래 교육의 방향과 목적, 방법을 변화시켜 결국 사교육 문제 해결과 맞물려 진행되어야 할 것이다.

둘째, 시민교육 및 참여교육이다. 이는 학생, 교사, 학부모, 교육 전문가 등 모두가 주인의식을 가지고 교육에 참여하는 형태를 말한다. 교육이 학교에서만 일어나는 것이 아니라 다양한 사회구성원과의 관계 속에서도 일어나며 학생 역시 이러한 관계 속에서 학교 이외의 장소에서의 경험을 확장시킬 수 있다. 예를 들어 학생들의 참여교육을 위해서 학생회나 동아리 등의 자치활동을 격려하고 교사들도 전문성을 바탕으로 이들의 자치활동을 지원한다면 수동적 학생이 아닌 능동적으로 학교 문화 조성을 이끌어가는 데 도움이 될 것이다(서울특별시교육청, 2015).

셋째, 현재 논의되는 통일 대비 교육은 미래사회의 변화와 맞물려 제시되고 있다(한국교육과정평가원, 2014). 우리나라의 미래교육은 산업구조의 변화에 따라 첨단기기를 활용한 교육으로의 전환을 요구하고 있지만 동시에 우리나라가 처한 분단의 현실을 고려하여 함께 준비되어야 한다. 그러므로 미래교육은 미래사회 구조의 변화에 대한 대비뿐만 아니라 통일의 시계열적 변화에 대응하는 통일 전, 직후, 이후의 중장기 교육방향을 제시해두어야 한다. 또한 북한이탈주민을 대상으로 그들의 경험을 분석하여 교육과정에 반영하는 일 역시 통일을 대비한 미래학교를 효과적으로 준비할 수 있는 방안이 될 것이다.

참고문헌

OECD 홈페이지 www.oecd.org/education/2030/

OECD(2018) *The Future We Want. The Future of Education and Skills: Education 2030.*

Schwab, K.(2016). 클라우스 슈밥(Klaus Schwab)의 제4차 산업혁명 (송경진 역). 새로운 현재.

교육부, 2021년 4월 20일 보도자료. "국민과 함께하는 미래 교육과정 논의 본격 착수: 「2022 개정 교육과정 추진계획」 발표"

교육인적자원부(2007). 한국사회의 미래예측과 교육의 대응전략 모색에 관한 연구. 교육인적자원부.

국회 미래일자리와 교육포럼(2017). 4차산업혁명 시대, 교육거버넌스와 교육목표 어떻게 변화할 것인가? 미래일자리와 교육포럼 9차 토론회. 2017년 3월 2일, 국회의원회관 제2세미나실.

노명순(2016). 교육거버넌스의 미래방향. 여의도연구원.

대한민국 정책브리핑(www.korea.kr) 2021년 4월 19일 기사 일부 발췌

미래창조과학부 공식블로그 http://blog.naver.com/with_msip

미래창조과학부 미래준비위원회, KISTEP, KAIST(2017). 10년 후 대한민국 4차 산업혁명 시대의 생산과 소비. 지식공감.

박영숙, Glenn, J.(2017). 세계미래보고서 2055 (이영래 역). 비즈니스북스.

사단법인 세계미래회의 미래뉴스 2017 http://www.korea2050.net/unfforum/?doc=bbs/gnuboard.php&bo_table=fn&wr_id=1806

서울특별시교육청(2015). 혁신미래교육의 방향과 내용에 관한 연구. 서울특별시교육청

이민화(2016). 4차 산업혁명으로 가는 길. 창조경제연구.

이병훈교육연구소(2016). 트렌드에듀 2016. 다산에듀.

정지훈(2013). 내 아이가 만날 미래. 코리아닷컴.

한국교육과정평가원(2014). 통일 및 미래사회 대비 남북한 교육과정 통합 개발 방향 설정을 위한 세미나. 한국교육과정평가원.

찾아보기

인 명

내 용

저/자/소/개

■ **이 인 원**

한국교원대학교 대학원 박사과정 유아교육전공, 교육학박사
전, 미래유치원 원장
한국교원대학교 겸임교수
현, 계명문화대학교 유아교육과 교수
〈저서〉 유아교육기관 운영관리, 아동권리와 복지 등

■ **권 성 민**

영남대학교 교육학 박사
현, 수성대학교 유아교육과 교수
〈저서〉 효율적인 대인관계, 효율적인 의사소통 등

■ **장 세 리**

영남대학교 교육학 박사
현, 호산대학교 출강
〈저서〉 존 듀이 관심의 교육적 의미 등

■ **한 진 주**

영남대학교 교육학 박사
현, 성덕대학교 유아교육과 조교수

[개정판]
교육사회학

1판 1쇄 발행 ― 2017년 8월 30일
2판 1쇄 발행 ― 2021년 9월 1일

저 자 - 이인원 권성민 장세리 한진주
발 행 인 - 강철원
발 행 처 - 양성원
주 소 - 경기도 파주시 검산로 173번길 29-20
전 화 - 031-946-3863(代)
팩 스 - 031-946-3864
이 메 일 - syjpub@naver.com
출판등록 - 2016년 6월 3일 제 406-2016-000069 호

ISBN 979-11-6126-406-6

정가 20,000원